当代经济学系列丛书

Contemporary Economics Series

主编 陈昕

（第三版）

劳动和人力资源经济学

经济体制与公共政策

陆铭　梁文泉　夏怡然　著

当代经济学
教学参考书系

格致出版社
上海三联书店
上海人民出版社

图书在版编目(CIP)数据

劳动和人力资源经济学 ：经济体制与公共政策 / 陆
铭，梁文泉，夏怡然著. -- 3 版. -- 上海 ：格致出版社 ：
上海人民出版社，2025. -- （当代经济学系列丛书 / 陈
昕主编）. -- ISBN 978-7-5432-3697-4

Ⅰ. F240

中国国家版本馆 CIP 数据核字第 2025YZ9866 号

责任编辑　程　倩　王韵霏
封面设计　敬人设计工作室　吕敬人

当代经济学系列丛书·当代经济学教学参考书系

劳动和人力资源经济学(第三版)
——经济体制与公共政策
陆铭　梁文泉　夏怡然 著

出　　版　格致出版社
　　　　　上海三联书店
　　　　　上海人民出版社
　　　　　(201101　上海市闵行区号景路 159 弄 C 座)
发　　行　上海人民出版社发行中心
印　　刷　浙江临安曙光印务有限公司
开　　本　787×1092　1/16
印　　张　22
插　　页　2
字　　数　450,000
版　　次　2025 年 8 月第 1 版
印　　次　2025 年 8 月第 1 次印刷
ISBN 978 - 7 - 5432 - 3697 - 4/F·1643
定　　价　108.00 元

主编的话

上世纪 80 年代，为了全面地、系统地反映当代经济学的全貌及其进程，总结与挖掘当代经济学已有的和潜在的成果，展示当代经济学新的发展方向，我们决定出版"当代经济学系列丛书"。

"当代经济学系列丛书"是大型的、高层次的、综合性的经济学术理论丛书。它包括三个子系列：(1)当代经济学文库；(2)当代经济学译库；(3)当代经济学教学参考书系。本丛书在学科领域方面，不仅着眼于各传统经济学科的新成果，更注重经济学前沿学科、边缘学科和综合学科的新成就；在选题的采择上，广泛联系海内外学者，努力开掘学术功力深厚、思想新颖独到、作品水平拔尖的著作。"文库"力求达到中国经济学界当前的最高水平；"译库"翻译当代经济学的名人名著；"教学参考书系"主要出版国内外著名高等院校最新的经济学通用教材。

20 多年过去了，本丛书先后出版了 200 多种著作，在很大程度上推动了中国经济学的现代化和国际标准化。这主要体现在两个方面：一是从研究范围、研究内容、研究方法、分析技术等方面完成了中国经济学从传统向现代的转轨；二是培养了整整一代青年经济学人，如今他们大都成长为中国第一线的经济学家，活跃在国内外的学术舞台上。

为了进一步推动中国经济学的发展，我们将继续引进翻译出版国际上经济学的最新研究成果，加强中国经济学家与世界各国经济学家之间的交流；同时，我们更鼓励中国经济学家创建自己的理论体系，在自主的理论框架内消化和吸收世界上最优秀的理论成果，并把它放到中国经济改革发展的实践中进行筛选和检验，进而寻找属于中国的又面向未来世界的经济制度和经济理论，使中国经济学真正立足于世界经济学之林。

我们渴望经济学家支持我们的追求；我们和经济学家一起瞻望中国经济学的未来。

2014 年 1 月 1 日

献给为中国劳动经济学研究做出贡献的人们。

前　　言

书已经很厚了，话不多说。

这本教材时隔多年，修订至第三版了。在这期间，数字经济、平台经济、人工智能、灵活就业这些话题层出不穷。作为一门应用性非常强的课程，《劳动和人力资源经济学》必须与时俱进。同时，在这次修订过程中，我们也不无遗憾地告诉读者们，虽然在过去这20余年间中国的劳动和人力资源经济学已经取得了长足的发展，但仍然存在许多的短板，对此，读者完全可以从本书显得薄弱的部分看出来。这其中，有些是因为全人类面临一些新的现象，比如人工智能和平台经济对劳动力市场的影响；有些是因为中国存在与众不同的制度和文化，比如工会；而有些则属于在中国研究中存在明显的短板，比如内部劳动力市场。

诸君共同努力吧。

陆　铭

2025 年 2 月 16 日

使用说明及教学建议

这本书兼具科普读物和专业教材的性质,根据不同的内容组合和教学方式,本书适用于不同的教学和自学目的。为此,我们推荐本教材的三种使用方法:

使用方法一:中国劳动力市场讲座系列,每周 2 个学时,共约 4—5 周,或者连续 8—10 个学时,可以简要介绍原理,重点讲授每章最后的中国问题部分,注重运用劳动经济学原理分析中国实际问题。这种授课方式适用于实践部门(包括政府部门、企业、事业单位)与劳动就业和人力资源管理相关的工作人员的培训,以及非经济学专业的讲座系列。这种学习方式也适用于普通读者自学。

使用方法二:初级课程,每周 2 个学时,共约 18—20 周,平均每章两周左右,讲授本书的基本原理和中国问题,省略一些较为难懂的内容,强调对于原理的掌握和现实的理解,多结合教材中插入的提问展开讨论。这种授课方式适用于经济学、人力资源管理、公共政策相关专业的专科或本科阶段专业课。

使用方法三:中级课程,每周 3 个学时,共约 18—20 周,平均每章两周左右,可以完整讲授本书的全部内容,讲授书中介绍的少量模型,建议特别突出中国问题部分。不妨深入讨论教材中插入的提问,以及每章后面的思考题,并结合一些相关论文的阅读。这种授课方式适用于经济学、人力资源管理、公共政策相关专业的本科高年级或 MPA(公共管理硕士)阶段专业课。

本书设有很多补充阅读材料,其中,“背景”旨在帮助读者了解相关的背景知识,以及相关的争论;“模型”是为了将有关原理用数学的方式表述,形式上更为严密,对于喜欢数学的读者不妨学习一下;“阅读”提供了一些材料,这些短文只是为了丰富读者的视野,而不是标准的原理;"新闻"取自于报纸或者网络,目的在于将读者所学到的原理与现实问题(大多数是中国的问题)对应起来,增加读者的"实感"。

在本教材之外,读者可以访问陆铭的个人主页 http://www.profluming.com,来了解作者在研究和教学方面的新进展,一些相关的材料(包括教学相关的 PPT)可供下载。与课程相关的 PPT 中的数据,我们将每 1—2 年更新一次。

目　录

1

导论

　　劳动经济学是一门非常迷人的学科。这是我们在本书一开始就想说的话,这距离作者在本书第一版中说"劳动经济学是一门迷人的学科",已过 20 年之久。

　　毫不夸张地说,劳动经济学是一门研究范围极广的经济学分支学科,在现代经济学大家庭里的地位极其重要。劳动经济学研究的对象非常古老,从人类社会诞生之日起,当一个人决定是在家休息,还是出门采果子;当一个家庭决定谁外出采果子,谁在家带孩子的时候,就已经涉及了劳动力资源的配置问题。

　　在现代经济学里,人类社会被抽象成商品市场、劳动力市场和资本市场这三大市场。劳动经济学这门学科则以研究劳动力市场为核心内容,涵盖了微观层面的劳动力市场运行和企业内部人力资源配置,以及宏观层面的失业和收入分配问题。这也是为什么我们将这本书命名为《劳动和人力资源经济学》的原因。在当代经济学研究中,经济理论和经验研究在应用层面上与公共政策的结合越来越紧密,而劳动经济学则成为一门与就业、教育、健康、福利等公共政策最为紧密相关的经济学分支学科。

　　同样,毫不夸张地说,当代中国最为重要的劳动经济学问题都是中国经济最为重要的问题。我们不妨列举三个重要的问题,读者可以思考一下。如果这本教材正在作为课堂教学所用,我们建议老师组织学生展开相应的政策辩论。

讨论

　　(1)中国自 2012 年以来,经济增长速度有所下降。有观点认为,以前中国经济增长享受着人口红利,现在如果以劳动年龄人口占全部人口的比重来度量,这个比重大约已经到达顶点,并且将逐步下降,因此,劳动力数量的增长放缓了,经济增长速度下滑是必然的。对此,你同意吗?(提示:从 2009 年起,中国经济的 90％以上都已经在工业和服务业这两个部门。整个中国的劳动年龄人口占全部人口比重下降,一定会带来工业和服务业的劳动力下降吗?)

　　(2)中国从 20 世纪 70 年代开始,逐步推行计划生育政策,提倡一对夫妇仅生育一个子女。从2016年开始,中国开始推行全面两孩政策,并且于2021年推行全面三孩政策。如何理解国家对于生育行为的政策变迁?放松对生育行为的管制后出生率会发生什么样的变化?它对于经济发展将产生什么样的影响?

(3)随着数字经济时代的到来,人工智能兴起,灵活就业成为常态。每个人,无论是劳动者还是消费者,都活在算法时代。作为消费者,人们享受算法带来的便利;但同时作为劳动者,则可能会被机器人和人工智能替代。在算法时代,谁最容易被替代?劳动力是否会面临大面积的失业?是否会导致收入差距的扩大?

这三个问题看似简单,其实不然。对于这些问题的分析需要基于对经济规律的基本认知,而这本教材就是想帮助读者学习和理解一些相关的经济规律。

比规律更为复杂的是制度。换句话说,同样的规律,在制度背景不同的国家中将呈现不同的现象。这些千差万别的现象常常被人们误认为是没有规律,或者规律不一样。当人们在讨论中国问题的时候,如果不了解相关的制度背景,直接把别国在特定制度背景下出现的现象作为规律,简单地套用到中国,这只会加剧人们的争论和分歧。本书也将向读者展现这样一幅劳动力市场的"世界地图":在现代市场经济国家中,有崇尚自由竞争的盎格鲁-撒克逊模式的英国和美国,也有大致可归为莱茵模式的法国、德国和日本;在转型经济国家,有采取了渐进转型方式的中国,也有采取了激进转型方式的苏联、东欧国家。不同的国家在劳动力市场制度方面各具特色,在失业、收入分配、劳动力流动、企业管理等方面的表现也各有差异。

如何在全球化和知识经济的大背景下,有效地制定公共政策、促进就业、减少贫困、控制收入差距、增进民生福祉,是人类共同面临的挑战。强调不同国家的制度背景差异,最终的目的不是去盲目强调这种差异,而是要在差异化的现象中探索共同的规律,并在不同体制的比较分析中找到可供本国发展借鉴的经验。

从劳动经济学这门学科开始,我们将触及一些有关人类社会和中国发展道路的深刻问题。人类社会从何处来,向何处去?对于中国而言,走什么样的道路来实现社会和谐发展和经济持续增长?经济学并没有为这些问题提供现成的答案。但是,作为这本劳动经济学教材的作者,我们期望读者在合上这本书之后,不仅能够学会基本的经济学分析方法,还能够由此开始找到一个关注人类与社会的新起点。

背景

我们所处的时代

第二次世界大战以后,人类历史进入了一个新的时代,全球化和知识经济成为这个时代的两张标签。

全球化在很大程度上表现为全球市场的一体化,特别是商品市场和资本市场的一体化。虽然劳动力市场没有在全球范围内连成一体,但是借助于商品和资本的跨国界流动,劳动力市场竞争仍然加剧了。在这一轮的全球化浪潮中,改革开放后的中国作为一个积极的参与者迅速成为世界排名前列的贸易大国和外商直接投资目的地。中国作为一个发展中的大国加入全球化进程，不仅改变了世界的经济地图，同时也给中国经济和劳动力市场的运行带来了深刻的影响。

知识经济在二战后初现端倪，并首先在发达国家发展起来。新技术革命成为近几十年来经济持续发展的源动力，人类的生活为之而发生了巨大的变化。在劳动力市场上，知识、技能和经验的回报越来越高，人们因此而更多地投资于教育和培训。知识经济社会伴随着"技能偏向的技术进步"(skill-biased technology change)，大量创造了对于高技能劳动力的需求，而一部分低技能劳动力的工作岗位却被机器所替代。于是，我们看到的现象是，操着一口流利英语的人，拎着公文包在全球各地"飞来飞去"，而缺乏技能的人则被挡在各种机会之外。

2013 年起，人工智能再度成为潮流，平台经济、数字经济成为热门词语。以算法为核心的技术进步，影响了经济社会的方方面面。不同以往，像 ChatGPT、OpenAI 等人工智能还冲击了大量高技能劳动力的就业岗位，文本处理和图像处理相关职能中的一些可被编码的岗位，诸如翻译、律师、漫画师、视频制作人员等，都将面临被替代的挑战。

1.1　劳动经济学首先是一门经济学

经济学是一门研究稀缺性资源配置问题的学科，更为一般地说，经济学是基于理性假定来研究人类行为的学科。劳动经济学首先是一门经济学，它必须直面现实。让我们先来看一些数字：

> 在全世界的劳动者中，半数(约 14 亿人)为工作中的穷人，连同他们的家庭每人每天的生活费不足 2 美元。这些人大部分工作在非正规部门，包括农村和城市的小型企业。
>
> 失业率处于最高点并持续攀升。在过去的 10 年里，登记失业率提高了 25%以上，目前全世界登记失业人数近 1.92 亿人，约占全球劳动力的 6%。
>
> 在这些失业人口中，国际劳工组织估计有近 8 600 万人，即大约全球失业总量的一半是 15—24 岁的青年人。

上面的一组数据摘自《劳工世界》2006 年第 9 期(第 7 页)。那时的世界还处在经济上行期，影响全球的国际金融危机还没有爆发。在 2008 年，金融危机席卷全球，之后世界经济一直增长乏力。到了大约 2015 年，全球失业人数超过 2 亿人。2020 年新冠疫情暴发以来，全球失业规模持续增加，2024 年预计失业人数将达到 4 亿人。①

---

① "World Employment and Social Outlook：Trends 2004," Geneva：International Labour Office, 2024.

作为经济学的一门分支学科,劳动经济学的主要任务是研究如何实现劳动这一稀缺资源的最优配置。但是,面对着失业、贫困和收入差距,我们需要先回答两个富有挑战性的问题。

讨论

劳动(或者说劳动力)仍然是一种稀缺资源吗?

回答是肯定的!即使存在失业、贫困和收入差距,劳动力仍然无法像空气一样随手可取;相反,使用他人的劳动,就必须付出相应的价格(工资)。因此,劳动是一种与土地和资本一样具有稀缺性的资源。

对于读者来说,可能感到困惑的是:为什么劳动是一种稀缺性的资源,但在全世界范围内又普遍存在失业、隐性失业和就业不足这些劳动力资源闲置的现象呢?要回答这一问题,首先需要明确,资源的闲置和资源的稀缺性并不矛盾,闲置的资源也并不是可以无偿使用的。更为重要的是,即使部分资源被闲置,也并不意味着已经得到利用的那部分资源的价格会降低。如果一种资源的价格不能有效地降低,对这种资源的使用量就很难扩大,对于劳动资源来说也是一样。资源的价格不能有效降低的现象常常被称为价格黏性(price stickiness)。劳动资源的特殊性在于,劳动价格(工资)的黏性与劳动力市场的复杂性和特殊性有关,而这又恰恰是劳动经济学成为独立的经济学分支学科的重要原因。

讨论

上面列举的失业、贫困、收入差距这些现象是理性行为所导致的吗?

为了给分析问题找到一个逻辑起点,经济学假定经济行为人是理性的。比如,在商品市场上企业总是追求利润最大化,而消费者总是追求效用最大化。那么,在劳动力市场上这些假定仍然适用吗?回答仍然是肯定的。在劳动力市场上,企业是劳动要素的需求者,根据利润最大化原则决定其产量和劳动需求。劳动力市场上的供给者是劳动者自身,一个劳动者通过劳动获取收入,但他也必须同时享受闲暇,一个劳动者安排多少时间去挣钱,又安排多少时间去花钱,也可以被视为理性选择的结果。

有了理性行为人和资源稀缺这两个基本假定,劳动经济学就与经济学有了共同的逻辑起点。

阅读

理性还是非理性?

反对的观点:人类的行为不完全是理性的。

经济学家的看法:理性假设只是经济学为了分析问题的方便而采取的假定,经济学并不否认人类有非理性行为,甚至可能在一些由医学和心理学所关心的问题里,人的行为可能的确不是由理性来解释的。社会科学对于人类行为与理性的关系的认识也在发展,在经济学里,很多在以前被视为"非理性"的行为(比如说从众行为),现在都在"理性"的假设下得到了解释(从众行为可以被解释为信息不充分情况下的理性选择)。其实,经济学里说的理性假设只是说人们在最大化某个目标,这个目标甚至可以不是纯经济目标。

反对的观点:在劳动经济学和家庭经济学里,经济学家还基于理性的假定来解释与爱情、婚姻和生育有关的行为,这是不是太"过"了?

经济学家的看法:即使对于爱情、婚姻和生育这样的行为,人们也在最大化某个目标。人对于用理性来解释与爱情、婚姻和生育有关的行为具有天然的抵触,但人们的确在理性地谈论这些问题。如果理性假定可以帮助我们理解这些行为中的一些规律,总比完全忽视它要好。

1.2　劳动力市场的特殊性和复杂性

21 世纪的人们已经很难想象,"劳动力是商品"和"社会主义国家的劳动者也会失业"这些观念是在 20 世纪 90 年代以后才逐渐被中国社会所接受的。仅这一点就足以证明劳动力这一商品是多么的特殊,在劳动力市场上观念和意识形态起着多么重要的作用。经济学是一门研究人类行为的科学,而劳动经济学研究的对象就是人本身,当人被作为劳动力和人力资本的载体在市场上成为买卖的对象时,具有不同政治立场、经济利益和社会身份的人就会把自己对这个买卖过程的直观认识、自己的切身利益与劳动力市场运行的规律混在一起,给经济学家的分析和公共政策的制定带来很多麻烦。不相信的话,让我们来讨论一个在中国极其重要的公共政策问题。

讨论

特大和超大城市的人口规模需要通过政府政策来管制吗?

如果就这个问题展开讨论,相信不到 5 分钟,现场就已经炸开锅了。大家在发表了自己的观点之后,不妨回过头来问自己,你发表的(或听到的)观点是基于全社会的公共利益吗? 这些论点有理论支持吗? 大家列举的一些观点有基本事实或者国际经验作为支持吗?

另一个经常听到的批评是,经济学家只管效率,而不管平等。事实上恰恰相反,劳动经济学大量地研究了有关收入差距和贫困的问题,甚至歧视和犯罪这些社会问题。劳动经济学家之所以关心这些问题,恰恰是因为,平等和效率往往并不矛盾。

阅读

静态效率与动态效率

静态效率和动态效率是一对非常重要的概念。简而言之,静态效率就是在一个较短的时期里实现的效率,而动态效率则是一个跨期的概念,它的含义是在较长的时期里实现的效率总和。做出这一区分是非常重要的。在很多现实问题的讨论中,人们对同一个问题持有不同的看法往往是因为不同的人使用的效率概念是不一样的,一些以静态效率标准来评价是不合理的事,用动态效率标准来看却是合理的。这里我们仅以收入分配为例来说明区分静态效率和动态效率是多么重要。

在改革开放以后,中国的收入分配差距总体上处在不断扩大的趋势之中,于是,这就引出了一个非常重要的问题,从经济学角度来说,是不是需要实行一些旨在缩小收入差距的政策? 更进一步的问题是,在市场机制之下,只要市场主体拥有的禀赋不同,交换和市场竞争的结果通常会导致收入差距,而在中国的改革进程中,市场竞争是在不断加剧的,因此,收入差距就很自然地被作为市场化改革的一个结果了。既然如此,关注经济效率的经济学是不是需要关注收入差距呢? 值得注意的是,在经济学的原理中,大多数情况下我们研究的都是静态问题,市场经济的优点就在于,完全市场竞争的结果将能够实现静态效率。由此,我们的确可以说收入差距的扩大是市场竞争追求效率的结果。而正是这样一个基于静态概念的结论,往往被误解为经济学只关注效率,而不关注平等,不需要采取控制收入差距的政策措施。实际上,经济学还采用动态效率的概念来评价收入差距的后果。有很多经济学家用理论和实证研究证明,从较长的时期来看,收入差距对于经济增长还存在负面效应。如果意识到这一点的话,一个旨在控制收入差距的政策就可能有利于提高经济的动态效率。

注意,在上面这段话中,我们假定了中国的收入差距是在市场经济条件下产生的。但是实际情况真是这样吗? 中国有些收入差距问题是不是恰恰因为市场经济仍然被一些既有的制度扭曲了,市场公平竞争受到了危害? 这些问题,我们将在第 12 章有关收入差距的章节中再专门讨论。

相对于其他市场来说,劳动力市场的特殊性和复杂性特别表现在这一市场受到非常多的制度因素的影响。在这一市场上存在太多的相关组织机构,例如政府的人社部和民政部、企业的人力资源部门、工会、妇联、职业介绍所、大学生就业指导中心等等。这一市场上还有很多相关的法律,例如《劳动法》《工会法》《最低工资法案》等等。在研究问题时,这些制度因素往往都是不能忽视的,而制度因素在各个国家之间又是千差万别。在西方国家,工会的作用尤其重要;而在中国,政府的干预则是影响劳动力市场运行的重要因素。此外,还有制度差异、文化背景、工作环境、观念、管理者个性等因素,有时这些细节对我们理解具体的现实问题是非常重要的。在进行具体问题的讨论时,往往在不同国家看上去相似的现象,产生的制度背景完全不一样。也正是因此,想成为一个好的劳动经济学家,首先就要对劳动力市场上的复杂性有充分的认识,要对每一个现象背后的制度"细节"有充分的了解。

1.3 劳动经济学与经济学发展

在半个世纪以来,劳动经济学取得了很大发展,并且仍在快速发展。在 20 世纪 70 年代,一本典型的劳动经济学教材主要论述工人运动、劳动法、工会组织结构、集体谈判协议等内容,其教学内容还停留在对于制度的描述阶段。但在近 50 年里,劳动经济学这门学科已经发生了根本性的变化,借助现代经济学的研究方法,越来越多的经济规律被揭示和总结出来。

目前,劳动经济学已经形成了一个庞大的学科体系,由于涉及的问题非常广泛,因此它与其他一些经济学科之间也有着紧密的联系。我们甚至可以说,劳动经济学的发展是与第二次世界大战之后经济学在各个领域内的发展,特别是微观经济学、宏观经济学和计量经济学的发展紧密结合在一起的。对于已经有一些经济学基础的读者,不妨借着下面的内容了解一下不同经济学子学科之间的联系。不感兴趣的读者可以直接进入下一章。

第一,劳动经济学与微观经济学有着最直接的联系。所有的微观经济学教科书无不将劳动力市场的研究作为要素市场理论的一个组成部分,而劳动经济学的主体内容其实就是这一部分内容的深化,有关劳动供给和需求这样的内容在劳动经济学教科书中无疑需要进行更为细致和全面的研究。事实上,劳动经济学的发展直接构成了微观经济理论的发展。比如说,企业内部劳动力市场上的委托代理问题本身就是信息经济学中的重要内容,对于双边垄断的劳动力市场的研究直接导致了议价理论(bargaining theory)的诞生,并直接催生了博弈论这一现代分析工具。

第二,劳动经济学中的失业问题、劳动力市场与通货膨胀的关系问题则与宏观经济学联系较为紧密。战后宏观经济理论的发展所产生的几个重要的学派,如货币主义、新古典宏观经济学、新凯恩斯主义等,都将劳动力市场的运行和失业、通货膨胀等宏观经济现象之间的关系作为核心的研究课题。

第三,劳动经济学研究还极大地推动了现代计量经济学的发展,特别是运用微观数据进行研究的微观计量经济学的发展。经过了 20 世纪 90 年代以前的理论体系的完善之后,在最近 20 年里,劳动经济学越来越成为一门应用微观计量经济学。甚至可以这么说,在第二次世界大战后微观计量经济学的发展过程中,很多方法就是首先被用来解决劳动经济学中的问题,然后再推广到其他研究领域的。

第四,随着劳动经济学的日益成熟,它还进一步催生了一些新的经济学分支学科,其中,最为重要的当属人事经济学、健康(卫生)经济学、教育经济学和家庭经济学这四个学科。人事经济学直接产生于劳动经济学中的内部劳动力市场理论(internal labor market theory),它的研究对象主要是企业(或其他组织)中劳动力资源的配置和利用,是当代经济学研究的一个活跃领域。健康(卫生)经济学和教育经济学是从劳动经济学中的人力资本理论(human capital theory)发展而来的。人力资本不同于物质资本,它体现着劳动资源的质量,也是经济长期可持续发展的根本源泉。人力资本最为重要的两个方面就是健康和教育,于是,如何提高人们的健康和教育水平就成了政府和经济学家关心的问题。在当代经济学研究中,由于健康和教育是政府关注的重要领域,因此,政府的大量开支集中在这两个领域,这又使得有关健康和教育的公共政策评估成为研究的热点。而家庭经济学则主要关注家庭内的资源分配问题,以及生育决策、性别差异、家庭分工等话题。1992 年诺贝尔经济学奖得主加里·S.贝克尔(Gary S. Becker)创造性地利用经济学方法分析婚姻匹配和家庭内资源分配等问题,开创了家庭经济学。后续学者主要沿着婚姻匹配和家庭内资源分配两大主题进行实证和理论研究。伴随家庭经济学发展起来的是对性别话题的持续关注。2023 年诺贝尔经济学奖授予美国经济学家克劳迪娅·戈尔丁(Claudia Goldin),以表彰她在女性劳动力研究的突出贡献,也说明了家庭和性别问题已成为经济学的经典话题。

第五,作为一本在发展中国家出版的教材,我们必须要说,劳动经济学与发展经济学的关系也很密切,而这一点则常常被国外主流的劳动经济学教科书所忽视。实际上,有关二元经济中农业剩余劳动力转移和城市失业问题的研究是发展经济学的经典理论。除此之外,本书在最后一章中所涉及的经济发展和收入分配之间的关系的内容也是发展经济学的重要内容。

第六,在经济发展过程中,最为重要的经济现象就是城市化。城市化相关的问题也是中国最为重要的经济问题,其中又涉及最新发展起来的城市劳动经济学(urban labor economics),这是城市经济学中有关城市发展机制的重要问题。为此,我们在本书中还特别增加了一章,讨论与劳动力资源的空间分布有关的城市劳动力市场、城市化和区域经济发展等内容。

最后,我们还需要提一下有关转轨经济中就业、失业、劳动力市场和就业体制改革的研究,这些研究不仅构成了转型经济学研究的重要组成部分,同时也大大推动了劳动经济学的应用研究,成为劳动经济学最新的研究方向之一。事实上,本书所有涉及当代中国劳动力市场如何转型与改革的问题都天然是转型经济学的重要内容。

背景

反思经济学

经济学已经取得了很大成就。然而,当前的经济学研究在一些话题上仍存在不足。首先列举几个一般性的缺点。

(1)权力。强调自由、竞争性市场和外生技术变革的优点,可能会分散我们对权力在设定价格和工资、选择技术变革方向以及影响政治以改变游戏规则方面的重要性的关注。如果不对权力进行分析,就很难理解现代资本主义中的不平等或其他很多东西。

(2)哲学和伦理学。与亚当·斯密(Adam Smith)、卡尔·马克思(Karl H. Marx)、约翰·梅纳德·凯恩斯(John Maynard Keynes)、弗里德里希·哈耶克(Friedrich Hayek)、米尔顿·弗里德曼(Milton Friedman)这些经济学家不同,我们在很大程度上已经停止了对伦理和人类福祉构成的思考。我们是注重效率的技术官僚,很少接受关于经济学目的、幸福的意义(福利经济学早已从课程中消失)或者哲学家对平等的看法的培训。我们经常将幸福等同于金钱或消费,而忽略了对人们来说重要的东西。在当前的经济思想中,个人比家庭或社区中人与人之间的关系更重要。

(3) 效率。效率固然重要,但我们把效率看得比其他目的更重要。许多人赞同莱昂内尔·罗宾斯(Lionel Robbins)对经济学的定义,即研究如何将稀缺资源配置于相互竞争的用途的学科;或者赞同更强有力的版本,即经济学家应当关注效率,而将公平留给其他人——政治家或行政管理者去关注。凯恩斯曾说,经济学的问题在于协调经济效率、社会正义和个人自由。我们擅长提高经济效率,而经济学中的自由意志主义倾向不断推动个人自由,只有社会正义可能成为“马后炮”。在左翼经济学家接受了芝加哥学派关于遵从市场的立场之后,社会正义开始屈从于市场,对分配的关注被对平均水平的关注取代,而平均水平通常被荒谬地描述为“国家利益”。

接下来讨论一些实质性话题。

(1) 关于工会。我长期以来一直认为工会是一种妨碍经济效率的麻烦,并希望它缓慢消亡。然而时至今日,大企业对于诸如工作条件、工资和政府的决策等方面拥有太多权力。与企业说客相比,工会几乎没有发言权。工会的衰落导致了工资占比的下降、高管与工人之间的差距不断扩大、社区遭到破坏、民粹主义抬头。达龙·阿西莫格鲁(Daron Acemoglu)和西蒙·约翰逊(Simon Johnson)指出,技术变革的方向始终取决于谁有权做出决定;工会需要参与有关人工智能的决策。

(2) 关于自由贸易。我更加怀疑自由贸易对美国劳动者的好处,甚至怀疑自己和其他人过去曾经提出的论断,即全球化在过去 30 年里大幅减少了全球贫困。我也不再捍卫“全球化对美国劳动人民造成的损害是为全球减贫付出的合理代价”这一观点,因为美国的劳动者比全球穷人要富裕得多。我还严重低估了自己对在国内外劳动者之间进行利弊权衡的道德判断。我们当然有责任帮助那些处于困境中的人,但我们对同胞负有更多的义务,而对其他人,我们并不负有这些义务。

总而言之,经济学家可以通过更多地接触哲学家、历史学家和社会学家的思想来受益,就像亚当·斯密那样。哲学家、历史学家和社会学家也可能因此受益。

资料来源:Angus Deaton, 2024, "Rethinking My Economics," *Finance & Development*, vol.61(1)。

1.4　学什么和怎么学

为了展开后面各章节的研究,我们在第 2 章中首先对劳动力市场的基本结构进行研究,并讨论劳动经济学中的一些基本概念。这完全是为了提供一种经济学的语言,避免由于概念的分歧而引起无谓的争论。

同样的概念和分析框架适用于不同的经济体制,但在不同的经济体制下所产生的经济现象却会千差万别,这就要求我们花一些时间来比较资本主义市场经济体制之间的差异性,以及转型经济体制与一般市场经济体制的不同。这些内容构成了第3章。

供给需求分析是经济学的法宝,劳动供给需求分析则是劳动经济学的经典内容,本书也将由此入手。通过对第4章和第5章中劳动需求和供给的研究,能够初步理解劳动力市场上就业数量和工资水平是如何决定的。本次修订,我们在第4章增加了有关数字经济的内容。如果我们进一步考虑劳动力的异质性,就需要考察不同劳动力之间的教育水平差异,为此在第6章将研究人力资本投资理论,作为劳动供给理论的一个拓展。对人力资本相关问题感兴趣的读者,不妨再找有关健康(卫生)经济学和教育经济学的材料来延伸学习。

前面我们已经提到,当代劳动经济学的一个重要进展就是将劳动力资源配置的研究从外部劳动力市场拓展到了企业内部,这一分支的研究发端于20世纪60年代,当前仍然是劳动经济学研究中一个非常活跃的领域。在第7章中,我们将对这一新的理论发展做简要的介绍,这样一来我们就可以对劳动力市场的运作和劳动力资源的配置有较为全面的理解。对于企业内部劳动力市场问题和人事管理经济学这些新的研究方向感兴趣的读者一定要读一下爱德华·拉齐尔(Edward P. Lazear)的教材,它可以教会我们如何从现实问题出发开展经济学研究,这也是我们想强调的一种方法。[1]

在劳动力资源的配置过程中,第8章中介绍的劳动力流动是一个最为重要的现象。本质上,劳动力的流动是劳动力寻找工作(job search)的过程,表现为劳动力在企业间、行业间和地区间的流动。但由于劳动力市场并不是无摩擦的,因此劳动力找工作也需要一个过程,当劳动力暂时没有找到工作的时候,便产生了失业现象,这是新古典理论对失业现象提供的解释。劳动力流动的一种特殊现象是劳动力的国际流动和人才流失(brain drain)现象,我们也将讨论其动因及影响。

除了劳动力在企业间和行业间的流动外,我们专门在第9章解释了城市和区域经济发展的基本原理。中国是一个发展中的大国,这一章对于理解中国的城乡和地区间的劳动力流动至关重要,也是思考兼顾效率与平衡的城市化和区域经济发展道路的核心问题。

作为配置劳动力资源的结果,就业和失业是劳动力市场上最为重要,也是最为基本的现象。但是,为什么我们能够观察到持续的失业现象呢?要全面理解失业产生的原因,就必须对当代的失业理论进行总结,这是本书第10章的内容,而这一章的重点就是工资黏性理论。

---

[1] 英文版:Lazear, Edward P., 1998, *Personnel Economics for Managers*, John Wiley & Sons, Inc.。中译版:爱德华·拉齐尔:《人事管理经济学》,刘昕译,生活·读书·新知三联书店2000年版。

　　工会是劳动力市场上非常重要的一个组织机构,对工资和就业的决定有着重要的影响,劳动力市场上的很多现象都与工会组织有关系。由于市场经济国家和转型经济国家的工会组织有着不同的特征和职能,因此我们在第 11 章专门用较大篇幅来研究不同体制下工会的变迁及其影响,并由此进一步理解不同体制下就业和失业现象的差异。我们还讨论了工会在数字经济时代会面临的挑战。最低工资是调整收入分配的有力工具,也是劳动力市场规制的重要手段,我们对此也进行了讨论。在本章的最后,我们简单介绍 ESG(environmental, social and governance)的内容。ESG 鼓励企业尽可能把自身商业行为对环境、社会造成的外部性"内部化",通过调整企业行为而影响劳动力市场的表现,因此也值得我们关注。本书的最后一章是劳动经济学中的宏观部分,涉及当前人们普遍关心的收入分配问题,我们试图将收入分配问题放在经济全球化和知识经济的时代背景下去讨论。我们还将在最后一章从经济增长和全球化两个角度讨论它们与收入分配、社会和谐之间的关系。

　　与其他劳动经济学教材相比,本书主要缩减了两个方面的内容。在宏观经济问题方面,一般劳动经济学教材还涉及劳动力市场与通货膨胀之间的关系,鉴于这部分内容已经在宏观经济学课程中有了比较多的介绍,所以本书略去了这部分。实际上,细心的读者会发现,我们在劳动力需求一章的最后也对中国的劳动力市场运作与通货膨胀之间的关系做了一个简要的讨论。此外,本书没有专门讨论有关歧视的经济学研究。在国外,这部分内容主要讨论劳动力市场上处于弱势的群体(比如黑人和女性)的就业和收入问题。而在中国,没有在种族意义上的弱势群体。有关女性就业的问题,我们将在家庭劳动供给的相关内容中涉及,而对于中国最为重要的歧视问题——城市居民对农村进城务工人员的歧视问题,我们将结合中国农村向城市的劳动力流动问题来讨论。

　　相对于市场上已经出版的同类教材和被翻译引进的国外教材来说,本书显然是为那些对当今世界的现实问题,特别是中国经济的现实问题感兴趣的读者而准备的。因此,本书涉及大量中国的劳动经济学相关问题,读者翻开目录就能感受到,有关中国问题的论述在每一章中都有单独一节,这也是本书的最大特色。鉴于篇幅和本书的难度考虑,我们对于研究性文献的总结是挂一漏万的,请专业人士原谅。

　　应该指出,这本书在内容的选取上充分考虑了中国实际问题的需要(包括理论研究和改革实践),如果读者找一些国外读物作为辅助阅读也是有帮助的。在众多的劳动经济学教材中,罗纳德·G.伊兰伯格(Ronald G. Ehrenberg)和罗伯特·S.史密斯(Robert S. Smith)的教材已经以《现代劳动经济学》为题翻译出版了。[1]但是,读这类国外经典教材时,读者千万要注意,劳动经济学是一门应用性的学科,千万不要将国外的

---

　　[1]　英文版:Ehrenberg, R. G. and R. S. Smith, 1997, *Modern Labor Economics*, *Theory and Public Policy*, Addison-Wesley Educational Publishers Inc.。中译版:罗纳德·G.伊兰伯格、罗伯特·S.史密斯:《现代劳动经济学:理论与公共政策》(第十三版),中国人民大学 2021 年版。

理论拿到中国来生搬硬套。正如我们反复强调的,理论虽然有普遍性,但其应用的时候却要结合每一个国家的具体背景和条件。如果不结合中国的实际情况,就可能在学了大量理论之后,甚至不知道中国重要的问题是什么,就更不要说为这些问题寻找答案了。

为了方便读者使用本书,我们在每一章的开头都对相应章节的安排有一个简短的介绍,并且在适当的位置穿插了一些来自中国现实的案例和背景材料。除此之外,我们建议读者将整个中国大地上发生的这场激动人心的变革本身理解为一个宏大的"中国案例",不要将眼光仅仅局限在那些有时间、地点、人物、事情的案例上,而应该将这门课中所学的理论运用到对于更为广阔的现实问题的思考和研究中去。本书在每一章的中间穿插的讨论题以及课后思考题就是对一些初学者在理论联系实践方面的引导。

这是一本劳动经济学的入门读物,书中仅保留了少量的数学推导,这些数学推导以专栏的形式展示,仅为了表现出经济学的逻辑性。不喜欢数学的读者可以跳过数学表述部分,并不影响对本书内容的理解。喜欢数学的读者,可以扫描书后二维码,继续学习数学附录中的内容。

经济学就在你我身边,它是一种思维方式,也是一种分析工具。因此,从一般意义上来说,劳动经济学的学习也应作为经济学这种思维方式和分析工具的训练,希望这本书对读者有用。

首先,对于个人而言,本书的读者已经参加工作,或者即将步入工作岗位,因此,这本书一定能够帮助你思考一些与自己有关的问题。比如,如果你正在读大学,你可能会想为什么自己要读大学,还要尽量读名牌大学,而有些人却选择不读大学?如果你已经毕业开始工作了,你可能会发现自己比周围一些年龄大的人更加能干,但工资却比他们低,为什么?如果你现在从事直播电商工作,或者做兼职骑手,你知道就业为什么会出现灵活化吗?你在有固定合同的工作和灵活就业之间做选择时,会考虑哪些因素?如果你是一位女性,当你发现自己在找工作时比较困难,找到工作的待遇又比男性低,这种现象要如何解释?随着服务业的发展,女性和男性相比,就业劣势有变化吗?如果你是企业的副总经理,你发现总经理的收入是你的两倍,你会认为他对企业的贡献就真的是你的两倍吗?如果你失业了,你可能会想自己为什么会失业,而且为什么失业的时间越长越难再找到工作?然而,另一些人可能会有意地延长找工作的时间,从而找到更满意的工作,这又是为什么?为什么对失业者的救济一定要有相应的期限限制?

其次,作为一个社会里的人,读者也一定会(而且应该)思考一些社会重大问题,而很多的社会问题也是劳动经济学需要回答的。比如,为什么世界各国都存在失业现象?为什么社会上会存在收入差距,一些人赚得多,而另一些人却只能解决温饱问题?为什么欧洲国家的失业率很高,但收入差距比较小;而美国的失业率低,收入差距反而大?为什么太好的社会保障体系、太强的工会组织、工资自动按通货膨胀率上涨的指数化规定、逐步上升的最低工资这些"看上去很美"的事物却可能最终对劳动者不利？

最后，再回看中国。为什么大量农村居民进城之后，在就业、社会保障和子女教育等方面至今不能平等地享受与城市居民同样的待遇？为什么大城市人越来越多，对大城市的人口增长进行控制是合理的吗？为什么中国要进行大学扩招，大学生就业会因此而受到怎样的影响？为什么一些地区会出现大学生就业难和农民工短缺并存的现象？①应该如何看待城乡间、地区间教育的不均等现象？教育是不是不能进行市场化改革？中国是一个收入差距很大的国家吗？收入差距是经济发展过程中无法避免的现象吗？全球化又会如何影响收入差距呢？

好吧，让我们带着这些问题开始本教程的学习。虽然本书未必能够给以上这些问题提供标准的答案，但仍然希望当你合上这本书的时候，你已经能够为这些问题找到自己的解答。

思考题

1. 犯罪问题也是劳动经济学家关心的问题之一，你觉得经济学分析方法可以用来研究犯罪问题吗？如何解释下面这些现象？
   - 受教育程度高的人，犯罪率相对较低。
   - 在美国，大城市的犯罪率比小城市要更高一些。
   - 近些年来，很多中国城市大范围安装街头摄像头，对犯罪行为的发生起到了一定的遏制作用。

2. 价格机制是市场经济配置资源最为重要的方式。有人认为，运用价格机制是不公平的，你怎么看？

3. 劳动经济学这门课将大量涉及公共政策问题。在有针对性地展开一些政策讨论之前，让我们先讨论一个问题：如何实现制定公共政策的公正性？（请读者搜索一下"无知之幕"这个词。）很多人认为，经济学家只在意效率，而忽视了公正性，你同意这种看法吗？

4. 经济学会告诉你，资源最优配置的状态是这样的或那样的，但是，同时这些"最优"状态所需要的条件在现实中往往是不成立的。既然如此，我们学习这样的理论意义何在？

5. 如果列举几条市场经济体制的共性，你会怎么说？你觉得中国的现状与市场经济

---

①　本书有时使用"农民工"这个词来指代农村进城务工人员。我们必须说明，这个词本身就与户籍制度相对应，带有一定的歧视性。本书使用这个词的唯一原因是这个词的使用太广泛。读者通过本书的阅读将明白，中国长期存在的户籍制度和相应的公共服务歧视如果逐步被淡化，"农民工"这个词将退出历史舞台。在这个意义上，我们使用这个词，最终的目标是加速这个词的消亡，取而代之的，应该是"新市民"。

体制的共性特征有差距吗？你认为一个国家的经济体制是如何形成和演化的？你相信全人类的市场经济体制会逐步向某些共性特征演化吗？你对这些问题的回答,如果用在劳动力市场上,答案会发生变化吗？

6. 你觉得就业、缴税、居住和公共服务的享受之间是什么关系？政府应该如何应对城市(特别是人口不断增长的大城市)的公共服务短缺现象？战后的日本,大量人口向东京迁移,东京人口迅速膨胀,目前虽然已经过了快速增长期,但东京人口仍然在缓慢地上升。在人口不断增长的过程中,东京也出现了公共服务短缺的问题。与之相反的情况是中国的生育率下降之后,许多城市的幼儿园陆续出现关停的现象。扫描书后二维码,根据阅读材料,谈谈你的感想。

▶2

劳动力市场：基本的图景与概念

没有工作的人就是失业者吗？有工作的人，他的劳动资源就会被充分利用吗？在失业统计中的人就是就业困难群体吗？没有被统计为失业的人就一定不是就业困难群体吗？中国的失业问题到底有多严重？人们经常说中国的失业压力很大，但为什么中国政府公布的登记失业率在国际上却非常低？2009年之后中国经济增长速度有明显的下降，但为什么政府公布的"城镇登记失业率"却非常稳定？2022—2024年，人们普遍认为中国经历了新冠疫情冲击，经济复苏乏力，但为什么统计局公布的城镇失业仅有小幅度的上升？

为了回答以上问题，在这一章中，我们先了解一些与劳动力市场相关的基本概念，为后面的内容提供一种共同的语言。事实上，了解了这些概念之后，读者对劳动力市场也就有了大致的认知。同时，我们也应该知道，中国的劳动就业统计指标和统计手段与国际通行惯例仍然存在一定差异，中国劳动力市场转型过程中所出现的复杂状况，又给劳动统计增加了困难。把概念说清楚，是劳动经济学的基本功，也是避免一些观点分歧的前提条件。

2.1 每个人对应一个劳动力市场的状态：存量划分与流量变化

在劳动经济学里，每一个人都对应一个状态，存量划分就是将一个经济中的人口存量按其就业状态区分为不同的类别。如图2.1所示，一个经济中的总人口存量被划分成不同的部分，并分别对应于不同的概念。

首先，我们将一个经济中一定时点的总人口划分为劳动年龄人口和非劳动年龄人口。世界上，一些发达国家把15—64周岁的人口定义为劳动年龄人口。

进一步地，我们可以将劳动年龄人口划分为劳动力人口（labor force）和不在劳动

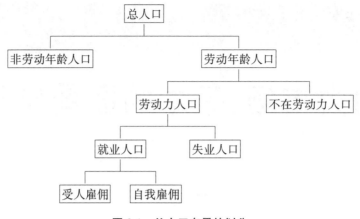

图 2.1　总人口存量的划分

力人口(not in labor force)。不在劳动力人口有两种:第一,不能工作或者没有工作能力的;第二,主观放弃工作或者减少工作量到一定限度的。根据各国劳动就业统计的惯例,这样一些人员一般是不被列入劳动力人口的:(1)军队人员①;(2)在校学生;(3)家务劳动者;(4)退休和因病退职人员以及丧失劳动能力、服刑犯人等不能工作的人;(5)不愿工作的人;(6)在家庭农场或家庭企业每周工作少于 15 个小时的人。在劳动年龄人口中减去以上六类人员的余下部分称为劳动力人口,这是一个国家实际可用的劳动力资源。

　　这里值得一提的是,很多发达国家的退休年龄是 65 岁。在中国,根据 1978 年颁布的《国务院关于工人退休、退职的暂行办法》的规定,正常退休年龄为男性满 60 周岁、女性干部满 55 周岁、女性工人满 50 周岁。请读者特别注意一个背景,中国当时的退休年龄是 20 世纪 50 年代初期确定的,当时人口的预期寿命不到 50 岁。现在,国情发生了巨大变化,2020 年第七次人口普查数据显示,中国人口出生时的预期寿命已达到 77.93 岁,上海、北京等一些发达地区户籍人口的预期寿命更是超过了 80 岁。然而,法定退休年龄没有变化,而且在全国是统一的。由于退休年龄长期不变,而预期寿命逐步延长,社会保障的压力越来越大。2024 年全国人大通过《国务院关于渐进式延迟法定退休年龄的办法》,决定从 2025 年 1 月 1 日起启动延迟男、女职工的法定退休年龄,用 15 年时间,逐步将男职工的法定退休年龄从原 60 周岁延迟至 63 周岁,将女职工的法定退休年龄从原 50 周岁、55 周岁分别延迟至 55 周岁、58 周岁。

讨论

　　1. 据统计,上海户籍人口的预期寿命全国最长,已经达到发达国家水平。按理来说,上海应该出现严重的养老保险金赤字现象,但实际情况是,截至 2024 年,上海的养老金每年都是有结余的。请读者查阅资料,对此现象给予解释。

---

　　①　也有少数国家将军队人员作为劳动力人口,比如美国,因为参军是劳动力市场上一种替代性的选择。

2.上一章开篇我们就说,中国出现了人口红利消失的趋势,推迟退休年龄对此将产生什么影响?

一般地,我们将劳动力人口划分为就业人口与失业人口。就业人口一般可以区分为两种情况:(1)受雇于企业、政府部门或其他经济组织;(2)处于自我雇佣(self-employment)状态,劳动者以个人或家庭为单位进行劳动。此外,由于在职学习、休假等原因在调查参考周内暂时未工作的人,或由于停工、单位不景气等原因临时未工作的人也被归为就业人口。

劳动力人口中减去就业的部分即为失业。国际劳工组织(International Labor Organization,ILO)关于失业的界定有三条通用的标准,即:(1)没有工作,既不被人雇佣,也没有自我雇佣;(2)当前准备工作,在相应的时期内愿意被雇佣或自我雇佣;(3)正在寻找工作,近期内正在积极地寻找被人雇佣或自我雇佣的机会。这三条标准的考察都与一定的时期有关,即要求失业者在一定时期没有工作、准备工作并正在寻找工作。按照国际劳工组织的标准,调查参考周通常为一周。

以上三条标准是一般的标准,看起来简单易行。标准简单易行的好处是便于操作,从而有效地将公共资源运用于最需要帮助的失业者。但是,上述三条标准有时却是很难把握的,一定要在三类人员中间找到清晰的界线,就可能产生一些统计与现实的偏差,对此,我们还将在下文中做进一步的讨论。

我们在上面讨论的一组概念都是在某一时点上测算的存量概念,人口普查和劳动力市场调查都是针对一个特定时点展开的,但上述概念无法考察各存量变动的情况。如果把以上存量概念与各自相对应的流量概念(如新增劳动年龄人口、新增就业人口、新增失业人口、退出劳动年龄人口等)动态地联系起来,就可获得图 2.2 所示的存量-流量模型(stock-flow model)。

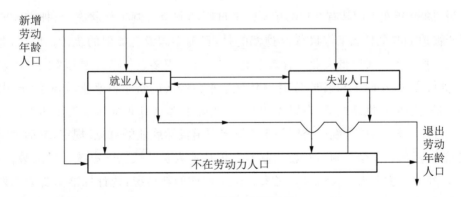

图 2.2　存量-流量模型

图 2.2 较为明确地表示出每一种人口存量变动的情况,我们称之为存量-流量模型。在这张图中,方框表示每一种人口的存量,即某一时点上测算的变量,例如,第七次全国人口普查调查的是 2020 年 11 月 1 日零点的各种人口存量。图中的箭头表示

人口的流动,表示从某一时期(如一年)内看的存量变动及变动方向。首先是新增劳动年龄人口加入上述三种不同的人口,成为新增就业人口的一部分、新增失业人口的一部分和新增不在劳动力人口的一部分。其次,三种人口存量之间也存在相互对流的变动:(1)就业人口中会有一定比例的人失去工作,成为失业人口;而失业人口中会有一定比例的人找到工作,进入就业人口。(2)就业人口中会有一部分人由于不愿再继续工作等原因进入不在劳动力人口;同时不在劳动力人口中也会有一部分人想工作并立即找到了工作,从而成为就业人口。(3)失业人口中会有一部分人因为失去信心等原因进入不在劳动力人口;而不在劳动力人口中有一部分想工作但又一时找不到工作的人成为失业人口。最后,上述几种劳动年龄人口在一定时期内都会有一部分人退出劳动年龄人口。

2.2　对劳动年龄人口更细的区分

我们在上文中将劳动年龄人口划分为不在劳动力人口和劳动力人口,将劳动力人口划分为就业和失业两种状态,并给出了有关就业和失业的衡量标准。这样的区分较为简单,一般被政府用作最基础的统计标准,从而便于掌握最基本的宏观经济变量(如失业率、劳动参与率等)及其变化趋势。但这样简单而便于操作的划分,也有其缺陷,有时会直接影响我们对于劳动资源利用状态和宏观经济现象把握的准确性,因而引起了经济学家的讨论。

第一,就业和失业的简单区分,没有考虑到非全日制工作者(part-time workers)的情况,在统计上常把这类人员简单地算作全日制的就业者(full-time workers)。实际上,在"就业者"当中有相当一部分并不是满工作日工作的。这其中,有一部分是自愿减少工作时间的,另一部分则是因为找不到全日制的工作,不得不减少工作时间。举例来说,1989 年在美国就有 2 110 万人处于自愿的非全日制工作状态,另外有 490 万人处于被迫的非全日制工作状态。[①]遗憾的是,目前中国没有类似的统计。现在,非全日制的工作成为一种降低失业的有效渠道。在中国,很多近年来发展起来的新的就业形式,如钟点工、小时工和临时工,还有依托于平台经济的新业态就业,如网约车司机、外卖小哥、快递员、网络主播、自媒体达人等,实际上都具有非全日制工作和工作时间灵活的性质。按照《国务院办公厅关于支持多渠道灵活就业的意见》规定,灵活就业人员包括个体经营、非全日制以及新就业形态等从业人员。根据国家统计局的数据,中国 2021 年灵活就业人口大约有 2 亿人。针对这样的新情况,统计标准需要动态调整就业人口的定义以更好地反映新经济业态。国家统计局的最新规定,为取得劳动报酬或经营利润,在调查参考周内从事了 1 小时(含 1 小时)以上劳动的人都统计为就业

---

① McConnell, C. R. and S. L. Brue, 1992, *Contemporary Labor Economics*, New York: McGraw-Hill, Inc.: 549.

人口。

第二,失业者的定义要求该劳动者一定是在积极地寻找工作,然而,事实上有很多失业者在经历了一段寻找工作的时间后,仍未找到工作,便丧失了信心,不再寻找工作。在统计上,这类人员被列入不在劳动力人口,而实际上,他们只是长期处于失业的状态,属于一种被掩盖了的失业现象(hidden unemployment)。确切地说,虽然这类人口在统计上属于不在劳动力人口,从其福利状态来说却更接近于长期失业人口。此外,有些人由于找不到工作而宁愿选择去读书,或者参加各类职业培训,或者提前退休,从而列入不在劳动力人口。这种情况是一种被掩盖了的失业,并且降低了失业人口的统计数据。

目前,在世界各国,特别是欧洲,因丧失信心而不再寻找工作的长期失业者越来越多,这一问题已经成为当今社会的一大顽症。从某种意义上来说,如果失业率高,但失业的平均周期短,这对社会的伤害并不大;而如果失业的平均周期长,即使失业率低,对社会的稳定危害也是很大的,因为这时,失业问题将集中且固化在少数人群当中。

下面两则材料分别来自中国和美国,都体现了人们选择继续深造与经济周期的关系。在中国,经济不好时年轻人可能更愿意选择继续读研,但也有可能因为经济不好导致教育回报下降,使大学生更急于就业。在美国,申请 MBA 的人数与经济周期有关。

阅读

透视考研热:导致国内"考研热"的原因有哪些?

全国硕士研究生考试报名人数自 2015 年首次下降之后,出现连续 8 年的增长,从 2015 年的 165 万人增加到 2023 年的 474 万人,平均年增长率为 14%。专家指出,导致"考研热"的原因概括起来主要有三点:

一是近年来社会就业压力不断增加。很多本科生就业形势严峻,因此选择通过考研来提升自己的学历,希望以此求得预期的"好工作",这是导致"考研热"的直接原因。2022 年考研报名人数增加了 80 万人,主要原因就在于被疫情冲击后就业形势的严峻。

二是随着经济发展,整个社会增加了对高学历、高知识人才的需求。在过去,只要是大学生,就会受到企业的重视。如今,随着经济社会的发展和科教兴国战略的实施,社会对硕士、博士等高层次人才的需求不断增大,尊重人才、尊重知识的社会风气也正在形成。这是导致"考研热"的主要社会原因。

三是高校、老师也鼓励学生考研。一方面,本科生就业形势严峻,而根据相关规定,本科生考研录取率也是考核项目,可以算在就业范围内;另一方面,本科生考研情况也可反映出高校的教学水平和师资力量,因此,很多高校积极地引导本科生参加考研。

资料来源:作者根据公开资料整理。

全国考研报名人数连增 8 年后下降 36 万人, 卷学历不香了?

近年来考研人数连年上涨, "考研热"备受关注。在连涨 8 年后, 教育部公布的数据显示, 2024 年硕士研究生招生考试报名人数为 438 万人, 比 2023 年下降 36 万人, 降幅约 7.6%, 社会各界对此议论纷纷。考研报名人数下降预示着"考研热"开始降温了吗? 那些不考研的学生都在做什么?

他们为什么不考研?

不少学生说, 在入学之初便有了读研打算, 但看到一些"过来人"研究生毕业后依旧面临找工作难的问题, 心里就开始打起了退堂鼓。"为了保险起见, 我一边投简历, 一边复习考研。"山东大学文学院一名学生说, "当然, 能找到工作就不读研了。"

卷学历, 不香了?

伴随中国高等教育进入普及化阶段, 大学毕业生数量连续创下新高, 于是一部分人开始"卷学历", 一纸研究生文凭, 承载着远超实际的职业期待。尤其近几年, 不少学生"随大流"加入考研队伍, 考研失利后选择"二战""三战"的考生也不少。

中国教育科学研究院研究员储朝晖说, 从未来的一段时间来看, 考研人数将会是一个波动的状态。多种因素都可能影响考研人数, 其中影响最大的是大家对就业的预期。

考研回归理性, 高校应"因需施教"。

2022 年, 中国在学研究生已达 365 万人, 总规模位居世界第二, 已成为研究生教育大国。2024 年考研报名人数出现下降, 尽管难言"考研热"降温, 但客观上体现了"考研大军"正逐步回归理性, 被动或盲目考研的人数开始减少, 这也是中国高校进入新发展阶段的重要信号。

科技革命和产业变革对高层次人才需求的快速增长, 以及人口高质量发展的紧迫任务, 都需要进一步深化人才培养模式改革。对学校而言, 还应开设更多与产业需求和社会发展相关的课程, 提高教育的实际效益。

资料来源: 作者根据以下资料改编:《考研报名人数连增 8 年后下降 36 万, 卷学历不香了?》, 澎湃, 2024 年 1 月 17 日, https://m.thepaper.cn/baijiahao_26039664。

哈佛商学院申请人数暴跌

2023 年, 哈佛商学院和其他顶级 MBA 项目的申请人数急剧下跌, 这是因为炙手可热的就业岗位和 MBA 学位的昂贵成本使得未来的 MBA 们宁愿继续工作赚钱, 而不急于加入商学院的申请行列。

被视为业界天花板的哈佛商学院, MBA 申请量的降幅超过 15%; 宾夕法尼亚大学的沃顿商学院也未能幸免, 申请人数下降 13%。其他精英商学院 (包括耶鲁管理学院、芝加哥布斯、纽大斯特恩) 2024 届 MBA 的申请人数均出现两位数 (10%+) 的降幅。

　　麻省理工斯隆管理学院、西北大学凯洛格管理学院、达特茅斯大学塔克商学院、弗吉尼亚大学达顿商学院和密歇根大学罗斯商学院均表示申请量有所减少。

　　这样的供求关系肯定有利于申请人!负责招生的助理院长格洛德曼(Laurel Grodman)表示耶鲁管理学院 2024 届 MBA 项目仅吸引了 3 237 名申请人,同比下降 16％。她认为原因在于火爆的劳工市场和一年制硕士项目的竞争。耶鲁管理学院计划招生 347 名 MBA 学生,格洛德曼表示由于该年申请人数下降,部分往年或许被列入候补名单的学生得到了入学邀请。

　　MBA 的申请量往往与经济周期背道而驰,这意味着如果就业市场供不应求,人们会选择留在目前的工作岗位;而经济不景气时,大家会寻求商学院的深造机会,以获得避风港和一个提升其职场竞争力的学位。

　　2023 年,为数众多的年轻专业人士得到大幅加薪,这让他们暂停职业生涯两年就读商学院的机会成本变得更加高昂。加上生活费用,排名靠前的商学院两年全日制课程的成本高达 20 万美元或更多。学校招生人员表示,在尝试劝说录取学生就读时,他们面临的竞争不再是其他院校的 MBA 项目,而是工作和加薪机会。

　　沃顿商学院 MBA 招生主任曼尼克斯(Blair Mannix)指出:"如果就业市场持续火爆,你不会辞去原来的工作去读 MBA。"沃顿商学院的 MBA 项目吸引了 6 319 名申请人(低于 2022 年的 7 338,但仍高于 2019 年的 5 905,当时商学院申请正处于下降通道)。

　　资料来源:作者根据以下资料改编:《哈佛商学院申请暴跌!美国顶级 MBA 或改变招生规则》,2023 年 1 月 5 日,中国教育在线,https://ie.eol.cn/It/20230105137.html。

　　第三,就业的简单数据无法测量有多少人是被低层次雇佣的(subemployed)。这种情况是指一个人接受了一项工作,他在这份工作上所得到的工资较低,并且他的劳动能力没有得到充分的利用。而当社会处于充分就业(full employment)时他可以从别的工作中得到更高的工资,他的劳动能力可以得到更好的发挥。当经济出现衰退的时候,一些人宁愿接受一份较差的工作,也不愿意失业,这种低层次雇佣现象如果很普遍,统计数据就可能低估劳动力资源未充分利用的程度。

　　以上三种情况的存在都可能使得政府的统计数据低估了劳动力未充分利用的程度。与此相反,有些情况会使得政府统计数据可能夸大了失业状况,主要包括以下三个方面:

　　首先,有些人员没有积极寻找工作,在理论上应属于不在劳动力人口,但他们为了在政府调查中保持良好的形象,或为了能够领取失业保险金,却采取欺骗行为,谎称自己仍在积极寻找工作,并假造相应证据等,这样他们就可能被统计为失业人口。

　　其次,有些在政府机构登记为失业人口,并领取失业救济金的人,实际上有一些劳动收入来源,他们的工作属于地下经济(underground economy)的范畴,未被政府列入统计对象之中,但他们实际上处于就业状态。在世界各国,地下经济的规模都相当大,其中有一些经济活动甚至具有非法的性质。在中国的劳动力市场转型过程中,由于劳动统计制度的不规范,存在着失业(或下岗)①人员"隐性就业"的现象,即被政府部门统计为失业(或下岗)的人员实际上已经有了有收入来源的工作。这种"隐性就业"现象与地下经济有些相似,但又不完全相同。我们所指的"隐性就业"不包括非法的经济活动,有些"隐性就业"创造的经济价值是计入统计的,如失业人员在餐馆里打工所创造的价值,只是其就业活动没被统计而已。我们在 2005 年进行的一次上海市劳动力市场调查的数据显示,在政府部门登记并领取失业保险金的人中,大约 42% 的人事实上正在从事一份每周工作超过 5 小时的有收入的工作。在这部分人群中,月收入超过上海市城镇居民最低生活保障线的占 94%,而月收入超过上海市最低月工资线的比例则为 69%。

最后,在政府统计中,很难区分这样两类与劳动力队伍联系不紧密的人,一类是处于半退休的(semiretired)状态想找份工作的人,另一类是想找一份课余工作的学生。如果把他们登记为失业者的话,则政府数据会夸大真实的失业情况。

以上,我们讨论了基于对劳动力人口做简单区分的政府统计指标的缺陷。如果考虑到就业、失业、不在劳动力人口的中间状态,可以用图 2.3 对劳动年龄人口做更为细致的划分。

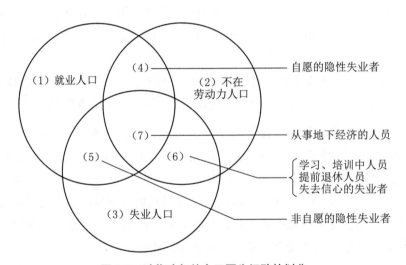

图 2.3 对劳动年龄人口更为细致的划分

从图 2.3 中我们可以清楚地看到一些介于就业、失业和不在劳动力人口之间的状态:自愿和非自愿的隐性失业,在形式上都处于统计上的就业状态,但实际上是部分工作者或完全不工作者,只是形成这两种隐性失业的主观原因不同。

"隐性失业"是一个对中国特别有用的概念。在中国这样的发展中国家,往往还存在大量农业人口,他们的就业不足,但却有收入,因此,在发展经济学中被称为农业隐

① 在 1996—2001 年间,在中国国有企业再就业服务中心内的"下岗"职工是不进入社会失业人口统计的。2001 年之后,再就业服务中心作为一种过渡性的组织退出了历史舞台,这两类失业人口的统计开始并轨了。

性失业人口。从一般意义上来说,隐性失业是相对于公开失业而言的,它在转型经济的企业里也大量存在。如果一个企业中雇佣的劳动者数量(或所使用的劳动数量)超过其生产所必需的数量,而该企业又没有对这部分多余的劳动者(或劳动数量)做其他用途的配置,让其在企业内部存在下去,这部分多余的劳动就是隐性失业。之所以说这是一种失业,是因为劳动者处于无工可做或生产能力未能完全发挥的状态,也就是说劳动力资源没有得到充分利用。之所以说其是隐性的,是因为隐性失业者从形式上看并没有失业,他们仍然处于被雇主支付工资的状态。改革开放之后,直到 20 世纪末,中国存在劳动力大量富余的状况,隐性失业问题曾经是非常普遍的现象。即使在当前,国有部门仍然在就业中占有一个不小的比例,而国有部门往往不会完全按生产所需决定雇佣数量,于是,隐性失业的问题恐怕也不能说被消除了。在经济增速下滑时期更是如此,一些国有企业可能被政府要求增加雇佣,以缓解失业压力。

在第(6)类人员中,有些长期失业者失去了工作信心而成为不在劳动力人口的统计对象,有些人由于找不到工作而选择学习或提前退休,也进入不在劳动力人口的统计范围。同时,也有一些实际上属于不在劳动力人口的学生和半退休人员登记为失业者以领取失业救济金。

第(7)类人员是地下经济中的就业者,他们实际上有工作并能获得收入,却不在政府统计之列。如果他们登记失业并领取救济金,则被统计为失业者;如果他们不登记为失业,则被统计为不在劳动力人口。

当需要对一个经济中的失业状况做出客观评价,以及需要对失业者实施某种政策措施(如再就业培训和发放失业救济金)时,对劳动年龄人口做如上细致的区分是很有必要的,这有助于了解不同类型失业者的动态变化状况,使得政府的劳动力市场政策能够更有效地针对劳动力市场上的困难群体。也正如此,一些发达国家并不只是采取单一的失业率统计,而是采取多维度的失业率统计。

在国际上,两个新的概念越来越受到学术界、政府部门和国际机构的重视,那就是"非正规部门"(informal sector)和"非正规就业"(informal employment)。根据 1993年第 15 届国际劳动统计大会的定义,非正规部门是指:由家庭所拥有的没有被纳入注册的(unincorporated)企业,这些企业的固定资产和其他资产属于所有者,而不是生产单位。

非正规就业在 2003 年第 17 届国际劳动统计大会得到了进一步的定义:就业者将被视为拥有非正规的工作,如果他们的就业关系在法律或实践上没有被就业注册、所得税、社会保护或者特定就业福利(如解雇前的事先通知、解雇费、年度的带薪休假或病假)所覆盖。

非正规就业这个概念之所以得到普遍的关注,是因为就业的非正规化正在成为普遍的趋势。首先,经济全球化进程中劳动力市场的竞争越来越激烈,而劳动关系也越来越灵活。其次,在就业的非正规化过程中,劳动关系也相应变得越来越灵活,这对生产率的增长有一定的正面作用。最后,就业的非正规化也带来了非正规就业者在收入、社会保障、劳动权益各方面的脆弱性(vulnerability)。此外,非正规就业者在提高生产率和获取资本方面更脆弱,教育和技能的投资更低。在一些发展中国家,非正规就业者更多受到社会规范对于他们所从事的经济活动的限制,他们很难提升自己的经济和社会地位(特别是女性),这些都使非正规就业者成为劳动力市场特别值得关注的群体。在中国,大量非正规就业者是跨地区流动的劳动力,这些劳动力因为没有就业所在城市的户籍,往往从事的工作更不稳定,社会保障参与率更低,使得中国非正规就业群体与户籍身份有了紧密的联系。

与非正规就业类似的一个概念是灵活就业。20世纪90年代中期,为促进下岗失业人员的再就业和拓宽分流安置与再就业渠道,国家出台了一系列鼓励和扶持下岗失业人员自谋职业和组织起来再就业的灵活就业政策。之后,在2009年金融危机后,国家再次出台政策文件,大力推进高校毕业生自主创业,稳定灵活就业。2020年受新冠疫情和国际贸易环境影响,国务院加大了对灵活就业与新业态就业的支持力度。之前两次的政策目标是就业相对困难群体,而此次不仅仅是要解决特殊就业困难群体的就业问题,还要面对数字经济和平台经济背景下接近全国就业人口1/3规模的庞大的灵活就业群体。依托于平台企业灵活就业的劳动关系与传统的劳动雇佣关系有着本质区别,如何理顺平台企业、第三方机构和劳动者等各方主体之间的关系,如何平衡和保障新业态劳动关系中各方主体的利益,是未来劳动力市场健康发展的重要课题。

讨论

非正规就业和灵活就业有什么异同呢?应该如何区分?在政策上要不要让非正规就业"正规化"?

2.3　劳动参与率与失业率

在前面两节中,介绍的都是一些总量概念,这一节中我们要界定的是一些重要的比率概念,这些比率比总量概念更为常用。

(1) 劳动参与率(labor force participation rate, LFPR)。

劳动力参与率可表示为(实际)劳动力人口在潜在劳动力人口之中的比率,即:

$$劳动参与率(LFPR) = \frac{劳动力人口}{潜在劳动力人口} \times 100\% \tag{2.1}$$

其中,劳动力人口包括就业人口和在积极寻找工作的失业人口。潜在劳动力人口指在劳动年龄人口中减去因智力或身体原因丧失劳动能力的人和服刑犯人。从1983年开始,美国将军队人口算作潜在劳动力人口的一部分,其理论基础是参军是一种自愿行为,是在劳动力市场上谋求就业的一种替代选择。但对于强制服兵役的国家,军队人口并不计入潜在劳动人口。各国由于统计指标的差异,对LFPR的定义有细微的不同,但都大致反映了一个经济中愿意就业者在适龄人口中所占的比例。在实际计算过程中,由于潜在劳动力人口数据可得性较差,因此,通常就以劳动年龄人口为分母计算 LFPR。有时,为了计算方便,也以总人口为基础计算 LFPR,相应的比率被称为总人口劳动参与率。虽然以劳动年龄人口或总人口作为分母所计算的劳动参与率并不严格,但其变动趋势还是可以反映出劳动参与率的变化。

(2) 就业率(employment-population ratio)。

就业率为就业人口与潜在劳动力人口之间的比率,即:

$$就业率 = \frac{就业人口}{潜在劳动力人口} \times 100\% \tag{2.2}$$

用这样的指标可以反映一个经济的潜在劳动力人口中有多少比例在从事商品或服务的生产活动,从而为一个经济创造财富。值得注意的是,按照这一通行的定义,就业率并不等于1减去失业率。在中国,人们常常挂在口头的"就业率"与劳动经济学中标准的"就业率"概念并不一致,这点特别需要注意。

(3) 失业率(unemployment rate)。

失业率是失业人员在劳动力人口中所占比率,即:

$$失业率 = \frac{失业人数}{劳动力人口} \times 100\% = \frac{失业人数}{失业人数 + 就业人数} \times 100\% \tag{2.3}$$

根据一国获得失业率数据的不同方法,一般有登记失业率和调查失业率两种指标。登记失业率是根据在劳动就业机构登记的失业人数计算的失业率,而调查失业率是劳动就业部门定期对样本家庭进行调查而获得的失业率。这两个指标往往有些差异,但一般都很接近,世界上很多国家同时采用这两个失业率指标。

在中国,统计失业率的指标主要是登记失业率,而且只统计并报告城镇登记失业率。城镇登记失业率的计算方法是:

$$城镇登记失业率 = \frac{城镇登记失业人数}{城镇就业人数 + 城镇登记失业人数} \times 100\% \tag{2.4}$$

现在公布的城镇登记失业率是劳动力部门各级上报的。以下是所用的定义:

城镇登记失业人员,指有非农业户口,在劳动年龄(16 周岁至退休年龄)内,有劳动能力,无业而要求就业,并在当地就业服务机构进行求职登记的人员。不包括:(1)正在就读的学生和等待就学的人员;(2)已经达到国家规定的退休年龄或虽未达到国家规定的退休年龄但已经办理了退休(含离休)、退职手续的人员;(3)其他不符合失业定义的人员。

城镇登记失业率分母中的城镇就业人数,包括城镇单位就业人员(扣除使用的农村劳动力、聘用的离退休人员、港澳台及外方人员)、城镇单位中的不在岗职工、城镇私营业主、个体户主、城镇私营企业和个体就业人员。

与国际惯例相比,中国在失业率统计上有着很大的缺陷,主要表现在以下两方面:

第一,这一指标没有反映农村地区的失业问题,而对于中国这样一个农村人口众多的发展中国家,对农村地区劳动力资源闲置状况做出统计无疑是非常重要的。[①]

第二,这一指标的统计过程受到了户籍制度的严重影响,因为某一地方就业服务机构统计的登记失业人员只统计有本地户口的失业者,这在跨地区劳动力流动规模日益增长的今天,会影响政府对失业问题的总体把握及相应政策措施的制定。

讨论

读者先在网上查阅一下当前中国跨地区劳动力流动规模有多少。有人认为,恰恰是因为中国的劳动力人口中有这么多是跨地区流动的"外来人口",其中绝大多数是农村进城务工人员,因此,一旦经济增长率下降,失业上升,这些农村进城务工人员就会回到家乡,这样失业的负面影响就会得到缓解。请对这一观点给出你的评论。

下面两则新闻,都是在经济遭受负向冲击后,出现的农民工就业问题。请注意,农民工群体的失业是不计入"城镇登记失业率"统计的,我们接下来就要解释为什么了。

背景

金融危机背景下,约 2 000 万名农民工失业

在 2009 年 2 月 2 日国务院新闻办举行的新闻发布会上,中央财经领导小组办公室副主任、中央农村工作领导小组办公室主任、农村问题权威专家陈锡文说,金融危机所引发的农民工失业潮尚未见底,可能会加剧社会矛盾,甚至诱发群体性事件。要防患于未然,未雨绸缪,关键是要妥善处理农村征地、环境污染、移民搬迁和集体资产处置等四大领域的问题。

陈锡文在会上透露:"在全国 1.3 亿外出农民工中,大约有 15.3% 的农民工因全球金融危机而失去了工作,或者没找到工作。据此推算,全国大约有 2 000 万农民工失去工作,或者还没有找到工作就返乡了。"

该估计数超过了此前官方 1 000 万—1 500 万名农民工失业的估计。显然,金融危机对农民工就业的影响已相当严重。

(1)中国约有 2 000 万名农民工失业。

陈锡文的上述估计是根据农业部组织的一次抽样调查。此前,农业部抽样调查了中国农民工输出比较多的 15 个省、150 个村。抽样调查发现,截至 2008 年中国农历春节前,返乡农民工已占到外出农民工总量的 38.5%。

抽样调查发现,在上述返乡农民工中,约有 60.4% 的农民工是春节正常返乡,春节后还会进城工作。其余 39.6% 的人则属于因金融危机而失业或未能就业返乡。依此

---

① 需要指出的是,由于实行了家庭联产承包责任制,拥有土地使用权的农户即使出现劳动力闲置问题,其"失业"也是隐性的,主要表现是劳动力利用率不足,因而也是难以统计的。

计算，大约有15.3％的农民工失业或未能就业即返乡。

陈锡文表示，按上述15.3％的抽样调查比例推算，中国共有1.3亿名外出农民工，其中约有2 000万名外出农民工因金融危机失业返乡。

陈锡文在会后接受《财经》记者采访时更指出，2009年上半年，由于金融危机的影响尚未见底，农民工失业或将加剧。

"目前，全国1.3亿外出农民工中，除了失业返乡的2 000万人，还有1.1亿人的就业目前是稳定的。但究竟2009年上半年农民工就业形势如何，取决于金融危机的影响何时见底，也取决于中央相关就业扶持政策的落实。"陈锡文对《财经》记者说。

(2) 农民工失业引发后续事件。

农民工大规模失业将严重打击农民收入。陈锡文指出，务工收入占农民人均纯收入的近40％，是农民增收的主力。加之国内外农产品价格持续下行，农民收入增长难度加大。"2009年确实存在农业生产滑坡、农民收入徘徊、农村发展势头逆转的风险。"

农民工大规模失业还会加剧城乡社会矛盾，危及城乡社会稳定。陈锡文指出，农民工失业返乡，可能增加农村土地承包纠纷。为此，中央政府已于2008年12月20日出台解决农民工就业的六条对策，其中就强调要切实保障返乡农民工的土地承包权益。

同时，按照上述调查估计，中国还有近8 000万名农民工没有返乡，继续留在东南沿海城市。如果这些人中，有部分失业后滞留城市，或者返乡农民工春节后进城找不到工作，将加大城市公共服务体制和社会治安的压力。

陈锡文认为，农民工大量失业返乡，与中国严重依靠外需的经济增长模式密切相关，也与整个户籍制度改革和城市化滞后有关，后者导致农民工不能稳定融入城市。但他同时认为，中国的城市化将是漫长的过程，要与二三产业的发展相适应，不可强行推进。

资料来源：常红晓、任波、邓海等：《农民工失业调查》，《财经》2009年2月2日。

疫情下的农民工归乡，短暂停留还是长期回流？

新冠疫情以及经济增速下行是这一轮农民工回流的直接原因。2022年7月20日，农业农村部发展规划司长曾衍德在新闻发布会上提及，2022年以来，受新冠疫情散发、国内经济下行等多重因素影响，城市部分行业特别是接触性服务业用工需求下降，一些农民工返乡就业。

从20世纪80年代末，大量农民工摆脱土地的束缚、涌入城镇起，数亿人开始在中国地理版图上进行着一年一度的规律性迁徙。在某些年份，诸如2008年金融危机，或者2020年疫情之时，回流会提前发生，次年其中的一部分人又会重新踏上离乡之路。

从某种程度上可以看出，每次变动带来的短暂回流显示了即使已经外出务工多年，农民工与他们所工作的城市联结依然松散，与家乡联结更加紧密。因此，一旦突发的变化来临，大部分农民工所做的第一选择依然是：回家。

这种松散与紧密的拉扯,使得近十年中,越来越多的农民工选择在本省就业。跨省就业的农民工数量占全国农民工的比例从31.36%不断下滑至2021年的24.38%。近六年时间中,东部地区务工的农民工总数下降了1 051万人,而中部和西部地区分别增加594万人和1 071万人。

其背景是:东部的产业升级,带来更少的人力需求;而中西部的经济增长,意味着在家乡附近找到一份合适工作的机会变大了。还有一个很重要的农民工个体变化:农民工开始老了(2021年农民工平均年龄超过40岁,50岁以上的农民工占比超过27%)。

根据研究工作以及近年来在广东、浙江、成都等地的调研,中国社会科学院人口与劳动经济研究所副研究员邓仲良发现,疫情之前农民工回流到中西部地区的特征已经显现。

邓仲良表示:"农民工外出流动就业最直接的目的是想取得相对于流出地更高的工资收入,并且存在一定永久迁移意愿。但已有研究提供的经验证据表明,农民工回流省会城市受落户门槛显著影响,在现有积分制等户籍制度条件下无法具有明显的落户优势,不能完全地公平享受流入地的公共服务,同时农村土地权益等因素也促使他们选择回流。2020年以来全球新冠疫情大蔓延导致中国沿海地区制造业与服务业受到冲击,也在一定程度加速农民工的回流。"

以贵州清镇市为例,对于2020年前三季度农民工提前返乡的原因,贵州清镇市发布的调查报告提到,部分外出务工的脱贫劳动力及易地搬迁人员受自身文化水平和技术能力限制,外出务工后本身稳定程度不高,受到疫情冲击后,务工地生活成本不断上升,生活来源不稳定,加之受当地政府相关防疫规定限制,因此选择回到家中,计划等疫情缓解后再外出务工。

一如2009年大量提前返乡农民工的再次出发,中国城市和小城镇改革发展中心原主任、经济学家李铁表示,疫情导致的那部分农民工回流现象并不会是长期趋势,这是他们在特殊疫情期间做出的临时性选择,并不影响外出就业的长期流向。"当然,从个人的研究和观察来看,农民工外出打工的总体增长趋势仍在放缓。"李铁说。

如李铁所说,农民工流动半径逐渐减小是近十年一个普遍性的趋势。《农民工监测调查报告》显示,从2010年开始,跨省就业的农民工数量占全国农民工的比例从31.36%不断下滑。从2015年开始,跨省农民工的总数更是开始出现下降,2015—2021年下降了615万人。

结合已有研究和调研工作,在多位研究者看来,农民工选择回流是长期和短期因素共同作用的结果。

资料来源:田进:《疫情下的农民工归乡,短暂停留还是长期回流?》,《经济观察报》2022年12月3日。

失业率是宏观经济的一项重要指标,在市场经济国家,失业率的波动被作为衡量经济周期的主要参数之一。在中国,虽然城镇登记失业率并不能完整地反映出劳动力

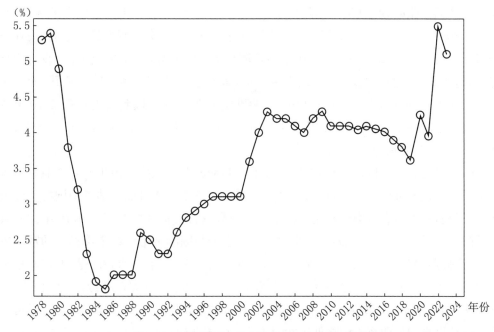

图 2.4　中国的登记失业率变化：1978—2023 年

资料来源：2022 年及之前年份为年末城镇登记失业率，数据来自《中国统计年鉴》；2022 年和 2023 年为年末全国城镇调查失业率，数据来自《国民经济和社会发展统计公报》。

资源的闲置情况，但它的变动还是能够反映出特定时期劳动力市场的状况。城镇登记失业率自 1978 年以来总体上呈现先下降后上升再波动的趋势（见图 2.4）。

早期，中国的失业率变化与体制的转轨有着密切的关系。在改革以前的计划就业体制下，国家以消除显性失业为目标，同时，在企业内形成了大量的隐性失业。改革开放之初，伴随着大量"上山下乡"的知识青年回城，城镇失业率（当时叫"待业率"）出现了急剧的上升，为此，国家继续通过计划就业的手段来降低失业率。1985 年，失业率降低至历史最低点，同时，城市企业改革也对就业体制改革提出了要求。于是，在 1986 年推行劳动合同制之后，计划就业体制逐渐发生了变化。一方面劳动力人口的增量就业基本上实行了市场化，而不再实行由国家保证分配工作的制度。另一方面，城镇企业隐性失业和城乡二元经济中农村隐性失业也逐渐地显性化。从那以后，失业率总体上保持了逐渐上升的趋势。值得一提的是，失业率在 1989 年和 1990 年的上升与这两年经济增长率大幅度下降有关。

而 1996 年之后的失业率上升有两方面原因。一方面，20 世纪 90 年代中期，国有企业大规模地分离了富余劳动力，当时虽然大量的"下岗职工"进入了"再就业中心"，没有进入失业率的统计，但在大约 2001 年之后，仍未再就业的下岗职工就逐步并入了失业率统计。另一方面，1998 年东南亚金融危机出现，也或多或少波及中国，中国经济增长也受到负面冲击，影响到了就业增长。

2003 年之后中国的城镇登记失业率更与宏观经济周期有关。2003—2008 年间是全球经济的扩张时期,也是中国经济的高速增长时期,失业率低且呈现出下降趋势。2008—2009 年间的国际金融危机冲击也影响了中国,失业率有所上升。之后,失业率稳定在 4.1% 左右。2009 年之后,由于经济增长率持续下滑,公开的失业率数据却表现稳定,这受到了一些质疑。对此,政府部门的解释是,因为创业活动趋于活跃,缓解了失业的压力。2012 年起,失业率开始逐步降低,到 2019 年下降到 3.6%,但 2020 年受到新冠疫情的冲击,失业率又上升到 4.2%,2021 年为 4%,2022 年和 2023 年的失业率仍处于高位,分别为 5.5% 和 5.1%。

除了登记失业率以外,中国也进行城镇失业率的调查工作。由于调查失业率数据通常不通过政府部门予以公布,而政府所公布的失业率往往可能低估了中国的实际失业率,于是,一些学者也尝试利用大样本的调查数据自己估计失业率。其中,中国社会科学院人口所基于 2000 年第五次全国人口普查中与国际劳工组织定义相符的数据得出,城市失业率为 8.3%,其中男性为 7.7%,女性为 9.0%。非常有趣的是,城市本地劳动力失业率为 9.1%,城市迁移者失业率为 7.9%,农村迁移者失业率最低,为 3.6%。[①]这说明,如果中国城市的失业率统计包括迁移者的话,既是与国际接轨的做法,还可能使得统计出来的失业率大大降低。2004 年 9 月,国务院办公厅下发《关于建立劳动力调查制度的通知》,决定建立劳动力调查制度,计算调查失业率。国家统计局于 2005 年 11 月正式启动城乡劳动力调查制度,期望通过抽样调查的方式获取逼近真实的失业率。在"调查失业率"中指的"失业"具体被定义为在调查参考周(调查时点前的一周)内,工作时间未达到一个小时,在近三个月采取了某种方式找工作并且在调查周内可以应聘的人。对于 16 周岁及以上的常住人口,只要满足失业定义,不论其户籍所在地和类型,都属于失业人口。因此,农民首次被纳入调查范围。

中国的调查失业率统计制度还在调整完善中。比如,国家统计局从充分考虑国情的角度出发,在 2024 年对分年龄组失业率统计进行了两个方面的调整完善:一是发布不包括在校学生的 16—24 岁劳动力失业率,以更精准监测进入社会、真正需要工作的青年人的就业失业情况;二是增加发布不包括在校学生的 25—29 岁劳动力失业率,以更完整反映青年从学校毕业到稳定工作过程中的就业失业全貌。

(4) 自然失业率(natural rate of unemployment)。

诺贝尔奖得主弗里德曼认为,劳动力市场存在一种长期的均衡失业率,即使在充分就业的状态下也难以消除。所以,有时自然失业率又被有些矛盾地称作"充分就业下的失业率"(full-employment rate of unemployment)。[②]

---

① 这里"迁移者"的定义是 5 年以来的迁移者,并根据出发地辨识是农村迁移者还是城镇迁移者。参见王德文、吴要武、蔡昉:《迁移、失业与城市劳动力市场分割——为什么农村迁移者的失业率很低?》,《世界经济文汇》2004 年第 1 期。

② Friedman, M., 1968, "The Role of Monetary Policy," *American Economic Review*, March. 弗里德曼是这样定义自然失业率的:"自然失业率……是可以由瓦尔拉一般均衡体系得出的失业率水平,假设我们在其中考虑劳动和商品市场的一些实际的结构性因素的话。这些因素包括市场缺陷、需求和供给的随机变化、有关劳动力供给和职业空位的信息收集成本、流动成本等。"

自然失业率的存在与充分就业是并不冲突的。一般来说,总有一部分劳动力在不断地进入和退出失业状态。有些新增劳动力人口(如毕业学生),会进入劳动力人口,有些已有工作的人会换工作,他们都需要花费一定时间去找工作。在找到工作前,将有一段时间处于失业状态,由于这种劳动力的合理流动就会形成在一定时点上的一定水平的失业率。此外,即使经济在繁荣时期,也会存在劳动力供需双方之间在技术要求和地理位置等因素上的差异。由此可见,自然失业率的形成具有某种摩擦性因素和结构性因素。

自然失业率并不是一个固定不变的量,当决定自然失业率的各种因素发生变化时,它也随之改变。这些因素主要有:

(1)人口构成。自然失业率可以视作一个经济当中不同人口组别的自然失业率的加权平均数,所以人口构成因素对自然失业率的影响很大。当一个社会的劳动力结构发生变化时,自然失业率也会相应变动。例如在美国,从 20 世纪 50 年代到 80 年代早期,妇女、黑人、青少年和拉美籍劳工在美国劳动力人口中的比重增加了,由于他们当中的失业率高于其他人口组别,因此,这种劳动力结构的变化也促使美国的自然失业率有上升的趋势。类似地,中国老年人口比例增加也会促使中国的自然失业率发生变动。

(2)最低工资。世界各国一般都有关于最低工资的法律规定,经济学家们认为最低工资通常高于市场供求相等(即市场出清)的工资水平。最低工资的升高会影响雇主的劳动力雇佣决策,减少劳动力雇佣时,会使自然失业率升高。

(3)结构调整。一个经济的增长总体伴随着结构性的调整,扩张中的部门要吸收劳动力,而收缩中的部门要释放劳动力。劳动力供给需求之间的弥合往往在结构性的调整当中出现技术、地理环境、信息沟通的问题。因此,一个经济中的结构性调整越快,其自然失业率也越高。

(4)失业保险。世界各国一般都设立了失业保险制度,当一个人处于就业状态时,他一般要在工资中拿出一部分缴纳失业保险金。当他失业时,他可以在一定期限内领取失业保险金。失业保险制度通过以下机制影响自然失业率:失业保险金的水平越高、失业保险金领取的期限越长、失业保险金的征收比例越高,则失业与就业对于一个劳动者而言,其效用的差别越小,从而使得失业者降低寻找工作的积极性,失业时间增加,全社会的失业率增加。此外,效率工资理论(efficiency-wage theory)还从另外一个角度解释道,当失业保险金水平提高时,在职职工对于失业的效用期望就增加了,这样他们就会降低努力程度,雇主为保持他们的努力程度就需要提高工资水平,在更高的工资水平下,劳动力的实际需求就减少了,社会失业率随之上升。①

(5)工会力量。在世界各国,工会的作用有显著的差异。工会的作用主要是提高

---

① Shapiro, C. and J. Stiglitz, 1984, "Equilibrium Unemployment as a Worker Discipline Device," *American Economic Review*, 74(3):433—444.本书第 10 章将具体介绍相关内容。

其成员的工资水平和保障成员的就业,但却会削弱企业雇佣劳动力的意愿。通常人们认为,一个经济中工会组织的力量越强大,其自然失业率越高。欧洲大陆国家的失业率比较高,被认为与其工会力量比较强有关。

(6)劳动工资税。决定企业劳动力需求的是企业付出的工资总额,而不是劳动力的实际所得工资,两者的差别就在于政府对企业征收的劳动工资税。在短期内,如果政府的税率提高,就会增加企业雇佣劳动力的成本,从而减少企业的劳动力需求,使失业率增加。在中国,与劳动工资税相对应的概念是员工缴纳的社会保险,主要是养老、医疗、失业、生育和工伤五项。其中,基本养老保险企业缴费的比例在各地虽略有不同,但一般为企业工资总额的24%,员工个人缴纳比例为本人缴费工资的8%,进入个人账户。对医疗保险,企业和个人的缴费比例分别为7.5%和2%。对失业保险,企业的缴费比例为2%,个人缴费比例为1%。上述比例视每个地方的具体情况,还存在差异。在劳动力市场转型时期,还存在阶段性的劳动工资税,比如,上海市劳动局在1994年规定,企业雇佣外地劳动力管理费为每个人20元,这会直接影响企业对外来人口的劳动需求,但这一政策实施了一段时间后就取消了。

以上有关自然失业率影响因素的研究构成了二战以后失业理论的新发展,对此,我们还将在第10章中详细介绍。读者需要注意的是,影响自然失业率的因素与每个国家的经济发展阶段、人口学特征和制度背景均有关系。对于中国来说,是不是存在一个长期稳定的自然失业率,是一个需要谨慎对待的问题。

思考题

1. 在中国,各级地方政府都将控制失业和增加就业的目标交给人社部门去负责,而同时,基础性的失业统计数据又是由人社部门层层上报的。这种安排会产生什么样的问题?怎么解决?

2. 有人说,发展高等教育能够降低失业率,你怎么看?

3. 国际通行的惯例是,以常住人口为失业统计的对象,如果中国的城镇失业统计对象也扩大为城镇常住人口(目前在中国的人口统计中,常住人口是指在某地居住达到半年及以上的人计算为该地的常住人口,不管其是否拥有本地户籍),由此而得到的失业人数和失业率会怎么变化?

4. 按照失业的定义,拥有土地承包权的农民是不会失业的。但是,在中国的城市化进程中,一些农民的土地被征用之后可能面临失业的困境。为此,政府应该为失地农民做些什么?为什么?请查阅相关资料,或对本地情况展开调研,看一下地方政府是怎么做的,并对其进行评论。

5. 中国的养老保险金体系是在省级水平上统筹的,养老保险缴费标准可以在国家统一规定的基础上根据地方上的养老压力而有所调整。有些省份是人口流入地,有些省份是人口流出地,你认为地方的养老保险缴费率会出现什么样的差异? 这会对地方经济产生什么影响? 更进一步地,它会对全国经济产生什么影响?

6. 经济学家通常认为,最低工资的提高可能造成自然失业率上升。事实上,最低工资的影响仍然是劳动经济学中最具争议的课题之一。那么,最低工资提高有没有其他效应呢? 扫描书后二维码,结合阅读材料谈谈你的看法。

▶3

劳动力市场:体制差异与历史演变

　　世界各国的历史、政治、文化各异,它们的就业体制会有什么异同? 当我们谈到市场经济体制的时候,有没有不同模式的市场经济体制? 在西方国家中,英美文化传统和欧洲大陆文化传统会如何影响今天这些国家的体制模式,包括就业体制模式?

　　中国的就业体制是怎样一步步进行转型的? 为什么就业体制的改革走过的也是渐进的道路? 中国未来的就业体制将走向何处? 在劳动力市场上,制度的转型必须面临效率与公平之间的抉择吗?

　　在这一章中,我们的目标是对不同国家的就业体制进行比较。我们既会对现有的西方发达市场的经济体制进行比较,也会讨论中国就业体制的变迁。这个比较在以下三个层面上是非常有意义的。首先,读者将发现,就业体制的差异对于各个国家劳动力市场上的现象差异具有关键性的影响,同时,读者也会发现,这些现象差异的背后所隐藏的经济学规律往往是一致的。其次,在政策层面,弄懂每一个国家所处的历史和现实的差异是非常重要的,这就使得政策可以切实地适应本国需要,而不仅是简单地重复其他国家走过的道路。最后,在当代经济学的发展中,比较的视角已经变得非常重要,规律往往是在比较的过程中总结出来的,政策的制定也往往需要在比较的过程中找到新的智慧。

3.1　就业体制的国际比较

　　大千世界,每个国家的体制都不一样。本书将世界各国劳动力市场上丰富多彩的现象视为相同的经济学原理在不同体制下的作用结果,因此,我们在统一了本书的语言和概念之后便来比较世界各国的就业体制。世界上有很多的国家,我们只能关注那些在经济、政治和文化上比较有代表性的国家和经济体。为此,在本书中我们将世界各国按其经济体制划分为发达市场经济和转型经济两大类，包括四小类，它们分别是：

（1）崇尚自由竞争的英美市场经济国家，主要包括一些说英语的具有英美传统的国家，也被称为"盎格鲁-撒克逊模式"国家，包括英国、美国、加拿大、澳大利亚等。

（2）强调国家干预的欧洲大陆市场经济国家，也被称为"莱茵模式"国家，主要包括法国、德国、意大利等欧洲大陆国家。由于日本在建立现代市场经济体制的过程中深受欧洲大陆国家的影响，因此，也把日本归入"莱茵模式"国家。

（3）实行了激进式改革的东欧转型经济国家，主要包括俄罗斯、波兰等苏联、东欧国家，这些国家在新古典自由主义经济学的指导下，对其计划经济体制采取了激进式的改革方略。

（4）实行了渐进式改革的同属于转型经济的中国。在中国，改革开放的总设计师邓小平用两句话为中国定下了渐进式的改革方略，一句是"摸着石头过河"，另一句是"不管白猫黑猫，会捉老鼠就是好猫"。和中国一样采取渐进转轨方式的国家还有越南。

在这一节中，我们主要研究两类不同的市场经济体制。在简要回顾西方国家劳动力市场发育过程的同时，总结英美和欧洲大陆两类市场经济下的就业体制产生的背景、存在的主要差异和一些共性特征。

在西方资本主义市场经济发展历程中，首先经历了长达200年的自由竞争的资本主义阶段（大概从17世纪中期开始到20世纪初期）。在这一阶段，劳动力所从事的大多是简单劳动岗位，劳动力之间的相互替代性很强，因此这一时期的劳动力市场也始终处于完全自由竞争的状态。虽然在完全自由竞争的劳动力市场下，劳动者的权益未能得到充分有效的保障，工人组织的力量也较薄弱，但这一阶段劳动力市场的运作客观上却为整个资本主义市场经济的发展打下了基础，西方国家在这一阶段加快进行资本积累，同时，劳动力市场也基本形成了工资自由浮动和劳动力资源充分流动的就业机制。

19世纪中叶以后，在空想社会主义和马克思科学社会主义理论思潮的影响下，西方资本主义国家的工人运动有所高涨，劳动者越来越多地以有组织的方式展开争取自身权益的斗争。从20世纪初期开始，失业保险制度等有利于劳动者的法律制度在西方各国逐渐建立。但是，这一时期政府还没有开始对劳动力市场的运作进行太多干预。

背景

自由市场经济与"看不见的手"

亚当·斯密生活的时代恰值英国资本主义快速发展的时期。英国资产阶级革命已经完成，对于私有产权的保护已经写进了法律。

18世纪的英国已经逐渐地发展成为一个工业国，工场手工业仍然是生产的主要方式，但一系列的重要的工业技术革新也陆续产生，机器大工业的时代即将到来。如果说工业革命为生产的发展提供了技术支持,那么圈地运动则为资本主义生产的发展提供了大量的廉价劳动力,同时也为产业资本的发展提供了广大的国内市场。

在国际上,18世纪中叶的英国迅速地拓展着国际贸易,这时英国已经取代西班牙、葡萄牙和荷兰而夺得了海上霸权和贩卖黑奴的垄断权,并在全世界范围内占领了大片的殖民地。对殖民地的掠夺贸易不仅为英国的产业发展提供了广大的国际市场,而且也为资本主义大工业的进一步发展提供了资本和劳动力资源。

不管你用什么样的形容词来形容早期的资本主义市场经济的发展,它对于人类经济成长本身的推动所产生的意义是非凡的。与经济的成功相比,英国产业资产阶级的政治地位却不稳固,议会由土地贵族和商业、金融资产阶级控制,产业资产阶级仍然受制于一些限制产业资本发展的法律。在对外贸易方面,保护关税政策已经成为产业向外扩张的障碍。

在这样一个经济成长意欲突破一切束缚的年代,1776年,亚当·斯密出版了他的《国民财富的性质和原因的研究》,即《国富论》。在这本伟大的著作里,斯密全面地论证了自由市场经济的合理性。

斯密及同时代的经济学家的理论出发点从一开始就直指个人与国家的关系,这一主题使得当时的经济学被广泛地冠以"政治经济学"的名称。斯密相信,自然法则反映了造物主的思想,而实在法则只不过是世俗的法院的一纸公告,因此,自然法则比实在法则具有更高的约束力。个人的自由就是一种自然法则,相应地,自由放任的市场经济体制则符合这样的自然法则。在斯密的理论里,他首先要回答的一个问题就是,如果每个人都是自利的,那么,社会的福利怎么能够保证。斯密论述道:

"每个人都必然努力尽可能使社会的年收入增大。实际上,一般说来,他既不打算促进公共利益,也不知道他自己在什么程度上促进公共利益。由于宁愿支持国内产业而不支持国外产业,他只是盘算他自己的安全;由于他按这样的方式管理产业,即使其生产价值最大,他所盘算的也只是他自己的利益,在这个场合像在其他许多场合一样,他受着一只看不见的手的引导,去尽力达到一个并非他本意想要达到的目的。也并不因为事非出于本意,就对社会有害。他追求自己的利益,往往使他能比在真正出于本意的情况下更有效地促进社会利益。"

因此,在市场的"看不见的手"的引导下,每个人在追求自己的个人私利的同时,也就无意识地促进了社会的公共利益。这一论断在今天看来是过于简单了,但是,对于当时受到限制的产业资本的成长而言,对于那些政府和计划的信徒而言,斯密所代表的古典传统仍然是值得借鉴的基本经济学思想。

资料来源:陈钊、陆铭:《微观经济学原理》,高等教育出版社2007年版,第16章。

一个关键性的转折点出现在20世纪30年代的经济大危机之后,凯恩斯主义经济学诞生,结束了新古典主义自由竞争经济学理论一统天下的时代。凯恩斯主义经济学奉行国家干预主义,认为完全自由的市场经济体制不能保证经济自动良好的运行,当市场机制的运行出现"失败"的时候,政府就有必要出面纠正市场机制的不足。在劳动力市场上,新古典主义的经济学认为失业是因为一部分劳动者不愿意接受市场竞争形成的工资。而凯恩斯主义经济学认为大量的失业不是由于员工不愿接受更低的工资造成的,相反,正是由于完全自由的市场经济体制可能导致周期性的生产过剩和有效需求不足,从而导致经济危机和工人失业。在这一指导思想下,西方国家开始以货币政策、财政政策和收入政策等手段对经济进行干预,以实现经济的稳定增长和劳动力的充分就业。经济危机之后,工会组织也迅速得到加强,对劳动力市场上工资和就业的决定产生了重大的影响。1938 年,美国开始实施"公平劳动标准法案",这是美国首部在全国范围实施的保护劳工权益的法案,法律规定了最低工资和长时间劳动的补贴标准,并对使用童工进行了限制。

与资本主义国家有所不同的是,在社会主义国家中劳动者成了国家的主人,国家通过计划就业体制保障劳动者的充分就业,劳动者之间的收入差距也有所缩小,这些现象也在西方国家产生了一定的影响,对国家干预经济的思潮起到了进一步的推动作用。但国家干预主义在经历了 20 世纪 60 年代西方国家的"黄金增长期"之后,很快便面临了自身的危机。70 年代以后,西方国家开始出现通货膨胀和经济停滞并存的现象,于是又引发了向自由竞争回归的思潮,在经济学理论方面,以货币学派和理性预期学派为代表的新自由主义理论均主张放弃国家对于经济的干预。到了 80 年代,理论界又形成了新凯恩斯主义学派,这一学派认为失业产生的原因主要是劳动力市场的功能性障碍。在理论逐渐发展的同时,以自由竞争和劳动力充分流动为基本特征的劳动力市场日益得到完善,而政府的职能则是对市场进行适度的干预,在建设社会保障制度和保护劳动者权益的同时保证市场机制的良好运作。

思潮是反映现实的,二战以后西方的资本主义制度出现了一些分化的趋势。其中,以美国和英国为代表的一类国家更加崇尚自由竞争,从而形成了所谓"盎格鲁-撒克逊模式"。在这类国家,工资浮动的灵活性更强,劳动力的流动性也更加充分,但社会保障的完善程度相对较差,于是在这类国家里人们的收入差距较大,而失业率却较低。另一类国家是以德国、法国和日本为代表的"莱茵模式"国家,在这些国家中,工会力量较强,工资浮动的灵活性较差,劳动力流动性相对较低,但是这类国家的社会保障制度却比较完善,企业为职工提供更多的培训和各种福利,有时职工还能够参与企业的管理。所以,在"莱茵模式"国家中,人们的收入差距较小,享受的福利水平较高,但由于劳动力市场的竞争性较差,失业率水平相对较高。[①]

通过上面这些讨论我们可以发现,在西方市场经济国家中,劳动力市场从完全自由竞争的状态开始逐渐走向各具制度和文化特征的有管理的模式。在经济发展的同时,各种经济理论和社会思潮也不断发展,在这一过程中职工的权益总体上得到了有

---

① 对两类资本主义制度差异的讨论,可参见米歇尔·阿尔贝尔:《资本主义反对资本主义》,杨祖功、杨齐、海鹰译,社会科学文献出版社 1999 年版。对于两类国家中社会保障、失业和收入分配的不同特征,请参见本书第 10—12 章中的详细讨论。

效的保护，而政府也适度地干预市场，保证了市场机制充分和良好地运作。虽然在不同的市场经济国家劳动力市场有着一些不同的特征，但是现代市场经济体制下劳动力市场的基本特征是，劳动力充分地参与市场竞争，工资在一定范围内能够有效地浮动，劳动力要素能够充分地流动。非常重要的一点是，即使政府对劳动力市场的运作有所干预，也多以经济手段为主，政府的干预不会影响企业作为劳动力市场独立的需求主体的地位。只要不违法，企业通常能够根据自己的经济目标做出劳动力雇佣的决策。此外，成熟市场经济体制下的就业体制是统一的，也就是说，不同的企业所面临的是同样的体制环境，一个国家内部不同地区的就业和社会保障体制也是统一的。成熟市场经济国家的劳动力市场发育过程和基本特征为我们考察中国的劳动力市场发育和就业体制转轨提供了很好的参照系。

背景

自由市场失灵与"看得见的手"

1929—1933 年，以英美为代表的自由世界经历了一场空前绝后的经济大危机。这场经济危机从美国开始，迅速波及世界上其他的主要资本主义国家，全世界都仿佛陷入了末日的恐慌。1932 年，资本主义国家的工业生产比 1929 年下降了三分之一以上，5 年间失业人数从 1 000 万人增加到 3 000 万人，加上半失业者①共达 4 000 万—4 500 万人。这场危机竟然使工业生产倒退到了 1908—1909 年的水平！

经济的衰退使经济学家也陷入了同样的恐慌。也许没有来自残酷现实所带来的理论恐慌就不会有理论的发展，经济学家陷入了深深的反思。在大危机来临之前，经济学家醉心于新古典经济学所构建的逻辑体系，相信市场经济那只"看不见的手"可以解决问题。生产将会自动地产生需求，当供给者得到收入时他就会去买同样多的东西——这就是以法国古典经济学家让·巴蒂斯特·萨伊(Jean-Baptiste Say)的名字命名的"萨伊定律"(Say's Law)——市场将始终是平衡的，经济危机只是短暂的。大危机使经济学家意识到新古典经济学出了问题，但没有人能够发展出一套驳倒萨伊定律的理论，直到凯恩斯在 1936 年出版了《就业、利息和货币通论》(即《通论》)。

凯恩斯的入手点是价格与供求的关系，他认为，宏观上的供大于求问题出在价格。价格并不是无限自由地浮动，从而在瞬间使市场达到供求平衡。在短期内，当市场出现供大于求的现象时，价格往往具有向下调整的刚性，使得商品滞销和工人失业这样的现象不能通过价格调整而及时消除。

当经济从有效需要不足走向衰退的时候，市场是不是可以自动地解决问题，使经济重新走向繁荣呢？凯恩斯给出的答案是否定的。虽然价格(包括工资)总是可以对供求产生反应，从而使市场再回复到均衡，但那需要很长的时间，在短期内，价格的调

---

① 半失业者指的是临时工、按日计算报酬的雇工、副业工作的人。

整是具有向下刚性的。所以，如果要使经济能够很快地走出低谷，只能依赖政府的干预。政府一方面可以通过增加政府支出直接增加有效需求；另一方面可以通过增加货币供应而降低利率，从而刺激投资。政府的宏观经济政策对于有效需求的增加将首先缓解供求不均衡的局面。然而，更重要的是，有效需求的增加能够直接引致劳动力需求的增加，从而减少失业，增加劳动者的收入，而这些又将进一步地增加有效需求，从而产生一系列的"乘数效应"。

凯恩斯的有效需求不足理论为资本主义的经济危机提供了很好的解释，这在理论上是"革命性"的。凯恩斯的理论为政府在市场经济中的功能提供了全新的认识，从此，人们不再单纯地认为政府只要像一个守夜人一样，除了打更和防止失火以外什么都不要管。他的理论直接将国家引上了政府干预的道路，当经济中出现了有效需求不足的时候，政府就可以通过需求管理政策来使经济重新走向繁荣，这就为政府自罗斯福新政以来的货币和财政政策找到了理论上的支撑。从此，到二次世界大战后的20世纪五六十年代，经济学家几乎不再相信市场是会自动实现均衡的。1971—1973年是当代世界经济史的又一个转折点。石油危机带来了石油价格大幅度上升，西方国家的经济出现了"滞胀"（即经济停滞和通货膨胀并存）的现象。这一新的现象给凯恩斯经济学带来了严重的挑战，因为在凯恩斯经济学里，如果政府增加货币供给，一方面会出现通货膨胀，另一方面实际工资和实际利率却都会下降，结果劳动力雇佣量和投资量都会增加，经济增长率必然上升。也就是说，在凯恩斯经济学里，通货膨胀和经济停滞是不会同时出现的两个现象。正是在这一背景下，自由主义的复兴时代来临了。在凯恩斯的国家干预主义大行其道，特别是政府全面管制经济在苏联获得成功的时候，一些自由主义的经济学家从来没有放弃过他们的自由主义倾向。也许这标志着经济学已经走出了迷信的时代，如果说在凯恩斯时代，他拥有的经济学知识来源主要就是新古典主义的话，那么，到了二战以后，经济学家拥有的知识资源就不仅有自由主义，也有干预主义了。

资料来源：陈钊、陆铭：《微观经济学原理》，高等教育出版社2007年版，第16章。

3.2　中国的就业体制及渐进转型

在我们所归纳的四小类经济体制中，苏联和东欧转型经济中的体制实际上并不构成一种稳定的经济体制，在那些国家表现出的经济现象大多可视为计划经济体制向"标准"市场经济体制的迅速过渡所导致的结果。因此在这一节中，我们仅考察中国转型时期的就业体制和劳动力市场发育过程。

通过对成熟市场经济国家劳动力市场发育过程的回顾，我们可以发现，中国转型时期劳动力市场的发育与西方国家有着迥然不同的历史背景和约束条件。在近现代历史中，中国从未真正地确立过现代意义上的市场经济体制。虽然在新中国成立前资本主义经济也有所发展，也曾建立过企业内部工会与企业间的工资谈判机制，劳动力的城乡间和地区间流动也是自由的,但这种市场化就业体制仍然处于较为初级的阶段,且范围很小,工会和谈判制度仅限于为数不多的外资、买办、民族企业。新中国成立之后,随着计划经济体制的确立,之前市场化的就业体制也因为与计划体制不相容而退出了历史舞台。

在新中国成立之初,中国的经济建设在苏联的指导和帮助下进行,采用计划体制来实行各种资源(包括消费品和生产资料)的配置。对劳动力资源的配置,中国也学习了苏联的计划体制,这个体制的基本特征是:

(1) 工资是由政府部门制定和管理的。在计划经济体制下,企业不是一个利润中心,它的任务是完成上级制定的计划,包括生产计划和就业安置目标。企业销售产品后,将所有的利税上交给上级主管部门,再由政府把工资总额下放到企业,而工资水平和级别则由政府统一制定。

(2) 劳动力流动和配置是由政府部门实施的。在计划经济体制下,企业的目标是完成计划,再加上政府试图在社会主义体制下消除失业,因此,劳动部门的一个重要目标就是为每一个想工作的劳动力安置工作,而企业则通常都在政府的安置下接受了相对于生产所需要的过多的劳动力就业。在这种体制下,企业不能自主地雇佣和解雇劳动力,劳动力也不能自主地在企业间、行业间和地区间流动,要流动就必须通过政府部门的"调动",而能够因各种理由实现"调动"的劳动力数量微乎其微。

(3) 社会保障的功能是由政府通过企事业单位来提供的。在计划经济体制下,政府试图通过计划手段压低职工的工资,从而控制企业的生产成本,提高企业的利润,然后再把利润转成重化工业的资本积累。为了对低工资进行补偿,政府为企事业单位的劳动者提供了全方位的"社会保障"。在这个体制下,失业保险是不需要的,因为政府包就业,医疗是由单位免费提供的,养老金是由企业以"退休工资"的形式发放的,住房是公有的,子女教育也由公立的学校免费提供。这种状况实际上起到了鼓励劳动力就业的作用,但也形成了"企业办社会"的沉重包袱。

中国实行计划就业体制的一个直接原因是所有的社会主义国家在当时都以充分就业作为一个重要的目标。尽管有一些经济学家指出社会主义国家表面上实现了充分就业,其实只不过是以隐性失业取代了公开的失业,但这种表面上的充分就业仍然是让实行计划体制的社会主义国家引以为豪的。除了充分就业这一理想化的目标以外,至少还有两点原因促使中国政府选择了计划就业体制。

(1) 人口和劳动力资源的快速增长。除了三年自然灾害的困难时期人口总数有所下降以外,中国的人口总数自新中国成立以来一直保持着快速的增长,而人口的快速增长带来的则是劳动力资源的快速增长。与此同时,中国的城市化水平也在不断提高,特别是"文化大革命"后期和改革开放的最初几年里大量知识青年返城,使得城镇人口的数量快速增加。为了实现城市劳动力的充分就业,中国政府实际上将计划就业体制的实施一直延续到了1985年。在这一阶段,国家实行了"在国家统筹规划和指导下,实行劳动部门介绍就业、自愿组织起来就业和自谋职业相结合"的方针,并相应地调整了所有制结构和产业结构，实行了搞活经济、广开门路的政策，大量安置了就业，使城镇失业率在 1985 年降到了改革以来的历史最低点，但这一时期的计划就业体制并没有发生实质性的变化。

（2）以重工业为重点的"赶超型"发展战略的实施。几乎所有社会主义计划经济国家在改革前都采取了"赶超型"的发展战略，这一背离自身比较优势的发展战略要求重工业部门有超常规的资本积累，为此，中国实际上相对地抬高了工业品价格，而压低了农产品的价格。这样做的目的是为了压低城镇职工的工资和生活费用，从而降低劳动力成本，提高企业的利润上缴，为实现重化工业部门的高资本积累创造条件。所以，控制工资水平及其增长速度也成了计划就业体制的一项重要内容。[①]

在计划就业体制下，城市职工虽然将一部分的劳动所得交给了国家，仅得到了被人为压低的工资，但他们也由此获得了一些其他的利益，其中最为重要的就是没有失业的风险，此外还有养老、医疗、住房等福利。而从政府这一边来看，虽然计划就业体制的实施使得工业部门的高投资得以实现，但导致了国有企业内部大量的隐性失业和人浮于事的低效率问题，同时也因为职工的养老、医疗和住房等福利造成了国有企业的沉重负担。

面对传统计划就业体制遗留下来的一系列问题，中国在 20 世纪 80 年代初开始在就业体制中引入了一些市场化的因素，以解决当时严峻的就业问题，但是以劳动合同制全面推行和失业保险体系建立为标志的就业体制市场化改革是从 1986 年才真正开始的，当时，统计上的城镇失业率已经降到了历史最低点。

从总体上来看，中国的就业体制改革也是采取了一种渐进式改革的策略，这也是中国政府在解决改革、发展、稳定之间的矛盾时的理性选择。具体来说，中国之所以不能很快地实现就业体制的完全市场化，是因为我们在相当长的一段时间里至少面临着以下几个方面的制约因素：

（1）庞大的隐性失业规模和尚待健全的社会保障体系限制了企业富余人员的分流速度。传统的计划就业体制导致国有企业存在大量的隐性失业，直到 1995 年前后，一些调查结果仍然表明国有企业的隐性失业率可能高达 20％左右。[②]如果将这样大规模的隐性失业进行迅速的显性化，就有可能造成像苏联、东欧国家所出现的失业率快速上升和社会动荡等问题。中国虽然自改革开放以来一直保持较快速的经济增长，但仍然不足以吸纳如此大规模的隐性失业。从另一方面来看，中国的社会保障体制也有待完善，失业保险体系的承受力不允许社会上出现大规模的失业队伍。在这种情况下，隐性失业的显性化过程也只能是渐进的。

（2）劳动力的社会保险关系没有理顺，市场就业意识没有形成。在传统的计划经

---

① 对于计划经济体制的形成和"赶超型发展战略"之间的关系，读者不妨参阅林毅夫、蔡昉、李周：《中国的奇迹：发展战略与经济改革》（增订版），格致出版社 2024 年版。

② 王诚：《中国就业转型：从隐蔽失业、就业不足到效率型就业》，《经济研究》1996 年第 5 期。

济体制下,职工的社会保险关系一直是与所属企业挂钩的。为了实现向市场经济体制的转轨,中国也开始对社会保障体制进行社会化的改革。养老保障方面,自1997年开始建立以社会统筹加个人账户的社会保障体制,而医疗保障也在世纪之交的几年时间里逐步与企事业单位脱钩,实现了社会化。在社会保障没有被社会化之前,企业的富余人员心里有后顾之忧,不愿与企业解除劳动关系。同时,劳动者的观念制约也是一个重要的因素。企业内的富余人员一般具有年龄大、文化程度低的特点,这些职工都是企业的老职工,大多数都是在劳动合同制实施之前就业的。这些职工在传统体制下是由政府和企业保障其就业的,因此他们缺乏自主就业和参与竞争的意识,不愿意通过市场渠道实现再就业。

(3)受到传统计划经济体制的影响,政府还不能完全顺应市场经济体制的需要转变自身职能。在传统体制下,一般劳动力和人才分属劳动部门和人事部门管理,从而造成了这两类劳动力市场的分割。在改革过程中,非国有部门逐步发展壮大并形成了市场化的就业体制,而政府对国有部门工资和就业的管制措施有些则长期存在,于是又形成了不同就业体制下的劳动力市场分割。政府部门长期习惯于在劳动力市场上居于管理者,而不是服务者的地位,这会制约劳动力市场的改革。从当前情况来看,不同所有制企业之间的就业体制已经基本并轨,但劳动和人事两个部门的分割却仍然存在。

(4)严峻的就业形势使得对外来劳动力就业的限制成为暂时的需要,劳动力市场的城乡分割长期未能得以消除。在计划经济体制下,农产品价格被人为压低,城乡居民的收入差距由此产生,政府为了保障城镇劳动力的就业以行政手段分割了城乡劳动力市场,不允许农村居民进城就业。转型时期,面临城镇仍然严峻的就业形势,政府仍然沿用了对农村劳动力流入城镇进行管理的政策。统计部门所统计的城镇失业率都是具有本地户口的城镇劳动力的失业率,地方政府为了实现扩大本地居民就业的目标,仍然对外来劳动力在本地的就业进行着不同程度的限制。地方政府出于保护城镇居民利益而实施的本地和外地之间,以及城乡之间劳动力市场的分割将成为中国构建和谐社会过程中需要解决的重大问题。

由于存在着上面所分析的就业体制市场化的几个难点,中国转轨时期劳动力市场的发育呈现出渐进的特点。具体说来,政府在避免激化社会矛盾的前提下,对国有部门原有的传统体制进行了边际上的改革,这种渐进式的改革措施也使得转型时期国有部门的就业体制长期带有计划体制的色彩。相反,自改革开放以来,新生的非国有部门开始逐步发展壮大,这一部门是在市场化的环境下成长起来的,非国有部门的发展壮大使得越来越多的劳动力(特别是年轻劳动力)通过市场机制进行配置。这样,就在劳动力市场转型时期形成了国有和非国有部门"二元"的就业体制。非国有部门的市场化就业体制对传统的就业体制产生了巨大的冲击,对整个劳动力市场的发育起到了不可忽视的推动作用。接下来,我们分别分析不同的就业体制下劳动力市场是如何逐步发育的。

1. 新生的劳动力市场的成长

在改革开放的历史中,按照先后次序,新生的劳动力市场的发育是从三个方面逐步推进的。

首先,城镇劳动力的体制外就业成为劳动力市场发育的最初动力。在 20 世纪 70 年代末至 80 年代初的一段时间里,出现了一个安置就业的困难时期,压力来自城镇地区在"文化大革命"时期积存的待业人员、新增劳动力和大量返城的"上山下乡"知青。为了缓解这一就业压力,国家在就业体制中引入了灵活的市场机制。1980 年 8 月,党中央在全国劳动工作会议上制定了新的劳动就业方针,即在国家统筹规划和指导下,实行劳动部门介绍就业、自愿组织起来就业和自谋职业相结合的方针,并相应地调整了所有制结构和产业结构,实行了搞活经济、广开门路的政策。从那以后,城镇的个体经济开始发展起来,随后,私营经济也成为一支吸纳就业的重要力量。与此同时,随着国家放开对于外资进入的限制,三资企业①在中国取得了快速的发展,三资企业的劳动力资源配置也是通过市场机制实现的。

其次,农村剩余劳动力向城市的流动加强了劳动力市场的竞争,促进了劳动力市场的发育。从 20 世纪 80 年代中期开始,在城乡收入差距的作用下,农村剩余劳动力开始向城镇地区流动。进入 90 年代,农村向城镇的劳动力流动规模越来越大,一方面,沿海地区的外资企业创造了大量就业需求;另一方面,随着粮票的取消,农民从家乡跨地区流动到另外一个地方就业也变得更加容易。②90 年代之后,城乡和跨地区的劳动力流动规模持续壮大,形成了所谓的"民工潮"。当时,农民工在城市里没有养老、医疗、失业等保障,他们的就业也完全通过市场化的渠道实现。因此,农民工就业加强了城市劳动力市场的竞争和劳动力的流动,对僵化的传统就业体制产生了巨大的冲击,对整个劳动力市场的发育起到了非常重要的推动作用。

最后,传统国有部门的富余劳动力寻求体制外就业是城镇劳动力走向市场化就业的关键一步。20 世纪 90 年代以来,国有企业隐性失业显性化的进程有所加快,90 年代中期开始出现了国有企业富余职工大规模下岗的现象(具体请参见本书第 10 章)。失业下岗人员中有不少是通过市场化的渠道实现再就业的,再就业的主要去向是从事个体、私营经济,也有一部分再就业困难人员从事社区公益性劳动,或者在政府扶持的非正规就业组织中就业。其中,不少失业下岗人员是以"隐性就业"的形式实现再就业的,也就是说,他们虽然实际上已经就业了,却仍然被政府部门和企业当作失业下岗人员对待,享受着由政府或企业提供的失业保险金或下岗工资。在转轨时期劳动者社会保险关系还未理顺的情况下,为了使下岗职工能够进入劳动力市场,政府对部分下岗人员采取了协议保留社会保险关系(简称"协保")的方式,鼓励下岗职工实现市场化的

---

① "三资企业"指中国境内设立的中外合资经营企业、中外合作经营企业、外商独资经营企业等三类外商投资企业。

② 在 20 世纪 90 年代中期之前,由于粮食短缺,城镇居民需要凭粮票购买商品粮,而农民进城务工因为没有粮票,成了进城务工的障碍。

就业,但是,这些协保人员往往是以隐性的形式实现再就业的。从雇佣协保人员的企业(多为非国有企业)来看,无需与协保人员签订劳动合同,便可以不为他们缴纳"三金",劳动力成本较低。从协保人员自身来看,他们不愿放弃与原单位的社会保险关系,对就业能瞒就瞒;同时,他们也不愿(或不能)与新就业的企业签订劳动合同,因为他们一旦提出这种要求企业就可能不再愿意雇佣他们。这种失业下岗人员隐性就业的现象从客观上对政府和企业造成了一定的损失,形成了国有企业和非国有企业之间社会负担不同的局面,但也正是这种过渡时期看似不合理的制度安排使得一些国有企业的富余劳动力走向了市场,这些劳动力通过市场在非国有部门就业是城镇劳动力走向市场化就业的关键一步。

我们可以看到,非国有部门的发展对新生劳动力市场的发育过程起到了关键性的作用。首先,非国有部门的发展壮大同时就意味着实现市场化就业体制的范围逐步扩大,新的就业体制对传统的就业体制产生了巨大的冲击,对就业体制的市场化改革起到了一定的示范作用。其次,非国有部门的市场化就业体制也促使从业于这一部门的劳动力更新观念,带动了劳动力(特别是国有部门职工)平等竞争、自主就业观念的形成。最后,非国有部门在发展壮大的过程中不仅吸纳了大量城镇新生劳动力和农村剩余劳动力的就业,还为国有部门的富余劳动力再就业提供了大量的就业岗位,这就有效地缓解了国有部门就业体制市场化改革可能导致的社会矛盾,为更进一步的改革创造了条件。

2. 传统部门劳动力市场的逐步转轨

与非国有部门形成对照的是,中国的国有部门长期保留着带有计划色彩的就业体制,但在改革进程中,国有部门的就业体制总体上进行了市场化取向的改革。

中国城市就业体制的改革开始于 1986 年,其标志性的事件是劳动合同制的实施。选择这一时机开始就业体制的市场化改革,既是 1984 年开始的国有企业改革的必然要求,也是因为 1985 年时城镇失业率降到了改革以来的历史最低水平。劳动合同制的实施首先经过了在上海、广东等少数地区的试行,直到 1986 年国务院颁布了《国营企业实行劳动合同制暂行规定》,开在全国范围内正式实行劳动合同制。在这一制度下,合同工的劳动合同期满后就业即自行终止,而在合同期内,如企业和工人任何一方在规定允许的情况下也可以终止合同。实行劳动合同制以后,企业雇佣增量劳动力的权力已经较为自由。从劳动力进入和退出行为选择来说,自由度也增大了,劳动力的自由流动机会也增多了。

与此同时,企业对职工的辞退权也有所扩大。1982 年,国务院颁发了《企业职工奖惩条例》,规定企业可以对犯有各种严重错误者给予开除处分,对无故旷工者给予除名处分。1986 年,国务院又发布了《国营企业辞退违纪职工暂行规定》,进一步规定企业对于错误严重程度尚未达到开除和除名的违纪职工可以予以辞退的处罚。这一阶段的改革扩大了企业的辞退权,但这一权力的行使仍然是以职工的过失行为作为前提的,企业实际上不能根据生产需要解雇职工,即使在有限的辞退权范围内,由于缺乏其他相应的配套措施，许多企业实际上还无法充分行使其辞退权。据统计，在 1986 年 10 月到 1989 年 10 月间被辞退的职工仅占全国登记失业职工总数的 2.8%。①1995 年开始，一些国有企业被挑选出来进行现代企业制度的试点，这些试点企业被允许在法律的许可范围内解雇多余的人员。至此，国有企业的就业制度改革取得了一定程度上的突破，但从现实情况来看，即使是当时的现代企业制度试点企业也仍然受到各种因素的限制，实际上还不能完全根据自己的经济目标解雇富余人员。

在经济体制的过渡时期，不允许国有企业完全按照自己的经济目标解雇职工是有其合理性的。特别是对于那些老职工来说，他们在传统的就业体制下所得到的是被人为压低的工资，作为对低工资的补偿，职工不会有失业的风险，而就业体制的改革实际上打破了这一"隐含的合约"。如果市场化改革一步到位，一定会引发职工的不满，甚至成为社会和政治的不稳定因素，从而抵消改革本身带来的成果。为了避免由改革而引起的社会矛盾激化，同时又兼顾国有企业的经济效益，国家开始允许国有企业以企业内下岗的形式逐渐分流一部分富余人员。1996 年 7 月，上海市人民政府下发了《关于推进上海纺织、仪电控股（集团）公司再就业工程试点的意见》，在下岗职工相对集中的纺织、仪电两行业建立了企业主管部门与困难企业共同负责、政府与社会共同资助、对下岗职工进行托管的"再就业服务中心"，随后这一工作又扩大到轻工、化工、机电、冶金和建材等系统。从上海开始，全国范围内以再就业服务中心形式分流企业富余人员的工作逐渐推开。

作为向市场化就业体制过渡的一个中间阶段，再就业服务中心的成立有效地减轻了企业的负担，促进了再就业工作的开展。然而，国有企业的下岗职工规模也是受到政府控制的。在成立再就业服务中心的操作中，只有连续亏损两年以上的国有企业才可以建立"再就业服务中心"，其他企业只能小规模地搞企业内下岗。在上海，根据政府的财政支出能力、全市的下岗人员上年结存数和企业富余人员分流的压力，每年上海市劳动局均会制定当年下岗职工规模的总量规划，然后，再根据各个行业的效益情况将下岗人员的总量指标分解到各个行业。而效益好的企业即使存在着富余人员，也不能得到政府的下岗指标，只能通过企业内转岗等手段将富余人员进行分流。在不能完全自由地决定企业就业数量的同时，国有企业的工资总额和工资增长决策也曾经受到来自政府部门的管制。

经过若干年的就业体制市场化改革，即使在国有企业里，只要在法律规定的范围内，工资的制定和职工的辞退都已经比较自由，就业决策受到政府行政干预的情况已经大为减少。2008 年 1 月 1 日，《中华人民共和国劳动合同法》施行，企业与员工的雇佣关系，包括企业的解雇行为被更为正式地纳入到了法律的框架之内。在现实观察中，如果遇到经济的负向冲击，国有企事业单位的解雇行为还是非常谨慎的，甚至会被

---

① 符钢战：《中国：劳动力市场发育的经济分析——从微观到宏观》，上海人民出版社 1992 年版，第 107 页。

要求为稳定就业做贡献。

所谓就业体制的市场化,并不仅仅是建立一个供需见面的市场,使得工资和就业的决定较为自由,也不只是建立一套完善的法律体系,这些都只是市场化就业体制的一部分。就业体制的市场化改革,要明确市场经济体制下劳动力市场机制的基本框架,同时,还要培育起市场的主体,明确其各自的角色。举例来说,上海市人社局曾经提出目标,劳动力市场体制基本框架的主要构件为"一个核心机制、四个支撑体系",即:劳动力市场配置劳动力资源的核心机制,辅以充分体现政府在市场经济中重要职能的就业促进体系、社会保障体系、监督调控体系和管理服务体系。这样的目标是符合市场经济体制下市场与政府之间的功能互补原则的。

3.3 劳动力市场的空间分割:老问题和新挑战

改革开放以来,中国经历了规模巨大的人口流动,数以亿计的劳动力从农村流向城市,从欠发达地区流到发达地区。2020年第七次全国人口普查数据显示,中国的流动人口规模达到3.76亿人,占总人口的26.04%。如果我们从全球范围来看,发生在中国城乡和区域间的劳动力流动,完全可以说是过去几十年来全球经济最重要的事件之一。全球经济的重新布局、中国经济的起飞和区域结构调整均与此有关。

经济理论将劳动力流动看作理性决策的结果,而做出这个决策的人(或家庭)所面临的制度约束却不尽相同。对于中国那些与其他国家和地区不同的劳动力流动现象,应引起研究者和政策制定者的充分重视。本书的第9章将具体讨论劳动力在城乡和地区间流动的问题,在这里,我们先来了解中国劳动力流动的制度背景。

正如我们在前面已经介绍的那样,在改革开放以前,为了实现工业部门的资本积累和快速工业化,中国采取了压低农产品相对价格、抬高工业品相对价格的"剪刀差"制度。同时,城市工业部门的工资也被人为压低,以增加工业部门的利润空间,加快资本积累。在城市,与低工资相伴的是由国家负责的养老、医疗、子女教育、住房等一系列福利,城市居民的实际收入远高于农村居民,这产生了农村居民向城市流动的巨大动力。与此同时,城市工业部门的重型化又使得工业部门创造就业岗位的能力较低,要实现城市居民的充分就业已经不易,因此,政府便通过户籍制度严格限制农民向城市的迁移,甚至曾经通过"上山下乡",将城市的青年人迁往农村,缓解城市的就业压力。

改革开放之后,中国经济开始逐步加入全球化进程,劳动力相对质优价廉的比较优势,使得中国进入了全球生产链的劳动密集型环节,特别是出口加工型制造业。由于出口加工型制造业布局在靠近东南沿海的地区能够节省国际贸易的运输成本,因此,外资也大量集中在沿海省份。相应地,大量制造业的新增就业岗位也产生于沿海省份。这就带来了劳动力从农村向城市的流动,同时也表现为从内陆向沿海的流动。

在 20 世纪 80 年代,劳动力流动仍然受到户籍制度的严格约束。当时,由于经济处于短缺状态,城市居民通过粮票来购买商品粮,因此,农民进城即使找到工作也必须自带口粮,或在城市换取粮票,劳动力流动成本巨大。1984 年的中央一号文件鼓励发展社队企业,允许农民自理口粮进城镇做工、经商、办企业。1993 年 4 月 1 日,国家提高粮食订购价格和销售价格;5 月 10 日,北京市粮油价格全面放开,粮票终于退出历史舞台。而广东则早在一年前已实现了粮价放开后的平稳过渡。"粮食关系"不再成为劳动力流动的制约,劳动力流动的规模迅猛增长。

农民工进城也曾被认为对城市劳动力市场形成了冲击。尤其是在 20 世纪 90 年代中后期,一方面大量农民工进城,另一方面城市内部劳动力市场改革快速推进,大量企业富余职工被下岗分流,很多人认为农民工挤占了城市居民的就业岗位。必须指出,人们所认为的农民工进城挤压城市居民就业的效应并没有被实证研究支持。如果说有影响,农民工进城的影响主要是增加了城市劳动力市场的供给,缓解了城市的工资上涨压力。

尽管农民工进城对城市就业的影响被夸大了,但城市内部按户籍所进行的劳动力市场分割政策仍然被制定并实施了。这种由户籍政策所导致的身份歧视至今仍然存在,而且在不同地区获得户籍的难度还有所不同。在人口流入多的东部沿海城市(特别是特大和超大城市),相对来说落户门槛更高。在中国的城市,如果没有当地的城镇户籍,外来劳动力至少面临以下"三歧视一障碍",这就加大了劳动力流动成本,从而阻碍了劳动力流动和城市化进程。具体来说,"三歧视"包括:

第一,就业。早期,城市政府曾经直接通过政策管制来限制企业招收外来劳动力,其主要手段是向招收外来劳动力的企业征收额外的费用;同时,外来劳动力也被限制进入一些特定的行业。从 2003 年开始,大多数歧视性政策逐步被取消。2003 年出台的《国务院办公厅关于做好农民进城务工就业管理与服务工作的通知》要求,各地区、各有关部门取消对企业使用农民工的行政审批,取消对农民进城务工就业的职业工种限制;各行业和工种尤其是特殊行业和工种要求的技术资格、健康等条件,对农民工和城镇居民应一视同仁。但是,非本地城镇户籍人口要进入政府的公务员系统和高收入的垄断行业几乎是不可能的,即使在较差的劳动力市场上,拥有城镇户籍的劳动力也处于有利地位。

第二,社会保障。中国现有的社会保障体系是由本地财政支撑并独立运转的,因此,各个城市的社会保障均以服务本地居民为主。即使有些城市有专门为外来人口提供的社会保障,其保障水平也比较低,外来劳动力的参与率不高。尤其值得一提的是,虽然中国政府已经在努力将养老保障的个人账户变成可以跨地区携带的,但截至 2024 年仍未实现。在现有制度下,普遍的规定是,一个外来劳动力必须在工作地缴费 15 年后方能在当地享受养老保险,如果未满 15 年便离开工作地,只能从当地退保,转到未来所在地,但退保时职工只能带走个人账户中个人缴纳的累积金额,而企业缴纳的统筹部分则无法全部带走,这对外来劳动力而言是不小的损失。①另外,中国另一项重要的社会保障——最低生活保障,给收入低于最低生活保障线的居民提供一笔收入,这项保障的获得也与户籍身份挂钩,仅仅提供给本地户籍居民。

第三,公共服务,特别是子女教育。地方政府提供的公共服务有些是没有歧视的,也难以有歧视,比如绿化和公共交通。但是,仍有公共服务项目是与户籍挂钩的,其中,特别重要的就是子女教育。从幼儿园开始,如果没有本地城镇户籍,就不能以向本地居民实行的收费标准就读公立幼儿园。在义务教育阶段,以前的制度是本地公立学校不招收外来务工人员的小孩,即使招,收费也更高,导致大量农民工子弟学校的产生。现在,义务教育阶段的学校已经对外来务工人员的子女开放,但是,一些超大城市对于外来人口随迁子女的入学设置了较高的门槛。由于随迁子女入学难,大量进城务工人员只能将其子女留在老家。据国家统计局、联合国儿童基金会和联合国人口基金共同发布的《2020年中国儿童人口状况:事实与数据》,在2020年,中国的留守儿童有6 693万人,其中包括了父母一方不在身边的留守儿童,而且包括了城镇留守儿童。

此外,高等教育资源集中的城市往往倾向于将高考招生名额分配给本地考生。虽然2012年以来,国务院和各省市逐步推进异地高考的政策改革,但由于异地高考的条件较为严苛,异地高考情况仍然不容乐观。2023年《国务院关于考试招生制度改革情况的报告》表示,2013年以来累计已有207万名随迁子女在当地参加了高考,占同期高考人数的比例不到2%。外来务工人员的子女回原籍参加高考,面临更严酷的竞争,这显然会造成高等教育的机会不均等,并阻滞代际的收入和社会流动。②与高考机会不均等相连带的一个结果是,城市(特别是大城市)的高中教育实际上对外来人口也不是平等开放的。另外,如廉租房这样的公共服务也基本上只对本地户籍人口开放。需要特别说明的是,国际上的普遍原则是,常住人口平等享受公共服务,这可以缓解由收入差距带来的实际福利差距。但在中国,当户籍与公共服务挂钩,同时,本地户籍人口的平均收入又高于外来常住人口的时候,公共服务并没有充分起到缓解福利差距的作用。

"一障碍"即城乡和地区间劳动力流动面临的土地制度的障碍。中国为了保持"粮食安全",要保持一定数量的耕地,于是就相应实行了"建设用地指标配给制度",每一年给出农业用地转建设用地开发的指标总数,不能突破。这个总数的分配虽然也要考虑不同地方不同经济发展的需要,但采取了偏平均主义的方式。特别是在2003年之后,沿海地区和经济较发达的大城市面临着更紧的建设用地制约,这就导致了这样一

① 2018年国务院发文建立养老保险基金中央调剂制度,旨在均衡地区间企业职工基本养老保险基金负担。自2022年起开始实施养老保险全国统筹制度,在全国范围内对各地基金结余进行合理调剂。全国统筹实施后,养老待遇将更加公平,劳动者的养老金权益不会再因流动就业而受到影响,这将促进全国劳动力市场一体化和劳动力资源优化配置。但截至本书出版,个人养老金账户仍未实现全国统一。
② 高等教育是否属于公共服务并无一致看法。近年的研究发现,高等教育具有很强的外部性,因此,政府对高等教育的投入具有一定的公共服务的性质。

种情况：沿海地区有建设用地的需求却无建设用地的指标；而内陆地区则相反，有用地指标却使用并不充分，土地利用效率低。设想如果存在一个市场交易机制，用地指标需求更多的地方就可以去购买别的地方相对富余的用地指标，从而可以将更多农业用地转化为建设用地，而卖出建设用地指标的地方则需要相对增加农业用地的保有量，这在实践中叫农业用地的跨地区"占补平衡"。更进一步说，进城的农民每家都有宅基地，而宅基地天然对应着建设用地指标，但实践中不允许进城农民转让其在家乡的宅基地对应的建设用地指标，换句话说，农民家里的宅基地使用权不能被作为资产来交易。2018 年起，国家开始探索跨省（市、区）的农业用地"占补平衡"。2018 年 3 月 26 日，国务院办公厅印发《跨省域补充耕地国家统筹管理办法》和《城乡建设用地增减挂钩节余指标跨省域调剂管理办法》。跨省域补充耕地国家统筹要坚持耕地占补平衡县域自行平衡为主、省域内调剂为辅、国家适度统筹为补充，合理控制补充耕地国家统筹实施规模。

上述这些制度虽然已经在进行改革中，但仍然加大了劳动力流动成本，对劳动力流动和农民工（包括大量跨城市迁移的城镇户籍人口）融入所在城市造成了障碍。随着时间的推移，城乡和地区间流动人口的数量日益增多，城市常住人口中不拥有本地城镇户籍的比重也逐步提高，将会产生城市"新二元结构"。新生代农民工市民化的愿望明显高于上一代，于是，制度制约对他们融入城市形成的障碍就会更为明显。

城乡和地区间劳动力流动的障碍对中国经济产生了一系列的深刻影响，对此，本书将在第 9 章中加以讨论。

背景

中国就业体制变迁的大事记

1955 年 5 月，新中国第二次全国劳动局长会议确立了计划就业体制。计划就业体制，或者称劳动力统一招收与调配制度，其特点是由国家单方面实现劳动力雇佣和配置，企业则几乎没有用工权，劳动者也基本上没有选择工作岗位的权利，而是由劳动部门统一"分配"工作。

1980 年 8 月，党中央在全国劳动工作会议上制定了新的劳动就业方针，即"在国家统筹规划和指导下，实行劳动部门介绍就业、自愿组织起来就业和自谋职业相结合"的方针，并相应地调整了所有制结构和产业结构，实行了搞活经济、广开门路的政策。

1982 年，国务院颁布了《企业职工奖惩条例》，规定企业可对犯有各种严重错误者给予开除处分，可对无故旷工者给予除名处分。1986 年，国务院又发布了《国营企业辞退违纪职工暂行规定》，进一步规定企业对于错误严重程度尚未达到开除和除名的违纪职工可以予以辞退的处罚。这一阶段的改革扩大了企业的辞退权，但这一权力的行使仍然是以职工的过失行为为前提的。

1983 年,《劳动人事部关于积极试行劳动合同制的通知》下发,在全国实行劳动合同制。1986 年,在国营企业开始实行全民合同制。

1984 年,国务院出台了允许农民自理口粮进城务工经商的政策。

1986 年,开始实行《中华人民共和国企业破产法》。与此相配合,国务院颁布了《国有企业职工实行劳动合同制暂行规定》,开始在全国范围内正式实行劳动合同制。之前,劳动合同制自 1980 年起在上海、广东等少数地区试行。

1986 年,为了适应国有企业改革的需要,国务院颁布了《国营企业职工待业保险暂行规定》,由此开始建立起失业保险制度。

1993 年 4 月,国务院发布《国有企业职工待业保险规定》。1993 年 11 月十四届三中全会《中共中央关于建立社会主义市场经济体制若干问题的决定》中正式提出要建立"失业保险制度",也第一次提到"劳动力市场"的概念。

1995 年开始,现代制度的试点企业被允许在法律的许可范围内解雇多余的人员。

1996 年 7 月,上海市人民政府下发了《关于推进上海纺织、仪电控股(集团)公司再就业工程试点的意见》,在下岗职工相对集中的纺织、仪电两行业建立了企业主管部门与困难企业共同负责、政府与社会共同资助,对下岗职工进行托管的"再就业服务中心"。之后,企业富余职工通过"再就业服务中心"进行分流的模式在全国范围内逐渐推广。

2003 年 12 月 30 日,《最低工资规定》经劳动和社会保障部第 7 次部务会议通过,自 2004 年 3 月 1 日起施行。(1993 年,中国劳动部发布《企业最低工资规定》,开始建立最低工资制度。1994 年实施的《中华人民共和国劳动法》中,明确实行最低工资制度。2004 年施行《最低工资规定》之后,最低工资制度被全面实施。)

2005 年 3 月,劳动和社会保障部与财政部共同发布《关于切实做好国有企业下岗职工基本生活保障制度向失业保险制度并轨有关工作的通知》,要求 2005 年底原则上停止执行国有企业下岗职工基本生活保障制度,企业按规定关闭再就业服务中心。并轨人员和企业新裁减人员通过劳动力市场实现再就业,没有实现再就业的,按规定享受失业保险或城市居民最低生活保障待遇。

2006 年 3 月 27 日,新华社受权发布《国务院关于解决农民工问题的若干意见》,提出要"逐步建立城乡统一的劳动力市场和公平竞争的就业制度,建立保障农民工合法权益的政策体系和执法监督机制,建立惠及农民工的城乡公共服务体制和制度,拓宽农村劳动力转移就业渠道,保护和调动农民工的积极性,促进城乡经济繁荣和社会全面进步,推动社会主义新农村建设和中国特色的工业化、城镇化、现代化健康发展"。

2008 年 1 月 1 日,《中华人民共和国就业促进法》开始施行。此法是为了促进就业,促进经济发展与扩大就业相协调,促进社会和谐稳定。条文明确规定劳动者依法享有平等就业和自主择业的权利;劳动者就业,不因民族、种族、性别、宗教信仰等不同而受歧视;农村劳动者进城就业也享有与城镇劳动者平等的劳动权利,不得对农村劳动者进城就业设置歧视性限制。条文中也针对职业教育和培训做出了详细规定。

2008年1月1日，《中华人民共和国劳动合同法》施行。此法是为了完善劳动合同制度，明确劳动合同双方当事人的权利和义务，保护劳动者的合法权益，构建和发展和谐稳定的劳动关系。但此法施行后就遇到全球金融危机。

2013年11月，中国共产党十八届三中全会提出："健全促进就业创业体制机制。建立经济发展和扩大就业的联动机制，健全政府促进就业责任制度。规范招人用人制度，消除城乡、行业、身份、性别等一切影响平等就业的制度障碍和就业歧视。完善扶持创业的优惠政策，形成政府激励创业、社会支持创业、劳动者勇于创业新机制。完善城乡均等的公共就业创业服务体系，构建劳动者终身职业培训体系。增强失业保险制度预防失业、促进就业功能，完善就业失业监测统计制度。创新劳动关系协调机制，畅通职工表达合理诉求渠道。"

2013年人力资源与社会保障部发布《劳务派遣暂行规定》明确规定用劳务派遣工的合法性，但同时规定用工单位应当严格控制劳务派遣用人数量，使用的被派遣劳动者数量不得超过其用工总数的10%。

2021年7月，人力资源与社会保障部、发展改革委、交通部、应急部、市场监管局、国家医保局、最高人民法院和全国总工会等八部门联合发布《关于维护新就业形态劳动者劳动保障权益的指导意见》。文件中针对新就业形态劳动者权益保障面临的突出问题，提出要健全公平就业、劳动报酬、休息、劳动安全、社会保险制度，强化职业伤害保障，完善劳动者诉求表达机制。

2024年2月23日，人力资源社会保障部办公厅印发《新就业形态劳动者休息和劳动报酬权益保障指引》《新就业形态劳动者劳动规则公示指引》《新就业形态劳动者权益维护服务指南》（"两指引一指南"）。文件规定"新就业形态劳动者，主要指线上接受互联网平台发布的配送、出行、运输、家政服务等工作任务，按照平台要求提供平台网约服务，通过劳动获取劳动报酬的劳动者"。文件强调了"符合确立劳动关系情形的新就业形态劳动者，休息和适用最低工资标准等按照《中华人民共和国劳动法》《最低工资规定》等法律法规规章执行"。文件还"鼓励平台企业成立由工会代表、新就业形态劳动者代表和企业代表参加的企业内部劳动纠纷调解委员会，提供涉新就业形态劳动者劳动纠纷调解服务"，并且"新就业形态劳动者有权加入工会。工会组织要积极吸收新就业形态劳动者入会"。

资料来源：作者根据公开资料整理。

思考题

1. 如何理解就业体制的市场化？所谓市场化的就业体制是完全由企业自由制定工资标准和决定就业吗？中国渐进的就业体制改革进程对思考全球范围内的劳动就业

问题有什么样的普遍意义？

2. 你了解英国、法国、德国、日本和美国这些国家的历史吗？第二次世界大战以后，这些国家在就业体制上的分化与这些国家在近现代资本主义发展过程中的经历有什么关系？有哪些重要的思想家影响了这些国家的发展道路？

3. 如果用主张自由竞争的新古典主义经济学为参照系的话，转型时期的国有企业就业量显然过多了，那么为什么不立即把多余的员工解雇掉，完全让市场自由来决定工资和就业呢？苏联和东欧国家就是在新古典主义经济学的指导下对其就业体制进行了激进式的改革，如何评价这些国家的改革实践？

4. 为什么中国和苏联、东欧国家在改革之前实行了计划经济体制？计划就业体制下对工资、就业和劳动力流动的管制与计划经济体制有什么关系？

5. 与上一题相关的问题是，中国劳动力市场的改革和就业体制转型与中国经济发展战略的转变有什么关系？1996 年对于中国劳动力市场改革和经济增长方式的转变有什么影响？

6. 中国转型时期的就业体制有什么特点？未来中国的就业体制改革应该更多地借鉴英美模式还是欧洲大陆模式？请读者查阅资料，关注有关《中华人民共和国劳动合同法》、最低工资制度和社会保障制度的争论，如何看待这些争论？市场经济体制下，要不要对于劳动者进行法律和制度上的保护，或者说，要保护到什么程度？

7. 2008 年《中华人民共和国劳动合同法》中最受到争议的就是"无固定期限劳动合同"的相关条款。很多人认为，这形成了新的"铁饭碗"。请查阅"无固定期限劳动合同"的定义和相关条款，并对这种合同等于"铁饭碗"的观点进行讨论。

8. 请读者查阅两个事实：第一，新中国成立之后，在历次宪法的修订过程中，有关人口流动与迁徙的部分是如何演变的；第二，在欧盟的制度框架下，有关欧盟国家间人口流动以及相关的社会保障、公共服务等制度是如何规定的。了解了这些之后，你获得了怎样的启示？

9. 全国各地对于外来人口的社会保障和公共服务制度均有差异，并且在不断变化。请了解一下你所在城市的相关制度处于什么样的状态。

10. 国际上的普遍原则是常住人口平等地享受公共服务。在中国，中央不断提出基本公共服务要覆盖到常住人口，但地方政府（特别是在一些大城市）却一直未能真正做到这一点。请对这种现象予以评论。

11. 请思考一下，当城市内部无本地城镇户籍人口与本地城镇户籍人口之间存在身份差异时，对于城镇的经济社会发展将会产生哪些影响？

劳动需求

企业如何决定劳动需求？是多使用劳动还是多使用资本？

以前，农民工每年要在播种和收割这两个季节回老家劳动。现在，至少在收割季节，大型农业机械已经取代劳动力了，农民工在此季节返乡的人数也大量减少。这个过程是怎么发生的？机器替代人，会导致大量劳动力失业吗？技术进步和资本积累如何影响劳动需求？

在失业严重的时候，"就业优先"是否意味着政府应该用政策去补贴劳动密集型企业？或者，反过来说，最近这些年来，随着劳动成本的上升，一些沿海地区的政府补贴企业进行资本替代劳动，这有道理吗？

劳动是生产过程中最为重要的投入品，劳动需求是商品需求的派生需求（derived demand，或译为"引致需求"），因此劳动需求往往反映出一个国家或地区的经济活动水平，并决定了一个经济中的就业水平。劳动需求的主体有三个，分别是企业、政府和从事自我雇佣工作的劳动者自身。在这三者中，最为重要的劳动需求主体是企业，也最直接地反映出经济活动水平；政府的劳动需求变化则往往与政府反周期的财政支出相关；而自我雇佣者的劳动需求就是自身的劳动，其变化往往表现为个人劳动时间的变化，而不是政府统计的就业人数的变化。因此，在研究劳动需求时，我们将主要研究企业的劳动需求。

企业的劳动需求是与一定的企业目标相联系的。也就是说，在不同的企业目标之下，企业劳动需求的形成机制也是不同的。在市场经济体制下，通常用利润最大化来描述企业的目标，因此，在本章的前两节，我们讨论在利润最大化目标之下如何决定企业的短期和长期劳动需求。本章的第三节是关于中国劳动需求的研究，这里需要结合中国的计划经济体制和双轨体制来研究企业的目标和相应的劳动需求。考虑到中国经济转型与发展的特征，我们还将研究中国农村劳动需求的演变。

4.1 短期劳动需求

4.1.1 完全竞争市场环境下的劳动力需求

通俗地说，一个劳动力是否被企业雇佣取决于他给企业带来的收益与企业支付的工资(成本)谁更大，企业只会雇佣那些产出大于工资的劳动力。

在微观经济学中我们已经了解到，生产理论中的短期问题研究的是某些生产要素不可变的情况，而长期问题则研究所有生产要素都可变的情况，因此，在这一节中，我们假定除了劳动以外的其他生产要素均已给定。

企业在短期内的劳动力需求决策从本质上讲仍然是一个成本-收益决策，雇佣劳动力的成本是工资，而收益则是劳动力创造的产品价值。在一个竞争性的劳动力市场和商品市场上，企业不能控制自己所面临的劳动工资和商品价格，因此，决定企业劳动力需求的因素主要有两个方面：一是劳动力的边际生产率，劳动力需求随着劳动力边际生产率的提高而提高；二是劳动力的实际工资，实际工资越低，劳动力需求越高。

需要强调的是，在上面这个用文字表述的简单的劳动需求模型中，实际上还有一个非常重要的假定，那就是劳动力市场和商品市场均是完全竞争的市场，也只有在这样的市场环境下，劳动力工资和商品价格才是外生决定的，单个企业只是价格接受者(price taker)。但是，如果劳动力市场和商品市场不是完全竞争的市场，劳动力需求决定的机制就需要用另外的模型来描述。

本章一开始，我们就已经指出，劳动需求是商品需求的派生需求，如果市场机制是非常完善的，工资和价格都能够灵活地进行调整，那么，在上面这个简单的劳动力需求模型中，企业面临的工资和价格就是使得劳动力市场和商品市场供求同时均衡的变量(实际上，这假设了商品市场也是完全竞争的)。

但是，现实中的情况是，当商品需求不足时，会传导到劳动力市场上，导致劳动力需求不足。商品市场上的价格往往是有刚性(或者黏性)的，这时，商品市场可能会出现供给大于需求的情况。于是，企业在进行劳动力雇佣决策的时候就必须考虑它的商品是否能够卖得出去。在短期内，如果商品供给大于需求，那么，商品需求就决定了企业的生产量，企业就只能根据生产量来雇佣所需的劳动力。

上面所讲的三点影响企业劳动力需求的主要因素，如果用一个简单的数学加图形的模型来表述就会更清楚。使用模型的好处是，它能够使得分析的结论逻辑清楚而严密，但不喜欢数学符号的读者也完全可以跳过下面的数学模型，直接看图形和后面的文字。

模型

企业的短期劳动力需求决策

(1) 企业不受商品需求约束时的劳动力需求。

为简化起见,生产过程中所使用的要素主要是劳动(L)和资本(K),通常在短期中假定资本是不变的,这样我们就可以将生产函数简化为 $F(L)$,当然,我们需要假定这个生产函数是凹性的,也就是说具有 $F'(L)>0$,$F''(L)<0$ 的性质。进一步地,我们假定劳动力市场上的名义工资水平为 W,商品市场上的价格为 P。这样,当企业通过调整就业数量追求利润最大化目标时,企业的目标函数就可以被写作:

$$\max_{L}\pi = P \cdot F(L)-W \cdot L \tag{4.1}$$

其中,π 表示企业的利润。在上述规划的一阶条件下,企业的劳动力雇佣数量(记为 L^*)必然使得企业的边际劳动生产力等于实际工资水平,即:

$$F'(L^*) = W/P \tag{4.2}$$

(2) 企业受到商品需求约束时的劳动力需求。

如果用 Q^d 表示商品需求的话,那么,企业的最优规划就要重新写作:

$$\max_{L}\pi = P \cdot F(L)-W \cdot L \tag{4.3}$$
$$\text{s.t. } F(L)\leqslant Q^d$$

不难发现,当商品市场的需求对企业构成约束时(即约束条件的等式成立),企业的劳动力需求就由商品需求来决定。这时,商品市场上的非均衡就传导到了劳动力市场上,这种效应被称为"溢出效应"(spillover effect)。这时,劳动力需求可以由式(4.4)表示:

$$L^* = F^{-1}(Q^d) \tag{4.4}$$

其中,F^{-1} 表示生产函数的反函数。

均衡条件(4.2)也可以用一个简单的图形来表示。在图 4.1 中,向右下倾斜的曲线是资本存量给定情况下的边际劳动生产力曲线,这表明边际劳动生产力是递减的。换句话说,给定资本存量,劳动力越多,其边际劳动生产力(边际上新增一位雇员带来的产量增加)越低。水平的直线表示由外生的名义工资和价格决定的实际工资水平。外生的工资水平是由劳动力市场的供求决定的,而单个企业在完全竞争的市场上不能改变这个工资水平。边际劳动生产力曲线和工资水平线的交点决定了均衡的劳动力雇佣数量(L^*)。

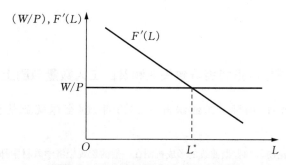

图 4.1　企业的短期劳动力需求决策

要增加就业,增加劳动力需求是关键的措施。通过上面的理论分析,我们就为分析影响劳动力需求的因素找到了一个理论框架。不难发现,影响劳动力需求的因素主要有以下三个方面:

(1)边际劳动生产率。在图4.1中,一条特定的劳动力需求曲线总是与特定的技术水平和资本存量相对应的,当技术水平有所提高或者资本存量有所扩大时,边际劳动生产率曲线就会右移,从而导致均衡的就业数量增加。

(2)实际工资。在既定的边际劳动生产率曲线之下,实际工资与均衡的就业数量呈反向变动关系,而实际工资水平则由名义工资和物价水平两者共同决定。在名义工资既定的情况下,物价水平的上升会导致实际工资水平下降,从而增加就业。在短期内,用通货膨胀的方法增加企业的劳动力需求是政府应对经济衰退,提高经济活动水平的重要手段。

讨论

我们在宏观经济学中学习的菲利普斯曲线与上述劳动力需求模型能否建立联系?(提示:正是物价与实际工资负相关这一机制使得我们能够看到由菲利普斯曲线所描述的失业率与通货膨胀率的反向变动关系,或者产出水平与通货膨胀率的正向变动关系。当然,如果考虑到消费者对通货膨胀的完全理性预期,那么,消费者就会要求名义工资与物价同步上涨,这时通货膨胀对于就业水平和经济活动便没有任何影响了。)[1]

(3)商品需求。商品需求是对宏观经济非常敏感的变量,居民收入的下降、未来预期收入的下降都可能引起商品需求下降,从而进一步导致企业的劳动需求下降。中国自20世纪90年代中后期开始,总体上处于消费需求增长相对于经济增长更为缓慢的状态,其中,由社会保障改革和劳动力市场改革所造成的未来实际收入预期下降和收入风险上升可能都是原因。

现实生活中,更为重要的影响商品需求的因素是一些周期性的对需求产生冲击的因素。比如说,2008年的全球金融危机就对世界各国的经济产生了负面的影响,中国经济也未能幸免。如果由于需求的负向冲击导致经济增速下滑和失业率的上升,就可以通过扩张性的货币和财政政策来缓解经济增速下滑和失业率上升,这就是凯恩斯主义的核心思想。我们在第10章中再详细介绍。

背景

全球经济危机将导致失业和贫困工人数量急剧上升

2009年1月28日,国际劳工组织出版2009年度《全球就业趋势》报告,预测全球

---

[1] 这里我们所讨论的菲利普斯曲线的形成机制在一般的宏观经济学教材中都可以找到,本书就不再详细阐述。

经济危机将导致大量人员加入失业、贫困工人和在脆弱就业环境中工作的工人队伍之中。报告分析指出,根据劳动力市场的发展变化以及各国采取经济恢复政策的时效性和针对性,相比 2007 年,2009 年全球失业人口增加幅度在 1 800 万—3 000 万人之间,如果情况继续恶化,失业人口增加数量甚至可能超过 5 000 万人。如果出现最后这种局面,那么,还有大约 2 亿名工人将陷入极度贫困,他们大多数来自发展中经济体。

国际劳工组织曾经提出全球化社会影响问题,2008 年经济危机进一步加深了人们对该问题的关注。国际劳工组织的报告强调,必须采取措施,支持劳动力市场中的弱势群体,如青年人和妇女。报告同时也注意到全世界劳动力的巨大潜能还未被发掘出来。如果通过生产性投资和积极的劳动力市场政策赋予人们体面劳动的机会,世界经济增长和发展将会大幅度得到提高。

该报告列出了国际劳工组织建议的政策措施,许多国家正在实施这些措施:(1)扩大失业保险覆盖面,为下岗工人提供技能培训,防止养老金在金融市场中严重缩水;(2)公共部门在基础设施和住房、社会基础设施和绿色就业中进行投资,包括紧急提供公共部门就业岗位;(3)扶持中小企业;(4)在企业、部门和国家层面开展社会对话。

资料来源:中国常驻日内瓦联合国代表团劳工组编:《国际劳工动态》2009 年第 6 期。

就业复苏缓慢和不平等加剧可能会导致新冠疫情的长期创伤

国际劳工组织《世界就业和社会展望:2021 年趋势》预测,全球危机引起的"就业差距"将在 2021 年达到 7 500 万人,随后在 2022 年降至 2 300 万人。就业差距和工作时间减少等与工作时间相关的差距,在 2021 年相当于 1 亿个全职就业岗位,在 2022 年相当于 2 600 万个全职就业岗位。这种就业和工作时间上的减少是在危机前居高不下的失业率、劳动力利用不足和恶劣的工作条件的基础上出现的。

因此,预计 2022 年全球失业人数将达到 2.05 亿人,大大超过 2019 年 1.87 亿人的水平。这相当于 5.7％的失业率。除去疫情危机,上一次出现这样的失业率是在 2013 年。

全球就业复苏预计将在 2021 年下半年加速,其前提是新冠疫情整体情况没有恶化。然而,复苏将是不平衡的,因为获取疫苗的机会不平等,并且大多数发展中国家和新兴经济体支持强有力的财政刺激措施的能力有限。此外,在这些国家,新创造的就业岗位的质量可能会下降。

就业和工时的下降已经转化为劳动收入的急剧下降和贫困的相应增加。与 2019 年相比,全球增加了 1.08 亿名被归类为贫困或极端贫困的劳动者(意味着他们和他们的家人每人每天的生活费不到 3.20 美元)。该报告称五年来在消除劳动贫困方面取得的进展已经化为乌有,这使得实现联合国可持续发展目标中的 2030 年消除贫困的目标更加渺茫。

报告发现,疫情危机对弱势劳动者的打击更大,加剧了原有的不平等现象。普遍缺乏社会保护——如在全球 20 亿名非正规工人中——意味着与大流行有关的工作中断对家庭收入和生计造成了灾难性后果。

这场危机对女性的影响也是不成比例的。2020 年，女性就业率下降了 5％，而男性则下降了 3.9％。更大比例的女性退出了劳动力市场，在经济上变得不活跃。危机封锁导致的额外家庭责任也造成了性别角色"再传统化"的风险。

在全球范围内，2020 年青年就业率下降了 8.7％，而成年人则下降了 3.7％，中等收入国家的下降最为明显。这种延迟的后果和对年轻人早期劳动力市场经验的扰乱可能会持续多年。

资料来源：简·赫伊津哈(Jann Huizenga)：《就业复苏缓慢和不平等加剧可能会导致 2019 冠状病毒病疫情的长期创伤》，国际劳工组织，2021 年 6 月 2 日，https://www.ilo. org/beijing/information-resources/public-information/WCMS_797424/lang --zh/index. htm。

上面这个简单的模型还可以用于思考一些公共政策问题。首先，工资黏性是造成失业的一个重要原因，当经济面临外来的冲击（如技术退步、自然灾害等）时，边际劳动生产力曲线内移，这时如果工资不能充分降低，那么劳动力需求就会下降。因此，我们有必要通过考察导致工资黏性的原因来探索造成失业的原因，这正是本书第 10 章的任务。在大多数国家都有最低工资的相关法律，从理论上来说，这一法案可能是造成工资刚性的一个直接原因，从而可能阻碍就业的增加。但是，最低工资法案也有增加穷人收入的作用，从而有利于扩大需求，提高经济活动水平和增加就业。从已经取得的研究成果来看，的确有很多针对不同国家的实证研究证明最低工资对就业会有负面影响，但目前经济学家们在最低工资法案是否增加失业和缓解贫困这一问题上还没有达成一致的认识，我们在此就不进行更深入的讨论。关于最低工资的研究，读者可以阅读第 11 章的相关内容。

一般来说，一个经济的劳动生产率总在不断上升的过程之中，劳动力的实际工资水平也同样在不断上升。我们从上述理论分析中所获得的另一个启示是，在劳动生产率和实际工资水平的同步上升过程中，如果实际工资上涨过快，超过了劳动生产率的增长速度，那么就会起到减少就业的作用。在图 4.2 中，当边际劳动生产力曲线发生右移时，如果实际工资上升的速度更快，超过 $(W/P)'$ 的水平，则就业水平就会下降。相反，如果劳动生产率上升得更快，那么就业水平就会上升。在 20 世纪的最后十年当中，美国经济持续增长，并且保持了很低的失业率，经济学家们认为，其中的主要原因就是这些年来美国的劳动生产率在技术进步的作用下保持了快速的提高。在 2008 年金融危机之前的那些年，中国也曾经出现过一段高速经济增长时期，这段时间利率仍然是受到压制的，于是投资增长迅速，带动劳动生产率快速提升，但工资增长速度却不如劳动生产率的增长速度，于是劳动力市场上出现了就业快速扩张，失业率始终处于低位的结果。

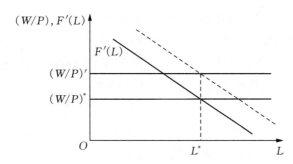

图 4.2　实际工资和劳动生产率的同步上升

4.1.2　不完全竞争市场环境下的劳动力需求

　　这一小节要说明的经济学原理是：与商品市场和劳动市场都是完全竞争的状态相比，不完全竞争市场环境下的均衡就业量将下降。随着市场从竞争状态变为垄断状态，在市场上拥有垄断力量的一方将从中获益。如果读者觉得这一部分内容难以理解，可以直接进入下一节。

　　我们在上文中指出，只有当商品市场和劳动力市场都是完全竞争市场时，企业的边际劳动生产率才等于外生的[①]实际工资，但是在现实中，商品市场和劳动力市场往往都不是完全竞争的市场，这时我们可以用图 4.3 来描述劳动力需求的决定。

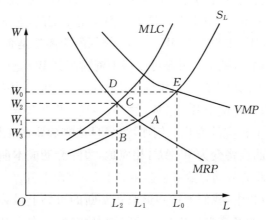

图 4.3　非完全竞争市场上工资和就业的决定

　　在图 4.3 中，曲线 VMP（劳动的边际产品价值曲线）代表商品市场完全竞争时企业的劳动力需求曲线，这条曲线是边际劳动生产力与价格相乘的结果。如果我们用一条向右上倾斜的曲线 S_L 表示当劳动力市场也是完全竞争市场时的劳动力供给曲线（工资越高，劳动供给越大），那么，均衡的工资和就业组合就由点 E 表示。

---

　　①　在经济学分析中，当我们使用"外生"一词，是指在分析中这些"外生"变量是不被分析的行为人可以控制的。

当劳动力市场是完全竞争市场，而商品市场是垄断市场的时候，劳动力供给曲线不变，但劳动力需求曲线却变为劳动的边际收益产品曲线（MRP），这条曲线是边际劳动生产力与产品的边际收益相乘的结果。微观经济学的知识告诉我们，产品的边际收益总是低于其价格，所以曲线 MRP 也总是低于曲线 VMP。这时，劳动力市场的均衡由曲线 MRP 和曲线 S_L 的交点 A 决定，均衡的工资和就业分别是 W_1 和 L_1。显然，与商品市场是完全竞争市场时的情况相比，均衡工资和就业均有所下降。

当企业所处的商品市场是垄断市场，而且工会组织是劳动力市场上唯一的劳动力出售者时，企业的劳动力需求曲线仍然是 MRP，而劳动力的供给曲线就不再是 S_L 了，而应由曲线 MLC（劳动力的边际成本曲线）表示。由于边际上新雇佣的劳动力所得到的工资水平也必须同样支付给之前已经雇佣的劳动力，所以劳动力的边际成本就不只是最后那一个劳动力得到的工资，而是应该再加上之前已经雇佣的劳动力的工资上升的部分，因此，劳动力的边际成本总是高于其工资水平，曲线 MLC 的位置要高于曲线 S_L。这时，均衡的工资和就业由 MLC 和 MRP 的交点 C 决定，均衡的工资和就业分别为 W_2 和 L_2。与商品市场垄断而劳动力市场竞争的情况相比，由于劳动力一方具有了垄断力量，所以工资有所上升，而就业则进一步下降。

最为复杂的情况出现在劳动力市场是一个双边垄断市场的时候，这时企业是唯一的劳动力购买者，工会组织是唯一的劳动力出售者。我们假定企业在其所处的商品市场上也拥有垄断力量，劳动力需求曲线由曲线 MRP 表示。如果企业能够单方面地决定工资，那么，企业将首先根据 MRP 与 MLC 两条曲线的交点决定均衡的就业量 L_2，但企业不会支付给员工 W_2。由于企业是单方面决定工资的，企业将把工资压低到曲线 S_L 与 L_2 相对应的 W_3 水平之上，W_3 与 W_2 之间的距离就是企业对员工的"剥削"。如果工会的力量比较强大，则工会最多可以将工资提高到 W_2 这一水平，这时，相当于工资是由工会组织单方面决定的。传统的理论认为，当工资是由企业和工会组织共同决定时，最终的工资水平将位于 W_3 与 W_2 之间，一旦工资被决定了，那么，企业的边际劳动成本曲线也会发生相应的变化。例如，当经过谈判确定的工资位于 W_1 时，那么企业面临的劳动供给曲线将变为 W_1AE，相应地，边际劳动成本曲线的前一段也将变为 W_1A，这时企业雇佣的劳动力数量也会相对于 L_2 有所上升。

但是，在上面的分析中，我们无法知道双边垄断的市场上最终的均衡工资和就业到底在什么位置，传统的经济学理论只告诉我们，均衡的工资和就业水平取决于企业和工会的谈判（议价）能力，而企业和工会之间的相对议价能力则取决于一些比较模糊的因素，比如工会组织的参加率等。如果我们需要更为确切地了解劳动力市场双边垄断时的工资和就业的决定，那么，我们就必须借助于二战以后发展起来的一种新的分析工具——议价理论，对此，我们将在第 10 章结合失业理论进行介绍。[①]

---

① 有关工资和就业的议价理论的详细介绍，参见陆铭：《工资和就业的议价理论：对中国二元就业体制的效率考察》，上海人民出版社 2004 年版。

4.2　长期劳动需求

在经济学里,长期是指劳动和资本两种生产要素的使用数量都是可变的,因此,企业通过调整劳动和资本的使用量来达到其长期的均衡。

4.2.1　劳动和资本的最优使用量:长期均衡

显然,在企业决定劳动和资本的使用数量时,要权衡每种生产要素的边际成本和边际产出,而每种要素的边际成本在竞争性的要素市场上就是它的价格。从直观上可以想象,在长期均衡下,每一种要素的相对产出(其边际产出与价格之比)一定是相等的,否则,对于那些边际产出与价格之比更高的要素,企业就可以增加使用量,这样可以增加利润。这一结论也可以用一个简单的数学模型来证明。

模型

企业的长期劳动力需求决策

当企业通过调整劳动和资本两种要素的使用量来追求利润最大化目标时,企业的最优规划可以写作:

$$\max_{L,\,K}\pi=P\cdot F(L,\ K)-W\cdot L-r\cdot K \tag{4.5}$$

其中,r 表示资本的价格,即利率,其他符号的含义和前面是一样的。求解上述最优规划的结果是,资本和劳动两种要素的边际产量之比(即边际技术替代率,$MRTS$)等于要素价格之比 W/r,这一结果也可写作:

$$MRTS=\frac{MP_L}{MP_K}=\frac{W}{r} \tag{4.6}$$

我们可以在上述规划中再加上一个企业的预算约束 $W\cdot L+r\cdot K=M$,其中 M 表示企业可用于购买生产要素的资金总量。这样我们就可以确切地解出企业最优的劳动力雇佣数量和资本使用数量。这一推导过程留给有兴趣的读者自己去完成。

实际上,企业长期的劳动需求也可以用等产量线加预算线的图形分析框架来研究,劳动力和资本相对价格的变化所产生的影响也能够在同样的分析框架中得到说明,这一内容是微观经济学生产理论的经典内容,这里我们就不重复了。下面我们直接用等产量线加预算线的分析方法研究要素之间的替代性对长期劳动力需求的影响。

4.2.2　劳动和资本要素的替代性

在现实生活中,有些岗位的资本和劳动可替代性比较强,比如服装加工企业,既可以手工操作,也可以用缝纫机。但另一些岗位资本和劳动之间的替代性则比较弱,比如,一架飞机总是要配两个飞行员。当然,资本和劳动之间的替代性本身就和技术的发展有关。比如,在无人驾驶技术被广泛应用之前,一辆车一个司机,这个比例几乎是不变的,但无人驾驶技术成熟之后,司机就可以被替代了。

在上一小节的分析中,我们已经知道,劳动和资本的相对价格在决定劳动和资本使用量的决策过程中起着关键性的作用,但劳动和资本相对价格的变化对企业劳动力需求的影响还取决于企业所使用的生产技术,即生产过程中资本和劳动之间的替代性。为了说明这一点,我们不妨来看两种极端的情况,即资本和劳动完全不可替代和替代性很强这两种情况(见图4.4)。

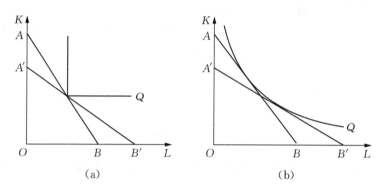

图4.4 资本和劳动的替代性与劳动需求

在图4.4中,我们画了两种生产技术下的等产量线。在图4.4(a)中,等产量线是直角状的,这种生产技术被称为"里昂惕夫式"的生产技术,两种生产要素之间是完全不可替代的,在一条等产量线上仅仅增加其中一种要素的使用量,不能增加总产量。在图4.4(b)中,等产量线非常平坦,两种生产要素之间的替代性非常强,当增加一种要素投入量时,另外一种要素可以减少,在等产量线上,两种要素之间的替代率(等产量线的斜率)变化不大。如果两种生产要素之间是可以绝对相互替代的,那么,等产量线将变成一条直线。

我们假设劳动和资本的相对价格发生了变化,劳动工资有所下降,但利率却有所提高。同时我们还假设工资和利率的变化使得企业仍然能够生产原来的产量Q。在这两个假设条件下,企业的预算线由AB旋转到$A'B'$。我们发现,在图4.4(a)中,企业的最优劳动-资本组合并不发生变化,但在图4.4(b)中,企业的资本使用量大幅度下降,而劳动使用量却大幅度上升。由此我们可以得出结论,在企业使用的生产技术下劳动和资本的替代性越强,企业最优劳动和资本使用量的组合对两者相对价格的变化越是敏感。

对一个发展中的经济来说,在经济发展的初期往往劳动力较为充足,劳动工资相对较低,而资本则相对匮乏,利率较高,这时企业往往使用劳动密集型的生产技术。随着经济的发展,由于劳动力供给增长一般较慢,而资本短缺的状况则会日益得到缓解。

这时,劳动工资就会相对上升,从而出现资本对劳动的替代,表现出来的现象是一个国家或地区投资增长和经济增长的速度高于就业增长速度,也就是每单位的投资或 GDP 增长带来的就业增长是下降的,或者说就业增长的 GDP 弹性和资本弹性是逐渐下降的[就业增长的 GDP 弹性和资本弹性分别由公式(4.7)和公式(4.8)表示]。在极端的情况下,短期内,如果资本对劳动的替代过快,还可能导致企业劳动力需求的萎缩(就业增长的 GDP 弹性为负)。当然,就业增长的 GDP 或资本弹性为负的情况并不常见,因为当就业数量下降时,如果市场是灵活的,市场工资就会相应下调,劳动力相对资本又会变得更为便宜,于是企业又会增加劳动力雇佣数量:

$$\varepsilon_{GDP} = \frac{\Delta L}{L} \bigg/ \frac{\Delta GDP}{GDP} = \frac{\Delta L}{\Delta GDP} \cdot \frac{GDP}{L} \tag{4.7}$$

$$\varepsilon_{K} = \frac{\Delta L}{L} \bigg/ \frac{\Delta K}{K} = \frac{\Delta L}{\Delta K} \cdot \frac{K}{L} \tag{4.8}$$

4.2.3 技术进步的性质

在短期劳动力需求分析中,我们已经考察了当资本使用量不变时技术进步对劳动力需求的作用。在长期,技术进步的作用是使得劳动和资本的生产率均得到提高,也就是说,技术进步会导致等产量线的形状发生改变。在这种情况下,如果要考察劳动力需求如何变化,我们就必须区分技术进步的不同性质。

在图 4.5 中,我们画了两条企业的预算线 AB 和 $A'B'$,这两条预算线是相互平行的,这表示劳动和资本的相对价格没有变化。两条预算线分别与两条等产量线相切,这两条等产量线代表着不同的生产技术,但生产的产量水平是相等的($Q = Q'$)。显然等产量线 Q' 之下的技术水平更高,生产同样产量所需的投入品数量也更小。如果一个企业发生的技术进步是从用 Q 表示的等产量曲线变为用 Q' 表示的等产量曲线,那么,在这一过程中,哪怕资本和劳动的相对价格不发生变化,企业所使用的资本-劳动比也可能发生变化。在图 4.5 中,点 E' 比点 E 的资本-劳动比有所上升,我们称这种技

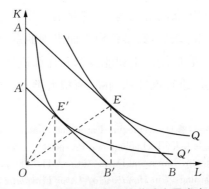

图 4.5 不同技术进步下的劳动力需求变化

术进步为节约劳动型的技术进步。相应地,我们将导致资本-劳动比下降(或不变)的技术进步称为节约资本型(或中性)的技术进步。

从人类社会的发展史来看,劳动总是相对于资本越来越稀缺,因此技术进步的性质往往是节约劳动型,以达到解放劳动力并提升人类福祉的目标。虽然从长期来看,技术进步能够给人们带较多的福利,但在短期内,技术进步未必给所有人都带来福利。比如,海上运输业的进步带来了奴隶贸易的增加;农业技术的进步使得农产品产量增加价格却降低了,不一定让所有农民受益;工厂的出现使得工人更易被上级监督,工时增加但工资却下降。①随着信息技术和自动化水平的提高,1993—2006 年间,17 个欧盟国家中出现了中等技能的职业消失,低技能和高技能的职业则出现了不同程度的增加,劳动市场出现"极化"现象。②那些从事常规化生产任务(routine task)的中等技能职业,被自动化机器替代了。近年来,人工智能(AI)的快速发展,也使社会面临类似的忧虑。

4.3 数字经济和劳动力需求

近十年来,以算法为核心的数字经济得到快速发展,它对劳动力市场的冲击非常大,引起社会各界的极大关注。为此,在这一版本中我们特意增加了一节内容来详细讨论数字经济对劳动力需求的影响。我们首先简要梳理数字经济的内涵,然后分析数字经济对劳动力需求的影响,最后讨论对数字经济的规制问题。

4.3.1 数字经济的现在和未来

人类经历过的四次科技革命都颠覆性地重塑了劳动力市场。本轮数字经济和人工智能又呈现出以往所不曾出现过的特点。人工智能的根源可以追溯到计算机科学和数学的诞生。多年来,它已经从抽象概念转化为实际应用,并演进为我们日常生活中不可缺少的一部分。算法、计算机视觉和预测分析等多方面的创新彻底改变了我们的生活和工作方式。

早期的算法主要基于预定义的规则运行,它对结构化、可预测的任务很有效,但对非结构化数据的灵活性较差。之后,数学建模方面出现的重大突破催生了需要大量专门知识与经验的程序系统。它应用人工智能技术和计算机技术,根据某领域的一个或多个专家提供的知识和经验,进行推理和判断,模拟人类专家的决策过程,以便解决那

---

① 更多的例子和技术的影响,参见 Acemoglu, Daron and Simon Johnson, 2023, "Power and Progress: Our Thousand-Year Struggle Over Technology and Prosperity," New York, NY: Public Affairs.

② 具体的情况,参见 Acemoglu, Daron and David Auto, 2011, "Skills, Tasks and Technologies: Implications for Employment and Earnings," in *Handbook of Labor Economics*, Amsterdam: Elsevier-North, 4: 1043 - 1171 。

些需要人类专家处理的复杂问题。但它在知识获取、推理能力等方面仍有不足。随着大数据的积聚、理论算法的革新、计算能力的提升，人工智能能够训练出更加智能化的算法模型。后续出现的自然语言更具有适应性，并且随着时间的推移和接触数据的增多能够不断改进。自然语言处理不仅限于文本，还能用于图像和语音，使机器能像人一样理解别人讲的话或用文字表达的内容，实现人机交互。至此，逐步形成了基于机器学习和深度学习的混合系统，能够处理海量的非结构化数据，彻底改变了计算机学习和决策的方式。2020年以来出现的生成式人工智能作为新的突破性人工智能技术，更加接近人类思考的习惯。

计算机视觉是人工智能的另一个关键方面，其致力于赋予计算机解释和理解视觉世界的能力。该技术涉及图像和视频的处理（主要通过摄像头），使机器能够以类似于人类视觉的方式识别和理解物体和场景。它首先对物体进行检测和识别，比如识别照片中的人或区分零售环境中的商品，让系统能够准确地解释视觉数据，进而进行深入综合分析并做出实时反应。计算机视觉在人工智能中的作用多种多样且影响力巨大。比如，在生产过程中，计算机视觉有助于制造过程中的质量控制，能够确保产品符合标准并识别缺陷；在零售过程中，计算机视觉用于库存跟踪、客户行为分析，以及取消传统结账流程并提升购物体验。另外，自动驾驶汽车也是依靠计算机视觉来导航和解释周围环境以实现安全操作。

有了计算机视觉技术，空间计算才成为可能，它能够无缝融合数学世界和现实世界的能力。我们的手机就是原始的空间计算，它结合了算法和计算机视觉技术，空间计算变成软件、硬件和信息混合体，它会增加人类与技术的互动，使得人工智能更具交互性和自我适应性。比如，智能家居的人工智能会学习使用者的偏好和习惯，自动调整家庭设备的位置、家居环境的照明和温度等，以提升居住舒适度。

空间计算中，用户、物理环境和数据之间的交互蕴含着巨大的应用场景。在教育和培训领域，教育机构可以利用空间计算提供互动式的引人入胜的课程，提升了学习效果的逼真模拟，使复杂的科目变得更容易理解，从而塑造了知识传递的未来。这对于航空和军事等各个领域的培训尤为重要。此外，自动驾驶、数字建模、远程手术以及智慧城市都是空间计算的常见应用场景。

基于指定位置的数字化劳动力平台也是典型代表。基于指定位置的数字化劳动力平台是指任务由个人在指定位置完成的，例如出行服务、配送服务和上门服务（包括水管工和电工）、家政服务和护理服务。空间计算让消费者可以实时掌握骑手的行踪，让整个消费过程更为透明，消费者更放心。

虽然数字经济和人工智能已经取得了革命性的进步，但人类语言本来就具有模糊性和复杂性，对于解释细微差别、讽刺和惯用表达，自然语言的有效处理仍然面临挑战。如果涉及跨多种语言和文化背景，自然语言的挑战更大。由此可见，即便是处于现在的人工智能时代，人类在语言、社交和情感等多维度特征仍然具有比较优势。

4.3.2 数字经济和劳动力需求

评估数据经济对就业的影响,我们需要考虑时间维度的不同。技术的长期影响往往较为确定。当我们站在历史长河的角度回看不同时代的技术进步,可以清楚地看到技术进步并没有减少就业,总体是造福于人类的。而在短期内,存在多股力量的博弈,影响具有不确定性。

接下来,我们将尽可能多的影响机制纳入到一个统一的理论分析框架进行比较分析中。先逐一介绍每个影响机制的含义。

(1)替代效应,这是最直接的影响机制。任何技术进步都是某个特定的方式替代了部分人类活动。无论是工业革命的蒸汽机、20世纪出现的汽车和电脑,还是现在的人工智能,都是如此。替代效应的大小主要取决于两个因素:一是技术进步的性质,二是资本和劳动的替代弹性。如果技术进步是节约资本型的,那它不仅不会替代人类活动,反而会增加劳动力需求和工资。如果技术进步是节约劳动型的,技术进步将带来资本对劳动的替代效应,但具体大小则取决于资本劳动的替代弹性。

(2)生产率效应。生产率效应可能会以两种方式出现。一是在出现技术进步的部门内,劳动力需求可能会发生变化。技术进步提升该部门的生产率,带来部门的扩张,进而增加劳动力需求,提高工资水平。比如说,人工智能曾被认为会替代翻译工作,但同时,又带来了大量对翻译人才的需求,只不过他们不需要进行翻译工作,更多地从事校对工作。二是对社会整体。生产率的提高促进了实际收入的提高,从而带来了对所有产品的更大需求,也包括那些自动化程度不高的产品。其他行业对劳动力的更大需求可能会抵消自动化的负替代效应。比如,农业机械化引入之后,农产品价格下降,消费者随后会消费更多非农产品,这会为最初被机械化过程解雇的工人创造新的工作机会。自动化虽然直接导致资本对劳动力的替代,减少劳动需求,但是,由于资本完成了特定的工作且比过去的劳动力更便宜,这就降低了生产过程被自动化的商品和服务的价格,使得家庭实际上变得更富有,并增加了对所有商品和服务的需求,进而增加劳动需求。此外,家庭实际财富的变化会反过来影响劳动供给行为,也可能会产生进一步的影响。关于劳动供给行为的理论,可以阅读第5章和第6章。

(3)资本积累。技术进步的出现往往会提高资本的回报率,尤其是具有革命性的技术。技术进步会引发整个经济和社会各个方面的再调整,产生更多的投资行为,这会提高对劳动力的需求。

(4)新工作。技术进步往往是"创造性毁灭"的过程,它会产生新的工作形态和工作机会,这些都会增加劳动力的需求。工业革命期间,产生了诸如工程师、机械师、修理工这样的新工作,这是农业时代不曾存在的岗位。识图人工智能的发展,产生了大量对于图片进行标注的工作需求,也创造了不少技能要求不高的岗位。

因此,技术进步对劳动力市场的短期影响取决于以上四个影响机制的强弱以及彼此的互动。我们通过模型将这四个影响机制同时考虑在内,读者可以扫描书后二维码,阅读本章附录的模型以进一步了解影响机制。

4.3.3 数字经济时代的规制

政府需要对新技术进行规制的依据是新技术是否造福于人类。短期内,我们容易高估新技术的负面作用,而在长期内又倾向于低估新技术的负面作用。长短期之间的过渡,需要政府的介入以保证个体的福利不会受到太多的冲击。

在数字经济时代,网络效应或网络外部性是平台的核心优势。自互联网出现以来,科技公司所创造的价值中 70% 是由网络效应创造的。①但网络效应或网络外部性会使得大企业更具有竞争力,导致市场出现两极分化,形成垄断。

数字经济中,数据是企业的核心资产。一方面,海量数据能够更好地刻画用户画像,改善服务质量,提高消费者福利;另一方面,海量数据也是企业用来进行消费价格歧视的依据,有损消费者福利。另外,数据赋能的竞争使得企业容易依赖于数据形成强大的门槛,导致垄断的出现。

除数据外,各个平台之间的兼容性也存在壁垒。个体用户如果需要使用多个平台,要在多个平台上添加个人资料、获得声望、资格证书以及关注好友、建立客户群,所产生的成本会导致个体被平台锁定,同样会产生垄断。但也要看到,平台企业可以极大地突破交易的地理局限,有利于突破与地理范围相关的局部市场垄断。

算法是数字经济和人工智能的核心。自然语言处理模型可能会无意中学习到其训练数据中存在的偏见,从而导致有偏见或不公平的结果。比如,AI 工程师以男性为主,在人为输入和编码过程中难免有他的思维定式,这会通过技术进一步放大本已经存在的性别收入差距。如果数据也存有偏见,AI 系统从数据中学习并后续应用过程中延续偏见,强化已有的不平等。

最后,数字经济时代,日新月异的技术进步容易造成个体间的数字鸿沟。很多个体(如老龄人口、残疾人口、小语种人群)缺乏新技术需要的认知能力和学习能力。对于中国这样快速发展的人口大国,数字鸿沟在不同人口之间存在巨大的差异。城乡间和地区间存在的不平衡进一步扩大数字鸿沟。对于这样的局面,政府需要有所作为,否则数字鸿沟会转为不同个体之间的收入不平等,影响整个国家的包容性增长。

美国经济顾问委员会 2016 年发布的一份关于人工智能可能会对经济产生影响的调查报告强调,人们对这些影响的感受有多强烈,以及它将以多快的速度到来,仍存在很大的不确定性。根据现在可掌握的证据,我们不可能做出具体的预测,因此政策制定者必须为一系列可能的结果做好准备。

作为发展中国家,我们面临了更大的挑战。当前,低技能群体对新技术的适应能

① 乔纳森·尼:《平台幻觉:科技巨头时代的赢家与输家》,王喆斐译,中译出版社 2023 年版。

力较差。更严重的是,低技能群体又逐步成为老龄化群体,这又加剧了出台政策的紧迫性和复杂性。

讨论

（1）平台经济的网络外部性和以前出现的外部性,有什么异同？网络外部性的存在,是政府出台反垄断政策的理由吗？

（2）人工智能用于招聘领域时,人工智能对数据进行客观分析而不具有主观思维,可能会带来一定的就业歧视进而影响劳动者的就业平等权。对此,你怎么看？

4.4 中国劳动需求的演变

前两节中的劳动力需求理论是以一般市场经济体制为背景的,这些基本方法必须结合中国特殊的体制环境才能被我们用于研究中国的现实问题。中国自 1978 年以后进行了市场化导向的经济体制改革,经历了计划经济体制向市场经济体制的转轨。与此同时,中国作为一个发展中国家,其经济带有鲜明的城乡二元经济色彩,农村和城市的就业体制也有着很大的不同。在这一节中,我们就分别研究中国农村和城市的劳动需求决定机制及其变化。

4.4.1 中国农村的劳动力需求

在研究中国农村的劳动力需求时,我们将考察期以 1978 年为分界点,分为改革前和改革后两个时间段。

在改革前,农村地区的第二产业和第三产业是受到抑制的,因此,其劳动力需求主要来自农业生产。在农业生产中,劳动力需求又分为人民公社生产中的劳动力需求和自留地上的劳动力需求。在人民公社生产中,劳动力的努力没有得到充分的激励,存在大量"搭便车"行为,因此,其目标就是为了完成国家的农业生产计划,这部分劳动力需求就决定于国家的生产计划数量。而在自留地生产中,劳动力的目标是最大化自己家的产量,因此,在劳动力过剩的情况下,其劳动力投入数量就受到自留地数量的影响。所以,在改革前,人民公社生产中的计划产量和自留地数量共同决定了农业劳动力需求。

20 世纪 80 年代中国农村改革以后,实行了家庭联产承包责任制,这可以看作将原来人民公社的土地全部转变成由家庭经营的自留地,因此极大地激励了农民提高农业产量。由于中国农村居民的收入较低,我们可以将农户的目标近似地认为是追求产量最大,这时农业生产中的劳动力需求就由土地数量决定。农村总劳动力中,除了农业生产所需的劳动力之外,剩余的劳动力就需要通过其他途径增加就业。

在一个一般的发展中国家,如果不存在劳动力流动的障碍,那么,当农村存在剩余劳动力的时候,农村劳动力将流向城市工业和服务业,这个过程就是发展经济学中二元经济模型所刻画的城市化和工业化过程(具体参见本书第9章)。但是,由于在上一章中所介绍的劳动力流动障碍,中国的农村劳动力长期以来(特别是在20世纪90年代中期之前),未能充分地流动到城市部门。在这样的背景之下,农村地区的乡镇企业得到了快速的发展,也吸纳了大量的农村劳动力就业。当时,由于几方面原因,乡镇企业的生产成本比较低:乡镇企业所使用的农村集体用地没有使用成本;劳动力方面,劳动工资相对较低,劳动力年龄结构比较年轻,没有社会保障负担;资金方面,大量采用自有资金,较少利息支出;技术方面,当时国家鼓励城市的国有企业为乡镇企业提高技术支持。于是,这些乡镇企业迅速地成长起来,并且对城市企业形成了竞争。

由于乡镇企业的劳动力需求决定机制与一般市场经济体制下的企业劳动力需求决定机制没有实质性的区别,我们可以近似地认为它的从业人员数量就反映了它的劳动力需求。从图4.6中可以看出,乡镇企业的从业人员在20世纪80年代曾经经历过一段高速增长的时期,一度被认为在中国出现了城市、农村和乡村工业并存的所谓"三元经济"模式。但是,必须指出的是,这种三元经济模式不是一种发展中国家的普遍规律,它只是存在于乡-城劳动力流动障碍条件下的一种现象。只要外在条件发生变化,这种三元经济模式就会发生变化。正如上一章的制度背景所说,20世纪90年代以后,特别是1994年以后,农村向城市的劳动力流动障碍得到缓解。同时,随着经济开放程度提高,城市部门形成了大量的劳动力需求,而在农村地区零散分布的乡村工业的竞争优势逐步削弱,于是,乡镇企业在全部就业中所占的份额趋于稳定。又由于农村劳动力毕竟一直未能实现自由向城市移民,工业和农业之间存在的收入差距又不断吸引农业劳动力转移到乡镇企业,于是乡镇企业在农村就业中的份额仍然缓慢增长。

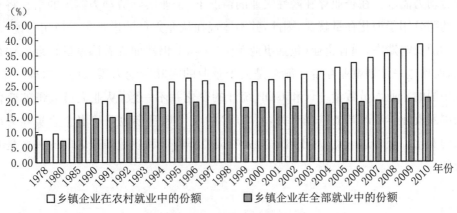

图 4.6 乡镇企业的就业份额

注:2011年以后《中国统计年鉴》不再包含乡镇企业栏。

资料来源:历年《中国统计年鉴》。

综上所述,改革之后农村地区的劳动力需求主要取决于农村土地的数量和以乡镇企业为主的农村非农业产业的就业吸纳能力。在农村就业问题上,依靠农业就地吸纳的模式被称为"不离土不离乡",而依靠农村非农产业吸纳的模式称为"离土不离乡"。由于土地数量有限,而乡镇企业的分散生产与工业生产需要发挥规模效应的规律相违背,因此,靠这两种模式来吸纳农村就业的能力是非常有限的。也正因此,农村就业问题最终还是要通过城市化、工业化中的农村向城市的劳动力流动来解决,这就是通常所说的"离土又离乡"的模式。对于农村劳动力流动问题,我们在"劳动力流动"那一章中再详细讨论。

讨论

有种观点认为,可以通过持续加大对于农业部门的资本和技术投入来增加农业吸纳劳动力的能力。与此相关的另一种观点认为,进城农民可以返乡创业,这样既可以实现就地城镇化,又有利于乡村振兴。对这样的观点,你怎么看?

4.4.2　中国城市企业的劳动力需求

在中国城市,企业的劳动力需求演变经过了三个阶段:在计划经济体制下,企业的劳动力需求取决于计划产量所需要的劳动力数量;在计划和市场并存的双轨制下,通常企业利润最大化目标下的生产量已经超过了计划产量,则企业的劳动力需求取决于企业的生产量;当双轨制过渡完成后,企业的劳动需求量则取决于利润最大化目标下的产量。

不难想象,在上述历史过程中,由于企业(主要是国有和集体企业)往往有一个由计划就业目标遗留下来的就业存量,因此,企业的实际从业人员数量不能反映企业的真实劳动力需求。在企业存在隐性失业的情况下,企业实际劳动力需求的增长将有相当大的部分用于消化存量就业,因此,并不体现在从业人员的增长上。换句话说,在相当长的历史时期内,国有企业(包括事业单位)实际上仍然面临着国家的计划就业存量约束,而且这一计划就业存量一般总是大于企业的实际劳动力需求的。这样一来,就造成中国的从业人员数量统计和 GDP 统计的变化并不一致,从业人员数量的变化主要与国家就业体制改革的进程有关,而 GDP 的变化则间接地反映出企业实际劳动力需求的变化。理解这一点,对于理解有关中国经济增长和就业增长之间的关系是非常重要的。

4.4.3　中国的经济增长和就业增长

正如我们在前面所指出的那样,一国经济的发展总是伴随着技术进步,而且主要是倾向更多使用资本的技术进步。同时,劳动力总是相对于资本显得越来越贵,这就使得经济增长对就业的吸纳能力逐步降低,从而表现为就业增长的 GDP 弹性逐步下降。然而,以中国就业增长 GDP 弹性数据来看,情况却略为复杂(见图 4.7)。根据图中所显示的数据,似乎中国的经济增长所带来的就业增长非常低,而且总体上出现了就业增长的 GDP 弹性有所下降的现象,以至于有不少人认为中国的经济增长是"高增长、低就业"。如何理解中国经济增长和就业体制转轨的过程中出现的这些现象呢?

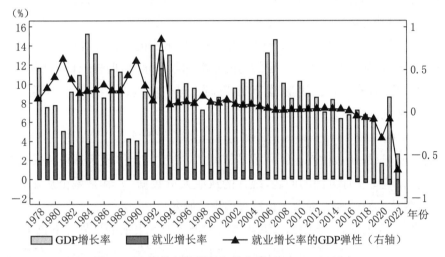

图 4.7　中国的经济增长和就业增长:1978—2022 年

注:就业增长率的 GDP 弹性为就业增长率与 GDP 增长率的比值。
资料来源:历年《中国统计年鉴》。

在一般的市场经济体制下,由于企业解雇劳动力是比较自由的,因此,企业的劳动力雇佣数量就能够反映企业真实的劳动力需求,相应地,就业增长的 GDP 弹性就能够反映出经济增长吸纳就业的能力。但是,在中国情况却更为复杂。我们在上文中已经指出,必须区分由政策决定的企业就业存量(从业人员)和企业经济目标决定的实际劳动力需求这两个概念。在此基础上,我们就可以进一步区分两个概念,一个是经济增长吸纳就业的能力,另一个是就业增长的 GDP 弹性。一般来说,经济增长吸纳就业的能力所反映的应该是一国是否采取了资本倾向的技术进步;而就业增长的 GDP 弹性指的是每单位经济增长带来的就业增长数量,是一个根据统计数据计算得出的数值。在一般的市场经济体制下,企业是利润最大化目标的追求者,因此,企业的劳动力雇佣量能够真实地反映企业的劳动力需求量。当然,即使在市场经济国家,政府对于企业的劳动力雇佣决策也不是完全不干预的,但这种干预的范围是比较小的,而且采取的常常是经济手段。所以,在一般的市场经济国家,人们根据统计的就业数据计算出的就业增长 GDP 弹性能够较为准确地反映出经济增长对就业的吸纳能力。在中国,就业数据一般采取的是统计所得的从业人员数据,据此计算出的就业增长 GDP 弹性数据是否能真实地反映经济增长对就业的吸纳能力呢? 由于中国与一般的市场经济国家相比至少存在以下两点差异,使得我们不能直接根据就业增长的 GDP 弹性来判断经济增长吸纳就业的能力及其变化趋势。

直接以就业增长的 GDP 弹性数据来反映经济增长对就业的吸纳能力的做法依赖于政府就业统计数据的准确度。而在中国,统计所得的从业人员数据与经济学意义上的就业数据是有一定差异的,具体表现为三个方面:

(1) 由于在传统计划就业体制下,城镇国有、集体企业以及广大的农村地区存在大量的剩余劳动力,因此,中国的总体从业人员统计数据有比实际劳动力需求量偏大的倾向,而实际劳动力需求则成了一个不可以直接观测的变量。

(2) 中国对于就业的统计与国外更加注重就业事实的做法相比仍然有一定差距。在西方发达国家,从事劳动达到一定的时间标准和收入水平即被统计为就业。而在中国,一些自我雇佣、非全日制就业、季节工、临时工等就业形式往往表现为"隐性就业",而并未完全被统计为就业。

(3) 在中国的城市,日益增长的外来务工人员的就业实际上也反映了劳动力需求的增长,但他们只是从农村就业转向了城镇就业,并不一定体现为从业人员总数的增长。由于存在这些统计方面的问题,统计的从业人员数据(尤其是城镇从业人员统计数据)增长量比实际劳动力需求增长量有偏小的倾向。

直到 2000 年前后,由于中国的就业体制都仍然带有很强的计划经济色彩,使得从业人员统计数据的变化不能真实地反映劳动力需求的变化。当宏观经济不景气、经济增长速度放慢、企业实际劳动力需求量减少时,企业往往并不解雇多余的职工,于是企业内的富余人员数量增多;相反,由于企业原来就存在大量富余人员,因此即使当宏观经济形势好转、经济增长速度加快、企业劳动力需求增加时,企业的理性选择也是通过内部挖潜和提高内部劳动力资源的使用效率来满足生产的需要,而不是再从外部劳动力市场上增加劳动力雇佣量。

这样,就有可能使得根据中国统计数据计算出来的就业增长的 GDP 弹性表现出这样的变化规律:根据统计数据计算出的就业增长的 GDP 弹性可能与 GDP 增长率反向变动。在从业人员统计大于实际劳动力需求的情况下,经济增长带来的就业增加并不一定会在统计数字上表现为从业人员的增加,而表现为企业内部劳动力使用效率的提高。这时,在较高的经济增长率下,从业人员统计的增长率将大大低估实际劳动力需求的增长,从而表现为就业增长的 GDP 弹性较低。比如,在经济增长速度比较快的1983—1985 年和 1992—1994 年这两个时期,就业增长的 GDP 弹性反而是下降的。相反,当经济增长率低的时候,从业人员却没有被解雇,而只是劳动力的利用率下降,这时却可能得到一个相对较高的就业增长 GDP 弹性,在经济增长率较低的 1981 年、1986 年和 1998—1999 年这几个时期就是如此。

根据上述分析,我们要特别强调,尽管随着劳动相对资本越来越贵,中国也会出现资本替代劳动的趋势,但不能简单而武断地根据从业人员增长数据和 GDP 增长数据计算出就业增长的 GDP 弹性,就得出中国经济"高增长、低就业"的判断!

如果统计的就业人数能够较为准确地反映出企业真实的劳动力需求,那么我们还能够看到 GDP 增长率和就业增长率正相关这一规律,即宏观经济学中的"奥肯定律"。但是中国的数据却没有明显地表现出这一规律,甚至个别年份还出现了制造业从业人员数据下降的现象,其中的原因也在于中国经济体制的转轨,从业人员统计数据不能真实地反映企业实际劳动力需求及其随着 GDP 增长率变化而发生的变化。

同样还是因为统计的从业人员数据不能真实地反映企业的实际劳动力需求,再加上我们在第 1 章中指出的失业率统计的缺陷,也不能用中国的统计数据去试图发现失业率和通货膨胀率之间的负相关性,即宏观经济学中的菲利普斯曲线。不过,菲利普斯曲线的另一种表达形式是经济增长率和通货膨胀率之间的正相关关系,这种关系是否存在就不受就业统计的准确性的影响了。

上述对于中国就业增长的 GDP 弹性的评论主要适用于就业体制转型时期,主要就是 2000 年之前。但毕竟中国经济中还有一个市场主导部门(主要是非国有企业),这个部门的从业人员统计是反映其实际劳动力需求的,这使得总体上的就业增长的 GDP 弹性仍然可能随着时间推移而下降。而且,由于市场主导部门在逐渐发展壮大,经济增长和从业人员增长的相关性将越来越强。从统计数据上来看,中国似乎在 2000 年之后出现了就业增长的 GDP 弹性持续下降的现象。这又如何解释呢?

21 世纪以来,虽然城镇部分企业的就业决策已经基本上市场化,但是,乡-城之间的劳动力流动障碍并没有彻底消除。2001—2007 年间,经济增长率高的时候,农民进城数量增加快,他们从农业从业人员转为城镇从业人员,仍然不一定表现为全社会总的从业人员增长。而在 2008 年之后,经济增长率明显放缓,大量农民工返乡,也并不一定表现为全社会总的从业人员增长放缓。

与此同时,资本市场的扭曲却非常严重。相当长一段时间以来,中国的利率是受到政府管制的,扣除通货膨胀之后的实际利率远远低于资本回报率,这种情况特别是在 2000—2007 年的经济高速增长时间特别明显,同时,又因为乡-城劳动力转移的障碍仍然存在,因此,企业的理性选择就是多使用资本,少雇佣劳动力。由于地方政府普遍喜欢大企业,而这样的企业又往往是资本密集型的,因此,资本深化进程(提高资本-劳动比)得到了地方政府的鼓励。2004 年之后最低工资制度加强,以及 2008 年《中华人民共和国劳动合同法》的实施,都进一步增加了企业雇佣劳动力的成本。因此,2000 年之后,就业增长的 GDP 弹性持续走低的背景是劳动力市场和资本市场的双重扭曲的结果。否则,中国经济增长的"资本深化"和用资本替代劳动力的进程不应该到来得如此之早。[①]

近年来,中国出现了就业人口的负增长,这与人口的老龄化和少子化有关,也由此

① 关于地方政府推动资本深化进程,以及利率管制对于中国经济结构扭曲的影响,有兴趣的读者请参见陆铭、欧海军:《高增长低就业——政府干预与就业弹性的实证研究》,《世界经济》2011 年第 12 期,第 2—30 页;陈斌开、陆铭:《迈向平衡的增长:利率管制、多重失衡与改革战略》,《世界经济》2016 年第 5 期。

带来就业增长的 GDP 弹性转为负数。这似乎很难理解,但其实,这和城市化进程有关。从数据上来看,虽然总的劳动力数量已经从 2015 年起逐步负增长,但在城镇化和结构转型中,农业的 GDP 占比和就业占比不断下降,相应地,对经济和社会发展起支撑作用的城镇人口和第二产业和第三产业就业人员仍然是正增长的。2010—2023 年间,城镇人口从 6.7 亿人增长到 9.3 亿人,第二产业和第三产业就业人员从 4.8 亿人增长到 5.7 亿人。其中,制造业在近年也由于资本对劳动力的替代而出现了从业人员负增长,因此,当前以及未来,在三大产业部门中,服务业已经成为创造就业的主体了。

进一步细分,在服务业内部中,基于数字技术和平台滋生的新业态就业需求又占据了相当大的比重,已逐渐成为创造中国劳动力就业的新力量。新一轮的人工智能和大数据等技术一方面在制造业产生了替代劳动和提高劳动生产率的作用;另一方面也在服务业领域创造了大量就业岗位,形成了数量庞大的基于平台经济的灵活就业等新就业形态的劳动者。借助于平台经济,大量主播、网约家政、网约货车司机、依托平台寻求日结工作的零工等,均体现了新的就业形态。以活跃在饿了么、美团等平台的外卖骑手为例,有相当大比例的骑手为"众包"类型,他们同时接入多家平台,并没有明确的固定雇主,可自主决定劳动时间和地点。更有一些平台上的新兴职业,更接近于传统意义上的自我雇佣者。例如,随着短视频和直播团购融入人们的日常消费习惯,探店达人成为越来越多年轻人的职业新选择,这已经被国家有关部门认定为"生活服务体验员"这一新工种。2022 年全国总工会开展的第九次全国职工队伍状况调查显示,全国新就业形态劳动者约有 8 400 万人。近年来,新就业形态的"蓄水池"和"稳定器"作用日益明显,不仅大幅提升了城市经济运行的就业承载力,同时也在疫情等社会突发事件中彰显了新就业形态对于稳定城市消费服务的"新民生基建"作用。

> 扫描书后二维码,查看本章数学附录。

思考题

1. 从增加就业的角度来看,为什么保持商品市场和劳动力市场的完全竞争状态是比较有利的?

2. 根据中国的从业人员统计和经济增长数据计算就业增长的 GDP 弹性,所得到的数值很低,于是有人认为,中国经济中出现了不正常的资本替代劳动的倾向。这个观点对吗?随着时间推移和就业体制的市场化,中国经济增长和从业人员增长之间的关系是否会越来越显著?

3. 为了增加就业,有人主张政府应大力扶持劳动密集型产业的发展,以提高经济增长吸纳就业的能力。对此,你怎么看?有没有更好的增加就业的政策?如果政府采取财政补贴或直接投资的方式来发展劳动密集型企业,就可以人为地提高就业增长的 GDP 弹性,这是不是意味着就业增长一定随之而提高?为什么?

4. 在城乡二元的发展中经济中,农业存在着大量的剩余劳动力。那么,农业自身的发展是否可能成为吸纳劳动力的渠道之一?如果可能,其条件是什么?在你所想到的增加农业吸纳劳动力数量的办法之下,能不能同时实现农民收入提高,并且农产品价格保持国际竞争力?扫描书后二维码,请在思考这一问题的同时,对阅读材料中的观点进行理性的分析。

5. 技术进步、经济增长和就业增长的关系是什么?政府在其中的作用是什么?政府的短期作用和长期作用会有差异吗?扫描书后二维码,两组阅读材料是否对你有所启示?

6. 近些年来,在中国,是否应该通过加强劳动保护和采取增加普通劳动力收入的政策来缩小收入差距存在着争论。其中,一种反对的观点认为,这样会提高劳动力成本,妨碍劳动力低价的比较优势的发挥。而支持者认为,产业的升级换代恰恰是在劳动力工资逐步上升的过程中实现的。对此,你怎么看?扫描书后二维码,阅读材料对你有何启示?

7. 在当前中国劳动力市场条件下,请问如何评价一些地方政府补贴企业进行"机器换人"的政策(扫描书后二维码,见阅读材料)?有人认为,反正机器换人是迟早的事,用补贴的方式来推进这个"产业升级"过程,是符合经济发展趋势的。对此,你如何评价?

8. 更进一步地,假设机器人的广泛使用导致了大量的劳动力失业,那么我们需要对机器人征收"人头税"吗?

9. AI 时代到来,我们该怎么办?我们是否高估了 AI 的智能程度?扫描书后二维码,请根据阅读材料回答。

10. 对于近年来出现的大数据和超大模型,都需要大量的上下文学习(In Context Learning),背后体现了规模效应的重要性(比如,梅特卡夫定律提出,把 N 个人连在一起,创造的收益是 N 的平方,呈指数型增长。模型的规模效应也是如此)。那在中国这样在人口、互联网用户等多维度大国中,我们是否具有比较优势呢?为什么?对于这样的原因,我们有何对策呢?

▶5

劳动供给（Ⅰ）：劳动时间与
劳动力数量

你用多少时间工作，多少时间休闲旅游？如果收入高到一定程度之后，你会不会减少劳动时间？为什么失业保险金一定要规定领取的时间期限？为什么传统社会家庭分工以"男主外、女主内"为主？为什么农民工外出打工，经常是丈夫外出，妻子留守？为什么在发达国家女性劳动参与率上升的同时，中国女性的劳动参与率却在改革开放后出现下降？随着生育率的下降和生育政策的转变，中国的劳动供给又会发生怎样的变化？

在劳动供给理论中，我们将劳动者和家庭均理解为理性决策的经济行为人，并且在此基础上研究劳动供给的决定。在这一章中，我们关注在不同层面上劳动供给的决定。首先，我们将个人（或者家庭）的劳动供给行为理解为行为人在收入与闲暇之间进行时间配置的结果，从中我们可以看到为什么劳动供给曲线是向后弯的。然后，我们进一步研究家庭作为一个劳动供给单位，如何在家庭成员之间（主要是夫妻之间）进行分工。这个部分在经济学中构成了一块非常重要的内容，被称为"家庭经济学"。我们还将考察一个人在生命周期内如何根据自己的生产率和工资水平的变化来安排自己的劳动供给。

从整个市场总量角度来看，我们还用劳动参与率来衡量劳动供给，通过考察劳动参与率的变化及其影响因素，我们能够理解经济发展和文化变迁是如何影响劳动供给的。

这一章的最后一节有关中国劳动供给问题，我们将揭示中国经济的转型和发展是如何影响居民的劳动力供给决策的。

5.1 劳动供给:收入与闲暇的替代

5.1.1 收入与闲暇的替代

一个人的劳动供给可以概括性地描述为两个目标之间的权衡:一方面,他需要挣钱,无论是为了养家糊口、有身份有地位,还是为了有能力捐款给慈善事业和希望工程;另一方面,他需要休闲,如果他终日工作,那么即使赚了钱也没有时间花,赚钱就没有意义了。很容易理解,上述两个抽象的目标之间存在相互替代的关系,也就是说,一个人将在他的全部时间(T)分成获得劳动收入的时间(I)和享受闲暇的时间(H)。不难想象,在给定工资水平的条件下,一个人对闲暇时间和劳动时间的分配应该达到闲暇和收入的边际效用之比等于每单位劳动时间获得的工资。反过来说,如果一个人闲暇和收入的边际效用之比大于工资,那么,这意味着他将减少劳动,多休息一点,虽然收入下降了,但闲暇增加了,总的效用反而更高。

模型

收入与闲暇的替代模型

如果我们将一个人的效用(U)设定为收入和闲暇的函数,并假定他"消费"收入和闲暇这两种"商品"的边际效用是递减的,那么我们就可以通过下列最优规划来求解一个人的劳动供给:

$$\max U(I,\ H) \tag{5.1}$$
$$\text{s.t. } T = H + I/w \tag{5.2}$$

其中,个人的劳动供给时间(L)可以表示为他的收入和单位时间劳动收入(w,也就是单位工资,这里用小写的字母表示实际工资)的商,即 $L = I/w$。熟悉经济模型的读者很容易证明,上述最优规划的均衡条件是闲暇和收入的边际效用之比等于实际工资,即:

$$U'_H/U'_I = w \tag{5.3}$$

上述对劳动和闲暇进行权衡的决策结果用图形表示会更加直观。在图 5.1 中,纵轴表示收入,横轴表示闲暇,从反方向看横轴则表示劳动时间。U 是一条无差异曲线,IT 是由式(5.2)表示的预算线,其斜率为单位时间的实际工资(w)。显然,预算线与无差异曲线的切点(E)是劳动者达到效用最大时的均衡点,这时,他最佳的收入和闲暇分别为 I^* 和 H^*,劳动供给为 $L^* = T - H^*$。

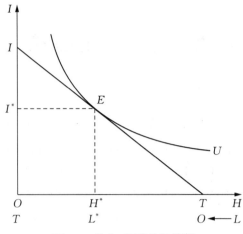

图 5.1　收入-闲暇替代模型

讨论

　　有研究报告显示,不同群体的睡眠时长存在很大的差异,因此图 5.1 中横轴表示的全部时间 T 是可变的,这会如何影响他们对劳动和闲暇之间的权衡呢?(提示:可以参考《中国睡眠研究报告 2023》进一步了解中国成年人的睡眠情况。)

5.1.2　劳动供给如何随着工资变化? ——收入效应与替代效应

　　工资的高低代表了劳动时间的价值,也体现了闲暇时间的机会成本,每增加 1 单位闲暇时间,都意味着要失去 1 单位工资作为代价。从这个意义上,工资可以被看作闲暇的价格。接下来的一个问题是,当工资水平发生变化,劳动时间的价值和闲暇的价格发生变化时,劳动供给将发生怎样的变化? 不难想象,当一个人收入很低和闲暇较多的时候,收入的边际效用非常高,而闲暇的边际效用非常低,这时,如果工资上升,他当然会选择更多地劳动,更少地休息。但是,随着收入水平的提高,收入的边际效用越来越低,于是,当收入超过一定水平以后,人的"身价"高到一定程度,反而劳动时间减少了。从个人来说,富人对于休闲的需求更高。这个社会上,最辛苦的可能就是普通白领和大城市里的一些普通劳动者,因为他们还不够富,同时对他们来说,"时间就是金钱",加班就是为了多挣点钱。

　　从整个国家来看,也不难发现,在低收入国家,人们非常休闲。道理很简单,单位劳动时间收入太低,劳动不如休息。中等收入的国家最辛苦,因为有钱挣,同时又不够富,中国(特别是沿海地区和一些大城市)大概就处在这个阶段。而在发达国家,特别是欧洲,休闲又变得重要了。在法国,很多行业的每周工作时间已经降到 35 小时。到了周末,人们是绝对不会加班的,连商店都关门。马克思曾经设想,当物质极大丰富的时候,劳动就会成为人们的一种需要,而不是生存的手段,这种判断与上面的分析有异曲同工之处。

上面这个故事如果用图形来分析就是著名的"后弯的劳动供给曲线"。在图 5.1 中,工资水平的变化会引起预算线的斜率相应变化。工资水平上升(下降)会引起预算线围绕点 T 顺(逆)时针旋转,并与一条代表更高(低)效用水平的无差异曲线相切。

图 5.2 中坐标轴的定义与图 5.1 相同,U、U_1 和 U_2 表示一组无差异曲线,TA、TB 和 TC 表示一组预算线,其对应的工资水平越来越高。从图中可见,随着工资水平的上升,三条无差异曲线与三条预算线分别相切于 E、E_1 和 E_2 三点,在这三点下收入和闲暇的组合分别为(I,H)、(I_1,H_1)和(I_2,H_2)。也就是说,随着工资水平的上升,劳动者的收入水平是逐渐上升的,但闲暇时间却是先下降再上升,从而导致劳动供给先上升后下降,形成 EE_1E_2 这条轨迹。如果我们将 EE_1E_2 这条轨迹在反映工资和劳动供给关系的坐标平面内表示出来,则可以得到图 5.3 中后弯的劳动供给曲线(L_S)。

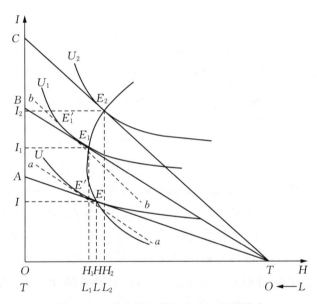

图 5.2 工资变化的收入效应和替代效应

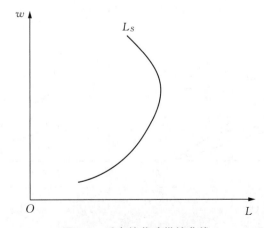

图 5.3 后弯的劳动供给曲线

那么,在什么样的情况下,劳动供给曲线是向右上倾斜的? 又在什么样的情况下,劳动供给曲线发生后弯呢? 为了回答这个问题,我们需要对单位时间工资水平上升时所带来的收入效应(income effect)和替代效应(substitution effect)进行分解。在图 5.2 中,首先,我们画一条平行于线 TB 并与 U 相切于 E' 的线 aa,由于线 aa 平行于线 TB 且位置低于线 TB,因此由点 E' 到点 E_1 就相当于劳动者在工资不变而额外得到一笔收入的情况下所达到的新的收入-闲暇均衡。点 E' 到点 E_1 的变化所表示的就是收入效应,可见收入效应的作用是使劳动者减少劳动供给,增加闲暇。导致劳动供给变化的另一个效应是替代效应,这一效应可以用图中点 E 到点 E' 的移动来表示,在这一过程中,劳动者的效用水平没有发生变化,但工资水平(也就是闲暇的价格)却上升了,这就导致劳动者减少了闲暇时间,增加了劳动供给。我们发现,之所以工资的上升导致劳动者的收入-闲暇均衡从点 E 移动到点 E_1,劳动供给增加了,是因为在这一过程中收入效应小于替代效应。同样道理,我们再画一条平行于线 TC 并与 U_1 相切于 E_1' 的线 bb,便可以分解工资水平进一步上升时所产生的收入效应和替代效应。结果我们发现,随着工资上升,均衡点从点 E_1 移动到点 E_2,劳动者的劳动供给减少了,这是因为在这一过程中,使得劳动者增加劳动供给的替代效应(从点 E_1 到点 E_1')要小于使得劳动者减少劳动供给的收入效应(从点 E_1' 到点 E_2)。

现实中,工资变化的收入效应和替代效应的大小对比情况如何,还与劳动者对工作和闲暇的偏好有关。我们考察两种特殊的情况:一种是无差异曲线特别平缓的情况,这类人特别偏好劳动(收入),无论工资怎样变化,他总是用全部的时间来工作[见图 5.4(a)],这种类型的人就是人们通常所说的"工作狂";另一种是无差异曲线特别陡峭的情况,这类人特别偏好闲暇,在任何工资水平下他都选择不工作[见图 5.4(b)],这种类型的人就是"懒汉"。在这两种情况下,收入和闲暇的均衡解都是所谓的角点解(corner solution),当然,这两种特殊的情况并不具有代表性,虽然可以解释一些人的行为,但对于一般的经济分析来说用处也不大,社会上大部分劳动者的偏好介于两者之间。

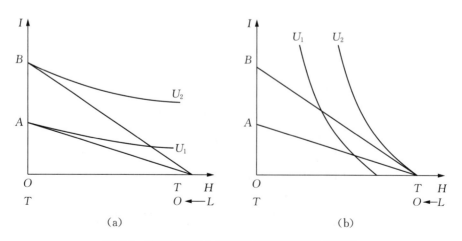

图 5.4 特别偏好收入和特别偏好闲暇的极端情况

5.1.3　影响个体劳动供给的因素

通过上面这些理论和图形分析,我们可以总结一下影响劳动供给的因素。

(1)偏好。不同的人有着不同的偏好。在其他条件(如工资)相同的情况下,越是偏好劳动(收入)的劳动者供给的劳动数量越多,而偏好闲暇的劳动者则供给的劳动数量较小。

(2)非劳动收入。我们在分析收入效应的时候,实际上就已经指出了非劳动收入数量对于劳动供给的影响。在其他条件不变的情况下,如果一个人的非劳动收入增加(例如得到了一笔遗产,或利率上升导致其生息资产的回报增加),那么这个人的劳动供给将会减少。

(3)工资。尽管对于一些特定的问题而言,我们有时候需要研究偏好和财产这类因素对于劳动供给的影响,但是在一般的经济分析中,我们主要还是考虑工资变化对于劳动供给的影响。我们在上面已经指出,工资对于劳动供给的影响取决于劳动者的收入水平。一般来说,一个人在工资低、收入低的时候会随着工资收入的上升而增加劳动供给,但当工资水平上升到一个临界值时,工资进一步上升反而导致劳动供给减少。

工资在调整劳动力供给的同时,也在调整劳动力需求。如果劳动力市场和工资是足够灵活的,那么,当劳动力供给大于需求的时候,工资就应该下调;而当劳动力供给小于需求的时候,工资就应该上浮。在日常生活中,工资调节劳动力供需关系的现象随处可见,逢年过节的加班费就可以看作调节劳动力供需关系的一个例子。每年春节临近,不少家政服务员思家心切,向雇主提出回家休假的请求。可是春节正是家庭家务量增大、需要留人帮忙的时候,特别是一些有老人和小孩的家庭。于是,部分雇主就采用"浮动工资",在春节期间实行双薪,中秋、黄金周这些节假日则视家政服务员劳累程度,发放不同数量的奖金。

5.1.4　一些政策含义

通过总结影响劳动供给的因素,我们还可以获得一些相关的政策含义。

我们已经指出,财产和非劳动收入的增加会降低劳动的供给。在其他条件不变的情况下,非劳动收入增加得越多,劳动供给就减少得越多。类似的道理也可以用来分析失业保险对劳动供给的影响,因为失业保险从性质上来说也是一种非劳动收入。所以,失业保险的作用肯定会使一部分劳动力选择退出劳动力市场。如图5.5所示,当存在失业保险的时候,如果劳动的收入低于失业保险时,劳动力的理性选择就是不就业,只领取失业保险,这样,他所面临的预算线就成了拐折的形状。首先,我们在图5.5中复制图5.1的坐标轴和各条曲线,并把预算线的形状修改为如 $IABT$ 这样的拐折形状,其中线段 TB 表示失业保险的水平。可见,当失业保险水平较低时,这个劳动者没有改变原先的收入和闲暇组合(实际上已经有一部分更加偏好闲暇的人选择不劳动,从而退出了劳动力市场)。但是当失业保险金的水平提高到 TD 时,我们就发现,这个人的最优选择是不再劳动,均衡点出现在 D。虽然这时他的收入比原先有所下降,但却充分地享受了闲暇,相应的效用水平也从原来的 U 提高到了 U_1。从这个分析中,我们就可以理解为什么在现实当中总是可以观察到一些人宁愿拿失业保险而不去工作(这事实上是一种自愿失业现象)。用他们的话来说,辛苦了半天,钱却没有多多少,不值得。在中国,失业保险主要是针对本地居民,外来劳动力比较少能获得失业保险的保障,这可能是本地居民的就业率和工作时间均低于外来人口的一个原因。2005 年人口普查数据显示,本地居民的就业率为 77%,而外来人口为 84%,相差 7 个百分点。本地劳动力一周的平均工作时间为 45.74 小时,外来劳动力一周的平均工作时间为 54.03 小时,两者相差了 8 个小时。当然,从失业保险的角度来看本地和外来劳动力就业率和工作时间只是一个角度,读者可以想想,还有没有其他因素会导致上述现象。

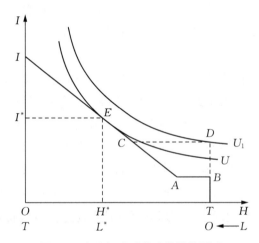

图 5.5　失业保险对劳动供给的影响

　　虽然从个人理性的角度来看,劳动者选择退出劳动力市场是完全合理的,但是这种现象从全社会的角度来看却是劳动力资源的浪费,因此,尽管失业保险制度是一项不能缺少的社会保障制度。但失业保险金的水平却不宜过高,而且一定要有相应的领取条件限制。比如,中国的法律条文规定,失业人员在领取失业保险金期间若无正当理由,拒不接受当地人民政府指定部门或机构介绍的适当工作或者提供的培训的,则可以停止其领取失业保险金,并同时停止享受其他失业保险待遇。失业保险金的领取时间也存在限制。一般而言,很多国家都规定失业保险的最长领取期限是两年,过了两年之后,劳动者所面临的预算线又变回了图 5.1 中的 IT,这样他就更有可能会重新回到劳动力队伍中去。

阅读

如何防止懒人骗取失业保险?

经济学家:为了防止懒人骗取失业保险,应该规定领取失业保险的最长期限。在给失业者介绍工作时,应该规定,如果给他介绍一定次数(比如三次)的工作被拒绝的话,那么,就应该取消其领取失业保险的资格。

反对意见:这样做是不对的,因为每个人只有找到适合自己的工作时才会去工作,如果做上述规定,就会使人们被迫接受不适合自己的工作。

经济学家:有关什么是"适合的工作"的信息是不充分的,或者说,要了解每个人"适合的工作"是什么样的,需要花费高昂的成本。因此,上述规定虽然的确有可能对部分劳动者不利,但是,在政府不掌握有关"适合的工作"的信息时,通过政策规定防止失业者不去工作,能够实现"次优"状态(second best)。虽然这时所有人都找到"适合的工作"的"一级最优"(first best)未能实现,但这本质上是因为劳动力市场上的信息不对称造成的。当然,政府仍然必须尽力去了解失业者适合做什么样的工作。

一个社会除了有失业保险之外,还有一些其他的福利政策,比如对于贫困人口的救济和帮助政策。在中国,失业保险是由人社部门发放的,而低收入居民的救济(比如城市最低生活保障)是由民政部门发放的。导致贫困的原因有很多,其中一种是由于失业救济是有期限的,一些长期失业者很容易失去领取失业救济的资格而面临生存困难。因此,对低收入者提供帮助是非常有必要的,而且这种帮助不宜再采取期限限制措施,这就使得我们必须思考怎样才能尽量降低类似的福利政策所造成的劳动力闲置。如果对贫困人口的帮助不与就业情况联系起来,那么,这种帮助的效果与失业保险金的效果一样,会导致一些"懒人"退出劳动力市场。为了避免这种情况,可以规定劳动力必须达到一定的劳动时间之后才能够领取贫困救济,而劳动收入(或劳动时间)超过一定限度之后便不能再享受救济,如图5.6(a)所示,预算线成为 IFGAT,这样就使得原来可能选择退出劳动力市场的人返回劳动力市场(最优选择从均衡点 D 变为 G),并且至少供给劳动时间的下限。

一种更加好的政策措施是将贫困救济的数量与劳动数量挂钩[见图5.6(b)],规定达到劳动时间下限后能够得到补贴,但补贴数额随劳动时间的增加而递减,这样就会诱使劳动力供给的劳动时间超过领取贫困救济的最低劳动时间规定。在图5.6(a)中,以预算线 IFGAT 表示的福利计划与预算线 ICDT 相比,显然能够诱使劳动者供给更多的劳动时间,并且使劳动者达到更高的效用水平。而在图5.6(b)中,以预算线 IJKGAT 表示的福利计划与以预算线 IJFGAT 表示的福利计划相比,前者能够诱使劳动者供给更多的劳动,并达到更高的效用水平。当然,上述两种福利计划的改进措施都仅对一部分比较偏好劳动的人有效,而且第二个改进方案的实施还需要花费额外的经济成本。

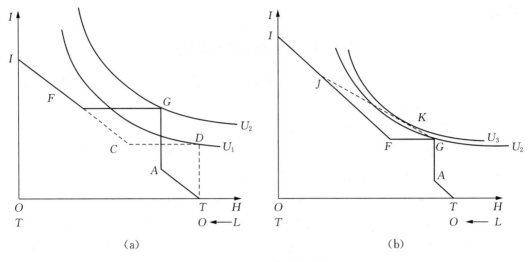

图 5.6　福利计划的改进

在中国,城镇最低生活保障作为一种福利只提供给本地城镇户籍人口。同时,有数据显示,外来劳动力的失业率低于本地城镇劳动力。你觉得,这两件事之间是不是可能存在某种联系?除了最低生活保障之外,还有其他解释吗?

5.2　劳动供给:家庭生产与生命周期

在上一节,我们从个人的角度(或者说是将一个家庭看作一个整体)来研究劳动供给行为的。在这一节,我们要进一步研究劳动供给行为。首先,我们深入家庭内部,研究家庭成员(主要是夫妻之间)是怎样进行劳动分工的。其次,我们研究一个人如何在一生的生命周期中安排自己的收入-闲暇组合,来追求整个生命周期内的效用最大化。这两项研究工作都是由美国芝加哥大学诺贝尔经济学奖得主贝克尔(G. S. Becker)开创的。

5.2.1　家庭生产和夫妻分工

在经济学的发展历史中,贝克尔的一项突出贡献是将生产理论运用于家庭行为的研究,从而开创了"家庭经济学"这门新的学科。在贝克尔的理论中,他认为家庭就好像一个生产企业,投入品是家庭成员的时间,产出是家庭成员的总效用(或者说满足感)。这个基本的理论起点对于理解家庭行为非常有用。家庭经济学广泛涉及家庭的分工、婚姻、生育等行为,而在这里,我们只涉及家庭成员的分工问题。确切来说,我们只以夫妻分工为例来讨论家庭分工。

阅读

爱情也是经济学可以分析的吗?

有一次,中央电视台的记者采访贝克尔,他的问题可能代表了很多人的疑惑。他说,家庭是基于爱情的,难道这也能用经济学分析吗?贝克尔的回答是,即使是爱情,也最终是给人带来效用和满足感的,它就是家庭的"产品"。因此,爱情也是能够被纳入经济学分析的。

夫妻之间更多的相处能够增进爱情,但更多的相处是以减少工作和收入为代价的,因此,多少时间用来工作、多少时间用来过家庭生活,就是一个可以用效用最大化的分析方式来解释的。比如,收入高的人往往显得不太顾家。在大多数情况下,在夫妻之间是丈夫收入高,于是,妻子往往觉得丈夫不够顾家。其实,如果"更顾家"(更多时间待在家里)是以减少收入为代价的,对家庭来说并不一定是最佳选择,而是另一种形式的"不顾家"。不过,这里的分析只针对那些真正的最大化家庭总效用的家庭,不能用来为那些因为个人原因而整天不回家的人找借口。

资料来源:作者根据公开资料改编。

如果男性和女性在劳动力市场上的工资水平存在差异,这就好比夫妻之间在通过劳动生产"效用"时的生产率有差异,那么,当家庭追求效用最大化时,往往需要在家庭成员间进行分工,谁挣得工资高,谁就应该更多地就业,而另一位则更多地从事家务劳动。[①]

贝克尔认为,男性和女性生理上固有的差异是导致家庭内部分工的重要原因。因为存在着生理的差异和传统社会角色的差异,女性往往需要花更多时间在生育和照料孩子上,从而中断或减少了职业上的人力资本投资,而男性则可以持续在提高其市场活动的生产率的人力资本上进行投资。这种人力资本投资的差异是导致已婚男性的市场工资率超过已婚女性市场工资率的一个原因。

后来,经济学家还从劳动力市场信息不对称的角度对女性就业难和工资较低的现象做出解释。在市场经济条件下,企业的目标必然是追求企业的利润最大化,因此,企业就希望在市场上寻求劳动能力较强和就业稳定性较强的劳动力为企业工作。但企业在市场上聘用员工的时候,并不知道谁的工作能力更强、谁在工作后会有更强的稳定性。在这种情况下,企业只能根据关于劳动力能力和工作稳定性的概率分布来做出雇佣决策。一般来说,人们都知道在一些特定的工作岗位(尤其是重体力活)上,男性具有得天独厚的优势,这是由两性的生理差异造成的。在历史上很长一段时间内,男性的受教育程度大大高于女性,这也使得很多知识密集型的工作将女性拒之门外。另

---

① 有兴趣的读者如果想了解更深入的分析,参见 Becker, G. S., 1981, *A Treatise on the Family*, Harvard University Press, Chap.2.(中译本:加里·S.贝克尔:《家庭生活的经济分析》,涂永前译,格致出版社 2025 年版。)

外,由于生育和抚养幼年孩子的责任更多落在女性的身上,女性需要为此退出或暂时退出劳动力市场,即使生育之后重返劳动力市场,也由于照顾幼儿的需要,往往选择工作时间灵活性强的工作。相对而言,男性员工一般具有更强的工作稳定性,并且可以应付"贪婪工作"①的需要。这些信息都会给雇主一个信号,雇佣男性员工更加有利于实现自己的利润目标。结果是,一方面企业倾向于多雇佣男性员工,另一方面女性劳动者会适当地屈就于较低的工资水平。也是因为同样道理,企业会更倾向于将培训的机会给离职倾向较低的男性员工,而较低的工资水平和培训晋升机会又进一步降低了女性劳动者的劳动参与率。

既然女性工资水平较低在很大程度上是两性人力资本投资的对象不同以及劳动力市场信息不对称这样的因素造成的,那么对于一个家庭来说,丈夫更多地从事市场活动,妻子更多地从事家庭活动就可能是达到家庭效用最大化的理性选择。可见,经济学家从家庭分工出发为劳动力市场上对女性劳动力的工资和就业"歧视"提供的解释是比较中性的。但是,这并不意味着经济学家不需要关心由于女性工资低、就业难而带来的一些其他社会问题。贝克尔指出,已婚男女间劳动分工的性质说明,男人比妇女更可能多结几次婚,同时,可通过一夫多妻制、离婚和遗弃妻子而连续几次结婚。因此,婚姻法和契约主要是保护专业化的妇女来反对离婚、遗弃和其他不公平的待遇。②

从上面的分析中,我们还能够解释为什么生育保险是重要的,因为当女性员工在生育期间的收入由社会提供时,企业就不必再担心其雇佣的女员工在生育期间请假而企业却要继续为她们付工资,这就使得企业更加愿意雇佣女性员工。女性生育保险制度可对促进女性就业和保障女性权益起到积极的作用。另外,可以考虑出台男女相对平等的育产假政策。从国际经验来看,很多高福利国家都有比较长且男女相对平等的育儿假。例如,瑞典的生育政策鼓励夫妇双方参与育儿。瑞典父母一起可以获得 480 天的带薪育儿假,这当中父母双方各享有 90 天不能转让给对方的育儿假。这主要是为了确保公平和父母共同承担育儿责任,同时也要鼓励男性员工休产假(甚至有些国家强制男性去休产假),让男性一起甚至更多承担养育和陪伴孩子的责任和义务。从经济学逻辑出发从而得到具体的政策建议,显然要比空泛地呼吁"保护女性权益"要更为实在。

最新的家庭内部劳动分工的研究认为,家庭成员并不一定像传统理论所认为的那样最大化整个家庭的总效用,家庭内部的劳动分工还具有动态的策略性的一面。新的理论将家庭分工看作夫妻双方通过谈判分享分工收益的过程。一般来说,女性的工资较低,因此她们通常在家务劳动方面具有比较优势。但是,如果女性真的选择分工并

---

① "贪婪工作"是 2023 年诺贝尔经济学奖得主克劳迪娅·戈尔丁在研究劳动力市场性别差异时提出的一个概念,指那些工作时间长,灵活性低,可替代性低,不能中断,且需要"随时待命"的工作。工作越是贪婪,时薪越高,晋升机会也越大。

② 加里·S.贝克尔:《家庭生活的经济分析》,涂永前译,格致出版社 2025 年版。

在家里从事家务劳动,那么,由于长期脱离劳动力市场,她们在市场上就业的能力就会越来越弱,当未来再与丈夫谈判分享家庭分工的收益时,她们的谈判能力就下降了。考虑到这一点,女性劳动力就可能倾向于选择就业,而不是待在家里。最近几十年来,包括中国在内的很多国家的离婚率都在上升,这就给女性发出一个信号,为了家庭而放弃就业越来越不值得了。于是,她们就会更多地走向社会去就业,从而改变男女在家庭和劳动力市场内外分工的模式,还会进一步影响夫妻双方就家庭内部事务进行分工协作的模式。

讨论

如果女性考虑离婚的风险,出于上述策略性的考虑,不愿意分工于家务劳动,这并不一定是家庭效用最大化的选择。这时,能不能设计一种保险机制,来提高女性的效用,并且提高家庭分工程度和家庭总效用? 与之相关的是,婚后财产均分制度实际上是否就是一种保险?（提示:请参考陈钊、陆铭、吴桂英:《考虑离婚的动态家庭分工理论及一个提高分工效率的保险机制》,《经济学(季刊)》2004 年第三卷(中国经济学年会专辑),第 167—190 页。同时,可在网上查阅一下"婚姻保险"这样的词条,看看有什么发现。）

背景

2020 年第四期中国妇女社会地位调查主要数据情况

从 1990 年第一期开始,中国妇女社会地位调查每十年进行一次,2020 年中国妇女社会地位调查进行了第四期。中国女性的社会地位有了大幅度的提升。在以下几方面表现突出:

(1) 劳动参与"半边天"力量进一步彰显。

女性就业结构进一步优化。女性在第一、二、三产业就业的比例分别为 28.8%、17.1%和 54.1%,其中在第一产业就业的比例比 2010 年降低 16.5 个百分点,在第二、三产业就业的比例分别比 2010 年提高 2.6 个百分点和 13.9 个百分点。

农村女性非农就业比例大幅提高。农村在业女性中,非农就业比例为 39.5%,比 2010 年提高 15.4 个百分点。37.8%的农村女性有外出务工经历,返乡女性从事非农劳动的比例为 52.6%。

(2) 家庭地位提升。

女性家庭财产地位提升。已婚女性个人名下有房产的占 18.8%,与配偶联名拥有房产的占 39.9%,分别比 2010 年提高 5.6 个百分点和 11.9 个百分点。未婚女性个人名下拥有房产的占 10.3%,比 2010 年提高 3.4 个百分点。

丈夫休带薪护理假比例上升。35 岁以下有单位的在业女性最近一次生育时,配偶休带薪护理假的比例为81.2%,休7天及以上的为70.8%,分别比2010年提高14.6个百分点和19.7个百分点。

女性遭受家庭暴力比例明显降低。根据《反家庭暴力法》对家庭暴力概念的界定,在婚姻生活中女性遭受过配偶身体暴力和精神暴力的比例为8.6%,比2010年下降了5.2个百分点。《反家庭暴力法》颁布实施以来,经过各方面共同努力,在预防和制止家庭暴力方面取得成效。

（3）性别平等观念增强。

男女平等法律政策知晓度较高,公众法治意识较强。八成左右被访者知晓《妇女权益保障法》《反家庭暴力法》《婚姻法》《继承法》,知道有"男女平等"基本国策的比例为85.3%。大多数被访者对歧视和限制女性的违法行为有正确认知,认为"要求女职工工作几年内不能生孩子""因结婚/怀孕/生育而被解雇"属于违法行为的比例分别为70.4%和75.9%,认为"因性别而不被录用或晋升""男女同工不同酬"属于违法行为的比例分别为66.1%和63.2%。

女性能力和作用得到公众普遍认可。94.1%的被访者认同"女人的能力不比男人差"的说法,比2010年提高10.6个百分点;94.8%的被访者认同"妇女在经济社会发展中发挥了半边天作用"。

性别平等观念更加深入人心,年轻女性平等意识更强。95.4%的被访者认同"有一份有收入的工作对女人很重要"。不赞同"男人应该以社会为主,女人应该以家庭为主"的男女比例分别为50.9%、58.3%,比2010年分别提高14个百分点和14.7个百分点;其中35岁以下女性中有八成表示不赞同。认同"男人应该兼顾家庭和工作"的比例为93.3%。八成以上被访者不赞同"照料孩子只是母亲的责任",其中35岁以下女性这一比例为94.6%。近七成被访者不赞同"在家里妻子应该顺从丈夫",其中35岁以下女性比例达87.3%。不赞同"女生不适合学理工科"的女性比例为77.9%,男性为77.3%。

关于子女姓氏和财产继承的传统观念进一步发生转变。关于子女姓氏,近四成被访者愿意孩子随母姓,男女比例分别比2010年提高7.2个百分点和2.2个百分点。在财产继承问题上,71.3%的被访者认为,如果儿女都尽到赡养义务,应该平均继承父母的财产。

资料来源:第四期中国妇女社会地位调查领导小组办公室:《第四期中国妇女社会地位调查主要数据情况》,《中国妇女报》2021年12月27日。

5.2.2　生命周期内的工作决策

在一个人的一生中,一般来说是在中年达到所谓的"年富力强"的时期,也就是从事市场活动生产率最高的阶段。在年轻的时候,刚刚走出学校大门,没有实际的工作经验,这时生产率较低。随着工作经验的增加,生产效率也有所提升。而当中年过后,一个人则会面临体力精力下降、知识经验老化的困境。如果一个竞争性的劳动力市场能够保证一个人根据他的生产率获得工资报酬的话，那么他的生产率和工资曲线就如图 5.7(a)所示，呈倒 U 形。在美国那样的市场经济国家，实际情况也的确是这样（参阅本书第 6 章的图 6.3）。根据这条工资曲线，一个人达到生命周期内效用最大化的选择应该是工作时间越来越多，到中年时达到峰值，然后再逐渐减少[如图 5.7(b)所示]。①随着人们接受正规教育时间的延长和预期寿命的延长，以及开始工作的年龄推迟，达到生产效率顶峰的年龄也有所推迟。

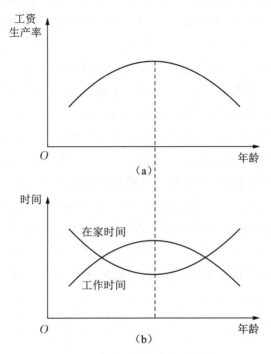

图 5.7　生命周期内的就业决策

特别值得一提的是，女性劳动力在生命周期内的劳动供给比较特殊。因为女性往往更多在家庭内承担生育孩子和抚养幼年孩子的职责，很多女性会选择在孩子出生到上学或成人之前这段时间里退出劳动力市场，等孩子上学或成人之后重新加入劳动力市场。于是，女性劳动力在生命周期内的劳动供给曲线在年轻和中年以后出现两个峰值，呈驼峰状，这种现象被称为女性的"双头就业"或者"M 型就业"。目前，中国的女性劳动力中也出现了一些退出劳动力市场的现象。由于中国在计划经济年代强调两性平等，且国有企业往往办有托儿所（帮忙看顾 3 岁以下的幼儿）和幼儿园，当时女性劳动参与率畸高。随着国有企业改革，托儿所逐渐被关闭，取而代之的是市场化的托育机构和保姆市场，看顾 3 岁以下幼儿的价格对有些家庭来说变得难以承受，这又迫使一部分追求家庭总体效用最大化的女性选择退出劳动力市场，回归家庭照顾幼年孩子。

---

①　一个经典的证明，参见加里·S.贝克尔：《人类行为的经济分析》，王业宇、陈琪译，格致出版社 2015年版，第 6 章。

5.3 加总的劳动力供给

第 5.1 节中的收入-闲暇替代理论给我们展现了一幅关于人类未来社会的美好图景,当人类社会的收入普遍达到一定程度之后,人们将越来越多地享受闲暇,从而达到人类的全面发展。当然,从当今世界来看,这一趋势恐怕只在少数富人和少数富国那里才有所表现。个人劳动供给曲线的后弯部分只是一种理论上存在的情况,在实际的经济分析中并没有太大的应用价值,我们通常只考虑劳动供给曲线的右上倾斜部分。这样的话,我们就很容易得到加总的劳动供给曲线——一条在工资-劳动平面中向右上倾斜的曲线,它表示人们的劳动供给将随着工资上升而上升。

不过,我们需要注意的是,对个人劳动供给曲线进行直接加总得到的供给曲线和宏观意义上的劳动供给曲线可能会存在不一致。如图 5.8 显示,在 2015 年,工作时间和国家人均 GDP 之间的确存在明显的负相关,这符合个体层面收入-闲暇替代的故事。不过这样截面意义上的负相关在时间维度上不一定成立。图 5.9 列举了几个发达国家工作时间的动态变化。除新加坡之外的其他国家,在 1980 年之前,工作时间都一致出现了下降,和图 5.8 显示的情况较为一致。但 1980 年之后,工作时间在国家间出现了分化:德国和法国的工作时间继续出现下降,尤其是德国;英国和美国的工作时间保持稳定;而瑞典的工作时间在 1990 年起开始增加。图中比较特殊的是新加坡,新加坡的工作时间远高于其他发达国家,这可能归因于东亚文化因素。不过新加坡的

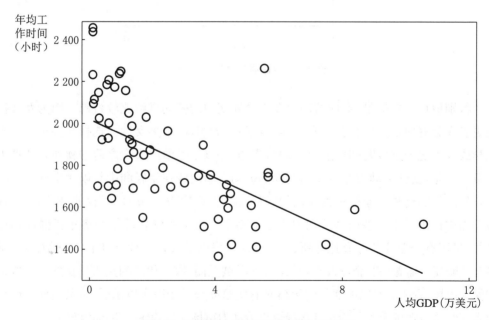

图 5.8 国家发展水平和工作时间:2015 年

资料来源:人均 GDP 数据来自世界银行,World Development Indicator,https://databank.worldbank.org/source/world-development-indicators;工作时间数据来自数据网站 Our World in Data,https://ourworldindata.org/working-hours。

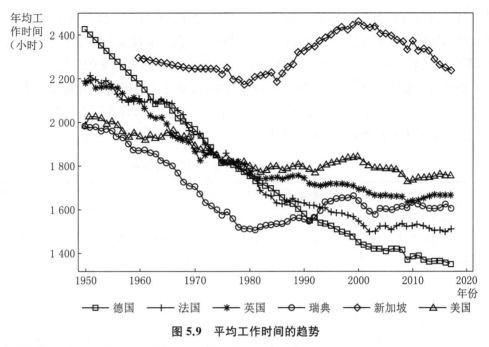

图 5.9　平均工作时间的趋势

资料来源：https://ourworldindata.org/working-hours。

工作时间变化趋势和瑞典较为类似，在 1980 年之后也出现了增加。由此可见，随着国家的发展（可以近似为工资的增加），整个国家的人均工作时间却没有减少。

讨论

　　如图 5.9 显示，随着国家的发展，国家的人均工作时间没有持续减少，收入效应为何没有起到主导作用？除了劳动参与率之外，还有其他的解释吗？（提示：读者可以尝试从休闲质量、工作内容和价值进行解释。进一步阅读：Hussam，Reshmaan，Erin M. Kelley，Gregory Lane and Fatima Zahra，2022，"The Psychosocial Value of Employment：Evidence from a Refugee Camp，" *American Economic Review*，112(11)：3694 - 3724；Jón Steinsson，2024，"Work and Leisure，" Textbook Chapter of *Lectures in Macroeconomics*。）

　　个体层面的收入效应没有起到主导作用的原因是，劳动力供给行为存在拓展边际效应和集约边际效应。拓展边际效应表现为劳动参与率，集约边际效应则表现为工作时间的长短，这又有明显的生命周期特征。接下来，我们依次对此展开讨论。

5.3.1　劳动参与率的变化趋势和影响因素

　　我们不妨先考察一下部分发达国家劳动参与率的变化趋势。从所选取的 8 个主要发达工业国的历史资料来看，从 20 世纪 60 年代以来，劳动参与率总体有上升的趋势。进一步地分性别来考察,不难发现,各国男性的劳动参与率总体上有所下降,而各国女性的劳动参与率变化趋势则表现出高度的一致,也就是普遍大幅度上升。由此可见,影响这期间发达国家劳动参与率变化的主要是女性劳动参与率的变化,女性劳动参与率普遍大幅度提高(见表 5.1)。我们不禁要问,是什么因素导致劳动参与率在大约半个世纪的时间里出现如此明显的变化? 对这个问题的回答实际上就是要说明为什么女性劳动力大量地加入了劳动力队伍。

表 5.1　发达国家劳动参与率变化:15—64 岁人口　　　　　　　　　　　（%）

	年份	澳大利亚	加拿大	法国	德国	日本	瑞典	英国	美国
总体	1966	68.1	65.5	69.2	70.1	72.0	75.5	75.4	68.7
	1992	72.8	75.8	67.3	71.0	71.4	81.6	76.2	75.1
	2002	74.1	77.9	69.2	71.2	72.7	77.9	75.3	74.9
	2012	76.4	78.1	71.0	77.1	74.4	80.3	76.3	71.8
	2022	79.5	79.8	74.3	79.9	81.3	83.4	77.6	72.7
男性	1966	95.6	89.4	89.9	95.8	88.6	95.1	95.7	91.2
	1992	83.6	82.8	75.2	80.3	84.1	83.5	85.7	83.2
	2002	82.0	82.9	75.4	78.0	85.1	79.7	82.0	81.2
	2012	82.4	81.4	74.9	81.9	84.8	82.6	81.9	77.4
	2022	83.8	82.7	76.9	83.5	87.4	85.5	80.9	77.6
女性	1966	42.0	38.0	48.9	48.4	56.2	56.5	51.4	46.8
	1992	61.7	68.6	59.4	61.4	58.5	79.6	66.6	67.0
	2002	66.1	72.9	63.2	64.4	60.2	76.1	68.7	68.7
	2012	70.4	74.8	67.1	72.2	63.3	77.9	70.6	66.4
	2022	75.3	76.8	71.8	76.2	75.0	81.2	74.2	67.7

资料来源:1966 年数据来自 OECD, *Labor Force Statistics*, selected issues; OECD, *Employment Outlook*, 1994, Tables I and J; OECD, *Employment Outlook*, 2015。其他数据来自世界银行,World Development Indicators, https://databank.worldbank.org/source/world-development-indicators。

在 20 世纪 60 年代以后,以下几方面的因素可能是促使女性大量加入劳动力队伍:

(1)产业结构调整的需要。二战以后,技术进步带来产业结构的变化,发达国家制造业和农业的就业比例下降,服务业有了非常迅速的发展,白领工作、办公室工作的需求量大幅度上升,创造了大量适合女性从事的职业和岗位,就业的收入也有所提高,这就使得越来越多的女性劳动力走向就业岗位。

(2)社会发展和家庭结构的变化。二战以后,西方社会发展的一个重要现象是家庭规模在缩小,特别是孩子的数量有所减少,女性生育和抚养孩子的压力变小。与此同时,技术进步带来电气化程度高,冰箱、洗衣机、吸尘器等家电的普及,也把女性从繁重的家务劳动中逐渐解放出来,使得女性能够有时间和精力到市场上去从事有收入的工作。更为重要的是，服务业的发展本身也是一个分工深化的过程，很多原先在家庭内部完成的活动（比如照顾老人和小孩）开始由市场来完成。一些女性劳动力从事服务业，把原先一些由家庭内部完成的劳务作为一种产品来提供，从而创造了大量的就业岗位。与此同时，大量的女性又由于家务劳动可以在市场上购买了，从而得以从家务劳动中解脱出来去工作。

（3）女性受教育程度的大幅度提高。过去一个世纪以来，女性受教育程度的大幅度提高无疑是推动女性进入劳动力市场的重要原因。在美国，20世纪四五十年代大学毕业生中男性人数是女性的两倍；到80年代，大学毕业生中女性人数开始超过男性，之后，女性大学毕业生的数量超过男性越来越多。中国也存在类似的趋势。中国高等教育入学的新生性别比（男性＝100）在2008年首次超过100，在2020年已经增至118。从人口数量来看，2020年第七次全国人口普查数据显示，中国35岁以下拥有大学以上学历的人中，女性人数已经超过男性。

（4）观念的变化。二战以后，尤其是20世纪六七十年代，女权运动轰轰烈烈，推动了很多有利于女性平等权利的立法，促使西方国家女性的观念有了巨大的变化，独立意识和自我意识大大增强。女性工作也不仅仅为了弥补丈夫工资收入的不足，而开始追求工作带来的更多的自我实现和满足感。由于女性受教育水平的大幅度提高，又进一步加强了女性的独立意识。女性越来越多地走上劳动力市场，拥有了自己的收入，对于丈夫和家庭的依赖程度也有所下降，而这又反过来加强了女性的独立意识。

（5）避孕药的发明、人工授精技术和不孕不育科学研究的发展。在缺乏由女性控制、高度可靠的便捷避孕药之前，女性往往在有性生活之后不久就结婚了，结婚之后很快就有了孩子，且可能有多个孩子。避孕药的使用，推迟了婚姻和生育，并有效控制了孩子出生的数量和时间。这些都给了女性更多时间参与到劳动力市场中，或者有更多时间用来攻读高等学位巩固自己的职业地位。医学、兽医学、法学、工商管理等学科中女性的比例越来越高，更多女性进入到男性一直主导的职业，如律师、经理、医生、教授和科学家等。[①]

（6）离婚率。二战以后，西方社会的家庭越来越不稳定，离婚率显著上升。离婚率的上升直接提高了女性劳动参与率。即使对于没有离婚的女性，离婚率的上升也将使女性越来越觉得为家庭而放弃就业不值得，于是已婚女性越来越多策略性地选择就业而不是在家从事家务劳动。

讨论

照顾孩子会对母亲就业和工资产生很大的影响。那么，在中国，这种影响有多大呢？与其他国家相比，中国的情况会有差异吗？这种差异背后是文化所致，还是制度

[①] 克劳迪娅·戈尔丁：《事业还是家庭？女性追求平等的百年旅程》，颜进宇、颜超凡译，中信出版社2023年版。

所致?(建议参考:Kleven, Henrik, Camille Landais, Johanna Posch, Andreas Stein-hauer and Josef Zweimüller, 2019. "Child Penalties across Countries: Evidence and Explanations." *AEA Papers and Proceedings*, 109:122-126; Kleven, Henrik, Camille Landais, Gabriel Leite-Mariante, 2024, "The Child Penalty Atlas," *Review of Economic Studies*, forthcoming。)

5.3.2　劳动年龄人口规模

在既定劳动参与率水平下,一个社会的劳动年龄人口规模越大,整个社会的总体劳动时间就越长。如第2章概念介绍中所说,国际上比较通行的是把15—64周岁的人口定义为劳动年龄人口。图5.10显示了1960—2022年美国、日本、印度和中国四国的劳动年龄人口的变化趋势。美国的劳动年龄人口呈现稳定的增长趋势,2000年之后增长趋于平缓。日本从1960年之后劳动年龄人口呈现平缓的增长趋势,但到1994年达到顶峰,之后开始了长达近20年的持续下降,而这20年正好是日本经济陷入低迷的"失去的二十年"。

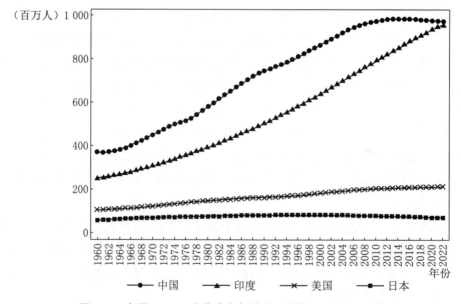

图5.10　各国15—64岁劳动力年龄人口趋势:1960—2022年

资料来源:世界银行,World Development Indicators, https://databank.worldbank.org/source/world-development-indicators。

中国曾是全世界人口最多的国家,也是全世界劳动力最丰富的国家,印度紧随其后。从1960年到21世纪初的40年时间内,中印两国的劳动年龄人口均以远高于其他国家的速度快速增长,在这期间,中国的劳动年龄人口始终高出印度1.5亿人左右。在这40年期间,中国经济的高速增长也得益于劳动力供给充足和劳动力价格较低的

"人口红利"，中国也被称为"世界工厂"。但在 2005 年左右，中印两国的劳动年龄人口增长出现了完全不同的趋势。印度的劳动年龄人口保持了过去 40 年强劲的增长速度，而中国劳动年龄人口的增长趋于平缓，到 2015 年中国的劳动年龄人口数量达到了峰值(9.883 亿人)，之后便转向了缓慢下降的阶段。到 2022 年，中国的劳动年龄人口为 9.75 亿人，而印度的劳动年龄人口已达到 9.61 亿人，差距缩小到 1 400 多万人。在 2022 年，印度的总人口首次超过中国，以此可预计印度的劳动年龄人口将会很快超过中国，取而代之成为全世界第一大劳动力大国。造成中国劳动年龄人口增长趋势快速逆转的原因，主要是中国严格实行了近 40 年的一对夫妇只生一个子女的"独生子女"政策，虽然 2016 年全面转而实施"两孩"政策，2021 年全面开始"三孩"政策，但生育率没有明显的回升。

5.4　中国经济转轨时期的劳动供给变化

由于中国曾经是一个劳动力过剩的国家，为了解决就业问题，国家曾采取了计划就业体制来强制性地安置就业，因此我们可以将统计的经济活动人口作为劳动力供给总人数的相应指标。由图 5.11 可见，中国的经济活动人口自 1978 年以来一直保持着一定速度的增长，21 世纪以来增长的速度有放缓的趋势。到 2014 年后，中国的经济活动人口转向缓慢下降的趋势。由于近些年来人口出生率的明显下降和人口老龄化的加剧，中国经济活动人口的负增长可能将在接下去较长时间内持续。

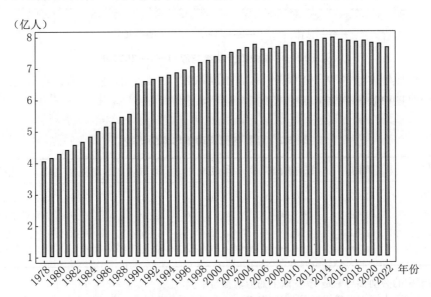

图 5.11　中国的经济活动人口数量：1978—2022 年

注：经济活动人口指年龄在 16 岁及以上，在一定时期内为各种经济生产和服务活动提供劳动力供给的人口。1990 年就业人口的统计口径放宽了，导致这一年的就业人口和经济活动人口的统计数据有一个大幅度的提高。

资料来源：历年《中国统计年鉴》。

经济活动人口的变化除了与总人口和劳动年龄人口的多少相关之外,还与劳动参与率的高低有关。我们不妨来看一下中国劳动参与率的变化趋势。在中国,改革开放以来劳动参与率总体上呈现下降趋势,也就是说,以劳动参与率这样的相对指标来衡量,中国的劳动供给呈现总体下降的趋势。更具体地,根据图 5.12 显示,1991—2022年在 15—64 岁劳动年龄人口中,女性劳动参与率从 78.9% 下降到 70.9%,男性劳动参与率则从 88.5% 下降到 80.6%。在经济转轨过程中,各国畸高的劳动参与率均有所下降(见表 5.2)。以俄罗斯为例,仅 1992—1994 年间,该国的劳动参与率就下降了 5.2 个百分点。[1]

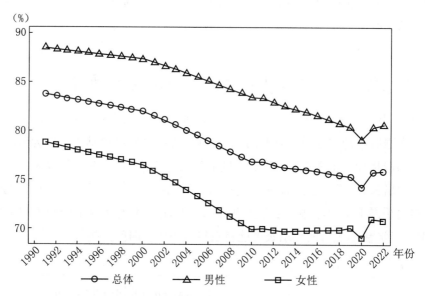

图 5.12 中国城镇劳动参与率:1991—2022 年

资料来源:世界银行,World Development Indicators, https://databank.worldbank.org/source/world-development-indicators.

表 5.2 世界各国劳动参与率的比较 （%）

年份	韩国	巴基斯坦	印度	泰国	波兰	中国
2000	61.57	50.41	57.20	72.66	56.61	76.82
2010	61.36	51.00	54.73	71.59	55.99	70.96
2020	62.81	51.73	50.45	67.02	56.87	66.02
2022	64.21	52.72	52.35	67.54	58.58	66.90

注:表中的劳动参与率是 15 岁以上的劳动参与率。
资料来源:来源于世界银行 WDI 数据库。

---

[1] Commander, S. and R. Yemtsov, "Characteristics of the Unemployed," in Jeni Klugman（ed.） *Poverty in Russia: Public Policy and Private Responses*, The International Bank for Reconstruction and Development, The World Bank, 1997.

在改革开放以前中国的计划就业体制下，国家把为每一个有劳动要求的劳动力安排工作视为自己的一项义务。而在国家安排的工作下，劳动力只要供给很少一部分劳动就可以获得企业发放的最低水平的工资和一些相应的福利待遇。虽然企业的分配原则是"多劳多得"，但实际上劳动力在付出更多的劳动后，收入的增加并不多，企业内的收入差距并不大。

与计划体制时期相比，中国改革开放以后的就业体制发生了一些变化，"多劳多得"有了更为实质性的体现。这样的改革对偏好收入（劳动）者具有激励的作用，而对偏好闲暇者则有惩罚作用。就整个社会而言，改革过程中选择就业的劳动者供给的劳动时间普遍有所提高，从而提高了劳动力的使用效率。同时，会有一部分相对偏好闲暇或缺乏竞争力的劳动力在旧体制下选择工作，但在新体制下选择退出劳动力市场。通俗地说，这部人会觉得在新体制下就业不像原来那样"合算"了，于是劳动参与率在体制改革过程中有所降低。

体制转轨因素对劳动供给影响的分析也同样适用于分析家庭劳动供给行为的变化。在传统的就业体制下，政府通过实行两性间的平等就业，以一种强大的行政力量人为地抹去了男性与女性在生理与心理等方面天然存在的差距。正如我们在前文中指出的那样，在经济体制的转轨过程中，随着性别间收入差距的扩大（参见图 5.13），男女间的收入差距在已婚人群中进一步扩大，因此，一部分妇女（尤其是已婚有孩的妇女）退出劳动力市场，从事家务劳动，是家庭总效用最大化的分工结果。在其他经济转轨国家，随着就业体制的市场化，劳动参与率的下降也更多地表现为妇女退出劳动力市场的现象。

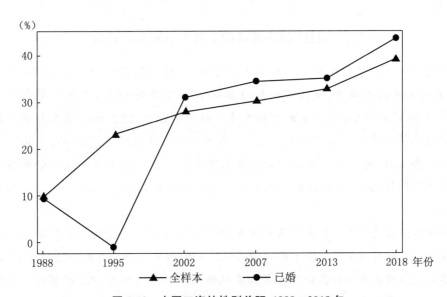

图 5.13 中国工资的性别差距：1988—2018 年

注：图中的纵轴表示男性工资比女性工资高出的百分比。其中，模型已经控制了教育水平、年龄（及平方项）、户籍性质、工作的所有制、职业、行业和城市哑变量。但未控制其他可能影响性别差距的工作特征，例如工作的时长、强度、环境等。

资料来源：作者根据中国家庭收入调查（CHIPS）历年数据估计。

背景

经济转型与女性就业

经济转型对女性就业产生了重要的影响。在转型之前,计划经济国家的妇女在政府的鼓励之下普遍有着畸高的劳动参与率,而且她们的家务劳动时间也很高,在中东欧国家,女性在家务劳动中投入的时间高达每周近 70 个小时,比西欧女性在家务劳动中投入的时间每周要多 15 小时左右(UNCF,1999)。经济的转型导致女性的劳动参与率出现了明显的下降(UNCF,1999;World Bank,1996)。就业数据显示,在转型期间失去的 2 600 万个工作岗位中,有 1 400 万个是女性失去的。在经济的恢复期间,大部分新创造出来的工作岗位都被男性占据了,而女性却难以再获得新的就业机会。与转型之前的状况相比,市场化改革之后性别间的就业"歧视"更加明显。一些私人的雇主认为雇佣女职工会引致一些非工资成本,从而不愿意雇佣女性职工。与男性相比,女性从事自我雇佣职业的或者做企业主的人都更加少(UNCF,1999)。

资料来源:UNCF(United Nations Children's Fund),1999,"Women in Transition, A Summary," The MONEE Project, Regional Monitoring Report, No.6, The UNICEF International Child Development Centre (ICDC), Florence-Italy; World Bank, 1996, *World Development Report 1996*:*From Plan to Market*, New York: Oxford University Press.

阅读

中国女性劳动参与率相比男性下降速度更快

利用国家统计局的历次中国人口普查数据,发现从 1982—2020 年近 40 年的时间里,在劳动年龄人口中,女性劳动参与率从 77% 下降到 55%,男性劳动参与率则从 92% 下降到 76%,存在明显的性别差异。与世界相比,国内的劳动参与率数据是一个从极高值下降到正常水平的过程,其他国家近些年的劳动参与率,尤其是女性劳动参与率上升,与中国下降后的数据基本齐平。所以不是中国女性的劳动参与率相对男性下降快,就代表女性的劳动力参与率低,相对其他国家,我们相当于回到正常水平。

为什么会有这种变化?为什么女性劳动参与率与男性有这种差距?不同代际的女性劳动参与率有何不同?除了使用国家统计局的历次人口普查数据进行分析,2015年北京大学教授张丹丹和其合作者开始尝试使用实验经济学的方法回答这个难解之题。他们选择了在北京 1958 年、1966 年、1977 年出生的三个群体。分析结果显示,劳动参与率的下降存在显著代际差异。1958 年出生的女性劳动力参与率最高,竞争意愿甚至高于同时期男性;1966 年出生的女性劳动参与率稍微低;1977 年后出生的女性劳动参与率最低。说到原因,在一个人关键的发育年龄阶段,接触不同的制度/社会规范会显著改变这个人的行为、竞争意愿,进而影响他/她的劳动参与程度。

　　比如1958年出生的女性,她们在1950年颁布的《中华人民共和国婚姻法》修订之后出生,当时女性地位有所提升。等到了她们成长、发育的年龄,正值"文化大革命"时期,当时在性别观念上的宣传口号推翻了儒家的男尊女卑、三从四德,强调"妇女能顶半边天",女性也能开飞机、烧锅炉,社会上似乎不太容忍可以工作但选择不工作的人,这种意识形态到了高峰。在他们的实验中,1958年出生的女性就业意愿极高,行为上比男性更有竞争意愿。到了1966年这一代,她们到初中就开始经历改革开放,政治宣传口号弱化,因此这个代际的女性劳动参与率稍微下降。1977年这一代同样明显,她们经历了市场化变革和中国经济的快速增长,意识形态上"个人主义"影响开始加强,一些此前推翻的旧传统又回来了,这必然影响女性的竞争意愿,甚至大幅度降低了劳动参与率。

　　资料来源:李晓洁:《越来越多的中国女性,选择离开职场了?》,《三联生活周刊》,2024年4月18日,https://mp.weixin.qq.com/s/i1brhVQdeFqJtze4dn3vfA。

　　在经济转轨时期,除了经济体制转轨因素以外,一些在市场经济国家影响劳动供给行为的因素在中国也同样可能存在,这些因素主要包括:

　　(1)收入增长因素。随着经济的发展,单位劳动收入一般会不断提高,收入也会同步提高,这一过程对劳动参与率的影响有两方面。一方面,劳动者单位就业收入的增加会加大闲暇的机会成本,从而诱使一些人增加劳动时间,这是收入增长对劳动供给的"替代效应"。对于收入水平不高的人来说,"替代效应"尤其显著。另一方面,单位就业收入的增加又使收入水平较高的劳动者减少劳动时间。这是收入增长对劳动供给的"收入效应"。如果家庭总收入持续提高,那么,相对收入较低的家庭成员将可能退出劳动力市场。

　　(2)产业调整因素。在中国,改革开放之后第三产业的发展也非常迅速,同样可能吸引女性劳动力加入就业大军。从另一角度来说,中国的产业结构调整速度非常快,新兴的产业中有相当大的一部分是资本和知识密集型的,而从第一产业和第二产业中转移出来的劳动力又不能满足这些新兴产业发展的需要,使得一些低技能劳动者难以顺利实现再就业,从而减少劳动供给,甚至退出劳动力队伍,降低劳动参与率。

　　(3)人口结构因素。随着中国在没有生育限制情况下的低生育率时代的来临,劳动年龄人口进入下降通道,未来的几十年,劳动年龄人口可能还会加速下降。虽然可利用的劳动力资源总量有所下降,但中国的人力资源空间配置红利潜力巨大。从数据上来看,总的劳动力数量已经从2015年起逐步负增长,但在城镇化和结构转型中,对经济和社会发展起支撑作用的城镇人口和第二、三产业就业人员仍然是正增长的。根据《中国统计年鉴2024》,2010—2023年间,城镇人口从6.7亿人增长到9.3亿人,第二、三产业就业人员从4.8亿人增长到5.7亿人。城镇化水平进一步提高,可供转移的农村剩余劳动力也越来越少。这些都将使得未来中国的劳动力供给趋于减少。

　　(4)教育发展因素。随着经济发展水平的提高,知识和技能在经济发展中的作用越来越重要,劳动年龄人口中受教育者的比例也有所升高。在中国的城镇,青年人接受高等教育、职业教育和成人教育的人数和比例正在不断提高。特别是在 20 世纪末以来,大学的扩招速度非常快。根据《中国统计年鉴 2024》,全国高校普通、职业本专科毕业生的数量在 2000 年是 95 万人,到 2023 年增长到 1 047 万人;研究生毕业的数量在 2000 年是 5.9 万人,到 2023 年增长到 101.5 万人。劳动年龄人口中受各类教育者的比例升高,推迟了劳动者进入劳动力市场的年龄,也成为劳动参与率下降的直接原因。

思考题

1. 为什么个人(或家庭)的劳动供给曲线是向后弯的,但厂商的商品供给曲线却向右上倾斜? 两者的本质差异是什么?

2. "亚洲四小龙"的经济奇迹也被认为部分归因于劳动力的勤奋刻苦,那亚洲的人均工作时间会不同于其他发展阶段的国家吗? 如何解释呢? 中国的人均工作时间、人均劳动力时间在改革开放前后会有差异吗? 改革开放以来,人均劳动力时间又是怎么变化的?

3. 为什么失业保险水平提高会导致自愿失业的人更多? 失业保险水平提高对失业程度的影响有其他作用机制吗? 有人认为,既然失业保险水平提高可能会增加失业,那么就取消失业保险制度好了。对此,你有何评论?

4. 有人说,男性与女性之间的工资差距很大一部分源于女性受教育程度总体上来说低于男性,那么,这种工资差距体现的是教育的回报,应该说是合理的。但在很多国家也包括中国,女性拥有大学以上学历的总人数和比例都已经或开始超过男性,但性别工资差距依然存在。那么到底是什么原因导致的呢?(学过计量经济学的读者知道,计量经济学可以帮助我们了解在多大程度上两性的工资差距是由教育和经验的差距来解释的,在多大程度上两性工资差距是不能被教育和经验解释,这样的分析有什么政策参考价值?)

5. 用经济学的分析方法也可以有助于我们理解家庭的生育行为。中国香港的人均实际 GDP 在 1971—2005 年增长了 5.8 倍,成为全球经济同期增长最快的地区之一。与此同时,其房价自 20 世纪 70 年代开始同时起飞,同期房价上升了 6.7 倍。而与此形成鲜明对照的是香港地区的生育率从 70 年代开始稳步下降,目前已成为全球生育率最低的地区之一。1971—2005 年,香港地区总和生育率(TFR)从 3.459 下降到 0.973,下降了差不多 400%。[1]请问房价的上涨和生育率的下降之间是否有可

---

[1] 感谢易君健教授在其研究中为我们提供的这些数据。总和生育率(TFR)指育龄(15—49 岁)妇女其一生中活产婴儿的平均数,一般用某年的年龄组别生育率的加总得到。国际上通常以 2.1 作为人口世代更替水平,也就是说,考虑到死亡风险后,平均每对夫妇大约需要生育 2.1 个孩子才能使上下两代人之间人数相等。

能存在某种理论上的关系?你可以收集中国不同城市的房价和生育率的数据来对比,是否也存在类似的相关关系?(请注意,这里的相关性是不是因果关系?)

6. 中国的离婚率在上升,而出生率在下降,如何解释这些现象?两者之间可能存在着什么联系吗?2003年颁布了《婚姻登记条例》,规定离婚登记不再需要单位开证明。扫描书后二维码,查看图5.14的数据,离婚率自那之后上升得更快了,这与新的《婚姻登记条例》规定的变化有联系吗?这种联系能够说明什么道理?

7. 随着2016年"一对夫妇可生育两个孩子"政策的全面实施,中国实行了近40年的"一对夫妻生育一个子女"政策退出了历史舞台。2021年进一步推出"一对夫妻可以生育三个子女"政策。根据你的理解,曾经的"一孩"政策起过什么样的作用,对中国的劳动力供给又起到什么作用?现在实施的"两孩""三孩"政策又会产生什么影响?具体而言,全面"三孩"之后,中国的生育率是否有显著提高?根据你的观察,高收入家庭和低收入家庭相比,谁更倾向于生育两孩或三孩?不同收入水平的地区之间又有何差异?如何解释?

8. 扫描书后二维码,根据阅读材料思考:为什么发达国家出生率如此低?这对劳动力市场,以及经济和社会的发展将产生哪些影响?政府应如何应对?中国是不是已经出现同样的趋势?为什么?

9. 随着出生率下降,从总的劳动年龄人口占总人口比重这一指标来看,中国的人口数量红利已经消失。那么,这是不是意味着占有全国GDP超过90%的工业和服务业的劳动力供给一定下降?城市化进程在其中起到什么样的作用?推迟退休年龄又会起到什么作用?

10. 在当前的户籍制度和土地制度之下,农村家庭如果选择一位劳动力外出城市打工,大多是年轻男性,女性、年长者更多在家留守。如何解释农村家庭的这种劳动力决策?如果没有劳动力流动的障碍,他们的决策会发生怎样的变化?随着城市化进程持续推进和农业规模化经营不断扩大,农村劳动力的流动决策又会出现怎样的改变,如何影响城乡间劳动力的年龄结构和技能结构?

▶6

劳动供给(Ⅱ):人力资本与教育

为什么国家需要对教育进行补贴？为什么特别需要针对低收入者采取教育的补贴、贷款贴息等政策？为什么有的企业愿意出钱送员工出国学习？为什么有的企业愿意为员工攻读在职研究生付费，但同时要求这些员工与企业签订长期合同？为什么有的人宁愿自己出钱读书，而不找企业报销？

现在的中国大学生为什么要去考那么多证书？为什么大学生总是抱怨学校的教育"不实用"？在中国，大学教育的质量受到质疑，而大学生数量自 20 世纪末以来成倍增长，与此同时，家长们想尽办法让孩子考大学、考好大学。这是为什么？在城市里，为什么人们对学区房趋之若鹜？按片划分、就近入学的政策真的能够促进教育均等吗？

在上一章的劳动供给理论中，我们没有深入讨论劳动力之间存在的差异。此外，无论是以劳动时间还是以劳动力数量作为衡量劳动供给的指标，都只研究了劳动供给的数量，而没有讨论劳动供给的质量。事实上，当人类迎来"知识经济"时代的时候，劳动力的质量越来越重要。不同劳动力之间受教育水平的差异，也成为理解失业和收入差距现象的重要因素。

知识是现代经济最为重要的增长源泉，特别是当人类社会进入"知识经济"时代以后，知识的作用越来越强。对于中国来说，经过几十年快速的经济增长之后，劳动力总量过剩的时代已经结束，简单依赖投资和出口推动的经济增长方式也遭遇到巨大的挑战。接下来，为了提高中国经济增长的持续性，要使经济增长向创新驱动的方向发展。为此，中国需要通过教育的发展来提高国民素质和劳动生产率，以适应未来经济增长的需要。

在这一章中，我们引入人力资本投资理论，从质量的角度考察劳动供给，并给出不同劳动力质量差异的经济学解释。人力资本概念也包括健康等其他有关劳动力质量的维度，鉴于健康是经济学研究中的专门话题，本章仅讨论教育和培训相关的问题。

同时,我们也将讨论教育在劳动力市场上所起的作用,以及政府实施教育政策的理论基础。其中,我们特别要讨论当代教育经济学中有关教育财政政策的一些理论,这些理论对于如何有效而公平地利用教育资源具有很强的指导意义。在本章的最后一节里,我们讨论中国教育和人力资本投资的问题。特别重要的是,教育发展如何才能够在追求效率的同时兼顾公平是一个社会各界共同关注的问题,也成为这一章中的重要内容。

6.1 人力资本投资理论

6.1.1 教育与人力资本投资:一些事实

我们知道,企业的投资活动是为了能够获得更多的利润。同样道理,个人在教育、培训等方面进行人力资本投资的目的是为了赚取更高的收入。当然,教育本身也是一种消费品,受教育的过程本身有愉悦身心的功能,同时,我们还希望教育能够使得人类更加高尚。但是,经济目的仍然是人力资本投资的基本目的,至少对于个人来说是这样。如此理解教育和培训的目的,我们就很容易理解下面这三个现象。

第一,教育和培训的费用非常高。世界各国都将公共教育支出作为最为重要的公共支出之一,很多国家公共教育经费占国内生产总值比重都在 4% 以上(参见表 6.1)。图 6.1 显示,公共教育经费占国内生产总值比重会随着国家发展水平的提高而增加。4% 看起来是高收入国家与中等以下收入国家的分界线。在 2000—2020 年间,低收入国家和中低收入国家公共教育经费比重虽然也增长较快,但该比例依然低于 4%。高收入国家公共教育经费占国内生产总值比重则一直保持在 5% 左右。中高收入国家则较为稳定保持在 4%,而中等收入国家则一直缓慢增加,逐步接近 4%。正是由于公共教育的重要性,中共中央、国务院早在 1993 年发布了《中国教育改革和发展纲要》,提出国家财政性教育经费支出占 GDP 比例要达到 4% 的目标。但是在 1994 年中央和地方分税改革之后,地方政府在国家财政收入占比中大幅度下降;同时,由于地方政府热衷于发展经济,更愿意将财政支出用于基本建设,因此,教育财政支出增长相对缓慢。2020 年,中国的公共教育经费占国内生产总值的比重还不到 4%。

表 6.1　世界各国公共教育经费占国内生产总值比重　　　　　　　　(%)

收入组别	国　家	2000 年	2005 年	2010 年	2015 年	2020 年
高收入	英　国	4.01	4.92	5.68	5.55	5.49
	法　国	5.60	5.47	5.65	5.46	5.67
	德　国	4.06	4.62	5.09	4.85	5.58
	美　国	6.08	6.17	6.69	4.94	5.43
	澳大利亚	4.88	4.89	5.53	5.31	5.60

续表

收入组别	国　家	2000 年	2005 年	2010 年	2015 年	2020 年
高收入	加拿大	5.42	4.76	5.35	4.73	4.88
	韩　国	3.36		3.52	4.45	4.80
	日　本	3.46	3.31	3.59	3.22	3.41
	新加坡	3.32	3.19	3.08	2.86	2.68
中高收入	马来西亚	5.97	4.48	4.96	4.70	4.52
	中　国	1.88	2.39	3.75	3.81	3.57
	印度尼西亚	2.46	2.87	2.81	3.58	3.49
	俄罗斯	2.93	3.77	3.84	3.83	3.70
中低收入	巴基斯坦	1.83	2.04	2.28	2.65	2.05
	菲律宾	3.16	2.32	2.53	3.51	3.87
	印　度	4.32	3.18	3.37	4.11	4.29
低收入	乌干达	2.46	4.95	1.72	2.32	2.57

注：中国和韩国 2000 年的数据是 1999 年补缺，印度尼西亚 2000 年的数据是用 2001 年数据补缺，马来西亚 2005 年的数据是用 2006 年的数据补缺，菲律宾 2010 年的数据使用 2009 年数据补缺。乌干达 2005 年的数据使用 2004 年数据补缺。韩国 2000—2008 年数据缺失，无相近年份可以替换，故 2005 年数据按缺失处理。

资料来源：世界银行，https://datacatalog.worldbank.org/search/dataset/0037712。

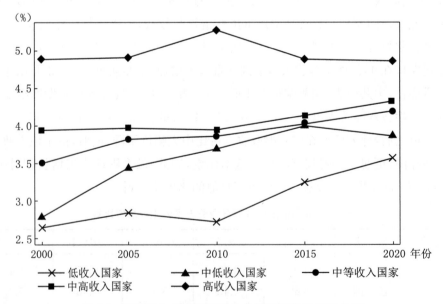

图 6.1　不同收入组别国家的公共教育经费占 GDP 比重

注：收入组别的定义标准和国家可从世界银行网站获知：https://datahelpdesk.worldbank.org/knowledgebase/articles/906519-world-bank-country-and-lending-groups。

资料来源：世界银行，https://datacatalog.worldbank.org/search/dataset/0037712。

从私人方面来看,中国家庭对于教育非常重视。中国社会科学院早在 2005 年发布的调查结果显示,在居民的储蓄动机中,教育一直处于第一的位置,其次才是养老等其他动机;子女教育方面的消费在总消费中也排在首位。[①]一项最近的调查报告也显示,家庭愿意"给孩子教育投资"的比例是最高的,远远高于其他投资计划,家庭大项开支用于"生育养育教育孩子"的比例为 67.6%,也远高于"看病/康养/保健/买保险"(50.4%)、"养车/买车"(46.0%)、"人情往来"(46.0%)、"食品餐饮/点外卖"(28.3%)、"日常交通/通信"(27.4%)、"旅游/娱乐/运动"(27.4%)、"学习培训"(19.3%)、"美妆医美/服装服饰"(18.4%)等。[②]

第二,劳动力受教育水平迅速提高。发达国家人口的受教育程度有普遍的提高,相应地,劳动力所从事的职业对知识和技能的要求也越来越高。与发达国家(甚至俄罗斯和南非这两个金砖国家)相比(参见表 6.2),中国人口的受教育水平仍然存在明显的差距。2020 年全国人口普查数据显示,25 岁及以上人口的平均受教育年限仅为9.52 年。不过,中国人口的受教育水平提高非常快。25 岁及以上人口的平均受教育年限从 2000 年的 7.42 年,增加到 2010 年 8.59 年,再增加到 2020 年的 9.52 年。[③]进一步对比第六次和第七次全国人口普查的受教育年限数据,可以看出,2010 年在 25 岁及以上的人口中,大学学历及以上、高中/中专、初中/小学以及未上过学(包括未上过学和学前教育)的比例分别为 8.81%、13.50%、71.09% 和 6.59%,而 2020 年,这四个数

表 6.2　1960—2021 年世界主要国家平均受教育年限　　　　　　　　(年)

国　　家	1960 年	1970 年	1980 年	1990 年	2000 年	2010 年	2020 年
美　国	9.18	10.78	12.03	12.20	12.64	13.18	13.70
英　国	6.30	7.91	8.41	9.10	9.92	12.24	13.40
德　国	5.12	7.05	7.03	8.60	10.06	12.37	14.10
法　国	4.20	4.75	5.96	7.65	9.75	10.68	11.60
日　本	8.01	7.83	9.10	9.82	10.94	11.60	13.40
韩　国	4.34	6.19	8.13	9.85	11.06	12.05	12.50
俄罗斯	5.00	5.94	7.59	9.46	10.90	11.53	12.80
印　度	1.11	1.61	2.34	3.45	5.03	6.24	6.70
巴　西	2.05	3.29	3.04	4.69	6.52	7.89	8.10
南　非	4.40	4.61	5.11	6.81	7.68	9.69	11.40

注:表中数据根据各国公布的 25 岁以上人口的教育水平换算而成。
资料来源:Human Development Data(1980—2015), http://hdr.undp.org/en/data。

[①]　中国社会科学院:《2005 年社会蓝皮书》,社会科学文献出版社 2005 年版。
[②]　高博燕、吴宝丽、刘萍、魏开琼和张明明:《中国女性生活状况报告 No.15(2022)》,社会科学文献出版社 2023 年版。
[③]　我们与《第七次全国人口普查主要数据情况》保持一致,这里的平均受教育年限是将各种受教育程度折算成受教育年限计算平均数得出。具体的折算标准是:小学=6 年,初中=9 年,高中=12 年,大专及以上=16 年。

字分别为 16.12％、15.64％、64.07％和 4.16％。最为明显的变化是,大学学历及以上的比例增加了 7.31 个百分点,而初中及以下的比例降低了 9.45 个百分点。其中很重要的一个原因是,更年轻的年龄组未上学和初中及以下学历人口的比重更低,同时高中和大学及以上学历人口的比重更高,尤其是大学及以上学历人口的比例,几个年龄组的差异更加明显。表 6.3 给出 2020 年人口普查数据中不同年龄组别不同学历人口的比重。可以看出,越年轻(受教育时间越晚)的组别,学历水平越高。

表 6.3　2020 年第七次全国人口普查分年龄的学历结构　　　　　　　　　　（％）

年　　龄	未上学	初中及以下	高中	大学及以上
20—24 岁	0.36	27.66	20.07	51.90
25—29 岁	0.38	37.66	21.58	40.38
30—34 岁	0.46	45.99	21.12	32.43
35—39 岁	0.68	53.04	19.09	27.19
40—44 岁	1.04	61.85	18.49	18.62
45—49 岁	1.50	70.85	15.56	12.09
50—54 岁	2.19	77.14	12.66	8.01
55—59 岁	2.91	73.94	16.21	6.94
60—64 岁	5.54	72.86	16.75	4.85

注:未上学包括学前教育和未上学;初中及以下包括小学和初中;大学及以上包括专科、本科、硕士研究生和博士研究生。

资料来源:作者根据第七次全国人口普查数据计算所得。

另外,作为发展中的大国,中国平均受教育年限在城乡间和地区间存在差异。一方面,中国农村居民的受教育水平仍然明显落后于城市。另一方面,地区间差异依然很大且持续存在。普查数据显示,平均受教育年限最高的省份和最低的省份之间差值在 2010 年为 4.06 年,在 2020 年为 3.89 年。[①]差异虽然略微减少,但差距依然很大。

第三,教育投资的确明显地提高了劳动力的收入回报。在相同的年龄组内,受教育水平较高的职工所获得的平均收入要高于受教育水平较低的职工。同时,受教育较多的职工的收入上升速度也较快,这就造成受教育水平不同的职工之间的收入差异随着年龄的上升而有所扩大。有意思的是,这种情况在中国和美国非常相似,每一个受教育水平组别的劳动力在一生中的收入曲线都的确是倒 U 形的(参见图 6.2 和图 6.3)。在中国,教育也同样能够提高劳动力的收入流。根据不同的研究估计,从改革开放以来,随着时间推移,教育的平均个人回报率(即增加一年教育带来的收入增长)是持续提高的。

---

①　我们在此没有将西藏考虑在内。如果将其考虑在内,省份间差异会更大:2010 年为 6.46 年,2020年为 5.89 年。

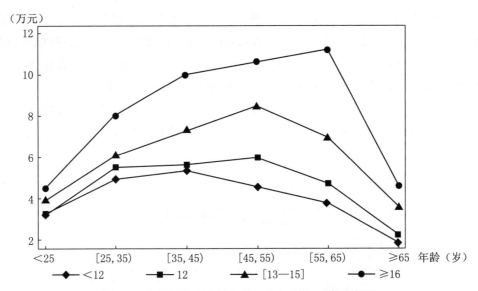

图6.2 中国城镇男性的年龄—收入曲线:分教育年限

注:横轴为调查时的年龄,纵轴为年收入。四条曲线对应的教育年限自下而上逐步提高。
资料来源:作者根据中国家庭收入调查(CHIPS)2018数据绘制。

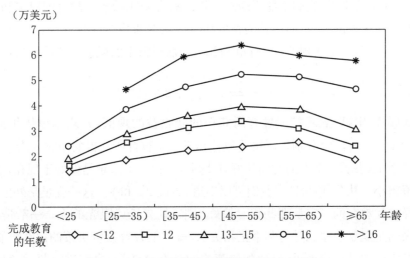

图6.3 1993年美国全日制男性职工年均收入

资料来源:Filer, R. K., D. S. Hamermesh and A. E. Rees, 1996, *The Economics of Work and Pay*, New York:HarperCollins Publishers:88, Table 3.3。

6.1.2 人力资本投资的成本-收益分析

既然教育和培训都是人力资本的投资行为,那么经济学的成本-收益框架就可以用来分析这一问题。首先,我们用图6.4来介绍一个简单的人力资本投资模型。在图中,曲线 *HH* 表示一个人不接受大学教育所得到的收入流,曲线 *CC* 表示接受大学教育所获得的收入流,*T* 表示个人终生工作时间。从图中可以看出,一个人接受教育后会增加他毕业以后的收入,这就是高等教育投资的个人收益。但是接受教育也是需要付出成本的,这其中又有两种成本。一方面,接受高等教育需要付出的直接成本,包括学费、书本等各种支出,以及上学期间的食宿等费用。另一方面,一个人在接受高等教育期间不能在劳动力市场上就业,这样他无形中就放弃了一笔收入,这又构成了接受教育的间接成本,或者叫"机会成本"。显然,只有当接受教育后增加收入部分超过接受教育的直接和间接成本的时候,一个理性的人才会选择接受教育。

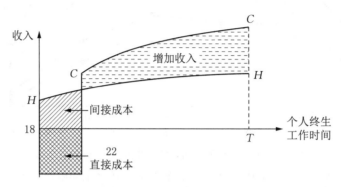

图 6.4　高等教育的成本-收益分析

不过,在经济学里,我们不能用绝对数量的概念来比较接受教育的成本和收益,因为增加收入是未来的收入,而教育的直接和间接成本却是在近期发生的。为了解决这一问题,我们就需要引入现值(present value)和贴现因子的概念。请看下式:

$$V = \sum_{i=18}^{T} \frac{Y_i^C - Y_i^H}{(1+r)^{i-18}} \tag{6.1}$$

在式(6.1)中,V 表示接受教育所获得的净收益的现值,T 表示退休年龄,Y_i^C 和 Y_i^H($i=18, 19, \cdots, T$)分别表示接受教育和不接受教育所获得的净收入流。r 是一个主观贴现因子,表示一个人的时间偏好,r 越大,表示一个人越是偏好于现在,未来收入的贴现值越小。从公式(6.1)中我们可以知道,假设 Y_i^C 和 Y_i^H 这些变量是外生给定的,那么选择接受教育的一定是那些相对偏好未来,具有长远眼光的人。一般情况下,人们对未来的主观贴现率总是与利率正相关的,事实上教育投资决策的内在机制就是个人在教育投资和其他投资手段(比如储蓄或购买有价证券)之间进行收益的比较。在给定利率的情况下,理性的教育投资决策应该是将人力资本投资进行到教育的内部收益率[internal rate of return,IRR,即在式(6.1)中使 V 等于 0 的一个 r 值]等于利率为止。因此,公式(6.1)的另一个含义是,较低的利率意味着其他投资手段的收益率有所降低,从而使得教育投资的未来收入贴现值升高,促使人们更多地投资于教育。

背景

家庭养老和家庭教育投资

在亚洲文化圈里,特别是在中国,家庭养老文化盛行,也就是说,当一个人退休之后,他的子女将为父母提供一定的养老收入。

在中国,不论是在城镇,还是在农村,对老年人的日常生活照顾有很大一部分来自后代子女的支持,根据 2003 年的统计数据,在农村为 60.8%,在城镇为 53.3%;在物质反馈养老支持上,城镇居民由于有较高的收入和保障,因而比重比农村稍低,但也达到了 33.5%,农村为 43.8%(具体见表 6.4)。由此可见,不论在生活照顾上,还是物质反馈上,在中国,子女都是父代养老的重要依靠。

表 6.4　2003 年中国城乡老年居民的养老资源来源　(%)

来　　源	日常生活照顾		物质反馈支持	
	农村地区	城镇地区	农村地区	城镇地区
子女	60.8	53.3	43.8	33.5
其他	2.8	4.4	9.7	5.4
上述两方面	6.0	3.8	29.1	13.0
非上述的其他来源	30.4	38.5	17.4	48.1
总　　计	100	100	100	100

在中国,由于"孝道"文化的广泛影响,在养老支持方面,储蓄投资并不是老年养老的唯一资源,家庭"养儿防老"仍然具有非常重要的作用,父代也可以通过生孩子(考虑到计划生育政策,本章将假定孩子的数量是外生决定的)和投资于子女教育(提高孩子质量)来养老。养儿防老和家庭教育投资是中国养老模式的关键特征。从这个角度来讲,父母给下一代的支出(尤其是教育投资支出)尽管在当期而言具有消费的性质,但对将来的养老而言,则具有投资的性质。同时,在中国实施独生子女政策时期,由于子女的数量受到了管制,中国的家长就更加重视子女的教育投资了。

请读者思考一下,随着时间推移,社会分工越来越深化,劳动力流动也越来越频繁,子女成年后越可能离开家乡,与父母不在同城居住。养儿防老的"文化"会发生什么变化?对出生率有何影响?

资料来源:Zimmer, Zachary and Julia Kwong, 2003, "Family Size and Support of Older Adults in Urban and Rural China: Current Effects and Future Implications," *Demography*, 40(1):23-44.

6.1.3　理论的一般化和若干含义

上面这个人力资本投资理论框架虽然非常简单,却对现实具有很强的解释力,下面我们讨论三个问题。

(1) 收入流的时间长度。在其他条件不变的情况下,教育带来的收入增量的持续时间越长,教育越可能成为一项有利可图的投资。由此,我们可以为两个现象提供解释。第一,我们可以观察到年轻人总是更加愿意选择接受教育,因为比起年龄更大的人来说,年轻人受教育之后获得更高收入的收益期更长。第二,上述理论可以部分地解释由性别因素引起的收入差距。我们在上一章中指出,很多女性都会在孩子出生到长大这段时间选择退出劳动力市场,这就意味着同样的教育对于女性来说收益期比较短,从而降低了女性接受教育和家庭投资于女孩的激励。此外,对于雇主来说,他们也相对不愿意对于女性职工进行在职培训,也因为同样的投资用于男性职工可能的收益期更长。但随着子女数量的减少、低龄幼儿养育的市场化程度提高以及女性退休年龄的推迟,女性的教育投资收益期将会增加,这将鼓励家庭和企业投资于女性的教育。在中国独生子女政策期间,女性的受教育程度大幅度提高,大学生人数和比例甚至超过了男性,可能与此相关。

(2)成本。相同条件下,人力资本投资的成本越低,就会有越多的人发现教育投资是有利可图的。由此我们可以获得一个重要的政策含义是,如果由政府出面为学生的贷款提供担保,那么就会降低贷款人的风险,从而降低贷款人向学生收取的利息。受教育的利息成本降低了,就会有更多的人选择接受教育。

同样道理,宏观经济状况也会影响青年人的受教育选择。比如说,当经济处在一个较长期的低迷状态时,青年人工作的机会就少了,这意味着接受教育的机会成本下降了,于是选择受教育的青年人就更多了。2020年新冠疫情暴发之后,考研报名人数明显增加,2020年为341万人,2021年增加到377万人,而到2022年和2023年更是分别增加到457万人和474万人。

此外,由于劳动力的收入是随着年龄上升而上升的,因此受教育的机会成本也随着年龄的增长而提高,这也意味着年轻人更愿意接受教育。至此我们已经提到两个导致年龄较大的人不愿进行教育投资的原因:一是他们接受教育之后的收益期较短,二是他们接受教育的机会成本较高。

(3)收入差距。除了接受教育之后的收益期以外,接受教育和不接受教育的人之间的收入差距也是影响教育决策的重要因素。不难想象,两者之间的差距越大,选择教育的人就越多。在改革开放早期,最早致富的一批"万元户"并没有接受很好的教育,而当时知识分子的收入却不高,这样,"读书无用论"就流行起来了。而现在,连进城务工的农村劳动力都会感觉到,如果没有文化,就难以找到工作。从当今世界来看,随着人类社会逐步进入知识经济时代,世界范围内出现的趋势是受过高等教育和未受高等教育的人之间的收入差距正在逐步扩大。在中国,根据我们用中国家庭收入调查数据的测算,大学的教育回报率已经从1988年的12.5%增加到2018年的46.5%。可以推断,这一趋势必然导致越来越多的人选择接受更好的教育。

讨论

在中国存在这样一种现象,农村进城务工人员常常不愿意接受技能培训,政府提供的许多免费培训参与率不高,企业为他们提供技能培训的意愿也不高。如何解释这种现象？应该如何改善这种状况？（提示：请考虑一下进城务工人员的跨地区流动性如何影响他们接受培训之后的收益期。）

6.1.4　教育的社会成本与收益

上面的人力资本投资理论都是针对个人决策的，实际上这一分析框架也同样适用于从社会角度来衡量最优教育投资水平，不同的只是我们需要从社会的角度来重新评价教育的成本与收益。

教育的社会成本与收益要比私人成本与收益包括的内容更广泛。从社会的角度来看，国家对教育的补贴是一项重要的教育成本，但这部分支出不是由私人承担的，因而在私人决策中是不被考虑的。类似地，教育的个人收益是以税后收入来计算的，但体现教育的社会收益的收入却应该用税前的收入来计算。

更为重要的是，在计算教育的社会收益时，我们必须考虑到一些不被受教育者个人得到，但被社会得到的收益，即具有正外部性的社会收益。第一，受过良好教育的人一般来说失业率较低，而受教育水平较低的人失业率较高，犯罪率也较高，所以对一个社会来说，提高居民的受教育水平能够节省社会福利支出、治理犯罪支出以及法律执行支出。[1]第二，人们通常认为，居民文化程度的提高往往能够提高政治活动的参与程度，改善政治决策的质量，保证社会的政治秩序良好地运转。[2]第三，教育的改进还能够产生一种隔代的收益，因为在父母教育良好的家庭里，孩子能够得到更好的照料和学前教育。[3]第四，受过高等教育的人如果从事研究性的工作，他们的研究成果往往对社会有着重要而广泛的影响，尤其是基础性的研究。第五，教育还是一种传输意识形态的工具，能够降低社会冲突和实施社会规范的成本。

为什么要区分社会和个人不同的人力资本投资的成本和收益呢？首先，对于一个社会来说，有效率的教育投资水平是使得人力资本投资和物质资本投资的收益在边际上相等，这里，人力资本的投资收益就应该用社会收益的概念。其次，正是因为教育有很强的正外部性，一个社会才有必要对教育进行补贴。对教育的补贴也是一种对教育的公共投资，所以补贴的最优规模也必须通过比较教育的社会成本与收益来决定。

---

[1]　Lochner, Lance, and Enrico Moretti, 2004, "The Effect of Education on Crime: Evidence from Prison Inmates, Arrests, and Self-Reports," *American Economic Review*, 94(1): 155 - 189; Lochner, Lance, 2004, "Education, Work, And Crime: A Human Capital Approach," *International Economic Review*, 45(3): 811 - 843.

[2]　Milligan, Kevin, Enrico Moretti and Philip Oreopoulos, 2004, "Does education improve citizenship? Evidence from the United States and the United Kingdom," *Journal of Public Economics*, 88(9 - 10): 1667 - 1695.

[3]　Holmlund, Helena, Mikael Lindahl, and Erik Plug, 2011, "The Causal Effect of Parents' Schooling on Children's Schooling: A Comparison of Estimation Methods," *Journal of Economic Literature*, 49(3): 615 - 651.

从教育的成本和收益的定义来看，大多数人认为，一个社会的基础教育（中小学教育）的社会收益更高于私人收益，所以国家应该对这部分基础教育大力投资，并且给予适当的补贴。

高等教育的情况则更为复杂，传统的观点认为，高等教育的社会收益低于私人收益，因此主张高等教育应该由私人投资，由受教育者支付教育费用。当然，几乎所有的人都有一个共同的看法，那就是，高等教育中也有一些部分专业和研究活动具有很强的社会收益，但相关人员的个人收益并不高，这时，单靠市场来发展这类高等教育难以达到社会最优的规模，就需要政府的干预和资助。

更为重要的是，新近的学术研究认为，高等教育具有很强的社会收益，主要是因为在社会互动的过程中，受高等教育者能够对其周围的人产生知识的外溢性（或者称为"人力资本外部性"），提高整个社会的收益。因此，高等教育如果完全由私人投资的话，也会产生投资不足的结果。由于高等教育所产生的人力资本外部性必须借助城市当中的社会互动来实现，对此，我们留到第9章结合城市劳动力市场再详细讨论这一问题。

6.1.5　资本市场的不完善性

在一般市场经济国家，教育贷款是支持年轻人接受教育的主要经济来源之一，但是资本市场是不完善的，这可能妨碍它发挥为教育提供经济支持的功能。首先，人力资本是内在于人本身的，教育贷款往往不能像房地产或消费品抵押贷款那样找到直接的抵押品。一旦教育贷款者未能如期偿还贷款，那么借款方很难找到弥补损失的方法。于是，为了减少这种违约风险造成的损失，借款人往往对教育贷款征收更高的利息。其次，一般来说教育贷款的主要需求者是年轻人，但他们缺乏良好的信誉保证和足够的抵押品来获得贷款。最后，人力资本投资也是有风险的，虽然平均来看教育程度提高后收入也随之提高，但总是有部分人即使接受了高等教育，其收入仍然低于高中毕业生的平均收入水平，而对于借款方来说，却很难充分了解到底是谁的教育投资风险更高。这种收益的不确定性也会使得借款方通过提高利率来作为风险的补偿。

资本市场的不完善性对教育贷款的影响有两个不良后果，使得教育投资低于社会最优规模。第一，由于教育贷款存在的风险和不确定性，金融机构的一个选择是不发放教育贷款，这样的话，一个人是否接受教育的决策就受制于他的家庭的经济实力。于是，穷人的孩子就可能失学，而这又导致这样的家庭难以摆脱穷困，从而导致社会在收入不均的状况之中不断地恶性循环。

第二，如果一个社会进行教育投资最佳规模的决策，就需要将教育投资进行到教育的边际收益与边际成本相等。又由于教育贷款的利率（边际成本）要高于物质资本投资的贷款利率（边际成本），所以在教育投资的最佳规模下，教育投资的边际收益一定高于物质资本投资的边际收益，也就是说，教育是投资不足的，社会资源的产出没有达到最大化。如果用 MR 表示边际收益，MC 表示边际成本，那么，用公式来表示的话，是这样的：

$$MR^{教育}＝MC^{教育}＝教育贷款利率＞物质资本投资贷款利率＝MC^{物质}＝MR^{物质}$$

由于资本市场的不完善性使得教育贷款低于社会最优的规模，这就使政府有必要采取措施来刺激教育信贷，比如为教育贷款提供担保，或者直接为教育投资提供资金和补贴（或者贴息）。

背景

中国助学贷款的历史

1992 年之前，学生资助是以政府资助为主体、社会资助为补充的政策格局。1987 年首次出台的《普通高等学校本、专科学生实行贷款制度的办法》规定，国家向经济困难学生提供无息贷款，最高贷款限额每人每年不超过 300 元，发放贷款的比例严格控制在本专科学生人数的 30％以内。

1993 年《中国教育改革和发展纲要》出台，之后的 30 多年，几乎每隔几年就会出台相关的政策和办法，学生资助举措逐步增多，资助主体逐步多元，资助形式逐渐多样化，还款的期限也逐渐增加，资助金额不断提高，资助规模也不断扩大。

直到 2020 年，《关于调整完善国家助学贷款有关政策的通知》印发，助学贷款还本宽限期从 3 年延长至 5 年；助学贷款期限从学制加 13 年、最长不超过 20 年调整为学制加 15 年、最长不超过 22 年；2020 年 1 月 1 日起，新签订合同的助学贷款利率按照同期

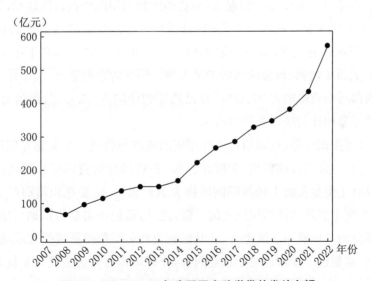

图 6.5　2007—2022 年我国国家助学贷款发放金额

资料来源：《中国学生资助 70 年》，教育部经费监管事务中心，2019 年 9 月 23 日，https://fsac.cee.edu.cn/jianguanxinxi/2021-04-08/567.html；《十年资助　硕果累累——2007—2016 年中国学生资助发展报告》，全国学生资助管理中心，2017 年 9 月 10 日，https://www.xszz.edu.cn/n85/n167/c7523/content.html。

同档次贷款市场报价利率减 30 个基点执行。2021 年,《关于进一步完善国家助学贷款政策的通知》印发,全日制普通本专科学生(含第二学士学位、高职学生、预科生)每人每年申请贷款额度由不超过 8 000 元提高至不超过 12 000 元,全日制研究生每人每年申请贷款额度由不超过 12 000 元提高至不超过 16 000 元;明确国家助学贷款优先用于支付在校期间学费和住宿费,超出部分可用于弥补日常生活费。2007—2022 年间,国家发放国家助学贷款逐年增加。受新冠疫情影响,2021—2022 年间增幅更大(见图6.5)。

讨论

即使市场的不完善性可能通过政府的补贴等政策予以弥补,也不代表低收入家庭就一定会增加教育投资。设想这样一种情况,低收入家庭具有某种社会身份(比如在中国,农村家庭往往收入较低;在美国,黑人群体平均收入较低),而他们又面临劳动力市场上的歧视,请问补贴贷款能不能增加他们的教育投入? 教育投资的收益发生在未来,如果低收入家庭预期他们会面临劳动力市场上的歧视(即使真实的情况可能是根本没有歧视),请问补贴教育贷款能不能有效地增加他们的教育投入?

6.2 在职培训

很多劳动者在工作时所需的技能不是通过学校教育,而是通过在职培训(on-the-job training)获得的。2021 年中国雇主-雇员匹配数据跟踪调查数据显示,员工在工作所需要的技能主要来源只有 12.67% 是来自学校教育。在职培训包括的内容非常广泛,有的是比较正式的培训,有时则是采取一些非正式形式,比如"干中学"(learning by doing)、向老员工请教、顶替缺勤的老员工等。同样的数据显示,在工作中所需的技能中,企业内部培训获得的占 21.13%,自己边干边学的占 46.39%,跟师傅学的占 15.08%,也有通过参加社会培训获得的占 4.73%。

与学校教育类似的是,在职培训也有相应的成本与收益。企业为在职培训所支出的成本主要包括培训的直接费用(如聘请教师、租赁场地的费用等),以及由培训所引起的间接费用(主要是在员工培训期间所损失的产出)。接受在职培训的员工为培训所承担的成本则主要是培训期间损失的工资,此外,他们还需要为培训付出一些时间、精力,甚至部分的培训费用。试想一下,既然企业和员工都愿意接受在职培训,一定是在职培训的收益超过了成本。对于企业而言,在职培训的收益是提高了员工的劳动生产率,从而增加了企业的利润,而员工在接受培训之后则能够因为劳动生产率有所提高而获得更高的工资。

为了理解在职培训的成本与收益怎样在企业与员工之间分配,我们需要区分两种类型的培训:一种是对所有企业均有用的技能和知识方面的培训,比如外语和计算机应用的能力,我们称之为一般培训;另一种是特殊培训,其内容是那些仅对特定企业或特定工作才有用的技能和知识,比如国家统计部门对人口普查的调研员进行的培训。企业的在职培训往往同时具备以上两个方面的性质,很难确切地将某一培训项目进行归类,但进行大致的区分仍然有助于我们理解一些问题。例如,如何解释有些时候员工愿意支付培训费用,而另一些时候却由企业来承担培训费用? 又如,为什么企业特别想挽留一些接受过培训的员工?

我们不妨借助图 6.6 来了解在职培训的成本与收益是如何在企业与员工之间分摊的。图 6.6 所包含的故事是:如果是一般培训,员工可以由这种培训获得更高的收入,不管是在原企业工作,还是换个企业工作,这样,企业就没有激励提供培训费用了,只能由员工自己来支付培训费用;但是,如果培训是特殊类型的,那么,这种培训只能给特定的工作带来收益,如果员工培训之后离开了企业,这种技能基本上就没有用了,因此员工就没有承担培训费的激励,而企业则有激励去为员工提供培训。

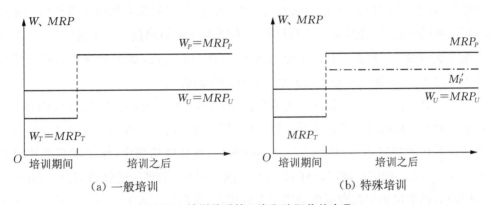

图 6.6 培训前后的工资和边际收益产品

在展开问题的分析之前,我们先假设劳动力市场是充分竞争的,劳动力在企业间的流动是充分自由的。在图 6.6(a)中,W_U 和 MRP_U 表示的是未接受培训的员工的工资和边际收益产品,两者在竞争性的劳动力市场环境下是相等的。当员工接受过培训之后,其边际收益产品将上升至 MRP_P 的水平。由于市场是充分竞争的,而员工的培训又是一般性的,于是其他企业将会把培训过的员工的工资一直抬高到与其边际收益产品相等的水平以试图"挖走"这些员工。这样一来,这些员工原来所在的企业也一定要抬高员工的工资至 MRP_P 才能挽留住他们,也就是说一般培训的收益几乎全部被员工得到了。也正因此,企业是不愿意为员工承担一般培训的成本的,员工只有通过在培训期间接受比其他员工更低的工资来承担培训的成本。由此我们便可以理解,为什么一般培训往往是由学校提供的,或者反过来说,学校也总是应该以提供一般培训为己任。也正因为如此,大学毕业生到了特定工作岗位上,总是觉得学校里学的东西没用,这也与学校提供的是一般培训有关。等学生到了特定的岗位上,比较广泛的一般培训中学到的东西被用到的总是很小的一部分。

图 6.6(b)表示的是特殊培训的情况。由于特殊培训所形成的人力资本具有专用性，员工不能通过换工作并将自己的专用人力资本"出售"给其他企业而增加收入，因此员工就不会有积极性来承担特殊培训的成本。于是，只有企业才愿意支付这笔成本，在员工接受培训期间，企业必须支付给员工与其他员工相同的工资。当培训结束之后，由于员工获得的专用人力资本对其他企业没有用处，所以企业没有必要将员工的工资抬高到与其边际收益产品(MRP_P)相等的水平，而只需付给员工 W_U 这一水平的工资。如果通过将员工的工资压低在其边际收益产品之下能够给企业带来正的投资收益净现值，那么企业就会进行这样的特殊培训投资。不难发现，图 6.6(b)也可以视为企业进行特殊培训投资决策的成本收益图，这与图 6.4 中人力资本投资的成本收益图非常接近。

由图 6.6(b)我们还可以理解企业为何常常采取一些挽留员工的措施。特殊培训的成本是由企业来承担的，这笔成本一旦支出就无法收回了，这使得劳动力具有了一些"准固定成本"的性质。因此，尽量延长接受培训的员工的服务期就能够提高企业进行特殊培训的收益期，提高企业进行这种人力资本投资的回报。为了挽留员工，企业往往愿意支付给员工略高于其他企业工资水平(W_U)的工资，如图中的 W_P，在这样的工资水平之下，员工就与企业共同分享了特殊培训的收益。

我们回到数据看看现实情况。表 6.5 展示了 2007 年中国家庭收入调查(CHIP)中城镇居民参与培训的经费承担情况。特殊培训中，员工完全自费的比例是 21.88%，而一般培训的比例则高达 56.46%。与之相反的是，在特殊培训中，雇主承担的比例是 38.65%，而一般培训的比例则只有 12.47%。这与图 6.6 的理论逻辑相契合。不过，表 6.5 还显示，两类培训中政府买单的比例大致相当，即在 30% 左右。这很大可能是由于培训具有外部性，需要政府介入激励个体和企业提供培训。

表 6.5　培训经费承担比例　　　　　　　　　　　　　　　　　　　　　　（%）

	特殊培训	一般培训
自费	21.88	56.46
本人与雇主分担	2.55	1.13
雇主承担	38.65	12.47
政府承担	36.92	29.93

注：问卷中，特殊培训是指与工作相关的技能培训；一般培训包括与工作无关的一般技能培训和比如维护工人等的一般性培训。雇主包括现在雇主和以前雇主。
资料来源：CHIP 2007 年。

此外，现实中我们还观察到企业如果愿意为员工支付在职培训的费用，一般都会规定员工在培训完成以后为企业服务一定的时间，以此来挽留员工，如果员工提前离开企业需要交纳一笔赔偿金。企业之所以这样做是因为大多数培训都不是绝对的特殊培训，否则就不需要用赔偿金来制约员工了。

讨论

在中国,国家留学基金委在选派访问学者到国外的时候,会要求被资助者先缴纳一笔钱作为回国工作的担保。另外,大学送青年教师出国进修,通常就会规定回国之后的最低服务期。这些现象是不是可以用在职培训的理论来解释?

对于企业来说,通常会愿意把在职培训的机会给那些受正式教育较多的人。正如我们在下文中还将指出的那样,劳动力市场上的信息不对称现象是很严重的,这时教育就成了一种"信号发送机制",受教育水平高就成为一个人的能力证明。当企业没有什么其他信息来甄别员工的能力时,选择那些受教育水平高的员工进行在职培训通常是合算的。一般来说,他们对新的知识和技能学得更快,在相同的学习过程中花费的成本也较低,企业的人力资本投资就更加有利可图。另外一种可能性是受教育水平高的员工所从事的工作岗位更需要知识和技能结构的更新。因此,教育水平高的员工往往有更多的机会接受在职培训。根据我们计算 2007 年中国家庭收入调查的数据,城镇居民中 32.13% 的大学以上学历者接受过企业培训,而对于非大学以上学历的只有 16.66% 接受过企业培训。在职培训的这种差异就为受教育水平高的人收入也上升得更快这一现象提供了部分的解释。

更进一步地思考,如果在职培训存在正向的回报,那么国家之间在职培训上存在的差异是否可以部分地解释国家间的收入差异呢? 如图 6.7 显示,不同国家间确实存在较明显的在职培训提供差异,同时我们也发现,在人均 GDP 越高的国家中,企业提供在职培训的比例也越高。

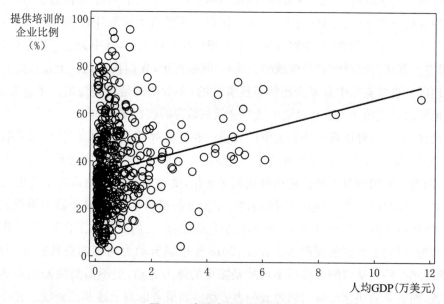

图 6.7 发展水平和培训供给

注:图中的数据由国家-年份构成混合截面数据。
资料来源:世界银行,World Development Indicator:1960—2022。

在职培训的机会在企业间、地区间和国家间存在差异。那请问,在职培训行为对企业间、地区间和国家间的个体收入差异能有多大的影响呢?(提示:感兴趣的读者可以阅读 Ma,Xiao,Alejandro Nakab and Daniela Vidart,2024,"Human Capital Investment and Development:The Role of On-the-Job Training,"*Journal of Political Economy Macroeconomics*,2(1):107-148。)

6.3　人力资本理论的批评

尽管人力资本投资理论对很多现象具有较强的解释力,但这个理论也遇到了一些批评。总的来说,这些批评对人力资本投资的成本和收益的度量提出了质疑,有的批评也对人力资本投资理论的出发点表示怀疑。我们不妨将这些批评意见作为人力资本投资理论的补充,而不是替代。

批评之一:教育不仅是投资品,也是消费品。这种批评意见认为,将所有与教育有关的私人支出全部视为教育投资的成本失之偏颇,因为一个人选择接受教育(主要指高等教育)似乎并不完全是出于提高自己生产力的目的。在高等教育的支出中,有相当大的一部分能够给个人带来即时的和长期的消费收益。大学里的文学课、音乐课和一些文化活动本身就具有很强的欣赏性和娱乐性,而且这些课程和活动也能够提高一个人的修养和品味,扩大他的兴趣范围。当然,并不是说类似的课程和活动就没有投资的性质。文学课有很强的欣赏性,但也能够提高一个人的写作和表达能力,这对于工作的成功非常重要。同样道理,经济学课程中虽然有大量实用性很强的内容,但本质上经济学却是一种方法,能够帮助一个人理解社会和人生,其中充满了乐趣(可惜的是,很多人都认为经济学就是赚钱的工具)。问题在于,我们找不到一个合理的方法来明确地区分教育支出中有多少比例是投资性的,多少比例是消费性的。不管怎么说,笼统地将教育支出作为教育投资的成本会低估教育的收益率。

批评之二:教育还有一些非工资的收益。在计算高等教育的收益时,大多数经济学家都直接地比较大学毕业生和高中毕业生的工资收入,这样可能会低估高等教育的收益,因为无论用绝对数量还是相对比例来衡量,受过高等教育的人在工作中能够获得的非工资收益(比如由企业支付的消费、非工资的福利等)都要高于高中毕业生。此外,大学毕业生的工作有时还有一些难以量化的收益,比如更好的工作环境、工作内容更加有趣、时间安排更加规律等。比如,2018 年中国劳动力动态调查数据(CLDS)显示,学历越高的人从事的工作更不可能是繁重的体力劳动,更不需要频繁地移动身体的位置,而更需要快速反应的思考或脑力劳动。如果考虑到上述非工资收入和一些无法用收入衡量的收益,那么仅用工资来计算高等教育的收益就显然会低估教育的收益。

批评之三：教育与收入的关系还部分地反映了能力的差异。尽管数据说明教育水平和收入水平之间有着明显的正相关关系，但这种关系是不是因果关系却不明确。批评者怀疑，观察到的教育回报并不完全——甚至并不主要——是由教育水平差异导致的。换句话说，我们通常说在其他条件相同的情况下，更高的受教育水平带来更高的收入，但实际上，不同人之间的"其他条件"并不是相同的。众所周知，那些天生聪明、自律、进取心强的人更加倾向于选择接受高等教育，有时，越富有、父母受教育程度越高的家庭也越倾向于让自己的孩子上大学。有理由相信，即使进大学学习的人有着不同于其他人的条件，这些条件差异通常是在数据中看不到的，他们还是能够在未来的工作中获得更高的收入。这样一来，人力资本投资理论会高估教育投资的收益。

值得强调的是，不同人之间的收入差距是由观察不到的能力导致的，还是由教育导致的，这具有非常重要的政策含义。如果教育水平的确对收入水平影响很大，那么政府就可以实施一些针对穷人(包括失业者)的教育和培训计划，比如对参加职业培训的失业者进行补贴，以及对穷人进行教育的补贴，等等，这些计划将有效地缓解贫困，缩小社会的收入差距。相反，如果不同的人只不过是因为天生的能力不同才导致其收入差距，那么，在低收入者的教育和培训等方面花费的财政支出对缓解贫困和缩小收入差距将收效甚微。

阅读

因果关系的重要性及其识别

（1）因果关系和政策讨论。

劳动经济学非常强调对于不同因素之间的因果关系的识别。事实上，整个经济学(甚至可以说整个社会科学)都越来越重视变量之间因果关系的识别。现在我们虽然是在学习劳动经济学，但我们强烈建议读者养成用因果关系的思维来看待日常生活中出现的一些争论。你会发现，人们很多时候之所以对一些事物持有错误的观点，是因为人们的立论依据被误认为是因果关系，但其实可能只是一些简单的相关性，甚至连相关性都未见得有。这里仅举两个非常流行的观点和相应的政策主张，读者不妨思考一下这些观点的立论依据是不是建立在因果关系的基础之上的。

观点一：城市里人多是造成拥堵和污染的原因，因此，通过限制城市人口可以减少"城市病"。

观点二：农村地区大量留守儿童缺乏父母照看，是因为他们进城打工的父母没有尽到监护人的义务，所以，要对把未成年孩子留在家乡的父母进行惩罚。

（2）计量经济学中的因果关系识别。

教育回报估计是克服因果关系识别中的内生性偏误的经典例子。比如，在实际操作中，一个人的工资水平($wage$)可以写成教育水平($educ$)和能力($abil$)的函数，再加上一个随机的误差项(e)：

$$\ln(wage) = \beta_0 + \beta_1 edu + \beta_2 abil + e \tag{6.2}$$

但实际上，由于能力是很难度量的，通常只能估计出这样一个方程，其中，u 是一个包括了能力的未观察的误差项：

$$\ln(wage) = \beta_0 + \beta_1 edu + u \tag{6.3}$$

如果我们直接对方程(6.3)进行回归，则估计值 $\hat{\beta}_1$ 为：

$$\hat{\beta}_1 = \frac{\sum edu \cdot wage}{\sum edu^2} \tag{6.4}$$

在上述方程中，β_1 这个系数并不是真实的教育回报率，因为其中包括了能力的影响。这种估计的偏误就叫作"遗漏变量偏误"。由于教育是"内生"于能力的变量，由此导致的估计偏误也叫"遗漏变量的内生性偏误"。根据方程(6.4)，我们可以得到相应的遗漏变量偏误：

$$Bias = \beta_2 \times \beta_{abil \leftarrow edu} \tag{6.5}$$

其中，$\beta_{abil \leftarrow edu}$ 是用能力作为被解释变量，教育作为解释变量，进行回归得到的系数，反映了能力和教育水平之间的关系。

由此可知，当教育能提高收入，即 $\beta_2 > 0$；且能力有助于提高教育水平时，即 $\beta_{abil \leftarrow edu} > 0$，那方程(6.5)中的遗漏变量偏误为正。背后的经济学直觉也很显然：此时教育回报率包含能力对收入的正向影响。

当然，如果教育只是单纯的信号作用，能力越低的人，越可能增加教育水平，那么遗漏变量偏误就会为负。

内生性偏误是经验研究中广泛存在的问题。几乎所有社会科学都努力在经验研究中准确估计变量之间的因果关系。如何做到准确估计因果关系已经超过了本书的范围，有兴趣的读者不妨自己学习一下工具变量法(instrumental variable)、双重差分(difference-in-difference)等常见的因果识别方法。

感兴趣的读者可以阅读 2021 年经济学诺贝尔奖得主之一乔舒亚·安格里斯特(Joshua D. Angrist)的两本计量学教材：乔舒亚·安格里斯特、约恩-斯特芬·皮施克：《基本无害的计量经济学》，李井奎译，格致出版社 2024 年版；《精通计量：因果之道》，郎金焕译，格致出版社 2012 年版。

批评之四：教育的一部分功能只是帮助雇主筛选出能力强的劳动力。筛选假说与上面所提到的能力问题联系很紧密。这个假说认为，劳动力市场的信息不对称问题非常严重，所以雇主就根据员工的教育水平来判断他的能力。于是，当我们观察到教育水平和收入水平的正相关关系时，可能是因为雇主用教育水平这一信息来筛选那些能力较强的员工。这样一来，学校文凭和各种专业证书就成了获得更高职位和更高收入的"通行证"，由较高受教育程度带来的收入增量就像是雇主为"信息可信度"所付的费用,而不是因为受教育程度高的人生产力也更高。相反,没有文凭和证书的人并不见得就技不如人,可惜他们没有足够的证据来让雇主相信他们的能力。这时教育就成了能力的信号发送机制。[①]或许也正是因为这种教育的筛选作用,中国自隋唐开始就用科举制度选拔政府官僚,尽管大家都知道"八股文"没什么大用处。在当代中国,学校教育、各种证书和培训在多大程度上能提高人力资本,在多大程度上只是信号发送,这是个重要的政策问题。

如果筛选假说的确成立,那么个人的教育收益率并不受到影响,因为这一收益率仍然取决于教育的成本和收益,而与教育到底起了什么作用无关。但是从全社会来看,问题就严重了。如果教育的作用只不过是将能干、自律并有进取心的人与其他人区分开来,那么,一个国家耗费巨资来办从小学到大学的各级教育是否值得呢?显然,教育的社会收益率将被大大高估。于是,经济学家就希望通过实证研究来估计教育到底在多大程度上有"生产性"。现在,经济学家通常认为,如果简单地估计个人受教育水平和收入的关系是高估教育回报的,但教育对一个人的技能水平并不是没有一点提高作用。即使已经剥离了信号发送机制,教育的回报仍然存在,说明教育的确是有提高技能的作用。

不过,即使教育只是在发送信号,它的存在也是有意义的,特别是当市场上不存在其他替代机制的时候。也正是这样的原因,在清代末期,当有人向慈禧太后建议取消科举制度的时候,这个建议没有被采纳。当时,如果那些大臣们学过经济学就可能理解了,除非找到一个替代机制,否则,取消科举就可能无法有效地鉴别人才了。

讨论

高考的作用和古代的科举制度有何异同?你认为高考可以取消,从而减少应试教育吗?让一些大学自主招生可以克服高考的弊端吗?

6.4 基础教育资源利用的公平与效率

教育资源是稀缺的,优质教育资源更是稀缺的。基础教育的目标是进行人力资本积累,而作为基础教育产出的人力资本积累则包括了知识、技能、良好的文明素质、积极的公民意识等所有与经济发展直接或间接相关的方面。因此,将基础教育投入作为人力资本积累的手段,在一定的投入下,追求各类人力资本积累的最大化,总是有利于整体的经济增长和社会发展的。

从投入-产出的角度来看,基础教育的目标应是通过提高配置效率和组织效率使稀缺的教育资源产出最大的人力资本。其中,配置效率要求教育投入通过不同地区、

---

① 这一理论是诺贝尔奖得主迈克尔·斯宾塞(Michael Spence)提出的。Spence, Michael, 1973, "Job Market Signaling," *Quarterly Journal of Economics*, 87(3):355-374.

不同教育种类和学校、不同人群的教育资源分配,达到教育总"产出"的最大。组织效率则要求教育投入实现教育生产单位(学校)在一定的投入下达到产出的最大化(或者给定产出下的投入最小)。

特别需要强调的是,教育的公平和效率并不一定是矛盾的。相反,如果让低收入家庭的高能力的孩子能够有效地获得优质教育资源,则可以兼顾教育的公平与效率,这样的教育均等化就是适度的。然而,如果教育的均等化过度,强调每个人获得的教育资源是完全均等的,则可能在追求公平的同时,有损于教育资源的有效利用,并进一步危害经济增长。

有两个经典的理论有助于我们理解教育的有效利用如何实现。一个是由查尔斯·蒂布特(Charles Tiebout)提出的公共品提供模型,这个模型能够回答如何通过地方政府竞争来提高地区间的资源配置效率和组织效率的问题。[①]另一个是由丹尼斯·艾普(Dennis Epple)和理查德·罗马诺(Richard E. Romano)提出的教育市场模型,这个模型解释了公立学校和私立学校如何通过竞争和互补来实现不同学生和学校的匹配,以及如何通过同一地区内的学校间竞争来提高教育资源的组织效率。[②]

教育资源的有效利用涉及三个行为主体:中央政府、地方政府[③]和居民(家庭)。教育资源可以由中央政府或者地方政府来配置,但是地方政府比中央政府拥有更多的信息,更了解当地居民对公共品的需求。事实上,如果没有了这个假定,由中央政府还是地方政府来提供公共品就没有差异了。居民(家庭)作为公共产品的消费者可通过房地产市场来搬迁居住地,选择最匹配他们家庭收入和子女能力的教育。这里,一个具有一般意义的问题是,地方政府是提供当地公共品的垄断者,那么,公共品的提供怎样才能够有效率呢?

蒂布特提供了两个机制来促进教育等公共资源的有效利用。

第一,分权式的教育财政可以提高资源在不同地区之间的配置效率。由于地方政府拥有更多关于地方的信息,如果由中央财政来配置教育资源的话,中央又无法了解不同地区居民的真实偏好,那么可能导致教育资源的配置在数量和性质等方面与地方的实际需要不吻合。

第二,在分权财政体制下,居民通过搬迁居住地来"用脚投票",形成了地方政府间在公共品提供方面的竞争,可以提高教育资源利用的组织效率。在美国,一个地区的居民(家庭)以投票的方式决定房产税的税率,作为当地教育财政支出的基础。如果一

---

① Tiebout, Charles M., 1956, "A Pure Theory of Local Expenditure," *The Journal of Political Economy*, 64(5):416 - 424.

② Epple, Dennis and Richard E. Romano, 1998, "Competition between Private and Public Schools, Vouchers, and Peer-Group Effects," *American Economic Review*, 88(1):33 - 62; Epple, Dennis and Richard E. Romano, 2008, "Educational Vouchers and Cream Skimming," *International Economic Review*, 49(4):1395 - 1435.

③ 这里的地方政府对应于英文中"local government"的概念,这一概念并不包含对于政府级别和管辖范围的限定,而只是说这一级政府提供着仅由当地居民可以享受的公共产品和服务。

个地方的教育质量低,就可能造成居民搬离该地,从而造成当地经济活动水平的下降,并继而造成房产价值下降、房产税下降和教育财政下降等一系列后果。在中国,虽然教育财政并非以房产税为税基,但是,如果居民通过变换居住地来选择教育仍然会影响一个地区的经济活动和房地产价格,从而影响政府税收;同时也将影响当地居民的收入和受教育水平,并直接或间接地影响地方经济的发展,最终影响地方政府的教育财政投入。

上述教育财政分权模型的启示是:教育财政分权、居民通过搬迁居住地来以脚投票加上房地产市场的价格机制,有利于提高教育资源在不同地区之间的配置效率,并且促使地方政府提高基础教育资源的利用效率。如果放弃基础教育财政的分权体制,就可能出现教育投入的低效率。来自美国的经验研究发现,如果以州的教育支出在地方教育总支出中的比例作为教育财政集权程度的指标,那么,当州的支出比例上升时,意味着财政集权程度上升,随之而来的是教育的生均成本上升、师生比上升、教师工资上升、教师参加工会比率上升、教育的成绩下降。[①]如果缺乏居民在不同地区间进行搬迁的制度,则很难保证地方政府考虑当地居民对于教育质量的需求。房地产市场的价格机制使教育的质量被"资本化"(capitalize),如果房地产价格不反映教育质量,就可能切断教育质量和地方政府税收之间的联系。

分权财政提供基础教育的模式可能导致优质教育资源更多地被高收入的居民得到,这就引起了完全按收入分层的教育分层(stratification by income)现象。对于低收入居民,特别是那些低收入家庭的高能力孩子来说,他们难以获得优质教育资源,这种结果同时有失于公平和配置效率。因此,简单的财政分权机制只解决了教育资源在不同地区间的配置问题,我们有必要引入其他的机制来提高教育资源在不同人群间的配置效率,缓解按收入分层的教育群分(sorting)现象。

在教育产业中,受教育者之间存在着同学相互影响的同群效应(peer effects)。假设一个地区内同时存在私立学校和公立学校,前者效率更高,而后者效率较低。如果它们之间充分竞争的话,私立学校将有激励通过奖学金去吸收那些高能力的学生,特别是那些低收入家庭的高能力的学生,从而可以提高本校学生的平均质量。这样能够使学校对那些教育需求强烈的高收入家庭收取更高的学费,形成一种类似于高收入者补贴低收入者的机制,其结果就会大大提高低收入家庭子女获取优质教育资源的机会。在通常情况下,假设私立学校比公立学校具有更高的效率,因此,在市场竞争下,公立学校的职能将是提供大众化的低价(甚至免费)的教育,满足一般家庭的需要。

艾普和罗马诺的教育市场模型的启示是:公私并存、市场竞争加上合理的价格机制是地区内教育资源有效利用的必要条件。

第一,允许教育市场上存在公立和私立两类学校,并且促进它们之间的竞争有利

---

① Hoxby, Caroline M., 1995, "Is There an Equity-Efficiency Trade-Off in School Finance? Tiebout and a Theory of the Local Public Goods Producer," NBER Working Papers No.5265.

于提高教育资源的配置效率和组织效率。由于存在着同群效应,私立学校有激励去吸收低收入家庭的好学生,这提高了教育资源的配置效率。反过来说,公立学校的存在能够为一般大众提供的低价(甚至免费)的教育,提高居民的福利。

第二,学校之间的竞争是提高教育资源配置效率和组织效率的关键。有了学校间对于优秀学生的竞争,低收入家庭的高能力孩子就有机会获取优质教育资源。

第三,在教育市场上,价格机制是重要的。即使表面上地方政府可以提供免费的基础教育而不收取学费,只要存在着居民(家庭)的搬迁从而影响房价的机制,教育的质量最终会资本化为房地产的价格。实际上,居民还是需要为优质的教育资源付费的。

那么,在上述的教育市场模型中,作为基础教育目标的教育资源配置效率和组织效率被最大程度地实现了吗?政府除了提供满足大众需要的公立学校之外,还能够做什么?

第一,通常情况下,因为产权明晰、竞争更充分,而且收入与绩效更为挂钩,理论上可以假设私立学校比公立学校更能够有效利用资源。对一个具体的国家来看,就需要研究私立学校是不是真的效率更高。如果实际情况不是这样,就不能把学校的私有化简单作为政策建议来提。

第二,在现实中,劳动力流动和教育市场的竞争性并不像理论模型中那样充分。在中国,尽管存在着户籍制度的限制,但是,在同一城市的不同区之间,在同一省的不同城市间居民的搬迁自由是存在的,尤其是高收入群体,户籍制度对他们搬迁居住地的限制较小,而恰恰是这部分居民的搬迁是形成居民"用脚投票"机制的关键,使得前面介绍的蒂布特机制同样适用于中国。但是,只要地区间的搬迁不是完全自由的,那么,对于落后地区或农村的财政转移支付仍然能够提高未流动起来的低收入家庭的孩子(特别是其中的高能力孩子)获得教育资源的能力,这也是有利于同时提高教育的公平与效率的。

第三,教育存在着代际效应。高教育家庭因为收入高能够买学区房,子女可以上好学校,未来在劳动力市场上更具竞争力,获得更高的收入。而低教育水平的家庭往往更易陷入贫困,获得好的教育的可能性更低,从而形成低教育和低收入的代际影响和恶性循环。这可能扩大收入差距,而收入差距过大又对经济增长和社会发展有多方面的负面影响(见第12章),因此,对贫困家庭和地区提供适当的教育补贴可能获得有利于长期人力资本积累和经济增长的动态效率。

需要强调的是,上述这些兼顾公平与效率的措施并不意味着完全的教育均等化。适度的教育均等化应建立在市场机制的基础上,并辅以政府对市场的缺陷进行弥补。一旦用行政的力量推动基础教育的过度均等化,那么就可能是对市场机制的一种替代,反而可能造成教育资源利用效率的损失,并且最终危害低收入群体的利益。请读者参考本章思考题中的第6题,想一想追求绝对的教育均等化为什么可能造成事与愿违的结果。

有人认为,学校教育是不能市场化和产业化的,一个相应的政策含义就是学校的收费应该实施政策定价,好学校和差学校一个价。另一个政策主张是,为了追求教育平等,应该"按片划分、就近入学"。请问,这些政策真的能够实现教育平等吗?如果你是孩子的家长,在学费受政府管制,并且"按片划分、就近入学"的政策下,你会怎么做?当家长都像你一样做的时候,教育的平等程度比艾普和罗马诺的教育市场模型中的结果更差了还是更好了?

6.5 中国的教育与人力资本投资

中国经历了艰难的经济转轨,市场经济体制还有很多不够完善的地方。在经济体制转轨的过程当中,中国的人力资本投资和教育的发展都呈现出一些独有的特点,这些特点在很大程度上与经济的转型有关,但驱动这些现象和问题的却仍然是那些经济学的规律。

6.5.1 中国的教育投资与回报

在传统的计划经济体制下,不同受教育程度的人之间的收入差距是很小的,这一结果完全是借助于行政性的手段达到的,这就使得教育投资的个人收益率非常低。在经济体制的改革过程中,这种现象逐步得到改善。在改革开放初期,当工资形成机制还没有被完全市场化的时候,最先富起来的甚至是一些最会利用市场机会的人,而不是因为他们的受教育水平高。这曾经在20世纪80年代造成了"读书无用论"的流行。

从计划经济时代到改革开放初期的很长一段时间里,中国的教育个人收益率低下的原因主要有:(1)劳动力配置和使用效率低下,必然影响到员工劳动生产率的提高和员工收入的增长。(2)教育投资效率不高,小学、中学和大学教育的投入比例不合理,大学教育学科设置不合理,脱离现实需要。(3)长期以来中国存在着轻视教育、轻视科技知识的倾向,受教育程度没有成为决定工资收入水平及晋升的重要因素。(4)中国的高等教育市场上教育质量良莠不齐,"严进宽出"问题严重,这就使得高等教育对劳动力能力的信息甄别作用下降了,而这又必然反过来影响高等教育的收益率。

从整个改革的过程来看,由于人力资源的配置越来越多地通过市场机制来实现,以及企业内工资决定机制的改革,中国的人力资本投资的个人收益率总体明显提高。在图6.8中,教育回报率在1978年仅为−0.642%,到了1987年则上升为3.707%;[1]在

---

[1] Fleisher, B. M. and X. Wang, 2005, "Returns to Schooling in China Under Planning and Reform," *Journal of Comparative Economics*, 33(2):265−277.

整个 20 世纪 90 年代,从 1990 年的 2.43％,上升到了 1999 年的 8.1％;[1]2000 年之后,从 2001 年的 6.78％,上升到了 2010 年的 8.6％。[2]教育回报逐步提高总体上来说是劳动力市场发育成熟的结果,但一个连带的后果是,中国城镇居民收入差距有部分因此而有所扩大。

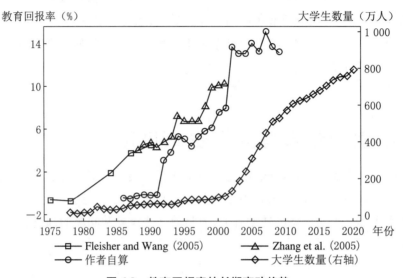

图 6.8　教育回报率的长期变动趋势

资料来源:作者根据城镇住户调查数据(1986—2009 年)估计得到。大学生数量来自历年《中国统计年鉴》。

中国的高等教育从 20 世纪末以来经历了非常迅速的扩张过程,高校毕业生数量从 2000 年的 100.9 万人迅猛增长到 2022 年的 1053.5 万人。大学扩招使毕业生的就业出现了一定程度的困难,但从教育回报率的变化趋势来看,教育回报率总体上依然呈现上升趋势,因此,一定存在着一些因素在维持教育的高回报。其中,城市的发展对于提高教育回报非常重要,对此,我们到第 9 章中再进行讨论。教育回报率的提高也反过来使得大学招生规模多年来有增无减。

讨论

一直以来,每到毕业季,都有"大学生就业难"的报道见诸媒体。请问,你对于"大学生就业难"的问题怎么看? 如果毕业就业包分配,会影响个体考大学的决策吗?

---

① 李实、丁赛:《中国城镇教育收益率的长期变动趋势》,《中国社会科学》2003 年第 6 期。类似地,张俊森等人发现教育收益率从 1988 年 4.0％增加到 2001 年的 10.2％。参见 Junsen Zhang, Yaohui Zhao, Albert Park, Xiaoqing Song, 2005, "Economic Returns to Schooling in Urban China, 1988 to 2001," *Journal of Comparative Economics*, 33:730 - 752。

② Gao, W. and R. Smyth, 2012, "Returns to Schooling in Urban China, 2001 - 2010: Evidence From Three Waves of the China Urban Labor Survey," Monash University, Department of Economics, Discussion Paper, 12(50)。

教育的投资还与金融市场有关。长期以来中国的资本市场并没有对于个人的教育投资提供足够的金融支持,所以人们习惯于使用家庭的储蓄来供子女上学,或者通过亲朋好友的资助来弥补资金的不足。这非常容易造成穷困家庭子女的失学,以及贫困的恶性循环,而且这种贫困的恶性循环还会使得地区间和人群间的发展差距有扩大的趋势。为了缓解这一问题,中国非常依赖政府通过学校提供的资助来帮助贫困学生接受高等教育。自20世纪90年代末以来,中国的教育贷款发展非常迅速,普通高等学校的在校生申请教育贷款的手续非常简便。在近些年的脱贫攻坚战中,对于贫困家庭孩子上大学,政府给予一定的资助。

在20世纪90年代以前,中国的高等教育几乎是免费的,在高等教育市场化的过程当中,学费在不断提高。高等教育阶段的"上学难"的问题不能通过教育由国家包办来解决,而应该通过国家为低收入者提供奖学金,以及金融市场的完善来弥补教育市场的不足。显然,在这一过程中,通过建立大学生的信用体系,降低教育贷款的风险是增加教育贷款供给的有效举措。

在教育体系中,人们普遍认同基础教育的外部性是非常强的,因此,在基础教育的供应中,除了更多地引入私人资本办学以外,政府应该扮演关键的角色。针对中国农村义务教育发展相对落后的状况,从2001年开始,政府对农村义务教育阶段贫困家庭学生就学实施实施了"两免一补"政策,主要内容是指国家向农村义务教育阶段(小学和初中)的贫困家庭学生免费提供教科书、免除杂费,并给寄宿生补助一定生活费的一项资助政策。其中,中央财政负责提供免费教科书(不包括地方课程教材及各种辅助性教材),地方财政负责免杂费和补助寄宿生生活费。2006年,西部地区开始全部免除农村义务教育阶段学生的学杂费。2007年,全国农村义务教育阶段家庭经济困难学生均享受到了"两免一补"政策。之后,国务院又决定从2008年秋季学期开始,在全国范围内全面免除城市义务教育阶段学生学杂费。从2016年春季学期开始,国家统一确定生均公用经费基准定额,对城乡义务教育学校(含民办学校)按不低于定额标准给予补助。适当提高寄宿制学校、北方取暖地区学校和规模较小学校的补助水平,鼓励各地结合实际提高公用经费补助标准。从2017年春季学期开始,统一对城乡义务教育学生(含民办学校学生)免除学杂费、免费提供教科书、补助家庭经济困难寄宿生生活费。

在中国,农村教育存在两个方面的问题。第一是教育公平的问题。中国教育布局长期处于极度不均衡的状态,大部分的教育资源集中分布在大中城市、城镇和沿海地区。优质的教育资源更是如此。新中国成立之后,中国确立了"城市教育优先"的城乡教育发展战略,在教育投入方面曾采取了"城市教育靠国家、农村教育靠集体"的教育二元体制。具体而言,农村教育主要由农民投入,城市教育主要由政府投入的教育供给方式。这直接导致了农村教育长期落后于城市教育,使得农村教育成为教育发展的薄弱环节。改革开放以来,国家将教育公平作为国家基本教育政策,逐步从"城市教育优先"转向"城乡教育均衡"。1985年中共中央作出《关于教育体制改革的决定》,强调"把实行九年义务教育当作关系民族素质提高和国家兴旺发达的一件大事,突出地提出来,动员全党、全社会和全国各族人民,用最大的努力,积极地、有步骤地给予实施"。之后,又将均衡发展作为义务教育工作的重点。在 2010 年出台的《国家中长期教育改革和发展规划纲要(2010—2020 年)》中将"均衡发展是义务教育的战略性任务"上升为国家意志,指向教育过程公平及资源配置均等的"均衡发展"成为义务教育的战略任务。经过多年的教育均衡发展之后,农村教育出现了新情况。由于城市化率不断提高,农村孩子不断减少,农村学校大量闲置,适度的"撤点并校"势在必行。如何在"撤点并校"中保持教育的质量,又同时兼顾农村孩子教育获取的公平性,成为新的挑战。

随着农村教育水平的持续提高,就面临第二个方面的问题,在哪里提高教育的回报。如果农村人口众多,人均农业用地面积小,这时,教育水平的提高对于促进农业生产和提高农民收入的作用就很微弱,农村居民让其子女接受教育的积极性也不强。如果要持续提高农村人口的教育水平,关键仍然在于持续地发展经济,提高城市化水平,让越来越多的农村人口能够在城市工业和服务中获得其教育回报。这样,既能为城市发展提供足够数量和质量的劳动力,同时,也能够提高农村人口接受教育的激励,并通过获得教育回报而提高其收入。

改革开放以来,大量廉价劳动力从乡镇转向城市、从内陆转向沿海地区。低技能劳动力依靠其在家乡接受的中小学教育形成的人力资本在其流入地产生回报,他们和高技能劳动力一起,成为流入地经济发展的重要推动力量。而中国现行的基础教育经费主要由县和乡两级政府负担,中央和省一级财政支出比例过低。由于低技能者的向外迁移,劳动力流出地政府的教育投入所产生的人力资本未在本地形成回报,这使得劳动力流出地政府缺乏激励进行教育投入。而在劳动力流入城市(特别是大城市),地方政府也不愿意为流入的低技能者子女增加教育投入,一方面因为直接吸引接受过基础教育的劳动力比自己投入更加"划算";另一方面,以户籍人口来算人头费的教育财政制度让流入地政府没有足够动力为大量外来人口子女提供基础教育。为此,中国应当改变基础教育主要由地方政府承担,以及中央政府财政支出比例过低的现状,从师资水平和教学设施软硬两个方面着手,加强中央财政投入,提升基础教育质量,促进迁移人口及其子女人力资本的迅速积累。

讨论

在互联网时代,数字经济崛起,网络上的教育资源随时可以获取。线上课程的普及能否增加农村基础的教育资源,有助于农村教育质量的提高? 能够解决城乡间的教育差距吗? 如果不能,是为什么? 有什么政策可以解决城乡间的教育差距呢?(提示:教育不仅是显性知识的传递,更是默会知识的交流,面对面的指导有不可替代性。)

6.5.2 中国城市教育改革中的公平与效率

基于前面的理论分析,我们已经知道,有效的教育资源利用机制需要做到以下三点:第一,主要由地方政府而不是中央政府来提供基础教育。第二,教育市场上引入民办学校,并且促使民办学校和民办学校、民办学校和公办学校之间的充分竞争。第三,价格机制(无论是学费还是房价)在调节基础教育供给和需求方面发挥作用。

由于缺乏有效利用教育资源的理论指导,中国的基础教育改革所实施的一系列政策是值得重新评价的。中国的有些教育政策对有效利用教育资源不利,一些看上去更有利于公平的政策实际上却更不利于公平的实现。下面我们具体地来分析几个现实中的教育政策。

1. 按片划分和就近入学

在新中国成立以后的一段时间内,为了使稀缺的教育资源被用于快速培养人才的目的,在中小学实行重点学校制度,形成以升学教育为目标,选拔和培养少数"尖子"的教育体制。20 世纪 90 年代以后,随着人们对于基础教育公平的日益关注,这一重点学校制度被取消了,但是这并没有实际上消除原有的重点学校和非重点学校之间在师资力量和生源上的差别。作为地方公共品的中小学质量差异是很容易被当地居民观察到的。90 年代以后,随着市场化改革进程的加快,教育作为改变命运,提高未来收入的途径,被越来越多的民众认识到。当 1998 年住房商品化之后,住房市场开始发育,富裕家庭就会通过搬迁到优质教育资源的周围来获得这些教育资源,住房价格也开始"资本化"教育的质量,形成了学区房制度。同时,为了给学生减负,政府也取消了"小升初"考试,严格按照地段就近入学。在这种公立学校之间存在质量差异,允许住房市场上的自由迁徙的条件下,严格的就近入学反而不利于低收入家庭获得优质教育资源,并且通过房地产市场加剧了教育群分现象,从而导致优质教育资源主要被富裕家庭(或有社会关系的家庭)所获取。而在学校公办的情况下,学校也缺乏激励来为低收入家庭的高能力的孩子提供奖学金。也就是说,按片划分和就近入学并不能实现所谓的"教育公平"。

讨论

最近这些年,在一些城市实施了打破学区的政策,也就是学校附近的小区哪些可以就近入学是动态调整的。你觉得,这样可以促进教育公平吗? 这个政策对房价会有什么影响?

2. 禁止择校和教育"乱收费"

当人们不满于就近入学的学校质量时,择校行为就发生了。择校成为一部分虽然没有买好学校附近的高价房,却付得起择校费的家庭的选择,他们通过向学校支付一笔赞助费,就可以使子女获得优质的教育资源。在现实的争论中,人们对于择校行为的批评集中在两方面:第一,择校会引起社会不公平,出不起择校费的家庭无法获得优质的教育;第二,择校行为直接成为学校乱收费屡禁不绝的一个根源。因此,人们认为,只有严加禁止择校,才能杜绝教育不公平,制止学校乱收费。

正如我们前面论述的那样,即使禁止了择校,只要优质教育资源是稀缺的,而住房市场上居民的居住地选择是自由的,那么富裕家庭仍然能够通过居住地的变换获得优质的教育资源,其结果还是高收入家庭获得高质量教育,这时候的房地产市场就会将学校的价值体现在高房价上。同时,即使取消了就近入学政策,人们仍然会通过其他机制来竞争有限的优质教育资源。在很多地区,推行素质教育要求初中在招收小学生时取消考试,而代之以对"能力"的考查。这时候,富裕家庭相对于低收入家庭就更有能力让自己的子女通过接受昂贵的才艺培训,发送"高能力"的信号,其结果仍旧是低收入家庭的孩子,特别是低收入家庭的高能力孩子受损。如果学校学费水平被限制,那么,通过买房或找关系来让孩子进入好学校,相关的"学费"就不是被学校获得,而是进了房东(或房地产开发商)、中介等利益相关方的腰包。

我们必须清楚,减少教育高收费的根本在于加强学校间(特别是民办学校间)的竞争,学校间竞争激烈了,学校就将有激励通过降低收费来吸引学生,并且为低收入家庭的高能力孩子提供补贴。而在学校间缺乏竞争的情况下,无论是取消择校还是降低学费,都只会使得居民对于优质教育资源的竞争转向房地产市场。一方面,这将使得教育质量被进一步地"资本化"为房地产价格,使房产所有者而不是学校得到这部分收益。另一方面,这也使得一部分可以不购买好学校周围的房子但愿意支付择校费的家庭,少了一种获得优质教育资源的渠道,而这部分家庭往往是那些并不富裕到足以买好学校周围的房子的中低收入家庭。

总之,如果要真正制止学校乱收费,促进教育公平,关键在于促进学校之间的竞争,而不是通过行政手段来限制学校收费。

3. 教育的过度均等化

在基础教育领域内,还有一种政策建议就是义务教育的完全均等化。事实上,兼顾效率与公平的教育均等化是"适度均等化",而不是"完全均等化"或者说"过度均等化"。如果完全通过中央政府办教育,在省之间实行教育的完全均等化政策,将切断地方政府教育投入及其收益之间的联系,使得地方政府没有激励去办好教育,同时地方政府也会向中央政府夸大教育成本,降低教育投入的使用效率。

如果教育均等化政策在一个区域内实行的话,过度的均等化也是得不偿失的。首先,即使能够实现学校之间教育投入的均等,只要依旧实行就近入学政策,仍然无法实现学校质量的均等。要知道,学校的质量并非只由投入决定,还取决于学校的师资和学生的平均质量。在就近入学政策下,以居住地搬迁为途径的教育群分仍然会出现,最终将会出现按收入分层的教育资源配置结果。其次,在教育资源总量约束的情况下,义务教育的完全均等化必定意味着所有学校的质量向中间学校靠拢。这样虽然使得一部分学生获得了收益,但是优质学生并没有获得好的教育,同时这一地区也失去了真正意义上的好学校,从而导致总体的教育质量下降。那些对教育需求特别强烈的家庭,就会用脚投票,离开当地。但是,这些家庭往往就是受过高教育的富裕家庭,他们的离去会显著地影响一个地区的税基、人力资本和经济活动水平。最终受损的,仍然是流动性较差的低收入、低教育家庭。最后,教育完全均等化必定是排斥私立学校提供教育的,这也导致了竞争不足和教育投入的组织效率损失。

上面所说的不能简单通过政府干预来推进教育的完全均等化,不能极端化地被理解为任何形式的教育均等化措施都是不对的。要考虑到劳动力的自由流动只是个目标,而在现实生活中却难以完全实现。对于欠发达的人口流出地来说,人口流出会带来财政资源相对不足,而且,当地的基础教育投入,却在人口流入地产生回报。因此,加大中央政府对人口流出地的教育投入就是非常必要的。

在人口流入地,很多城市(特别是一些大城市人口)出现了快速增长,由于城区中心地带住房的刚性供给,很多新进入的移民人口只能住在郊区地段。由于大城市和特大城市的教育经费是由各个区县财政提供的,而市中心往往是优质教育资源丰富,经济更为发达的地区,这就会出现城市中心区域教育资源充裕,城市偏远地段的公立学校和新建流动人口子弟学校的教育投入相对较少的现象。城市内部不同地段的教育资源分配不均便会体现为不同儿童教育机会不均等的现象。因此,在大城市内部的不同地区之间,通过行政手段推进教育适度均等化的措施仍然是必要的。

总之,教育的不均等现象是全球普遍现象,教育的绝对均等既是不现实的,也并不是最优的。中国出现的教育不均等现象,本质上不是因为采取了教育市场化改革,而是因为教育市场化改革的方式没有经过科学的设计。教育财政的分权、地区间和学校间的竞争以及合理的价格机制是有效利用教育资源的必要条件。但是,简单的教育市场化并不能保证教育资源的有效利用,政府通过政策的干预或者机制的设计进行适度的均等化,能够实现教育公平和效率兼得。

思考题

1. 一个人的工资水平与其年龄和受教育水平有何关系? 这种关系是否能够证明人力资本投资理论的正确性?

2. 有人说,教育产业应该市场化;有些人反对,认为教育就应该由政府提供。笼统地做这些论断有意义吗? 对于不同类型的教育,需要怎样的体制和提供模式?

3. 为什么在低收入地区,家长总是偏向让男孩读书? 为什么企业更愿意把培训的机会给男员工? 如果政府想减少由教育和培训的差异所导致的性别间收入差距,政府可以实施什么样的政策? 生育保险对于促进性别平等有何意义?

4. 假设有研究发现一个国家的高等教育个人收益率(高等教育给个人带来的收入增长)很低,并以此为依据,主张政府应该少投资高等教育,你认为有问题吗?

5. 在存在大规模跨地区劳动力流动现象的背景下,人口流出地和流入地的政府可能都不愿意增加教育投入。这种现象如何解释? 应该如何激励地方政府增加教育投入？

6. 假设在某个城市内，学生的择校存在两种情况：一是采取按片划分和就近入学的原则；二是全市范围内自由择校。很多人认为，在中国出现的"择校"现象将造成教育不公，从而主张禁止跨学区（地区）的"择校"行为。请问，禁止跨学区（地区）的"择校"后，能解决教育不公吗？此外，学校间的质量差异会缩小，还是扩大呢？家庭居住选择行为会发生变化吗？不同学区之间的家庭收入分层（stratification by income）会更严重吗？对于这些问题，你怎么看？

7. 卡罗琳·霍克斯比（Caroline M. Hoxby）和伊利安娜·库泽莫库（Ilyana Kuziemko）的研究发现，美国得克萨斯州的教育均等计划每年动用的资金达到 300 亿美元之巨，但是，这一计划较少使用相对有效的一次性总额再分配手段，而过于依赖高额的边际税率。结果是，虽然这一计划成功地将富裕地区和较穷地区的生均支出差距减少了 500 美元，但是由于房产价值下降等原因损失了生均 27 000 美元的财产财富。①现在，这项计划已经趋于破产而被放弃。请问，出现上述现象的原因是什么？

8. 你认为，如果一个城市能够将辖区内所有学校之间的生均经费和教师收入完全均等化，是不是就可以实现学校之间教育质量的均等化？这样，是不是就可以消除学区房现象？如果中国有一个城市想把所有中小学之间的质量都拉平，这会产生什么影响？为什么？除了学校质量外，家庭的居住选择行为又会发生什么样的变化呢？

9. 中国正在逐步推行物业税征收和改革。请问这项改革与本章所讨论的话题有什么关系？征收物业税之后，这些钱应该做什么用途？为什么？

10. 诺贝尔经济学奖得主加里·贝克尔的生育决策理论认为家庭进行生育决策时，会在孩子数量和质量之间进行权衡取舍。也就是说，在其他条件一定的情况下，孩子多了，每个孩子可以获得的教育投入就少了；孩子少了，每个孩子可以获得的教育资源就多了。你认为，中国曾经的独生子女政策对子女教育投入存在什么影响？如存在"重男轻女"思想，这种影响是否存在子女性别差异吗？如果从家庭教育投资的角度来看，当前的"两孩""三孩"政策会给人力资本积累带来怎样的影响？对于经济增长的影响会怎样，要如何应对？上述问题的答案受到哪些因素的影响？

① Hoxby, Caroline Minter and Ilyana Kuziemko, 2004, "Robin Hood and His Not-So-Merry Plan: Capitalization and the Self-Destruction of Texas' School Finance Equalization Plan," NBER Working Paper No.W10722.

▶ 7

内部劳动力市场与薪酬

　　为什么企业内部充满条条框框？为什么企业内每个职位的任务和收入都是由人力资源部事先决定的，而不是根据每个人的能力和贡献，或者根据每项任务的产出来支付报酬？为什么企业内部薪酬差距巨大？总经理与副总经理对企业的贡献真的像他们的薪酬一样差距那么大吗？类似地，体育比赛的奖金也是如此，冠军奖金远远高于亚军，为什么？难道真的是因为冠军的水平远远高于亚军吗？

　　为什么老员工收入高，悠然自得？为什么新员工收入低，怀才不遇？为什么中国的上市公司高管年薪一路看涨，企业业绩却未必同步上升？为什么国有企业的高管要限薪？

　　企业和组织内部的劳动力市场就像一个古老的城堡，神秘而富有秩序，古板却不乏活力。传统的经济学看不清城堡里的真相，就假设企业和组织作为整体是最大化自己的目标的（比如利润），而不满足于此的经济学家则用自己的好奇心叩开了城堡的大门。

　　内部劳动力市场理论注意到，劳动力并不完全是在外部劳动力市场通过工资的竞争（价格机制）进行配置的。事实上，内部劳动力市场是在一个管理单位内（通常是一个工厂或一个公司），劳动力的价格和分配是由各种管理规则和程序决定的。很多劳动力长期服务于固定的企业，具有较高的就业稳定性，而新进入公司的员工往往被安排在较低级的职位上，循着内部的工作阶梯（job ladder）逐步提高其职位。

　　内部劳动力市场配置劳动资源的方式和效率特征是传统劳动经济理论所无法解释的，因此需要发展新的理论——内部劳动力市场（internal labor market）理论。内部劳动力市场理论既是近几十年来经济学理论所获得的最新进展之一，同时也成为劳动经济学的最新组成部分,甚至已经逐渐形成了一门新的经济学子学科——人事管理经济学(personnel economics)。①这一子学科也为管理学中的人力资源管理和组织行为学的一些内容提供了经济学基础,从事人力资源管理工作的人在本章的学习中一定也会有所获益。

在这一章中,我们对内部劳动力市场的主要研究成果进行总结,其中,我们也将展开对于中国企业(包括高校、医院、政府等组织)改革的讨论,并探讨在互联网和平台经济快速发展的时代,灵活就业带来的内部劳动力市场结构的变化。

7.1　内部劳动力市场的劳动力资源配置

截至这一章之前,我们所认识的劳动力市场是在供给需求的作用下运作的,劳动力资源的配置是通过外部劳动力市场上的竞争而实现的,当企业雇佣劳动力的边际生产力等于其工资率时,企业达到利润最大化的目标,劳动力资源也实现了有效配置。

实际上,大部分的劳动力资源是在企业(或者组织)内部的劳动力市场上进行配置的。企业可能不完全按照雇员的劳动生产率来支付工资,工资率可能高于也可能低于雇员的劳动生产率,企业也不会在雇员的生产率低于其工资率水平时马上解雇雇员。曾经有数据显示,在美国,从事当前工作已超过 25 年时间的员工占到全部员工的大约25%。②在法国、德国和日本,劳动力拥有稳定工作的倾向更加明显。根据 OECD 在1986 年出版的一本报告,日本企业的员工中有 70% 在本企业工作时间超过 10 年,显示出高度的员工稳定性;相应的比率在美国最低,是 37%。欧洲国家的相应比例居中,依次是英国为 39%,意大利为 46%,德国为 53%,法国为 58%。③

中国员工稳定性也具有类似的现象。如表 7.1 所示,1995 年,从事当前工作的时间超过 25 年的员工人数约占全部员工人数的 19.8%,接近于美国在 20 世纪 80 年代的情况;从事当前工作的时间超过 10 年的比例为 66.2%,接近于日本在 20 世纪 80 年代的情况。不同国家的员工稳定性不同,虽然体现出了不同国家在文化和就业体制方面的差异,但内部劳动力市场的存在却有着一些共同的特点和成因。另外,随着经济发展和劳动力市场的完善,中国劳动力拥有稳定工作的倾向逐渐减弱。从事当前工作的时间小于 5 年的比例已经从 1995 年的 16.6% 逐步增加到 2018 年的 47.5%;而大于10 年的比例则从 1995 年的 66.2% 降低至 2018 年的 32.9%。

---

① 想对人事管理经济学进行详细了解的读者,可以参阅 Lazear, Edward P., 1998, *Personnel Economics for Managers*, John Wiley & Sons, Inc.（中译本:爱德华·拉齐尔:《人事管理经济学》,刘昕译,生活·读书·新知三联书店 2000 年版。）从方法方面来看,这一领域的理论研究大量运用了博弈论和信息经济学的理论工具,这也是人们将劳动经济学称为博弈论和信息经济学最成功的应用领域之一的原因。

② Hall, R., 1982, "The Importance of Lifetime Jobs in the U.S. Economy," *American Economic Review*, 72, 716-724.

③ OECD, 1986, *Flexibility in the Labor Market*;王一江、孔繁敏:《现代企业中的人力资源管理》,上海人民出版社 1998 年版,第 35 页。

表 7.1　中国员工的工作稳定性　　　　　　　　　　　　　　　　　（%）

年份	0—5 年	6—10 年	11—25 年	26—40 年
1995	16.6	17.2	46.4	19.8
2002	26.8	14.3	43.7	15.2
2007	36.8	19.3	30.0	13.9
2013	39.6	17.8	31.0	11.6
2018	47.5	19.5	23.7	9.2

注:1995 年和 2002 年的问卷是:在现单位工作时间(年);2007 年:您哪年开始从事当前这份主要工作的;2013 年和 2018 年:您开始从事这份工作的时间(年份)。数据处理时,作者只保留工作年份不超过 40 年的样本。

资料来源:CHIP1995 年、2002 年、2007 年、2013 年和 2018 年。

7.1.1　内部劳动力市场配置劳动力资源的特点

外部劳动力市场在配置劳动力资源时的突出特点是一价定律和市场出清。内部劳动力市场表现出与此不同的几个显著特点:

(1) 雇佣合同。在外部劳动力市场理论中的竞争状态下,一个行业中工人的工资随着需求的变化而变化,企业的劳动力需求量也会随着市场工资水平的变化而调整。如果及时根据市场工资和需求变动对工人的工资或需求做出调整,对于企业和工人可能都意味着一定的成本。签订一定期限的雇佣合同,对于企业可以节省招聘、培训等成本,工人也可避免遭受不稳定波动的风险。雇佣合同看作一种用于交换长期劳动服务的工具,在繁荣时期,工人所得少于他们的边际产品价值,在萧条时期,工人所得多于他们的边际产品价值。

(2) 绩效工资。传统劳动力市场理论中劳动力供给和需求都是按照劳动投入时间来计酬的。但现实中,给企业带来效益的是劳动力的产出和绩效,而产出的多少与劳动者的努力程度密切相关,而不仅仅是投入的时间。因此,为了更好地激发劳动者的努力,产生更多绩效,企业采用与劳动者的劳动成果直接挂钩的工资,这种工资被称为绩效工资。计件工资就是以个人的工作成果为基础的一种绩效工资,还有利润分享、股票期权等形式。但大部分雇佣合同都没有明确的激励条款,按小时、按星期、按月取得工资是最常见的。不同行业、工作性质会采用不同的工资方案,这一点我们将在下一节详细论述。

(3) 效率工资(efficiency wage)。根据传统竞争理论,所有企业支付给工人同样的工资,并在这一水平上,劳动力供求相等。内部劳动力市场中的效率工资是指企业可能支付多于他们需要支付的市场出清工资,从而带来非自愿失业的情况(关于效率工资对失业的影响将在本书第 10 章详细介绍)。企业为什么要支付比市场出清工资更高的工资呢? 经济学家解释,高工资可以规劝工人减少偷懒,降低工人的离职率,并且吸引更多高质量的劳动力。在传统竞争理论中,工人由于偷懒或逃避任务被解雇,总能够找到另一份相同工资的工作,由于逃避而受到的惩罚显得微不足道。在这种情况下,公司就必须密切监督工人的一举一动,这种高度警惕的成本很高,工人也对这种严密监视非常反感。聪明的公司通过支付给工人高于其他公司的工资,代替监督成本,因为在这种情况下,工人如果被解雇,可能不容易找到同样高工资的工作,因此,工人有更高的积极性努力工作。同时,更少的监视,也让工人感觉良好,有利于促进生产率。总之,更高的工资反而可以增加企业的利润。

阅读

福特公司的效率工资

早在 1914 年,福特公司的汽车生产就发生了巨大的变化,从手工作坊转变为流水线生产,工人也从技术工匠转变成从事装配线生产的一般工人。工作很忙碌、繁重,工人有不满情绪,周转很频繁,周转率高达 370%,缺勤率平均每天达到 10%。虽然福特也不难雇到新工人以取代离开的,但如此高的周转率和缺勤率给企业的生产管理造成了比较大的麻烦。

1914 年 1 月,福特汽车公司开始实施一项新的日工资标准,即每天 5 美元,这种翻了一倍的新工资标准只适合在公司至少已经工作了 6 个月的员工。工资水平的提高确实对员工的行为产生了影响。在 1914 年,员工的周转率降到了 54%,缺勤率下降了 75%,生产率增加了 30%—70%,公司继续处于盈利状态。

尽管在新工资标准实施的最初阶段,更高生产率和更低的周转率带来的收益并没有更优于工资增加付出的费用,这种工资增长可能并没有使福特公司实现利润最大化。但拉弗和萨默(Raff and Summer,1987)认为,效率工资带来了更好的协调、更畅通的工作流动、更高的士气、更低的周转费用、更好的团结合作和阻碍生产的工人勾结行为的终结,这些都给福特公司带来了长期的积极影响。

资料来源:Raff D. and L. Summer, 1987, "Did Henry Ford Pay Efficiency Wages?" *Journal of Labour Economics*,5:S57 - S86。

(4) 存在着工作阶梯。在很多企业中都存在着一些工作的等级制度(hierarchies of jobs),其中的每一个等级系列都围绕着一种特定的技能、一个共同的职能或者一项工作的中心。新成员进入企业的位置一般都是在这个等级制度(或称为工作阶梯)的最底层,这一位置称为"进入口"(port of entry),这里也是内部劳动力市场的工作阶梯与外部劳动力市场的连接处,雇佣机制仅限于入门职位。当进入企业之后,员工再依一定的规则和程序逐步晋升到更高的职位上去(参见图 7.1)。比如,大学教授的职位分为讲

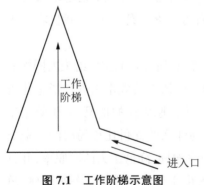

图 7.1 工作阶梯示意图

师(助理教授)、副教授和教授。再比如,四大会计事务所(一般简称"四大",即普华永道 PWC、毕马威 KPMG、德勤 DTT 以及安永 EY)在中国的岗位一般分为五级:第一级的岗位为普通员工,第一级下面又分为两级;第二级的岗位是资深员工,下面分为三级;第三级岗位是经理;第四级的岗位是高级经理;第五级的岗位是事务所合伙人。"四大"的员工如果一直在企业内工作,可以根据进入事务所的年限和岗位慢慢晋升。

(5) 锦标(tournament)制度。锦标制度常被作为企业内的激励机制。在内部劳动力市场上,企业往往注重从老员工中提拔一定比例的人员进入工作阶梯的更高级别,而对于新雇佣的劳动力则主要用于补充较低层次岗位上人员的不足。这就好比在企业的员工之间开展一场竞赛,由员工的相对表现来决定谁能够得到晋升。一种极端的锦标制度的形式是所谓的"非升即走"(up-or-out)合同,如果员工在工作一定时间后不能得到晋升,则将被解雇。这种合同常见于会计师事务所、律师事务所和高校这样的企业和组织,员工如果在一定时间内不能晋升到一定职位(如合伙人、终身教授),那么员工就会自动离开。这甚至已经成为了一种文化,而无需以正式的合同来加以规定。在中国的大学体制改革中,越来越多的学校引进非升即走的"终身教职"合同,用于教授的评价与晋升。对于锦标制度的一些效率问题我们在下文中再详细讨论。

背景

大学的"终身教职"制度

自从 1940 年美国大学教授协会(American Association of University Professors, AAUP)和美国大学协会(Association of American Colleges)通过了《1940 年关于学术自由和终身教职的原则声明》(1940 Statement of Principles on Acaclemic Freedom and Tenure)这一经典文件以来,终身教职(Tenure)作为一项学者自由从事科研教学活动的制度保证在高等教育领域,尤其是研究性大学中被广为采用。在这一制度下,教师一旦选择进入所谓的"常任轨"(Tenure Track)就将为了能够获得终身教职而奋斗若干年。在这段试用期以后,他们要么被晋升而得到这一终身教职,要么就得走人,这也被形象地称为"非升即走"。相比较而言,终身教职意味着长期而稳定的职位与收入,即使这一职位并非真的是"终身"的。据统计,1998 年全美所有授予学分的大学中,有 43.5% 的教师已经获得终身教职或进入"终身轨",在所有专职教师中,这一比例更是高达 71.9%。

资料来源:陈钊:《创新的价值、非对称信息与终身教职制度》,《经济研究》2006 年第 6 期。原始数据取自 U.S. Department of Education, National Center for Education Statistics, 2002, *Tenure Status of Postsecondary Instructional Faculty and Staff*: *1992—1998*,(NCES 2002—2010), by Basmat Parsad and Denise Glover, Project Officer: Linda J. Zimbler. Washington, D.C.。

讨论

为什么高校需要终身教职制度呢？其他行业和职业也有类似的终身合同制度吗？你能总结一下终身合同的工作具有哪些特征吗？

在内部劳动力市场上，各个岗位的收入水平是与企业内的锦标制度相配合的。也就是说，不同的岗位要对应工作阶梯的特定等级和相应的岗位。因此，企业内有相应的工作评估体系，根据不同岗位的劳动条件、工作强度和技能要求等因素来确定岗位在工作阶梯中的位置，并制定与工作性质相对应的收入水平。一般情况下，工作阶梯中层次越高的岗位收入越高，这主要是为了能够保证锦标制度的有效性，而并不一定表明不同岗位的生产力之间也有同样幅度的差距。下一个小节我们还会讨论，为什么在锦标制度下不同级别员工的收入差距不一定对应他们的生产力差距。

（6）一些非经济的手段对于劳动力配置所起的作用。在内部劳动力市场上，劳动力的工资水平并不是劳动力供求作用的结果，而往往是与特定职位挂钩的，在员工被招聘之前就已经确定了。打开一个招聘网站，能够看到绝大多数的招聘职位都会给出一个相应的薪资水平，或者一个薪资区间。除了行政性的规则和程序以外，企业的文化和习惯在劳动力定价和配置中所起的作用也非常大。比如，有的企业就是愿意支付稍高一些的薪资，以吸引优秀的人才。美国企业把内部的薪资差距拉得特别大，而日本企业则相反。美国劳动力市场的流动性相当高，而日本大公司采用的雇佣体系是终身雇佣。

讨论

什么样的工作岗位会在招聘时注明"面议"？

7.1.2 为什么会有内部劳动力市场

具体说来，导致内部劳动力市场产生的原因主要有四个方面，而这四个方面之间又有一定的联系。

（1）劳动力替换成本（labor turnover costs）。读者不妨想象一下自己在经营一家企业，你觉得自己能够做到随时随地增加或减少雇员吗？恐怕直觉就是"不会"。为什么呢？无论是雇佣还是解雇，劳动力替换都是有成本的。劳动力替换成本至少包括三个方面：第一，雇佣劳动力和解雇劳动力的直接成本，比如面试员工的成本和为解雇员工支付的解雇补偿，根据《中华人民共和国劳动合同法》第四十条，在某些特定条件下，用人单位提前三十日以书面形式通知劳动者本人或者额外支付劳动者一个月工资后，可以解除劳动合同。第二，老员工之间有长期的合作共事基础，企业内部人（老员工）

可能不愿与企业新成员合作,并破坏与新成员的关系,由此所引起的成本。第三,劳动力替换对劳动力的生产效率造成负面影响而隐含的成本,比如新员工不熟悉生产流程而造成的低效率。由于存在这些成本,企业对于劳动力的替换总是抱着谨慎的态度。数据显示,近70%的企业会选择用固定期限劳动合同方式尽力确保员工的稳定性。[①]如此一来,劳动力在不同企业间的流动性就降低了,企业内部劳动力市场因此而形成。

(2)岗位培训成本。在现代经济中,随着分工的深化和各种岗位上人力资本和知识的专用性提高,很多岗位都对从业人员提出了特殊的要求。从劳动力自身的角度来说,最优的择业行为一般是掌握几项特定的技能,然后在自己的技能范围内寻找合适的职业。这两方面的原因就使得从事不同职业的劳动力之间不具有充分的替代性。这样一来,当企业需要雇佣劳动力时,就要耗费一定的成本进行搜寻,这本身就构成了雇佣劳动力的成本之一。此外,企业对于新员工一般都要进行一定的培训,这种培训也是一种人力资本的投资,如果用外部劳动力市场的劳动力对本企业的老员工进行替换,就会降低企业人力资本投资的收益,这也构成了企业解雇劳动力的成本之一。换句话说,保持较为稳定的劳动力队伍是企业提高专用人力资本投资回报的一种手段。

讨论

现在很多企业都觉得,员工流动性太大了。特别是那些劳动密集型企业,它们雇佣的员工大量都是进城务工人员,员工流动性大,使得企业经营产生了额外的成本,因此企业也不愿为员工支付培训成本。这种现象是如何产生的? 有可能改进吗?

(3)信息不对称性导致的监督成本。在本章之前所学的内容中,实际上假设了外部劳动力市场上存在一种拍卖机制,在这种机制下,买卖双方的信息对称是非常重要的。劳动力的边际产出曲线决定了劳动力需求,劳动力的收入-闲暇权衡决定了劳动力供给,这些都是市场公开信息。但实际上,劳动力市场上的信息往往是不对称的,劳动者对于自己就业后的收益一般都能事先从劳动合同中得到了解;而企业一般总处于信息的劣势,因为每个劳动力都不一样,具体到某个劳动力的生产效率和劳动态度都是事后才了解的。因此,企业总是通过一定时间的观察后才能对劳动力的生产效率和劳动态度做出评价,并决定劳动力的去留或升降。从这一角度来说,内部劳动力市场的存在也可以视为企业收集信息的一种需要。绩效工资和效率工资的存在都与企业对劳动者的劳动过程进行控制和监督存在很大困难有关。

(4)工会的作用。工会与内部劳动力市场之间的关系非常复杂,但有一点可以肯

---

① 根据2021年中国雇主-雇员匹配数据跟踪调查数据,有固定期限劳动合同、无固定期限劳动合同、劳务派遣合同、以完成一定工作任务为期限的劳动合同和其他形式合同的占比分别为68.97%、17.43%、4.97%、3.63%和5.00%。

定,工会即使不是形成内部劳动力市场的决定因素,也至少是一种促进因素。西方国家的企业集体谈判合约使得内部劳动力市场的一些规则和程序正式化和成文化。反过来说,内部劳动力市场的形成意味着企业内部有一支稳定的员工队伍,这又对工会的形成有促进作用,员工特定的职业技能也提升了员工的谈判能力。同时,企业内的规则和程序都对管理层行政权利的范围有着清楚的规定,这些都有利于工会组织的形成和强化。有关工会的分析,本书将在第 11 章专门讨论。

7.2 内部劳动力市场的效率

在传统的经济学理论里,劳动力按生产力(或者说贡献)来获得收入是最有效率的。既然这样,内部劳动力市场不按生产力来支付薪酬又怎么能够保证效率呢?经济学家的思维方式是,当理论与现实不符时,就需要新的理论,而不是现实出了问题。内部劳动力市场的存在恰恰说明,内部劳动力市场及相应的工资结构能够有效率地配置劳动力资源。对此,经济学家提供的解释如下:

(1)企业通过内部劳动力市场的运作降低了劳动力替换成本,获取了有关劳动力质量的信息。第一,企业通过保持一支较为稳定的员工队伍,有效地减少了从外部劳动力市场上招聘、筛选、雇佣和培训新员工的成本。第二,企业对既有员工进行培训以及员工在"干中学"时积累的人力资本,也可以稳定地为企业带来收益。第三,企业可以通过保持员工队伍的相对稳定,得到有关劳动力能力和劳动态度等方面的充分信息。相比之下,外部劳动力市场上的劳动力信息不对称现象则严重得多,因此,企业对老员工进行提拔就可以降低从外部劳动力市场雇佣相应人员需要面对的不确定性。第四,虽然资历常常作为晋升机制中的一条标准,但企业往往还会在此基础上附加一些其他的标准(如业绩、日常表现等),这就保证了对于员工的提拔不会出现太大的失误。上面这几方面原因是常被通行的劳动经济学教科书提及的,在我们看来,企业内部劳动力市场的存在还有一个重要的好处,那就是有利于促进员工之间的合作。很多企业或组织都是需要团队生产的,或者需要员工之间相互合作,如果员工队伍稳定,就可以增进员工之间的相互了解与信任,减少合作中的磨合与冲突。

表 7.2 列出了中国企业招聘员工的几种方式。其中,全部内部招聘和内部招聘优先占了相当大的比例。不同岗位对内外部招聘的比例存在明显差异。管理人员、行政与秘书等岗位的员工从企业内部招聘和晋升的比例更高。这两类岗位具有管理性质,需要对企业组织结构、行政流程以及企业文化等企业特有的信息有更多的了解,而且需要更多地与其他员工进行沟通合作。而生产岗位的职业包括专业技术人员、技术工人和普通工人/员工的工作内容与企业特有的组织结构、文化的关系相对没那么密切,与其他员工沟通合作的机会相对少些,因此可以更多地从外部进行招聘。

表 7.2　企业内员工招聘方式的采用情况　　　　　　　　　　　　（%）

2014 年中国雇主-雇员匹配数据跟踪调查				
	全部内部招聘	内部招聘优先	两者并重	外部招聘优先	全部外部招聘
管理人员	9.07	34.42	36.05	9.77	10.70
行政与秘书	6.00	23.50	32.50	18.00	20.00
专业技术人员	3.76	14.78	35.22	25.00	21.24
技术工人	2.30	14.14	33.22	27.63	22.70
普通工人/员工	3.24	8.73	31.17	26.68	30.17

2021 年中国雇主-雇员匹配数据跟踪调查			
	内部招聘优先	两者并重	外部招聘优先
管理人员	39.60	48.00	12.40
专业技术人员	14.40	51.60	34.00
普通人员	9.60	56.00	34.40

资料来源:2014 年和 2021 年中国雇主-雇员匹配数据跟踪调查。

（2）企业常常通过放弃静态效率来追求动态效率。静态效率指的是如何以最有效率的方式对质量给定的要素进行组合,而动态效率则强调如何通过改进要素的质量来提高要素的生产力。对于既有劳动力进行组合所产生的效率具有一次性的特点,而对于劳动力知识和技能的提高却是无限的,内部劳动力市场的功能主要在于它能够有效地提高动态效率。在内部劳动力市场上,资历较深、技能较高的员工往往拥有更多的晋升机会,而当企业需要解雇员工时,这些员工被解雇的可能性又最低,这就增加了他们在工作中的安全感,使得他们愿意将自己的经验与技能传授给资历较浅、技能较低的员工,这对于提高整个员工队伍的素质,从而提高动态效率是很有好处的。这就是所谓“传帮带”的作用,如果竞争和不同员工间的替代过于激烈,以至于“教会了徒弟、饿死了师傅”,那么,老员工就不会愿意把自己的经验和技能传授给新员工。

劳动力缺乏流动,收入水平是事先确定的,这些内部劳动力市场的特征与传统经济学理论所描述的有效率的市场相距甚远。内部劳动力市场之所以能够保证效率,更为根本的还是因为企业会通过实施一些激励机制来促使员工努力工作。

在当今的知识经济时代,每种岗位上的劳动都变得比从前复杂了,像喜剧电影大师卓别林在《摩登时代》里所刻画的那种每个动作都被标准化的生产方式在当今世界已经不再“摩登”的了。正是因为每种工作都越来越复杂,以及远程办公的兴起,员工的努力也就越来越难被监督,现代企业也越来越少地使用简单的监督方法来防止员工偷懒,而且简单而直接的监督也被认为是不够文明的做法。这样一来,通过激励机制的设计与实施促使员工努力工作就越来越重要,员工能否在各自的岗位上发挥主观能动性和创造力就成了企业成败的关键。下面,我们从三个方面来研究企业内部劳动力市场上的激励机制。

7.2.1　对于员工的工资方案

在现实生活中,企业对于员工的工资支付形式比理论上的简化形式(比如按小时计酬)要复杂得多。归纳一下,可以将员工的工资形式大致划分为三个类别:(1)按时间计酬的计时工资(time rate);(2)按产出计酬的计件工资(piece rate);(3)不变工资(salary, flat rate)。

那么企业分别在什么样的情况下使用这三种不同的工资形式(或者它们的某种组合)呢? 通常情况下,当一项工作的节奏由员工控制而且产量又比较容易衡量的时候,企业倾向于采取计件工资制。例如,销售员的薪酬往往与销量挂钩,是最典型的计件工资。如表 7.3 所示,技术工人和普通工人采用计件工资的比例远远高于其他岗位。产量是否容易衡量与企业的规模有关,企业越大,对单个员工的产量进行衡量就越难,所以,大企业往往更难使用计件工资制。如果一项工作需要一个工作单位(比如一个部门、一个车间、一家工厂)的员工相互合作时,往往实行针对整个单位的计件工资方案。

表 7.3　企业内员工工资制度采用情况　　　　　　　　　　　　(%)

2014 年中国雇主-雇员匹配数据跟踪调查			
	计时工资	计件工资	浮动工资	年薪制
管理人员	30.66	1.26	42.77	25.31
行政与秘书	52.64	1.51	30.98	14.86
专业技术人员	44.44	13.18	27.14	15.25
技术工人	42.48	30.09	18.88	8.55
普通工人/员工	47.52	30.02	15.37	7.09
2021 年中国雇主-雇员匹配数据跟踪调查			
	计时工资	计件工资	绩效工资	年薪制
管理人员	24.40	5.20	67.20	46.40
专业技术人员	34.40	8.80	74.40	16.80
普通员工	41.20	26.80	64.00	8.40

注:数据中,工资制度是多选题,所以百分比相加会大于 100%。
资料来源:2014 年和 2021 年中国雇主-雇员匹配数据跟踪调查。

有时,企业还同时采取计件工资和计时工资两种工资支付形式。这时,实际上就形成了员工间的一种归类机制。一般说来,能力较强的员工会选择计件工资形式以争取超过劳动定额,并且得到与自己产出相应的报酬;而能力较差的员工则会选择计时工资的形式,因为他们完成劳动定额的可能性较低。这里要提醒读者注意,通常人们认为计件工资制比计时工资制更加能够激励员工努力工作，但实际上，这种感觉可能只是因为计件工资制更加吸引能力强的员工而已。[1]

在实施计件工资制时还有两个问题需要特别留心。第一，如果产品的质量非常难控制，那么计件工资制就可能导致员工为了追求产量而降低产品的质量。比如，中国的大学里非常流行用发表论文的数量来考核教师，并且按照论文的发表数量进行奖励，这就会使教师片面追求数量，而忽视论文的质量。一个解决办法是，在数量的基础上，再把论文发表的期刊按档次分类，实施不同的奖励。第二，如果被实施计件工资制的员工可以控制自己产品的需求，那么，计件工资制也将导致一些低效率问题的出现。例如，长期以来，中国的医院和药房不分离，在这种医疗体制下，医生可以从药品的销售中提成，这本质上就是一种计件工资制。于是，我们就观察到一些医生给病人开过多的药（盲目追求"产量"），或者普通的病也开进口药（医疗服务的质量下降）。当病人享受社会医疗保险的时候，可能会促使医生多开药、开贵药。造成这些低效率问题的原因实际上很简单，但医疗服务的质量是很难监控的，而且在医、药不分和绩效考核的体制下，如果有激励机制使医生有增加药品和医疗服务的需求，就会出现过度医疗的现象。虽然问题的原因简单，但解决这个问题却一点都不简单，需要卫健委、药监局、医院系统、医保系统等多方机构的综合改革。中共二十届三中全会上已经提出，深化以公益性为导向的公立医院改革，建立以医疗服务为主导的收费机制。

讨论

在中国的大学里，非常流行按照国外英文期刊的"档次"和论文发表数量来对教师进行评价和晋升，甚至成了唯一的指标。请问，你对这种体系有何评论？对于学术和教师的质量要如何评价？是否存在唯一的标准？

这个讨论虽然是针对大学的，但实际上却隐含着一个一般性问题。对于有些行业和职业，产品或服务的质量和价值很难界定，这时，如果对所有员工仅采取统一的"客观"标准，所得到的结果并不一定是最优的。有的读者会说，统一的"客观"标准即使不是最优的，在信息不对称情况下也是次优（second best）标准，你同意吗？仍然以大学为例，有没有可能改进仅仅根据国外英文期刊的"档次"和发表论文的数量来对教师进行评价和晋升的制度？

在有些工作中，不变工资也使用得很广泛，这也同样是由工作的性质决定的。通常来说，适用于不变工资的工作有三个特征：（1）雇员能够控制工作的节奏；（2）短期内的产量很难观察，或者很难观察单个雇员对产出的贡献；（3）完成工作所需的时间是不

---

[1]　在经验研究中，这是一种典型的"选择性偏误"，也是一种特殊的遗漏变量偏误。这是指存在一些未观察因素影响行为人选择了模型的解释变量，这时，解释变量的系数可能部分地因为其未观察因素的影响。这类"选择性偏误"是经济学研究中经常会遇到的问题，请读者注意在其他章节的内容中也会遇到这一问题。

确定的,也很难预测。在这样的工作中,一个员工的产出与他在工作中所付出的时间并没有直接的联系。这也就是为什么大学教师、科研人员往往都拿不变工资的原因。行政秘书的工作也有这样的性质。不变工资也能够产生一些激励效果,因为对于员工来说,如果他们更加努力工作,就能够更快地完成既定的任务,从而获得更多的休闲而不影响收入。同样的道理,拿不变工资的员工也有动力进行人力资本投资,特别是参加企业提供的培训。通过提高自己的工作技能,他们能够更有效率地工作,但却不影响收入。年薪制可以说是不变工资的一种。如表 7.3 显示,管理人员采用年薪制的比例相对较高。

有时,不变工资也采取项目制的激励方案,在这种机制下,项目承担人有激励尽快完成项目,以便再承担下一个项目。家庭装修是一个实施项目制的好例子,因为实施了项目制,装修队就有激励尽快完成,而不磨洋工。但是,在项目制下,可能会存在因为赶进度而影响工程质量的问题,因此,通常情况下,业主都会在现场进行施工质量的监督。也有少部分业主宁愿采取按工时支付的方式来做家庭装修,不难想象,这样的业主一定既要有时间到现场监督防止磨洋工,又要有足够的专业知识防止施工质量下降。

除了上述几种不同的工资制度以外,基于绩效评估之上的绩效工资和利润分享在现代企业的薪酬制度中也普遍存在。由于存在严重的信息不对称问题,企业的管理者可能采取一些行动最大化自己的利益,却损害了所有者利益,比如管理者可能会偷懒、增加职务消费、拿回扣,或者增加一项不必要的投资。类似的问题被称为现代公司制中的"委托-代理"问题。为了避免类似问题,对企业管理者的激励制度一般都是与企业的绩效挂钩,在完善的市场条件下,企业的现金流和股票价格是反映企业绩效和管理者努力程度的重要指标,根据相应的市场信息对管理者进行激励能够有效地激励管理者(代理人,agent)追求所有者(委托者,principal)的目标。具体来说,对于管理者的激励方案一般可以分为两部分:一是与当年绩效挂钩的年薪,用于解决短期激励问题;二是股票和股票期权,激励管理者追求企业的长期目标。当管理者获得企业的股票,或者获得在未来某天以当前价格购买企业股票的权利时,管理者为了提高自己未来的收入,就不会做有损企业长期发展的事。

不同的工资方案(或者它们的组合)适用于不同的工作类别。通常我们可以将企业的员工大致划分为普通员工、销售人员、技术人员和管理者四个类别。对于普通员工,要看具体的工种来选择合适的工资制度。对于销售人员,最好的激励机制就是佣金(提成)制度,这本质上就是一种计件工资制度;但是,如果完全实行佣金制度的话,就可能导致不同业绩的销售人员收入差距过大,还可能导致销售人员的收入随着市场波动起伏过大。为了消除这样的负面影响,对销售人员的激励机制一般都采取底薪加佣金的制度。对于技术人员,特别是研究人员,通常实行不变工资加上与项目结合的奖励制度。对于管理者,通常实施短期激励(年薪)和长期激励(股票或股票期权)相结合的薪酬方案。

在不同工作的绩效评估中总是存在质量和数量的权衡问题，因此就需要在绩效考核中采取主观、客观或者二者相结合的方式。表 7.4 显示，不同级别员工在利用客观指标考核的同时，也相当比例会采取自我评定、同事（上级、同级和下属）评定和客户评定的主观方式。质量和数量的权衡问题需要的时间窗口也不尽相同（见表 7.5）。普通员工更可能是每月考核，而管理人员则可能是季度或年度考核。

表 7.4　企业内员工考核方式采用情况　　　　　　　　　　　　　　　（％）

	客观指标	上级评定	同级评定	下属评定	自我评定	客户评定
管理人员	61.6	66.8	26.0	24.0	35.2	16.4
专业技术人员	58.4	78.8	21.6	8.8	30.4	13.2
普通员工	52.8	81.2	18.8	5.6	30.0	15.6

注：数据中，绩效考核方式是多选题，所以百分比相加会大于 100。
资料来源：2021 年中国雇主-雇员匹配数据跟踪调查。

表 7.5　企业内员工考核频率采用情况　　　　　　　　　　　　　　　（％）

	不考核	每月	每季度	半年	1 年	1 年以上	不定期
管理人员	4.0	40.8	24.8	11.2	12.4	1.6	5.2
专业技术人员	5.2	50.8	22.4	8.80	5.6	1.2	6.0
普通员工	6.8	53.6	22.0	4.80	5.6	1.2	6.0

资料来源：2021 年中国雇主-雇员匹配数据跟踪调查。

7.2.2　锦标制度和相对绩效评估

前面我们已经提到，企业内部劳动力市场上的工资不是按照边际劳动生产力来制定的，与此相关的一个重要制度就是企业内部的锦标制度。在锦标制度之下，企业内部员工之间的竞争决定了谁能进入下一轮比赛，获得更高的工资。也就是说，谁能够获得更高的工资取决于员工之间的相对绩效，而不是员工的生产力水平（绝对绩效）。

在锦标制度之下，工资的差距和工资的结构是非常重要的两个问题。员工的努力程度取决于与晋升相联系的工资上升幅度，晋升前后的工资差距越大，则员工为了追求晋升所付出的努力水平就越高。当然，工资差距总是有限的，它不可能超过企业通过工资差距而获得的员工生产力的提高幅度。此外，一味地扩大工资差距而忽视了员工的平均工资水平也不行，因为太低的平均工资水平根本不足以让员工参与到竞争中来。通俗地说，一旦失败就所得甚少，还不如不要做。所以，企业应该注意，工资差距要足够大以产生激励效果，但同时也必须实行足够高的平均工资，吸引员工参与到工作的竞赛中来。

与工资结构相联系的另一个重要问题是倾斜的工资结构是否具有某种合理性。

锦标制度认为,在企业里通常是职位越高,工资在晋升中获得的涨幅越大,就如同图7.2(b)所示。与此类似的是,体育比赛中冠军与亚军的奖金差距也大大超过亚军和季军的奖金差距。对此,一个直观的解释是比赛越来越艰难了,当然要有更高的奖金增幅来诱使参赛者加油比赛。对倾斜的工资结构的经济学解释是:在决赛之前,选手胜出以后获得两部分奖励,一是奖金,二是获得下一轮比赛的资格(可以看作一种"期权");而对于决赛的胜利者——冠军而言,他的奖励就只有一笔奖金,因此决赛的奖金增加幅度就必须高于前几轮的奖金增幅。从体育比赛的例子中,我们就可以理解为什么企业中的总裁(CEO)收入要大大高于副总裁的收入,这并不是因为总裁比副总裁的能力或者贡献要高出几倍,而是因为这样的工资结构能够激励员工努力工作,去争取更高的职位和更高的收入。职位越高,晋升的难度越大,就特别需要用更大的收入涨幅来激励员工努力工作。

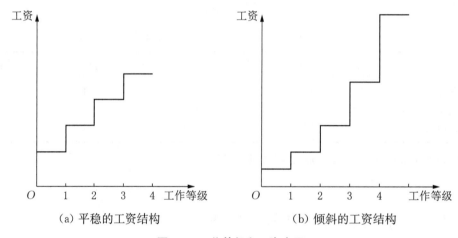

(a) 平稳的工资结构　　　　　　　(b) 倾斜的工资结构

图 7.2　工作等级和工资水平

企业内的工资结构数据也体现了倾斜的工资结构。根据 2013 年中国雇主-雇员匹配跟踪调查数据(见表 7.6),岗位的平均税后工资和该岗位的本科以上学历占比正相关。如果我们直接看工资结构,从技术工人开始,工资的涨幅分别为 68.36 元、392.97 元、791.97 元和 1 474.9 元。这与图 7.2(b)的工资结构比较接近。

表 7.6　企业内的工资结构

职业种类	员工数量占比(%)	本科以上学历占比(%)	平均工资(税后)(元)
管理人员	15.25	50.05	4 937.04
专业技术人员	14.90	37.13	3 462.14
行政办事人员	8.52	24.67	2 670.17
普通工人/一般员工	43.82	7.07	2 277.20
技术工人	15.16	6.61	2 208.84

注:数据中,"其他人员"这类员工不予考虑。

资料来源:2013 年中国雇主-雇员匹配数据跟踪调查。

　　员工的晋升比例和一些不确定因素也会影响企业内部的工资差距。一个较高的晋升比例通常与较低的工资差距相配合,而一个较低的晋升比例则需要与较高的工资差距相配合。更为一般来说,晋升比例的大小也是员工参加"竞赛"时不确定性的大小。如果员工的晋升比例较小,或者员工的流动性很大就增强了员工在"竞赛"中所面临的不确定性。这就好像让两位羽毛球选手在大风中比赛一样,显然,风越大,比赛的结果越是与努力无关,选手就越是没有努力比赛的激励。为了克服这种不确定性因素对员工努力水平的负面影响,企业应该适当地拉开工资差距,增强奖金的激励效果。这些道理对于解释不同行业、不同企业和不同国家的工资差距都有帮助。比如,在新兴的行业和企业中,员工的工资差距相对来说就要大一些,因为新兴的行业和企业总是面临更大的风险。另外,在日本和欧洲大陆国家的企业里,员工的工资差距要比在美国企业的工资差距小得多,这也可能是因为日本和欧洲大陆国家的企业员工流动性比较低,员工在参加企业内"竞赛"时面临的不确定性较低。

　　锦标制度研究的另一个重要话题是内部晋升(internal promotion)和外部雇佣(external recruitment)之间的选择。我们常常观察到企业更加倾向于通过内部晋升来选拔人才,锦标制度对此的解释是,通过内部晋升可以增强对员工的激励。相反,如果从外部市场上雇佣人才,就降低了企业内部员工晋升的机会,从而降低了企业员工通过努力实现晋升的激励。当然,从理论上来说,可以通过扩大企业内部的工资差距来抵消由增加了外部人竞争所造成的负面影响,但工资差距的扩大本身也会造成一些负面影响,比如导致一些风险规避的员工退出竞赛。因此,企业一般来说总是更加倾向于通过内部晋升来选拔人才。但是,在高层管理人员的选拔中,内部人和外部人的能力差别可能非常大,这时,企业只能通过外部聘用来招聘需要的人才。

　　在家族企业发展过程中是否需要通过外聘职业经理(即所谓"空降兵")来谋求发展的问题上,突出地表现出了内部晋升和外部雇佣之间的两难选择。很多家族企业的职业经理人是由家族的第二代或第三代继承,但却常常逃不出"富不过三代"的魔咒,代际传递成功的比例并不高,美国家族企业成功传递到第二代、第三代和第四代的比例分别只有 30%、12% 和 3%。[①]很多家族企业试图通过引进职业经理来实现本企业管理的改进,但在很多案例和观察中,外聘的职业经理并没有很好地解决家族企业的发展问题,相反却造成了外来职业经理与原企业员工和家族成员的矛盾冲突。

7.2.3　工龄工资和强制退休制度

　　在内部劳动力市场上,工龄长短往往是决定收入水平的一个重要因素,或者工资

---

　　①　Astrachan J., S. Klein and K. Smyrnios, 2000, "The F-PEC Scale of Family Influence: A Proposal for Solving the Family Business Definition Problem," *Family Business Review*, 15(1):45-58.

中有一个部分是与工龄有关的。我们在前面的章节中就已经指出,一个人一生中的生产力曲线通常呈倒 U 形,如图 7.3 中的曲线 AED 所示。但是,企业内部由于存在工龄工资和论资排辈,员工的工资常常是随年龄的增长而提高的,如曲线 BEC 所示。在这种工资制度之下,新员工的收入低于其为企业创造的价值(边际收益产品,MRP),而老员工的收入则高于其为企业创造的价值。采取这种工资制度的好处是,企业能够有效地激励年轻员工长期就业于某一企业,并为获取将来的高收入而努力工作。这种现象在日本的企业中较为普遍,也与日本企业的长期雇佣制度配合了起来。从企业角度来看,能够获得稳定的员工队伍;对员工而言,也有利于员工积累人力资本和相互合作,并且为企业长期发展出谋划策。

背景

日本企业的年功序列工资制

日本企业的终身雇佣制、年功序列工资制和企业内工会制度曾经被人们看作日本企业制度的"三件神器"。我们主要来介绍年功序列工资制。

年功序列工资制其主要内涵是员工的基本工资随员工本人的年龄和企业工龄的增长而每年增加,而且增加工资有一定的序列,按各企业自行规定的年功工资表次序增加,故称年功序列工资制。

年功序列工资制的优点包括:

(1)年功序列工资制可防止过度竞争,保证秩序。不同年龄层员工之间的关系比较融洽,同年龄层之间的工资差别很小,有利于维护团队精神。

(2)在起点工资确定之后,工资便随着年龄逐渐上涨,以保障生活费用为原则,从而使员工有一种稳定感,工作的心理压力不大,能力能正常发挥。

(3)企业内进行人事调动时,年功序列工资制是一种适应性较强的工资体系,因而它有利于企业内人才的相互流动。

年功序列工资制的缺点包括:

(1)年功序列工资制取决于年龄与工龄等要素,而不太讲求能力或职能要素,不利于人才潜能的发挥,缺乏激励性。

(2)工资决定的基础过于模糊,不利于员工对工资体系的了解。

(3)提升工资时,无法确切把握能力要素。

(4)年功序列工资制的包含要素过于庞杂,它不仅是推动员工工作的一种代价,还要照顾员工的住宅与家属方面的收入要求,因而在工资体系中往往设定种种名义的津贴或间接性给付,这就造成家庭与工作不分的局面,忽略了工资的本质定义。

资料来源:作者根据公开资料整理。

在图 7.3 的工资制度下,员工在年轻的时候是吃亏的,而到了中年以后就可以享福了,但是,员工在中年以后的收入中高于其对企业的贡献的部分(三角形 CDE)不能超过年轻时的损失(阴影 *ABE*),否则企业就不愿意了。同样道理,如果阴影 *ABE* 超过了三角形 *CDE*,那么员工也不会愿意的,所以两者正好相等就形成了一个均衡。在这个简单的模型之下,我们还能为强制退休制度提供一种解释,使得三角形 *CDE* 等于阴影 *ABE* 的那个年龄就是员工的强制退休年龄。由此可见,工龄工资看起来是一种低效率的制度,因为它没有为员工提供等于其边际劳动生产力的工资,但是从动态效率的角度来看,这种制度却能够激励员工长期为企业服务,从而有利于提高企业的劳动生产率。这是企业内部劳动力市场上工资不按劳动生产力原则来制定的又一个例子。需要指出的是,这种制度在遇到经济衰退时就会给企业带来沉重的负担,因为企业必须支付给大量生产力并不高的老员工较高的工资,所以,即使在日本,也有一些企业在 20 世纪 90 年代以后的经济衰退中放弃了原来的年功序列工资制和终身雇佣制。

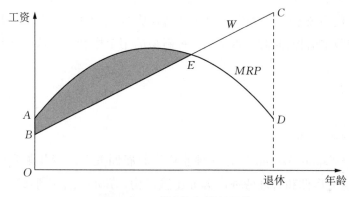

图 7.3 工龄工资和强制退休

当考虑内部劳动力市场对于效率的影响时,我们还需要结合外部劳动力市场对失业问题进行考察,而不能只看内部劳动力市场。从以上的分析来看,保持企业内员工队伍的稳定性对雇主和内部员工都是有利的,内部劳动力市场的存在减少了员工摩擦性的失业。但同时我们应该看到,内部劳动力市场的存在也对失业问题产生了一定的负面影响。内部劳动力市场对失业产生的最直接影响可以由失业理论中的"内部人-外部人"模型加以解释。该理论认为,由于劳动力替换成本的存在,使得企业不可能也不愿意频繁地替换劳动力,从而导致内部员工的工资要高于外部劳动力市场上劳动力的工资要求。这表现为外部劳动力市场上有一些失业者愿意在较低的工资下工作,但却找不到工作,这是一种非自愿的失业。具体参见本书第 10 章中的"内部人-外部人"模型。

此外,由于解雇劳动力是有成本的,雇主即使拥有解雇的自由,也不愿意随意解雇员工。在美国,大约只有不到十分之一的失业者是因为被解雇而离开工作岗位的。在产品需求下降时,企业虽然会采取一些短期的解雇行为,但当企业需要增加人员时,企业往往会招回那些被短期解雇的员工。正因为如此,劳动力被解雇并长期失业的记录本身就成了一种信号，说明该员工可能属于较差的员工，这样的失业人员很难实现再就业，即使就业了，其所获得的待遇也一般要比相同条件下没有解雇记录的员工低10％—15％。[1]

7.3　内部劳动力市场外部化

前面我们讲到之所以存在内部劳动力市场，与劳动力替换成本、岗位培训成本和劳动过程的监督成本的存在有很大关系。企业通过长期的雇佣合同、有效晋升制度和工资方案等内部劳动力市场行为降低这些成本，实现用工成本的最小化。当企业存在季节性或阶段性用工需求波动时，相对稳定和长期的雇佣关系会增加企业负担，解雇员工也要支付遣散费用。因此，企业存在雇工灵活性的需求。劳务派遣等正是适应企业灵活用工需求的一种雇工模式，可以视为内部劳动力市场外部化的形式。近些年，基于互联网的数字技术快速发展，劳动力的替换成本、培训成本都变得相对低廉，劳动过程也可实现数字监控，此时又催生出一种新型的用工模型——基于互联网平台的灵活就业。

7.3.1　劳务派遣

劳务派遣（dispatched labor）是一种非典型的雇佣关系。劳务派遣机构接受企业的委托，代表企业雇佣和管理劳务。劳务派遣机构、劳动者、企业形成一种三角关系。雇主是劳务派遣机构，它向其他机构提供的劳工称为派遣劳工，劳务派遣机构与派遣劳工签订劳动合同或劳动协议，他们之间达成雇佣关系。劳务派遣机构又根据企业的需要，派遣劳工为用工需求企业提供劳务，劳务派遣机构和用工单位之间达成劳务派遣协议，但派遣劳工与用工企业之间并无劳动契约，但企业对派遣劳工在工作上有指挥监督之权。企业根据派遣劳工提供的劳务支付给劳务派遣机构劳务费，再由劳务派遣机构给派遣劳工发放工资。

劳务派遣与传统的劳动关系相比，我们可以发现，二者间最大的差别在于劳务给付的对象不同。在传统的劳动关系中，劳务给付对象是给付工资的雇主；而在派遣劳动中，劳务给付对象并非给付工资的雇主，而是与派遣劳工有协议关系的劳务派遣机构。招聘劳工、签订劳动合同、支付雇员工资、负责雇员相关的晋升、社会保障等原本是企业内部劳动力市场的重要内容，通过劳务派遣方式，这些内部劳动力市场的行为被"外包"给了第三方的劳务派遣机构，出现了内部劳动力市场的外部化。但这种形式也不同于前面几章所讲的外部劳动力市场，外部劳动力市场中的主体是劳动的需求和

---

① Filer, R. K., D. S. Hamermesh and A. E. Rees, 1996, *The Economics of Work and Pay*, New York: HarperCollins Publishers, 355.

供给双方,而劳务派遣形式中,存在劳动需求方、劳动供给方和第三方即劳务派遣机构等的三角关系。

劳务派遣是一种非典型的、临时性的且非传统或非标准的雇佣关系。劳务派遣这种形式对于企业的好处是降低企业劳工雇佣成本、规避雇佣风险,以及便于雇工管理。劳务派遣对于需求企业而言,因为省下了晋升、退休金、保险及资遣费等费用,可降低成本。在淡旺季人力需求差距较大的行业,劳务派遣可以避免因短期性或季节性的人力需求而必须额外负担长期雇佣劳工所衍生的雇佣责任。例如,在中国长三角和珠三角地区的劳动密集型制造业中,普遍存在淡旺季灵活用工的现象。有些企业将员工区分成核心员工与非核心员工,企业内部重要的工作交由核心员工处理,他们享有较为优渥的薪资与福利,和企业维持稳定的雇佣关系;而非核心劳工则负责企业内例行性或不重要的工作,其所拥有的待遇与福利较低,雇佣关系可以更加灵活,非核心工作往往交由派遣劳工来完成。

最早的劳动派遣发生在第一次世界大战前的伦敦,20 世纪 20 年代萨缪尔·沃克曼(Samuel Workman)创造了"雇佣帮工"(rented help)的概念,沃克曼最初雇佣已婚妇女在晚上做库存,以满足当时企业的临时或短期需求。在 20 世纪 80 年代,劳务派遣在美国开始蓬勃发展,部分原因是战后就业率较高。美国劳动力市场面临结构性变化,随着经济的快速发展和社会环境的稳定,企业追求利润最大化和成本最小化的目标,开始寻找能够快速适应市场变化的劳动力,更加重视人力资源使用的灵活性。日本在泡沫经济破灭前,大多企业采用年功序列工资制和终身雇佣制,在泡沫经济崩溃后出现大量派遣公司和派遣式雇佣。日本于 1985 年 7 月首次制定了《劳务者派遣法》,厚生劳动省开始制定一系列详细的规章制度和行政命令,并于 1986 年 7 月 1日进入劳务派遣法制化时代。2003 年,日本政府通过派遣法扩及制造业的提案,是年功序列工资制大范围消失的转折点,此后派遣人力因节省成本的效果成为日本业界主流而持续成长。与此同时,劳务派遣形式在全世界各个国家和地区都有很广泛的应用。

劳务派遣虽然为企业的灵活用工降低成本提供了便利,但也存在一些问题。由于劳务派遣本质上是一种临时工,大量运用时会挤压正式员工的机会,而由于派遣公司间的竞争激化往往倾向于砍低劳工薪水来吸引企业客户,连带产生劳工薪资恶化和不安定雇佣的问题。对于劳工而言,由于没有稳定长久的工作保障,无工作机会时则无收入,通常无法比照正式员工所享有相等的福利及晋升、退休金、保险等保障,存在同工不同酬。虽然各国都有与劳工派遣相关的法律法规,但由于劳动派遣这种劳动者用工关系和实质劳动关系、名义用工单位和实际用工单位两分离的现实状况,一定程度模糊了劳务派遣机构、用工单位的责任,有效监管难度相对较大,违法成本较低,容易导致用人单位资质不符、随意辞退、保险不完善、克扣工资、发生纠纷后用人单位逃逸等问题,损害派遣劳工的合法权益。

7.3.2 基于互联网平台的灵活就业

近年来,以大数据、人工智能、云计算等为代表的数字技术快速发展,催生了大量互联网平台企业。以优步(Uber)、亚马逊(Amazon)、Facebook 等为代表的平台企业率先在美国诞生,随后在全球范围内广泛发展。滴滴打车、美团外卖、抖音、小红书等平台企业在中国国内迅速崛起,吸纳了大量的劳动力就业,形成许多新型职业,例如网约车司机、外卖骑手、网络主播或博主等。

基于互联网和数字技术的新型就业的典型特征是,移动软件或互联网平台作为中间的媒介将服务提供者和消费者的需求进行快速匹配。具体而言,消费者在线上平台发布工作任务,平台根据相应的条件通过算法筛选出具体的任务承包人,再由劳动者(也就是承包人)接受任务并完成任务,然后获得相应报酬。现代信息数字技术的发展大大地提升了任务供需的匹配效率。平台就业呈现出高度的灵活性、自主性和报酬获得的任务导向性。平台经济的灵活就业在雇佣关系上呈现出与传统劳动力市场的雇佣关系乃至前文提到的劳务派遣都不同的特点。劳动者凭借互联网平台获得工作机会,不再长期固定单一地受雇于某一组织或公司,只是单纯地在特定时间内提供特定的服务。平台就业的劳动者很多是个体劳动者,也有些是隶属于劳务派遣公司,与平台之间往往不存在劳动雇佣关系。

平台就业的工资形式以计件工资为主。网约车司机通过平台进行线上接单,在完成工作后,由客户实时为其支付劳动报酬,其中平台收取一定比例的手续费。外卖骑手和配送员分为众包和专送两种,工资结算方式也有所差异。众包骑手是直接在平台上注册的个体劳动者,其工资是日结,根据每天完成的外卖单数来结算。专送骑手与站点进行签约,工资采用月结方式,主要也是依据完成单量的多少来结算。网络博主或主播的劳动报酬发放模式因合作形式、法律关系及行业惯例而异,主要包括底薪加提成、综合计时和纯提成等模式。多数签约主播签订协议时约定固定底薪,叠加销售额提成或直播时长补贴,由平台公司发放;个人独立运营者的劳动收入则来自带货佣金或利润、广告分成、互联网中受众消费者群体的直接"打赏"等。

平台与平台就业者之间不存在传统意义上的雇佣关系,平台就业者可以依照自身意愿建立多个劳动关系,从而削弱劳动者对用人单位的从属性。基于互联网平台的灵活就业,对于从业者最大的价值,可能就是自由的价值。我们基于某送餐平台的骑手调查发现,接近七成的骑手认可时间灵活性是他们选择成为骑手的重要原因。灵活就业给从业者带来了"多劳多得"的公平感和具有掌控感的"自主性"工作体验,灵活工作还可能是灵活就业者职业生涯的"起步器""缓冲区"和"加油站"。但也有一些研究认为平台就业者受到的监管好像并没有减弱,甚至被加强了。表面上看,平台经济的灵活就业因不受工作场所及工作时长的限制而表现出自主性与灵活性,但实际上,传统内部劳动力市场的人力监督转化为智能设备、算法技术的自动化监控,算法与数字技术下的监管表现出强大的控制力和约束力。

阅读

灵活就业和骑手发展

近年来,中国互联网平台经济发展迅速。根据国家统计局发布的数据,2021年,实物商品网上零售额突破10万亿元,同比增长12.0%,占社会消费品零售总额的比重为24.5%,平台经济已经成为中国经济增长的新动能。与此同时,借助于数字化的技术和平台经济的发展,服务消费也出现了线上化的新趋势。在这一趋势中,依赖骑手配送的线上消费已经成为中国人日常生活中必不可少的重要组成部分,相应地,骑手也成为中国居民在日常生活中经常打交道的群体之一。近些年,骑手这一新兴职业的从业人数迅速增长,2023年中国的骑手人数近1 100万人,已经成为中国劳动力就业的重要力量,尤其在新冠疫情期间,为稳定就业起到了重要作用。也正因为骑手与人们日常生活密切相关,且是解决就业的重要渠道,骑手工作和骑手群体受到社会各界的广泛关注。

在一项关于骑手的研究中,研究团队通过线上问卷的方式连线骑手,请骑手自己来说话,用覆盖全国范围的大样本数据阐述事实,从而改变有些研究通过个别案例得出的有偏结论或媒体报道"先入为主"的观点。研究团队线上发放并回收有效答卷55 044份,涉及骑手工作的城市188个。基于此次问卷调查的结果,发现了一些关于骑手的重要信息。

(1) 骑手获得"多劳多得"的公平感和具有掌控感的"自主性"工作体验。基于互联网大数据平台,骑手在手机App上可快速、直观地看到自己每天的业绩的变化,尤其是众包骑手的收入是按日结算的,这种简单直接的接单计酬形式给骑手带来一种"多劳多得"的公平感。骑手工作时间相对灵活,可选择接单的开始和结束时间,给骑手带来具有掌控感的"自主性"工作体验。

(2) 骑手在灵活时间里进行人力资本和社会资本的积累。骑手工作除了可以相对自由地决定接单时间,其特殊性还在于送餐高峰期外等单或送单间歇期间有一些碎片化的自由支配时间。灵活的工作时间不仅方便骑手参加学习、培训、提高技能,还给骑手提供了更多与其他骑手、商家店员、老板等人面对面交流的机会,为未来职业发展进行人力资本积累,建立城市社会关系网络。

(3) 骑手在工作中通过与他人的沟通交流获取知识或信息,实现了人力资本和社会资本的同步提升,也得到了更高的收入回报。骑手在等单或送餐间歇会跟其他骑手、商家店员和老板沟通交流,通过社会互动,获取知识或信息,不仅提升了收入,还能更好地融入城市。重视与商家关系的骑手,对商家出餐效率有正向影响,有助于提高自身的收入。重视路线规划、更有抢单经验和技巧的骑手,收入更高。学历水平提升有助于促进骑手更好地进行社会互动和知识信息获取,对骑手收入也有显著的正向作用。

（4）骑手工作是骑手职业生涯的"起步器""缓冲区"和"加油站"。骑手工作进入和退出的灵活性，给劳动者提供了带薪的搜寻工作时间，降低了工作转换或失业带来的成本，为稳定生活提供了保障，骑手工作为骑手提供了职业"缓冲区"。对很多骑手而言，骑手工作比他们目前能找到的其他工作都要好，骑手工作还可能是他们迈向更高职业平台的"起步器"。骑手工作给骑手提供了为未来职业跃迁进行人力资本积累的时间，是职业生涯中的"加油站"。

（5）骑手的工作满意度得到了提升。骑手工作的灵活性提高了骑手的工作满意度和人力资本积累，从而提高了骑手的收入，这是骑手工作较少受到关注的特点和优势。

资料来源：夏怡然、魏东霞、严功翠、陆铭：《灵活就业中的"学习效应"——以外卖骑手为例》，《学术月刊》2023 年第 5 期。

平台就业者对平台的数据依赖

平台企业借助数字平台的垄断优势，利用市场准入权及数据垄断权，迫使劳动者增加对数字平台的依附。

具体而言，首先是互联网时代的零工经济劳动者最初只能通过在相应平台注册后，依靠平台所提供的信息及劳动机会与雇主或消费者产生联结，从而进入其中工作。工作完成后也是在数字平台系统内获得薪资报酬。接着，平台进一步利用后台算法技术从时间控制、空间控制和情感控制三个维度，实现对劳动者的"全景式管理"，并通过平台相应的奖惩机制将部分监管权让渡给消费者。这样一来，一方面可以部分转移劳动者与数字平台之间的矛盾；另一方面可以达到强化劳动者的"自我剥削"，创造更多生产价值的目标。这一特征的内在逻辑表现为在平台系统中，劳动者的劳动过程会被后台的数字技术进行记录，从而使得劳动者的劳动过程处于"全景式"的自动监控中。此外，数字平台还通过制定一系列的奖惩措施来对劳动者实行更加隐蔽的"隐性控制"。如利用数字技术不断对外卖员的送餐时间进行数据分析，并将分析结果反馈到配送时间的监督上，即通过不断优化配送时长来实现对骑手的监管与控制。又如，采取接单奖励机制等方式对网约车司机的工作时长产生影响，这些措施使得平台对劳动过程的控制更加全方位和碎片化。并且，平台还会通过将服务评价与劳动报酬直接挂钩及抽成分红等方式对劳动者的薪资收入产生影响。

在这一过程中，劳动者由于难以摆脱对数字技术的依赖而被迫接受数字平台制定的一些不合理规则。

资料来源：赖德胜、关棋月：《零工经济劳动力市场内部劳动关系差异性分析》，《北京社会科学》2023 年第 1 期。

平台经济的灵活就业并不符合传统劳动法规中的标准劳动关系（标准的劳动关系是基于劳动合同的雇佣关系），从而出现适应于传统雇工模式的现行劳动保障制度，在灵活就业群体中的不适用性难题。平台企业对劳动者无须承担适用于标准劳动关系的劳动保障义务，且劳动者通常无法享受传统劳动关系下的劳动保障权利，例如最低工资、加班费、带薪休假或社会保险等劳动保障。就平台企业与平台就业者之间是否存在雇佣关系，平台企业是否应该承担雇佣责任，存在广泛的争论。支持者认为，平台就业者长期通过平台提供劳务，与平台有着长期的关系，而且平台对平台上的就业者存在实际的管理和控制，应该是雇佣关系。反对者认为，平台只是为劳务需求者和劳务供给者提供了中介服务，对于平台而言，劳务供给者只是它的独立合约人，并非雇员。

截至本书出版，争论还在继续，权责的边界还在多方博弈中拉锯和摇摆。

阅读

优步司机是雇员还是独立承包商？

2015年3月，三名司机将优步公司（Uber）告上法庭，认为自己应该被认作优步正式员工，由优步来负责汽车的燃料购买和维修。如果诉讼中原告获胜，那么优步要负责的就是美国加利福尼亚州16万名司机的车了。另外，司机们的社保、工伤补偿、失业保险都要由优步来缴。

优步向法庭递交了一封400余名司机的联名信，称将优步与司机的关系定义成雇佣关系，违背了大多数司机的愿望。优步一直在强调自己只是一个软件平台、一家服务供应商。诉讼中，优步的主张是其平台上的司机性质迥异，不能只考虑这三名司机做"一刀切"的判决。联名信中指出，如果将司机认定为优步的雇工，那他们就没有办法同时接来自不同打车软件的单了。同时，一些司机就是奔着合同工的自由感来的。

然而，原告方则认为优步对司机的控制已经超过了正常合同工范围，例如优步可以禁掉某一司机的账号、对他们的行为提出要求等。同时对于一些几乎全职的优步司机，优步在事实上已经是他们的雇主。

近年来，优步和其他基于应用的网约车公司一直陷入法律纠纷，争论的焦点是他们的司机是雇员还是独立承包商。2020年，加利福尼亚州通过了第5号议会法案（AB5），这是一项备受争议的法律，它使雇主将工人归类为独立承包商的难度大大增加。

不到一年后，加利福尼亚州选民批准了第22号提案，该提案为优步、来福车（Lyft）和其他基于应用的叫车服务提供了AB5豁免。2021年，加利福尼亚州一名法官裁定第22号提案违宪，但2023年加利福尼亚州上诉法院推翻了该裁决的大部分内容。

尽管可能还会面临进一步的法律挑战，但自2023年起，美国加利福尼亚州的优步司机和其他网约车司机都是独立承包商，而不是雇员。

资料来源：饭遥：《Uber正挣扎的司机身份问题，是共享经济们的必答》，36Kr，2015年7月10日，https://36kr.com/p/1720899371009；Hotfelder, Aaron, "Are Uber Drivers in California Employees or Independent Contractors?" NOLO, 2024-6-27, https://www.nolo.com/legal-encyclopedia/california-labor-commissioner-rules-uber-driver-employee-not-independent-contractor.html。

劳务派遣和灵活就业除了通过招聘环节影响到企业内部劳动力市场之外,还有哪些其他的影响?是否会让企业的岗位结构更扁平化?会影响企业内部的薪酬制度和晋升激励吗?

7.4 中国企业的内部劳动力市场

相对于传统的劳动力市场理论,内部劳动力市场理论更多关注企业和组织内部。但上述内部劳动力市场理论仍然是针对比较成熟的市场经济体制的,有关文献都将市场化的就业体制作为其不言自明的理论前提。因此,当我们研究中国企业的内部劳动力市场问题时,既要重视这些既有的理论知识对于中国实践的启示意义,也要根据中国的具体制度背景对具体问题做出细致的考察。

7.4.1 转型时期的内部劳动力市场

如果不是市场经济体制的话,企业内部劳动力市场的存在并不一定以外部劳动力市场的存在为必要的前提。在传统的计划经济体制下,企业的边界是由行政力量决定的,所有经济资源在企业外都是由行政手段(而不是市场机制)配置的。在劳动力市场方面,与企业内部劳动力市场相对称的不是外部劳动力市场,而是一个附属于政府部门的劳动力资源配置体系——人社部和地方的人社局。劳动力资源在企业间(甚至地区间)的配置完全是由行政手段来完成的,不存在由劳动力价格(工资)调节供求的机制,于是劳动力资源初始配置的效率非常低。更为重要的是,劳动力资源初始配置的低效率又不能通过劳动力资源的流动和再配置加以纠正。在外部劳动力市场缺位的同时,不难发现,在传统的计划经济体制下企业的内部劳动力市场仍然存在。企业内部的工作等级制度(如职务等级工资制、八级工资制)、计件工资和奖励工资制度等,对内部劳动力市场上的劳动力资源配置起到了很重要的作用。

改革开放以后,中国的就业体制已经发生了一些市场化的转变,主要表现在增量的劳动力逐步借助于市场机制进行配置。1977 年,国家就开始对商业流通域有限度地实行开放政策,允许设立个体工商户和私营企业从事商业流通活动,意在引入市场机制,以便放松对国有企业的计划管制,诱导国有企业逐步面向市场。[①]存量劳动力中也有一部分开始流动起来。这一时期,内部劳动力市场的运作对于企业继续发挥了重要的作用。由于中国的劳动力市场和经理市场都是改革开放以后才逐步发育起来的,非常不完善,企业常常更多依赖于企业的内部提拔(而不是外部聘用)来选拔人才。这

---

① 张文魁、袁东明:《中国经济改革 30 年:国有企业卷》,重庆大学出版社 2008 年版。

时,内部劳动力市场在积累有关劳动力素质的信息方面发挥了非常重要的作用。

中国国有企业的内部劳动力市场在计划经济年代就已经具有与西方企业内部劳动力市场相类似的一些基本特征。例如,劳动力主要是通过行政性的手段(即工作调动)来实现的,企业内存在工作的阶梯和相应的内部提拔制度、锦标制度和工作评估制度等,这些基本特征在经济体制转轨时期的国有企业中仍然存在。然而我们更为关心的是,中国国有企业内部劳动力市场对于劳动力资源的配置是否具有充分的效率。为了回答这一问题,我们必须对中国国有企业内部劳动力市场与西方市场经济国家企业内部劳动力市场的不同之处进行考察。

内部劳动力市场理论强调了"进入口"的作用,在这里,外部劳动力市场上的劳动力得以进入企业内部;同时,企业也不放弃运用外部劳动力市场淘汰企业内一部分低生产效率劳动力的可能性,因此,内部劳动力市场和外部劳动力市场之间的劳动力双向流动,以及就此而造成的对企业内部人的压力,是保证内部劳动力市场效率的必要条件。①在经济转型时期,中国的国有企业长期不能根据自身的生产需要对多余的职工进行解雇,甚至在效益较好的企业,利用职工下岗的方式来提高企业经济效率的做法也受到政府的限制。由于外部劳动力市场与内部劳动力市场之间劳动力流动不充分,企业内部多余人员不能充分向外部劳动力市场流动,使得企业内在岗人员没有受到足够的失业压力,于是其劳动效率也受到了影响。

上面的一些体制转型时期的特征对于理解中国劳动力市场转型和国有企业改革的相关现象非常必要。在进入 21 世纪以后,政府对企业的就业和工资管制逐步地放开了;同时,随着非国有企业的发展和国有企业的非国有化,国有企业内部劳动力市场的运作有了很大的改善。现在,企业只要合理合法地解雇员工,并支付一定的经济补偿,便不会被政府直接干预,但失业压力有时可能仍是例外。下岗作为一种特殊的失业形态也已经成为历史。对于员工的收入,政府也主要采取税收调节的方式,而不再直接干预,但企业管理者近年被"限薪"。未来中国企业内部劳动力市场的运作效率将主要取决于企业的内外部治理结构和激励机制。

7.4.2　转型时期的企业治理结构与激励机制

让我们仍然从经济转型时期国有企业的相对低效率说起。经济学研究所强调的企业效率主要是用全要素生产率(total factor productivity,TFP)来衡量。简单地说,TFP 的增长就是总产出(产值)增长中不能用投入生产要素的增长解释的那部分,实际就是企业内部资源利用效率的意思。不同的研究均表明,平均来看,国有企业的效率

---

① 这一点在效率工资理论中有很好的说明。参见 Shapiro, C. and J. Stiglitz, 1984, "Equilibrium Unemployment as a Worker Discipline Device," *American Economic Review*, 74:433 - 444;以及本书第 10 章的内容。

低于非国有企业。注意,这里所说的是"平均来看",对于具体的企业来说,如果通过改善管理,实现了较高的效率,那另当别论。

一种信息经济学和企业治理结构角度的理解是,国有企业的低效率本质上来源于企业治理结构的不合理。从根本上来说,国有企业的治理结构是一种上至中央、下至企业管理者的多层级的委托代理制度,这种多层级的委托代理制势必造成信息传递产生重大问题。公有化程度的提高和公有经济规模的扩大使得委托-代理层次增加,从而拉大初始委托人与最终代理人之间的距离,监督变得更加缺乏效率。从委托-代理理论的视角来看国有企业改革,一种有效的改革方案是让代理人(管理者)获得剩余索取权,即通过让其分享企业经营的剩余来激励管理者努力工作。实际上另一种隐含的方案就是对处于竞争性领域的企业进行非国有化的产权改革,从而形成对于企业发展最终负责的所有者主体,同时缩短企业的委托-代理链条。

从历史来看,中国的企业改革举措可以分为两大阶段。第一阶段的企业改革主要采取的是放权让利改革,让企业能够有更多的利润留成和决定企业内部分配方案的自主权。这个阶段,企业有权按国家劳动计划指标择优录用职工。企业根据自己的实际情况制定标准,经过考试招收职工。企业有权根据职工的表现进行奖惩。对那些严重违反劳动纪律、破坏规章制度、屡教不改、造成重大经济损失的员工,可给予开除处分。开除后,可以留厂劳动,发放生活费。企业在定员、定额内,有权根据精简和提高效率的原则,按照实际需要,决定自己的机构设置,任免中层和中层以下的干部。机构设置不必与上级主管部门对口。①从 20 世纪 90 年代中后期开始,企业改革进入第二阶段的企业非国有化改革,无论是股份制改造,还是中小企业的管理层收购,或者是合资,实际上都是通过引入非国有资本实现股权多元化,使得企业的初始委托人不再是虚拟的全体人民,而是实实在在的以法人或自然人形式存在的企业所有者。

在中国渐进式企业改革的过程中,国有企业的激励机制也发生了许多的变化。第一,企业管理者的权力得到了加强,而企业主管部门的权力则相对地削弱了。第二,企业通过利润留成制度得到了更多的激励基金,用于实施对于职工的激励方案,职工得到了更好的激励。第三,企业在不断地尝试调整和优化对管理者的激励机制(从承包制到年薪制,再到股票和股票期权制度),以期将管理者的收入更好地与企业的绩效联系起来。

企业改革的效果如何呢? 一是企业家精神逐步形成。1994 年的调查显示,38.1% 的国有企业的厂长经理同意取消企业的行政级别,61.2% 认为他们是企业家,63.7% 同意企业家应该走职业化道路,84.0% 认为他们追求的是企业的发展。不过,国有企业厂长经理由上级主管部门任命的比例高达 86%。对"自己的才能、责任和风险是否得到了应有的回报"这一问题,只有 3.7% 的人回答"全部得到回报",67.5% 的人回答"部分

---

① 国务院于 1979 年 7 月 13 日颁布实施《关于扩大国营工业企业经营管理自主权的若干规定》。

得到回报"，28.8％的人回答"基本得不到回报"。[①]二是从激励机制改革的效果来看，20世纪 80 年代的企业改革，特别是激励机制改革使国有企业的效率有明显的提高。但是，是不是我们就可以说国有企业的改革获得了成功呢？如果我们以非国有企业作为参照系的话就会发现，国有企业与非国有企业之间仍然存在明显的效率差异。

问题出在哪里？我们的看法是，现有的国有企业改革方案都将重心放在了企业内部治理结构方面，而忽视了企业外部治理结构的方面。在企业内部，企业所有者和企业的管理者可以通过某种契约关系来决定管理者的报酬，实现企业的激励，这是企业内部治理结构的问题。而在企业的外部，劳动力（经理）市场、产品市场和资本市场对管理者的行为起着非常重要的制约作用，这就是企业的外部治理结构。在劳动力（经理）市场上，市场的竞争对企业的管理者构成了压力，由于市场将根据企业经营管理的历史来了解经理的能力，所以经理考虑到自己的声誉将努力工作。产品市场的竞争也会对经理的行为构成制约，在竞争的条件下形成的商品价格给了企业所有者有关企业生产成本的真实信息，这就促使企业经理努力降低企业的生产成本。资本市场上对于公司控制权的争夺也是防止经理偷懒的重要机制，如果企业经营不善，就可能被市场上的其他人接管，这时，企业的原管理者就将失去对企业的控制权，因此，被接管的潜在威胁就促使经理努力地工作。

从外部治理结构的角度来看，中国的国有企业改革实在是任重而道远。中国的经理市场还远远没有实现竞争，党管干部的人事管理体制决定了中国国有企业管理者的任免难以通过市场选择来实现。同时，企业管理的历史信息也混杂着其他噪音，企业差可能是因为历史负担过重，企业好则可能是因为享受着特殊的政策，或者企业处在垄断者的地位，管理者的能力在企业业绩的历史信息中难以得到体现。中国的产品市场的竞争程度相对较高，但是，在 20 世纪末实施了"抓大放小"政策之后，存量国有企业所处的市场结构则带有了明显的行政性垄断特点，这突出表现在石油、电信、金融等行业。在垄断的市场结构下，企业的业绩与经营管理者的努力并无直接联系，也就使得国有企业的低效率长期以来难以得到彻底改进。

在企业外部治理结构不完全，尤其是在经理市场、劳动力市场和产品市场都不充分全竞争的情况下，内部激励机制和薪酬体系的改革对于激励管理者和员工努力的效果就要大打折扣。由此，一些怪现象也就不难理解了。比如，一些严重亏损的国有企业，管理者的薪酬却非常高。再比如，一些垄断行业的员工工资水平比较高，但企业仍然称自己是亏损的，要求国家给予大量补贴。因此，促进市场充分竞争，改善企业的外部治理结构，仍然是未来提高企业内部劳动力市场效率的必要条件。事实上，央企高管薪酬过高的现象已经受到了中央的重视，为此，自 2015 年起，中央已经开始着手对于央企高管采取限薪措施（参见下面的背景资料）。

---

① 中国企业家调查系统：《现阶段我国企业家队伍的行为特征调查分析——1995 年中国企业家成长与发展专题调查报告》，《管理世界》1995 年第 3 期。

另外,值得一提的是,虽然从进程来看,国有企业改革越来越受到就业体制市场化的影响和非国有企业的竞争。但相对来说,公共部门(包括政府部门和事业单位)的改革却相对滞后,也缺乏一个对应的非国有部门的竞争,因此,这些公共部门如何形成一个更为有效的内部劳动力市场和薪酬制度仍然处于"改革进行时"。

背景

央企高管薪酬改革:总收入不超员工工资 7—8 倍

从 2015 年开始,72 家央企高管工资单上的数字变小了,他们享受的职务消费也将被严格规范。

2015 年 1 月 1 日,《中央管理企业负责人薪酬制度改革方案》正式实施。改革首批将涉及 72 家央企的负责人,包括中石油、中石化、中国移动等组织部门任命负责人的 53 家央企,以及其他金融、铁路等 19 家企业。

此次改革在业内称为"有一锤定音之效"。时任人社部副部长邱小平曾表示,"改革后多数中央管理企业负责人的薪酬水平将会下降,有的下降幅度还会比较大"。

有关专家评论称,中央管理企业负责人薪酬制度改革是中央企业建立现代企业制度的重要组成部分,也是深化收入分配制度改革的题中应有之义。

事实上,此次企业负责人薪酬改革不是简单意义上的降薪,而是薪酬结构的调整和优化。此轮改革被外界视为撬动国企改革以及收入分配改革的一个支点。央企负责人的腰包如何动、怎样改,牵一发而动全身。

(1)央企调薪并非简单意义上的"降薪"。

央企高管薪酬制度一直处于改革之中,但仍存在着薪酬水平总体偏高、薪酬结构不合理等弊病,一定程度上影响社会的公平正义。

数据显示,2013 年沪深上市公司主要负责人年平均薪酬水平为 76.3 万元,全部负责人年平均薪酬水平为 46.1 万元。央企负责人薪酬水平是同期沪深上市公司主要负责人的大约 2—3 倍,与员工薪酬差距达到 12 倍之多,显著偏高。

央企负责人往往具有双重身份,不仅是职业经理人,还同时具有较高行政级别的公务员。在职务薪酬上往往既有高管工资,又有"高官"待遇。

严格规范央企负责人薪酬分配,更深的意义在于撬动国有企业完善现代企业制度。事实上,此次薪酬改并不是简单意义上的降薪,而是薪酬结构的调整和优化。

改革后的薪酬结构由基本年薪加绩效改为基本年薪、绩效年薪加任期激励收入。一位央企内部人士分析说,基本年薪将根据上年度 72 家在职员工平均工资的两倍确定,也就是说任意两家央企负责人的基薪是一样的。绩效年薪不超过基本年薪的两倍,而任期激励收入不超过年薪总水平的 30%,总的收入不超过在职员工平均工资的 7—8 倍。

值得注意的是,"薪酬改革应与中央企业负责人选任方式相匹配"。所谓的与选拔方式相匹配，就是不能再"当不了高官当高管"，除了根据不同企业的类别和性质，还根据企业高管的身份和选拔任用机制来确定不同的薪酬。不少国企的负责人是由组织任命、有行政身份的，就不能再拿市场化的薪资，其薪酬应参考国家相应级别的公务员薪酬和国企的实际情况综合考量后决定。

有关专家表示，对于国有公益、垄断以及行政任命类的央企负责人薪酬要管紧，而对于央企竞争性行业职业经理人仍然要随行就市，实行市场化的薪酬。在此基础上，既要打破高管旱涝保收的铁饭碗，又要给予相应的激励，做到约束和激励相平衡。

（2）老总降薪是否会造成人才流失。

企业老总薪酬降了，是否会出现层级递减效应？是不是国企中高层普遍呈降薪态势？是否会造成企业人才的大量流失？种种疑问和担心，令企业负责人降薪引发的震荡一直在持续。

一位央企中层干部开玩笑说，老总都降薪了，你总不能比老总还拿得多吧。对于企业人才流失的担忧更甚，一些在国企中经过历练的人才，更被民企、外企紧紧"盯上"。

2014年底，一家大型能源企业召开动员大会，老总给在座的员工吃了"定心丸"。他指着台上就座的董事长、总经理一级的人员说："降薪是针对我们这些人的，你们不受影响。"

这家企业的一位中层也认为老总降薪不会对人才流失形成大的冲击。她分析说，不可否认，降薪的连带效应对那些高级管理人才或许有一定影响，但是很多人选择国企、央企，看重的是这个平台可以有更多开拓视野和业务锻炼的机会，"不会轻易舍得走"。

事实上，改革恰恰有利于解决这种留不住人的问题。

按照此次统筹兼顾的改革思路，意在形成中央管理企业负责人与企业员工之间的合理工资收入分配关系，合理调节不同行业企业负责人之间的薪酬差距，而对于通过市场手段招聘进来的职业经理人仍给予市场化的薪酬待遇。

时任国电资本控股有限公司党组书记刘焱称，公司过去通过猎头招人，但无法按照市场给价，而是纳入央企传统的薪酬体系，反而造成高端人才的流动性比较大。"今后在公司职业经理人层面，市场化原则选聘，薪酬参照市场化标准，以此起到激励作用，这是对人才和市场的尊重。"

（3）"阳光央企"倒逼高管晒"阳光账本"。

长期以来，央企高管薪酬如同雾中看花，有的甚至成为"秘密"而不为外人所知，而附着在一些央企高管行政级别之上名目繁多的职务消费黑洞，更是一个触痛公众神经的痛点和敏感点。

引人注目的是，此次改革方案明确规定了信息公开制度，上市公司企业老总严格按照信息披露制度，公开薪酬；非上市公司参照上市公司公开企业负责人薪资。这意味着，国企高管负责人薪酬成为阳光账本，不再神秘。

时任中国人民大学商法研究所所长刘俊海一直呼吁企业公开信息。他指出，中国的公司法、证券法仅为上市公司设定强制性的信息披露义务。对公众来说，除有限的国有上市公司外,绝大多数国企的财务与经营状况都秘而不宣。

"实现国企公开透明,有助于激励企业管理人员慎独自律,约束其失信行为,维护国企为全民所有的性质。"刘俊海强调,国企公开透明是推动"阳光央企"的必要前提,公开透明后才有可能探索国企高管与员工的持股计划,进一步推进国企高管薪酬的市场化,体现公众的社会监督。

2014年9月中共中央政治局会议上通过的《关于合理确定并严格规范中央企业负责人履职待遇、业务支出的意见》,首度对央企负责人公务用车、办公用房、培训、业务招待、国内差旅、因公临时出国(境)、通信7项具体内容划了"红线",同时为"企业用公款为负责人办理的理疗保健、运动健身和会所、俱乐部会员、高尔夫等各种消费卡"、"企业按照职务为企业负责人个人设置定额的消费"都戴上了"金箍"。

专家认为,如此细致、精准、翔实的规定,明确取消职务消费、公开高管薪酬,意在将企业正常业务支出规范化、合法化,坚决堵住职务消费黑洞,给公众一个阳光、透明的央企。

资料来源:崔丽、宋首君:《央企高管薪酬改革:总收入不超过员工工资7—8倍》,人民网,2015年1月1日,http://finance.people.com.cn/n/2015/0101/c1004-26311251.html。

7.4.3 中国的灵活用工和灵活就业

随着自动化程度的不断提高和互联网数字技术的快速发展,中国企业的用工模式正发生着巨大的变化,灵活用工和灵活就业所占的比重越来越高。据中国人力资源与社会保障部的估计,2021年中国灵活就业规模达到2亿人[1],与此同时,2021年第二产业和第三产业就业总人数是5.75亿人[2],可见灵活就业在劳动力就业方面发挥的重要作用。与前文所述的世界各国的情况类似,中国的灵活就业形式也主要表现为劳务派遣工和基于互联网平台的灵活就业,前者主要存在于劳动密集型的制造业,后者主要在服务业中。

1. 制造业的派遣工

2008年施行的《中华人民共和国劳动合同法》规定,用人单位需及时为劳动者缴纳社会保险费,不得随意解除劳动合同,并应当按照规定向劳动者支付经济补偿。但随着企业对用工灵活性需求的增加,劳务派遣等非标准劳动关系也被相关法规赋予了合法地位。2014年中国人力资源和社会保障部发布了《劳务派遣暂行规定》,承认劳务派遣的合规性,但明确规定用工单位应当严格控制劳务派遣用工数量,使用的被派遣

---

① 《目前我国灵活就业规模达2亿人》,中华人民共和国中央人民政府,2021年5月20日,https://www.gov.cn/xinwen/2021-05/20/content_5609599.htm。

② 国家统计局,https://data.stats.gov.cn/easyquery.htm?cn=C01。

劳动者数量不得超过其用工总量的 10%。然而事实上制造业中劳务派遣工的占比远超过这个数字。据《中国灵活用工发展报告（2022）》的估计，近七成的中国制造业企业正在使用灵活用工，但灵活用工人员占比达到 14.7%。

为什么中国的制造业企业呈现出如此大规模的灵活用工现象呢？首先，主要是因为中国的制造业企业以出口导向为主，企业订单存在较大的周期性波动。以长三角和珠三角为例，长三角和珠三角是生产 3C 产品（电脑、通信和消费电子产品）为主的制造业集聚地，3C 产品的消费存在较强的周期性，因此订单也随着消费周期的变化而变化，相应地，企业的用工需求跟着出现较强的周期性波动。企业在订单规模较小的淡季保持相对较低的劳动力规模降低劳动力成本，而在订单规模较大的旺季，也可以通过扩大灵活用工的规模按时交付订单。据张丹丹团队的估计，在用工旺季时，长三角和珠三角的派遣工用工规模占比甚至达到 2/3。[1]灵活用工在制造业大规模存在的另一个很重要的原因是，制造业近些年自动化机械化程度非常高，只剩下一些对劳动者来说非常简单，但对机器来说比较难的工作。这些工作往往属于一些重复性的简单工作，例如拧螺丝、安放一个小部件等。在招聘广告中，只要求认识 26 个英文字母，有正常的体力和视力，几乎不需要任何技术培训。[2]因此企业不需要为这类型的生产储备人才和培训人员，可以根据订单的用工需求快速灵活地在劳动力市场招聘员工。大部分工人今天面试，明天就可以进厂开始工作。也正是因为这类工作不需要任何技能，这类工作也几乎不存在任何教育回报，通俗地说，拥有大学学历和初中学历的工人的生产效率和收入几乎没有差别。

这类派遣工的工资是以时薪和工作时长计算的。被雇佣的时长存在较大差异，一天、几天、一个月和几个月不等。在工资结算上也存在日结和月结的区别。日结工的灵活性更大，不稳定性也更大。一般情况是等订单结束了，工人离开工厂，再找下一份派遣工的工作。企业和工人之间没有劳动合同，也几乎没有缴纳社保，企业和工人之间的关系非常不牢固，因此为了确保在订单期间的工人稳定性，企业会提留一部分工资，等订单工期结束再一次性发放给工人，这笔钱被称为"返费"。一般来说，工期越长需要的"返费"越高。

这种灵活用工模式对于企业来讲降低了用工成本，也符合当下年轻人对自由的偏好，但这种用工模式也存在着一些问题。由于工作重复简单，不利于技能提升和人力资本积累。企业与派遣工之间不存在劳务合同关系，劳务派遣公司较少为派遣工缴纳社保，工人个人也常常不愿意缴纳社保，派遣工在劳动保障方面存在缺失和隐患。

2. 服务业的灵活就业

基于互联网平台的灵活就业区别于传统的灵活就业，被称为新型的灵活就业，新型灵活就业职位集中于交通、物流、运输、仓储以及文化、传媒、娱乐、体育等服务业，主

---

① 张丹丹等：《智能化时代制造业的人力资本与劳动生产率》，工作论文，2024 年。
② 根据作者对互联网蓝领招聘平台"周薪薪"的调研资料。

要的职业有外卖骑手、快递员、网约家政服务员、网约车司机、平台电商、网络主播或博主、自媒体和线上知识服务提供者等。其中,快递员、外卖骑手、网约车司机或家政小时工等劳动密集型灵活就业是平台就业中体量最大的部分,据统计,2023 年外卖骑手有 1 100 万人左右,①网约车司机超过 670 万人。②规模如此庞大的灵活就业群体已经成为中国劳动力就业的重要力量。同时,基于平台的灵活就业以其准入门槛低、时间空间上的高度灵活性,打破了传统劳动关系中限制,为过去传统社会中不是就业就是失业的问题找到了缓冲区,充分发挥了就业"蓄水池"的作用。

但如前文所述,基于平台的灵活就业对传统劳动关系及劳动者合法权益的破坏等负面影响也普遍存在,"外卖骑手为了赶时间送单交通事故频发""网约车司机疲劳驾驶发生交通事故"等新闻报道频繁出现在各大媒体,平台灵活就业者的劳动保障问题引起社会各界的高度关注。当前中国灵活经济劳动者陷入维权困境的根本原因在于,《中华人民共和国劳动法》采用的是单一劳动关系或劳动关系的简单二分法原则,在当前的司法实践中,法院往往认定灵活就业者不存在传统劳动者与用人单位之间的从属关系即法律层面上的劳动关系。按照这个认定,平台无须承担传统劳动关系中雇主需要承担的责任,劳动者也无法享受最低工资、加班费、带薪休假或社会保险等劳动保障。

因此,有必要尽快完善现行的劳动法律法规,以适用新业态下的劳动关系,改善灵活就业者的劳动保障。有学者建议,应根据平台和劳动者关系的密切程度来区别认定劳动关系。其中,类似于外卖骑手、网约车司机、网约家政服务员等低技能的劳动密集型灵活就业者,在实际工作中对平台依赖程度高,很多长期全职服务于某平台,工作时间与传统劳动关系的工作时间接近甚至超过,收入也主要来源于某一平台,那么可以认定为劳动关系。也有人建议,依照"谁管理谁负责"的原则,平台或劳务派遣机构,谁主要负责对劳动者进行日常管理,例如考勤、工资支付等,劳动者与实际管理者之间存在劳动关系。也有学者认为,为了保持企业的用工弹性和竞争力,以及劳动者的自主选择权利,除了养老保险和医疗保险之外,可以在制度上进行创新,让灵活就业者可以自主参保工伤保险、失业保险和生育保险等。当然,目前对于灵活就业的劳动关系认定在法律法规的层面,都还处于讨论和探索中,相关的社会保障也在积极创新和实践中。

2021 年 7 月,人力资源和社会保障部、发展改革委、交通部、应急部、市场监管局、国家医保局、最高人民法院和全国总工会等八部门联合发布《关于维护新就业形态劳动者劳动保障权益的指导意见》,首次对平台责任、报酬、休息、职业伤害保障等多个焦点问题做出了明确规定,为外卖骑手、网约车司机、电商主播等构筑起了权益"防护

---

① 《2023 年美团骑手权益保障社会责任报告》显示,美团活跃骑手为 745 万人;《2023 年饿了么骑手权益保障报告》显示,饿了么活跃骑手为 400 万人。

② 根据交通运输部数据,截至 2024 年 3 月 31 日,全国各地发放的网约车驾驶员证为 679.1 万本。

网"。同时该指导意见还提出要强化职业伤害保障,以出行、外卖、即时配送、同城货运等行业为重点,选择部分工作基础较好的省市,组织开展平台灵活就业人员职业伤害保障试点,待这个制度运行成熟以后再有序全面推开。试点已经于 2022 年 7 月在北京、上海、江苏、广东、海南、四川、重庆等地相继推行。职业伤害保障的试点内容要求在试点城市平台企业为灵活就业人员的每一单业务购买一定数额的职业伤害险,并参照工伤保险为试点地区的灵活就业者提供职业伤害补偿。试点政策的结果是否提高了灵活就业者的劳动安全,又会如何影响平台企业的用工成本从而影响其用工行为,都有待进一步的观察和研究。

2023 年,人力资源社会保障部办公厅编制了《新就业形态劳动者休息和劳动报酬权益保障指引》《新就业形态劳动者劳动规则公示指引》《新就业形态劳动者权益维护服务指南》。条文规定:"企业要制定完善新就业形态劳动者休息办法,科学确定劳动者工作量和劳动强度,确保劳动者获得必要休息时间,防止劳动者过度劳动,保障劳动者身体健康。""符合确立劳动关系情形的新就业形态劳动者,休息和适用最低工资标准等按照《中华人民共和国劳动法》《最低工资规定》等法律法规规章执行。"一些平台企业也开始利用算法手段,提醒相关从业者不要过多接单且定期休息,一些对送单超时的现金惩罚措施也在改为负积分且可以通过正积分抵消。总的来说,基于数字技术发展起来的平台经济,也需要在"技术向善"的方向上持续努力。

思考题

1. 有人认为,只有劳动力的工资与边际劳动生产力相等才有效率?你对此如何评论?

2. 由于存在劳动力替换成本,所以企业倾向于提供高工资以保证员工稳定性。但现实中,我们往往看到企业没有很强的意愿给老员工涨工资,反而喜欢以高薪引进新员工。请问是为什么呢?

3. 在人们谈论中国企业的激励机制的时候,往往忽略了一点,那就是,企业的内部劳动力市场和外部劳动力市场之间有一个"进入口"作为连接。请问这个"进入口"对于激励机制有效性的意义是什么?在外部劳动力市场未能实现充分竞争的条件下,会影响企业内部的薪酬制度对于员工的激励作用吗?

4. 在美国,关于企业的 CEO(首席执行官,企业最主要的管理者)的年薪是否太高了存在着很大的争论。1992 年,美国大公司总经理的平均年收入接近 350 万美元,为一般员工平均工资的 150 倍以上。在日本,这个比例大约是 17 倍,而在欧洲的法国和德国,大约是 24 倍。对此,你怎么看?

5. 在英国,最近实施了一项大学评价体制的改革。如果一位教授发表的论文并不是在最高级别的 A 类期刊上,但是,他可以提供证明,这项研究中产生的政策含义对英国的政策制定产生了实质性的影响,那么,这篇论文就可以被认定为等同于 A 类期刊论文,还可以获得国家提供的特别科研资助。对此项改革,请结合本章所学的知识进行评价。这对中国的大学评价体制改革有何借鉴意义?

6. 在 20 世纪 90 年代中后期,对于中国的国有企业改革曾经有过很多争论。一些经济学家认为,国有企业改革应该首先从完善市场和促进竞争入手;而另一些经济学家认为,国有企业应该先从所有制改革开始,改善管理者的激励。曾经有一段时间,企业改革的很多举措都旨在提高经营管理者的收入,拉开企业内部的收入差距。对此,你有何评价?

7. 如何理解一些垄断行业的高收入现象?如果来自垄断行业的管理者说他们的员工工资高,是因为他们雇佣了更多高教育水平的员工,请问如何从逻辑和数据分析两个方面来证明这些行业的员工工资高并不是因为他们的员工受教育水平更高?

8. 国有企业高管限薪之后,出现高管收入低于部门经理收入的现象。请问,这种现象合理吗?为什么?

9. 中国对地方政府实行了分权管理,对地方官员的评价和考核与地方的 GDP 增长率挂钩,这就类似于给企业的经理实施一个与绩效挂钩的激励机制。这种体制安排有何优点和缺点?扫描书后二维码,阅读材料对你有何启示?

10. 用企业激励与考核的模式进行官员的激励与考核会产生什么问题?为什么?扫描书后二维码,结合两篇阅读材料进行评论。

11. 上海交通大学中国发展研究院与岭鹏产业与创新研究院合作,运用制造业灵活用工市场的用工价格和数量做了一个 LIMP 指数,扫描书后二维码,参见图 7.4。制造业灵活用工是指那些不与企业签订合同的用工,这些求职者在一家企业干一段时间后,又去下一家有订单的企业,从而最大化自己的收入。这个指数是基于企业招工订单中的招工数量和工价来构建的。请问,这个指数和宏观经济波动有什么关系?在存在大量灵活用工的情况下,劳动力需求、内部劳动力市场和外部劳动力市场之间有什么关系?

▶ 8

劳动力流动：工作转换、工作搜寻和迁移

如果问一个中国的大学毕业生他喜欢做什么工作，回答八成是不知道，找工作的时候，都奔着高收入去。但到了 30 岁之后才发现，自己最终找到的工作可能与最初的选择相去甚远。

找工作的时候，有的人把一份简历不加区分地投给上百家企业，有的人会先了解企业的情况再做选择。有的人先辞职再找工作，有的人边工作边找新的工作机会。不同的做法之间有什么差别？

很多来自中小城市和农村地区的大学生毕业了以后，都想留在沿海的大城市工作。为什么？

合理和自愿的劳动力流动是改进资源配置效率的途径，那为什么发展中国家的政府还要采取一些政策来防止人才外流呢？与此同时，很多发达国家都采取了限制移民的政策，这又是为什么呢？

说完了内部劳动力市场，让我们再回到外部劳动力市场。劳动力市场配置劳动要素的功能是在劳动力流动的过程中实现的。劳动力的流动有三种形式：工作转换（job turnover）、工作搜寻（job search）和劳动力迁移（migration）。我们在上一章中曾经指出，在计划经济体制下，中国的就业体制非常僵化，劳动力资源的配置效率非常低下，而这种状况又不能借助于劳动力的流动和再配置过程得到改进。在经济体制的市场化过程中，市场机制对于劳动力资源的配置作用越来越重要，劳动力流动的规模也越来越大，对中国经济转轨过程中劳动力流动的一些特征进行总结具有很强的理论和现实意义。在当前的中国，尤为引人注目的是城乡间跨地区的劳动力流动。如何通过劳动力合理有序的流动，促进全国统一的劳动力市场的形成，推动社会的和谐发展和经济的持续增长，是当代中国面临的重大挑战。由于城乡间和地区间的劳动力流动关系

到城市化进程,是发展经济学和劳动经济学中的重要课题,因此,除了在本章中对劳动力流动的特征做些简单的总结之外,我们将在第9章中进行专题讨论。

8.1 劳动力流动的成本收益分析

经济学的第一法宝就是供给和需求分析。这样来看,劳动力流动和人力资本投资都是成本收益相权衡的结果,也正是从这一意义上来说,有的经济学家将劳动力流动也作为一种人力资本投资。等到下一章,读者了解了"人力资本外部性"这一概念之后,就更能理解为什么在城市的生活经验本身就是人力资本的积累过程了。

这一章将要研究的三种劳动力流动行为——工作转换、工作搜寻和迁移都可以纳入成本收益的分析,因为劳动力流动的决策也是一种理性决策。换句话说,当我们看到一些劳动力流动现象的时候,千万不要忘记,人们一定在追求更为幸福的生活,明白这一点对于理解劳动力流动来说非常重要。那么,劳动力流动的成本和收益包括哪些呢?

劳动力流动的收益比较好界定,一般都将由于劳动力流动所带来的收入(和更好的工作机会)作为劳动力流动的主要收益。当然,劳动力流动的收益还应该包括一些非货币因素,比如工作环境、同事的关系等,通常来说,可以假定这些非货币因素是能够量化的。在城市之间进行流动时,流动带来的收益可能还包括更好的公共服务、环境、气候等。

劳动力流动的成本含义比较丰富,它包括直接成本和间接成本(机会成本),从内容上来说劳动力流动的成本又包括经济和心理两方面。

劳动力流动的直接成本首先包括一些经济成本,比如搬家的费用、由于离家更远而引发的电话费和交通费的增加等。直接成本中还有一个重要的组成部分——心理成本,这其中包括离开原来的工作和生活的地方或者离开家庭更远所引起的心情的不愉快。别小看了这些心理成本,实际上同样的劳动力流动所引起的经济成本对任何人都是差不多的,但心理成本对不同的人来说却是很不一样的。特别地,心理成本可能与文化因素有着密切的联系,同样的跨地区劳动力流动对于一个美国人和一个中国人来说,美国人的心理成本可能小得多,这可能是因为在中国,不同地区的文化、语言和生活习惯差异更大。如果放到欧洲来比较,欧洲国家之间的语言、宗教、文化差异要比中国地区之间的差异更大。之所以仅把心理因素作为不同文化背景之下劳动力流动率差异的原因之一,是因为劳动力流动率显然还受到其他一些因素的影响,比如劳动力市场的发达和灵活程度等。

劳动力流动的间接(机会)成本也可以分为经济和非经济两个方面。从经济方面来看,劳动力流动过程意味着放弃原来生活和工作地方的收入。从非经济方面来看,中国是一个"关系"特别重要的社会,而"关系"总是在一定的工作和居住地通过与周围的人进行社会互动(social interaction)而形成的,于是,在劳动力流动过程中,原来地方的"关系"就在一定程度上被放弃了。在当代经济学研究中,社会关系网络(social network)已经成为一种非常重要的社会资本(social capital)，影响着人们的收入和福利，包括找工作的成功率和新工作的收入。在中国，由于传统文化的影响，以及人与人交往的范围仍然局限在当地，"关系"更为重要，因此，劳动力流动所放弃的"关系"就更是不可忽视的非经济的机会成本。从现象上来说，在中国，人们会觉得"家"和长期工作在一个地方所积累起来的社会关系网是非常宝贵的。也许这正是为什么我们在以美国为代表的西方发达国家能够观察到更高的劳动力流动率，而在中国、日本等东亚国家劳动力换工作比率和跨地区流动率却相对比较低的原因之一。[①]可能也是因为同样的原因，如果在发达国家之间做比较的话，英、美两国的劳动力流动率比较高。

劳动力流动的决策就是对上述经济和非经济的成本和收益进行比较的结果，如果收益大于成本，劳动力就会选择流动；反之，留在原地（或原工作单位）就是更好的选择。在劳动力流动的过程中，个人和家庭最大化了自己的收益，从市场总体来看，劳动力资源的配置就获得了最大的收益。也正是在这一意义上，劳动力流动是提高劳动力资源配置效率的必要途径。

在中国，存在大规模的城乡和地区间劳动力流动，这同样也是人们追求更幸福的生活的结果。在实际的公共政策讨论中，人们常常会片面地夸大劳动力流动带来的成本，却忽视劳动力流动带来的收益。人们经常忘记，如果不是因为存在相对于成本来说更大的收益，那就不会有劳动力流动了。更为简单的道理是，收益与成本之间的差异就是劳动力流动带来的净收益，即使劳动力流动带来成本，也不应通过控制劳动力流动来减少成本，因为这样的政策导向所减少的收益可能更多。

讨论

为什么在世界上绝大多数国家，劳动力自由流动和迁移的权利是被写进宪法的？是不是存在通过政府行政手段来限制跨地区劳动力流动的理论基础？（提示：当跨地区的劳动力流动伴随着外部性的时候，政策含义是怎样的？劳动力流动是不是会带来正、负两个方面的外部性？如果会，政策应该怎么做？读者如果现在难以回答这个问题，请等到学习了下一章再回答。）

模型

劳动力流动决策

我们可以用两个简单的数学公式来表示劳动力流动的决策。在下面两个公式中，E 表示收益，C 表示成本，Z 表示净收益，下标 0 和 1 分别表示劳动力不流动和流动时相应变量的取值。其他的变量定义分别是：A 表示年龄，r 表示主观贴现率。假设一

---

① 请注意，当我们讲到中国劳动力流动率相对较低的时候，没有包括由于中国巨大的城乡差异所引起的大规模城乡间劳动力流动；否则，中国的劳动力流动率可能并不比发达国家低。

个人工作到 60 岁退休,那么他流动和不流动的净收益便可以表示如下:

$$Z_0 = \sum_A^{60} \frac{E_0}{(1+r)^{t-A}} \tag{8.1}$$

$$Z_1 = \sum_A^{60} \frac{E_1}{(1+r)^{t-A}} - C \tag{8.2}$$

用上面两个公式表示的净收益不是绝对数量,而是经过贴现的净现值。如果进行流动的净收益大于不流动的收益,即 $Z_1 > Z_0$,那么理性的决策就是流动。

在不同的劳动力流动问题下,对于不同的决策主体而言,上述简单模型中的每一个变量是不一样的,因此,人们所观察到的劳动力流动现象和人群特征也将呈现出不同的特点。读者请自己推论一下,年龄、时间偏好、心理成本、职业特征这样一些因素对于劳动力流动决策的影响。

8.2　工作转换

在市场经济体制下,员工的工作转换(跳槽)是非常平常的事,特别是在美国这样劳动力市场竞争性较强的国家更是如此。工作的调整往往是在同一个城市里进行的,而伴随有迁移的工作转换相对来说只是少数,因为无论是从心理上还是从经济上,跨地区迁移的成本毕竟都是巨大的。

8.2.1　工作转换的原因

工作转换的第一种原因是"非自愿的流动",也就是员工被解雇。员工被解雇的原因有很多,有时是因为员工自己有过失,或者表现欠佳,有时是因为短期内技术进步或需求萎缩导致的劳动力过剩。有些情况下企业解雇员工只是临时性的(layoff),只是企业用来应付经济衰退的一种手段。一旦需求恢复,这些临时解雇的员工常常会被企业招回。这种情况在一些需求的季节性波动较明显的行业(比如农用机械制造业)较为常见。我们有一次在山东调研,就发现一家农用机械制造厂在需求旺盛的时候就招用当地的农民,而需求低的时候,那些农民就回家务农。再比如,生产冷饮的企业也会在夏季有更多劳动力需求,而冬季的劳动力需求就少得多。临时性解雇是把双刃剑,它可以增强劳动力市场的灵活性,同时也会对员工形成一种压力,可能使员工更倾向于去寻找更加稳定的工作。非自愿的工作转换,不一定能带来工资的增长。

相对于"非自愿的流动",员工换工作更为常见的原因是对当前的工作不满意,希望在别的地方能够表现得更好一些,收入更高一点。这种工作转换的形式一般来说是辞职,或者说"自愿的流动"。由于"非自愿的流动"的原因与企业劳动力需求的变化有关,在有了劳动力需求的知识之后,这里无需进行更多讨论,因此下面所讨论的内容均针对那些自愿的流动。

问题是，辞职是一种有必要单独进行研究的现象吗？辞职现象的背后会不会是雇主对员工的解雇？雇主如果想让员工主动辞职是很容易做到的，他只需保持员工的工资不变就可以了。这时，表面上看起来是员工自己选择了辞职，但辞职背后其实是雇主用这种方式来让员工主动辞职，无非是不想支付给员工解雇费。这种情况在现实生活中是存在的，比如在大学里实施的"常任轨"制度的大学里，这本质上是一种"非升即走"的制度。一部分在"常任轨"的教师，如果预期达不到晋升的要求，会主动选择在考核期到来之前另寻教职，以免向市场发送一个"被解聘"的坏信号。

通常情况下，对于员工当前所在的企业来说，只要它能够支付给员工等同于他们生产力的工资水平，企业一般不愿意看到员工辞职，毕竟员工的替换是需要耗费成本的。有时，企业以培训的方式对员工进行了人力资本投资，它就更不希望员工离开了。但是，从员工的角度来看，只要他认为还有其他企业更加适合于发挥自己的能力，他仍然会选择辞职，因此，辞职通常是自愿的行为。也就是说，自愿的工作转换和解雇之间的区别在于造成工作转换的最初原因是什么，解雇的初始原因是员工的生产力明显低于工资，而辞职的原因往往是员工觉得能够得到更高的收入。

为什么我们常会看到一些自愿的流动呢？当然，一种可能性是由于劳动力市场原本就不处于均衡的状态。如果劳动力市场起初是处于均衡状态的，那么只有当一些外部的条件发生变化导致某些工作的吸引力随之改变时，才会出现自愿的工作转换现象。例如，由于自然灾害、劳动力的知识和技能老化等原因，劳动力的生产力下降了，这时就要看工资是否可以灵活调整。如果工资不能灵活调整，那么企业就只能通过解雇员工来降低劳动力成本。如果工资可以灵活调整，那么企业会降低工资，而不主动解雇员工，这时，员工就可能发现别的企业存在着更好的机会，于是就会选择主动辞职。同样以大学为例，有些学校会对达不到续聘要求的教师不直接采取解聘的方式，而是将其转为待遇相对较低的行政岗位，这样，有些教师就会主动选择辞职。这种类型的工作转换只是暂时的，而不是持续性的。

在另外一些情况下，工作转换也可能成为持续存在的现象。在本书的第 10 章里我们将讨论一些工资高于市场出清水平的情况，比如工会集体谈判所制定的工资就是一个例子。效率工资（efficiency wage）也是一个例子，这种情况下企业为了激励员工更加努力地工作，自愿将工资设置得更高一些。当工资高于市场出清水平的时候，市场上为了获得这一工作岗位的劳动力供给数量就会超过劳动力需求的数量，而构成这些劳动力供给的员工中有相当一部分就是那些对自己当前的工作不满意的人。

主动辞职是劳动力获得劳动力市场相关信息的一种途径，在这种情况下，辞职就是员工进行工作搜寻的一个部分。的确，我们常常发现只有当自己亲身尝试过一种工作以后才会了解所有相关这种工作的信息。这种行为可以形象地描述为"工作采购"（job shopping），在这一过程中，员工通过尝试和犯错来搜寻那些最适合自己的技能、兴趣和习惯的工作。"工作采购"的现象在年轻人群中最为常见，对于他们来说，经常换工作并不会带来太多人力资本投资方面的损失。美国曾经有一项实证研究表明,在一个人最初 10 年的工作时间里,有三分之二的收入增长是由工作转换带来的。[①]在中国,有研究发现,如果直接考察换工作对于收入增长的影响,在给定初始收入和其他特征的情况下,换工作对于收入增长的平均影响是正的。

随着知识经济的到来,越来越多的工作需要知识和技能,而知识和技能在很大程度上又是通过"干中学"的方式日益积累的,从这一意义上来说,频繁换工作,或者"工作采购"的时间太长,都不利于提高自己的收益。所以,本书的读者们,请好好想想是不是已经了解了自己的能力和兴趣。如果你的回答是"不",那么,这意味着你需要通过更多的尝试来发现自己的能力和兴趣。但是,这就需要频繁地换工作,在经验回报越来越高的时代,这样做的损失是巨大的。特别需要提醒的是,换行业的跳槽更要慎重,因为这更可能浪费你之前积累的人力资本,这就是"男怕入错行"的现代经济学解释。

讨论

换个角度,如果你是企业雇主,你会招聘经常跳槽的员工吗?经常跳槽透露出什么信息?雇佣经常跳槽的员工,成本和收益是怎样的?

背景

常跳槽的人薪水高?

不少人喜欢稳定的工作,不爱跳槽。但《福布斯》杂志近日刊登文章说,与经常换工作的人相比,每次在同一个岗位工作超过两年的人,一生挣的钱将少 50%。

文章中说,2014 年美国上班族的平均薪水将比上一年增加 3%,但若把 2.1% 的通货膨胀率考虑进去,实际增幅只有约 1%。与之形成鲜明对比的是,跳槽者的薪水将可以增加 10%—20%,有些人甚至可以增加 50%。

为何会出现这种差距?美国硅谷资深猎头贝萨妮·迪瓦恩曾与多家世界 500 强企业合作过,英国《每日邮报》在 2014 年 6 月 23 日引述他的话报道:"一直在一家公司工作带来的问题是,你从最低工资开始赚起,每年工资增长比例基于现有工资标准。但如果你换一家公司,一切从新开始,你可以要求更高的薪资水平。如果符合期望,新公司一般不会吝惜于多给些钱。"

资料来源:羊城晚报:《〈福布斯〉杂志刊文称要想薪水高 就得常跳槽》,华声在线,2014 年 6 月 25 日,https://ld.voc.com.cn/view.php?tid=69900&cid=18&mobile=no。

[①] Topel, Robert and Michael Ward, 1992, "Job Mobility and the Careers of Young Men," *Quarterly Journal of Economics*, 62:439 - 479.

8.2.2　工作转换的人群特征

现有的研究基本上是以发达市场经济(特别是美国)为主要研究对象的,而针对中国的研究还很少。好在基于其他国家的研究得出的结论似乎也与在中国得到的观察是吻合的。

一般来说,在发达的市场经济国家里,青年人的工作转换次数较高,而英、美两国青年人工作转换的次数又高于欧洲其他国家。这种现象的确反映出工作转换作为信息收集手段的功能,只有当尝试过一些工作之后,一个人才更清楚自己的能力和兴趣所在,这之后,更多的工作转换就显得没有必要了。随着年龄的增长,特殊人力资本的投资也越来越多,工作转换的心理成本也会越来越大,这也是造成老员工流动性较低的原因之一。另外,老员工剩下的工作时间较短,也就是说,在给定的工资差距之下,工作转换的收益随着年龄的增长而下降,所以老员工进行工作转换的收益相对较小。从雇主方面来说,对招收老员工比较谨慎,道理也差不多。再以大学为例,在水平相同的情况下,相对于一个年轻教授,如果挖一个接近退休的老教授,学校获得的收益期也较短。

在本章的第三节以及下一章中我们将指出,受教育程度高的劳动力进行迁移的倾向较强。但从工作转换的角度来看,有研究发现情况恰恰相反——随着教育程度的提高,工作转换的倾向有明显的下降。[①]这两种现象是否可能共同存在呢? 答案是"可能",因为教育水平较低的劳动力的确花更多时间进行"工作采购",而他们也的确没有太多特殊的人力资本构成调整工作的阻力。同时,低技能劳动力的工作也总是可以在当地找到。而从劳动力迁移的角度来看,企业总是派教育程度较高的劳动力到外地去工作;同时,受教育程度高的劳动力在某个城市之内找到满意的工作不太容易,而在不同的地区间进行工作挑选的余地也比较大,这可能与教育程度高的人从事的工作比较专业化,从而在一个城市内部换工作不那么容易有关,除非是在大城市。再以大学教师为例,这个行业要换工作的话,非常可能同时要换座城市,甚至换个国家也很常见。需要补充说明的是,在发展中国家,低教育水平的劳动力也经常跨地区迁移,对这一点,我们到下一章再详细讨论。

企业的特殊培训是自愿辞职的一种阻力,不难发现,在职培训较多的企业里,主动辞职的员工的确较少。从员工方面来看,只要员工能够部分地分享企业特殊人力资本投资的收益(比如培训之后的工资有所提高),那么员工辞职的动力就下降了。而从企业来看,企业往往希望员工能够分担一部分特殊培训的成本,从而降低员工辞职带来的损失。通常,如果培训之后,员工并没有辞职,企业将会在培训结束之后支付更高的工资来确保员工不主动辞职。

---

① Börsch-Supan, Axel, 1990, "Education and Its Double-Edged Impact on Mobility," *Economics of Education Review*, 9(1):39 - 53, Table 3.

员工工龄与离职率之间的关系也很有趣。不难理解,员工的工龄越长,离职率就越低,因为老员工离职的机会成本高,而离职带来的收益期相对较短。更加有趣的是,在工龄和离职率的关系上,经济的因素似乎比文化的因素要重要得多。通过美国和日本的对比可以说明这一点。日本企业的离职率较低,这与日本企业中工资随工龄上升的速度更快有关;而在美国离职率相对较高。但是,坐落在美国的日资企业的离职率却与日本当地的企业的离职率较为接近,原因也很简单,因为美国的日资企业所实行的收入和工龄挂钩的报酬方案与日本国内企业是一样的,从而在经济上降低了员工离职的激励。

不同性别劳动力的离职率也呈现出不同的特征。一般来说,女性的离职率要高于男性。中国劳动力动态调查(CLDS)2016 年的数据显示,女性的离职率为 20.40％,而男性的离职率为 15.42％。[①]但如果考虑到女性劳动力的工资较低、工作经历较短等因素,两性之间离职率的差异可能就小了。此外,在控制了经验和收入的差异后,已婚女性的离职率要高于单身的女性,刚生过孩子的女性的离职率要高于其他女性。CLDS2016 年的数据显示,已婚女性的离职率为 20.78％,而单身女性的离职率为17.91％。这些都与女性照顾家庭和孩子的社会角色有关。

最后,我们还关心一个问题,职业间的流动和企业间(不同雇主间)的流动有怎样的特征。美国的数据显示,职业间的流动更加频繁。通常的观察是,一个员工在同一家企业里往往从事过不同的工作,有时是通过晋升改变了工作的性质(比如说从技术人员变成了管理人员),有时则仅仅是在不同工作间轮岗。如果比较不同行业里员工的离职率,我们发现,消费者服务业员工离职率最高,而公共服务业员工的离职率则最低,其他行业(建筑业、制造业等)的离职率则居中。我们可以用工资差异和特殊培训的差异来对不同行业离职率的差异进行解释,工资较低、特殊培训较少的行业一般来说离职率较高。[②]

在中国特殊的转型和发展时期,值得特别提一句的是,离职率和户籍身份有明显的关系,非本地户籍的劳动力离职率显著高于本地劳动力。CLDS2016 年数据显示,本地户籍的个体离职率为 18.65％,而非本地户籍的离职率为 36.62％。[③]

讨论

假想自己是位企业雇主,面对离职率非常高的非本地户籍员工群体,会怎样影响你的雇佣决策?这对经济发展将产生什么样的后果?

---

① CLDS2016 年的调查问题为:自 1990 年以来(接受全日制教育期间不算),您一共有过几次没有工作的经历?(毕业后没工作后也算)。我们将没有工作的经历大于 0 的个体定义为离过职。

② 研究不同性别的劳动力离职率的差异和不同行业间离职率差异的文献很多,这里我们就不再详细介绍了。有兴趣的读者可以参考 Filer, R. K., D. S. Hamermesh and A. E. Rees, 1996, *The Economics of Work and Pay*, New York: HarperCollins Publishers, 285 - 288。

③ 这里将户口在本村/居委会、本乡镇(街道)其他村居委会和本县(县级市、区)其他乡镇街道定义为本地户籍,将户口在本县区以外的定义为非本地户籍。

8.3 工作搜寻

经济学总是从最简化的理论开始的,但简化的理论往往又不能很好地刻画现实生活,这就需要我们进一步丰富理论。

在简单的劳动力市场供给需求模型中,当市场达到均衡时,所有就业的劳动力都获得同一个市场出清的工资水平。但现实当中的情况是,一方面,几乎同质的劳动力之间的工资差异非常大;另一方面,并不是所有的劳动力都能够在市场提供的工资水平下就业,失业广泛存在。工作搜寻模型就是用于解释这些现象的,在这一模型中失业具有鲜明的"摩擦性失业"的特征。

工作搜寻之所以广泛存在主要有两方面原因。第一,即使是在同一种职业内部,不同员工和不同工作之间也是千差万别的。第二,劳动力在市场找工作然后被企业雇佣,这一交易过程非常复杂,也非常耗费成本,而且这种交易不可能经常重复。所以,为了找到令自己更满意的工作,在找工作过程中多投入一些时间和精力仍然是值得的。

8.3.1 工作搜寻的概况

根据工作搜寻过程所用的渠道和所具有的特点,可以用两种维度来区分工作搜寻的种类。一种划分方式是将工作搜寻分为正式的和非正式的搜寻。前者是有组织的,常常通过公营或私营的职业介绍所、学校的就业指导中心等市场中介完成。非正式的工作搜寻所用的渠道则五花八门,包括亲友的介绍、商店门口的招聘信息,甚至仅仅是挨家挨户地打听。

另一种区分工作搜寻的维度是分为粗放的(extensive)和集约的(intensive)。前者的特点是与聘用方有多次的联络活动(比如给许多感兴趣的企业投简历),但并不十分花时间或精力去提高每一次搜寻成功的可能性。而后者的特点则是与聘用方联络活动较少,但对于每一次机会都投入更多的时间和努力,比如在正式应聘前先研究企业的产品、历史、市场前景,甚至在目标企业里找到亲戚朋友来进行推荐。

不是所有的工作搜寻渠道都能够给搜寻者带来工作,不同的渠道所能够提供的机会差别很大。无论是现实观察还是经验研究都告诉我们,社会关系网络对于工作搜寻的作用非常大。有亲朋好友介绍的时候,搜寻者比较愿意接受企业的雇佣,这或许是因为亲友提供的信息较为可靠。当一个人通过亲友的介绍找到工作时,他所获得的工资一般来说起点也较高,找工作的人比较愿意接受更高工资的工作。此外,对亲友介绍的人,企业所需耗费的培训费用和监督费用也相对较低。所以,在工作搜寻的过程中,亲友的介绍是一种非常有用的渠道,青年人在建立起自己的社会网络之前,找工作往往会借助父母的社会网络。

当今,中国的劳动力找工作的方式主要有哪些呢?这些方式在过去 40 多年的时间中有什么变化吗?外来人口和本地居民找工作的方式会不一样吗?如何解释呢?

8.3.2　在职者的工作搜寻

并非所有在市场上进行工作搜寻的人都是失业者。在美国,大约 20% 的新雇员是直接从另一个岗位中被聘用的;在剩下的部分中,一半是失业者,一半原来属于不在劳动力人口。从人群特征来看,在美国三分之一的成年男性求职者是有工作的,成年女性的相应比例为五分之一,而青年人当中该比例仅为 10%。此外,希望每周工作时间多的人,以及那些所获报酬在同类工作中较低的人都更多地进行求职活动。显然,特殊人力资本投资一般在刚开始工作的时候比较少,所以在一家企业留的时间越长,员工到市场上求职的倾向就越低。①

对于在职者来说,他们进行工作搜寻的成本和收益都不大。从成本角度来看,他们在求职时损失的只是一些闲暇时间,但并没有损失自己的收入。而从收益角度来看,由于在职者已经拥有工作,因此即使工作搜寻最终获得了成功,给他们带来的额外收益也有限。与失业者进行工作搜寻的情况相比,正是因为在职者进行工作搜寻的成本和收益都有所下降,所以在职者进行工作搜寻的努力并没有明显的差异。

在职时的工作搜寻和失业时的工作搜寻孰优孰劣呢?要回答这个问题我们需要比较在职者和失业者所获得的回复与联系活动的比率高低。在职者虽然所获得的回复可能较多,但是他们的选择余地也比较多,当接到应聘企业的回复后,他们也不会轻易放弃目前的工作,接受新工作的可能性反而比找工作的失业者更低。

8.3.3　工作搜寻模型

由于大量的工作搜寻都不是在职搜寻,因此,搜寻和失业其实就是一枚硬币的两面,换句话说,更长时间的失业就是找到更好工作的代价。

1. 工作搜寻的成本收益比较

工作搜寻会带来一些直接和间接的成本。直接成本包括交通费和电话费等。间接成本(机会成本)主要包括两个方面:一方面,在工作搜寻期间,人们所放弃的从其他活动中可能得到的效用或收入;另一方面是机会成本,就是当一个人决定放弃当前已经得到的工作机会继续进行搜寻时所放弃的收入。

①　有关工作搜寻的数据均转引自 Filer, R. K., D. S. Hamermesh and A. E. Rees, 1996, *The Economics of Work and Pay*, New York: HarperCollins Publishers, 236。

不难理解，工作搜寻的成本主要是间接成本（机会成本），由此我们可以推断，一些旨在降低工作搜寻的直接成本的政策对于工作搜寻并不会产生明显的影响，但间接成本的变化对工作搜寻过程却有重要的影响。失业保险金是典型的与政府政策有关的工作搜寻的间接成本。更高的失业保险金降低了不接受工作机会而继续搜寻的成本，因此，理论上来说，如果失业保险金水平调低，进行工作搜寻的人和由此而产生的摩擦性失业就会相应减少。通俗地说，如果失业保险金水平降低，那么，尽快找到更好的工作就更要紧了。当然，失业保险金调低可能造成失业者贫困，因此，是不是应该用降低失业保险金的方式来减少失业，还需要政府权衡利弊。在实际生活中，社会保障具有向下的刚性，往上调容易，向下调难。面对人们对调高失业保险金的呼吁，政策制定者要充分意识到，这可能会增加失业率。

2. 一个简单的成本收益模型

既然工作搜寻既有成本又有收益，那么，简单的推理就可以告诉我们，最佳的工作搜寻次数出现在搜寻的边际收益与边际成本相等的时候。更为通俗地说，如果再增加一次搜寻，带来的收益是大于经济和心理成本的，那就再找一次工作。如果成本已经大于收益了，那就接受目前已经找到的工作吧。

我们不妨用图 8.1 来说明工作搜寻最佳次数的决定。在图中，我们假定搜寻次数是个连续变量，然后我们可以分别用向右上倾斜的 MC_0 和向右下倾斜的 MR_0 表示增加工作搜寻次数所带来的边际成本和边际收益。我们不难找到一些原因来说明为什么工作搜寻的边际成本是递增的，而边际收益是递减的。边际成本递增的原因在于：(1)工作搜寻一开始总是从成本最低的机会开始的；(2)工作搜寻的时间越长，一个人已经拥有的工作机会的收入就越高，进一步搜寻的机会成本也就越高；(3)工作搜寻的时间越长，搜寻者越可能耗尽他的失业保险金和储蓄；(4)工作搜寻的时间越长，周围人以及自己给自己的心理压力都更大。边际收益递减的原因与此类似：(1)工作搜寻往往从最有希望的机会开始；(2)随着搜寻过程中得到的工资越来越高，进一步搜寻获得更高工资的难度也越来越大；(3)工作搜寻的时间越长，搜寻者在剩下的生命周期中享用更高工资的时间也越短。

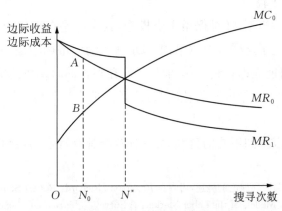

图 8.1　工作搜寻的最佳次数的确定

从图 8.1 来看,当一个人的搜寻次数为 N_0 时,工作搜寻的边际收益要高于边际成本,因此,他会继续搜寻,直到搜寻次数达到 N^* 时,进一步增加搜寻次数的边际成本与边际收益相等,换句话说,进一步的搜寻不能再让总收益继续扩大了,这时的搜寻次数是最佳的。

图中的边际收益曲线和边际成本曲线是平滑的,这描述的是许多员工进行工作搜寻的平均边际收益和边际成本,但是对于单个的搜寻者来说,边际收益和边际成本曲线却不可能是平滑的。更为现实的情况是,当一段时间里没有(或很少)新的工作机会时,搜寻的边际收益下降得很慢,但突然间,来了一个相当好的工作机会时,进一步搜寻的边际收益就会迅速下降至低于边际成本的水平,这种情况在图中用一条拐折的曲线 MR_1 表示。显然,搜寻者将在 N^* 次搜寻之后接受最后一个工作机会。

经济学家后来在上面这个简单的模型基础上,又发展了大量的工作搜寻模型,但是尽管考虑的因素更加多,模型也更加的复杂,却没有得出很多新的结论,因此我们也就不再展开更深的讨论了。[①]

3. 保留工资

关于工作搜寻的第二类模型是建立在保留工资(reservation wage)这一概念之上的。在上面的这个工作搜寻的成本收益模型中,搜寻者需要根据他所掌握的信息事先确定一个最佳的搜寻次数,然后按照这个确定的次数进行工作搜寻。不难发现,这一规则似乎与我们的经验有一些距离。有的经济学家认为,人们的工作搜寻过程是这样的,当他开始进行搜寻时,他并不知道自己将会搜寻多少次,只是根据他所掌握的有关劳动力市场和工资分布的一些有关信息大致估计一个可以接受的最低工资报价,这个最低工资报价就是保留工资,俗称心理价位。当他有了这个心理价位后,他开始进行工作搜寻,如果企业提供的工资低于他的心理价位,那么他拒绝这份工作;一旦企业开出的工资高于他的心理价位,他会立即接受这份工作,并停止工作搜寻活动。在这样的搜寻原则下,搜寻次数不是事先确定下来的,最后的搜寻次数取决于搜寻者保留工资的高低,以及他在工作搜寻过程中的运气如何。

4. 一些评论与比较

无论是成本收益模型,还是保留工资模型,其实都是在为失业寻找一个解释。这种解释在实质上表达了这样一个意思:如果承认劳动力市场不是完美的,那么,一个人失业之后,就不太可能立即找到工作,而他(她)在多长的时期里能够找到工作,从搜寻的角度来看,其实就是一个成本收益决策,或者说是取决于他(她)的保留工资水平和找工作时的运气。

同一个现象可以找到不同的解释,每一种解释都有特定的视角,也有特定的假设。

---

① 较为经典的有关搜寻理论的综述,可参见 Rogerson, Richard, Robert Shimer and Randall Wright, 2005, "Search-Theoretic Models of the Labor Market: A Survey," *Journal of Economic Literature*, 43(4): 959 - 988。

在实际生活中，对一个具体的现象来说，需要活学活用。比如，在劳动力市场上，保留工资的工作搜寻方式与成本收益比较的工作搜寻方式并不是完全不相关的。让我们来思考一下保留工资是如何确定的。如果一个人确切地了解劳动力市场的各种信息，特别是市场上工资的分布，那么他（她）可以根据这些信息来确定一个期望的工资来作为自己的保留工资。但是，劳动力市场的信息是不完全的，特别是作为单个的劳动力对整个市场的信息往往掌握得不够充分，更不要说在中国这样一个劳动力市场经历了剧烈变化的国家。在这种情况下，搜寻者在市场上已经得到的工资报价就成为不断修正他的保留工资的信息。一种最为简单的做法就是把已经获得的工资报价中最高的一个作为自己的保留工资。另一种可能是将保留工资确定在高于已经获得的工资报价之上，如果所获得的工资报价不断在升高，那么这个搜寻者就会调高自己的保留工资；反之，如果他（她）发现工作很难找，获得的工资报价都低于原来的期望，那么他（她）就会调低自己的工资报价。这种工作搜寻的原则实际上也就是在每一次搜寻过程中比较搜寻的成本（所放弃的工资报价）和收益（期望可能得到的工资报价）。因此，上面提到的两类工作搜寻模型之间并没有实质性的区别。

8.3.4 工作搜寻与摩擦性失业

不管工作搜寻模型怎样描述搜寻过程，可以肯定的一点是，工作搜寻活动是导致失业的重要原因。正是由于每天都有很多人在市场上找工作，所以才会有大量的失业者。换句话说，失业不是因为劳动力市场的功能有问题，相反，恰恰是因为劳动力市场在发挥它的功能才会有失业。遗憾的是，劳动力市场还远远不是在信息充分的"无摩擦"状态下运行的。

如果失业的确主要是由工作搜寻过程导致的，那么这种失业就是一种摩擦性失业（frictional unemployment），一种狭义的结构性失业（structural unemployment）。从理论上来说，我们可能会因此而观察到失业率和空位率之间的负相关关系：当失业率很高时，进行工作搜寻的收益就会下降，所以很少有人会在失业率高的时候辞职去换工作，于是空位率较低；当失业率很低时，找工作变得容易了，于是就会有大量的人辞职，试图找到更好的工作，这时空位率会相应地升高。这种失业率和空位率此消彼长的关系可以用图 8.2 中的贝弗里奇曲线[1]来表示。

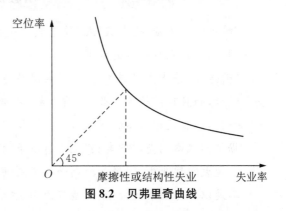

图 8.2 贝弗里奇曲线

---

[1] Beveridge, W. H., 1909, *Unemployment: A Problem of Industry*, London: Longmans & Co.

179

图 8.2 中的曲线表示出了失业率和空位率之间的负相关关系,这条曲线与45°线相交的地方所对应的失业率是与空位率相等的失业率,也就是摩擦性或结构性失业率。如果失业率超过了空位率,那么失业率减去空位率后剩下的部分就是由其他原因(如经济周期)所导致的失业率。有研究发现,由贝弗里奇曲线所描述的失业率和空位率之间的负相关关系的确是存在的,而且随着时间的推移,该曲线还有向上移动的趋势。这表明,在同样的空位率下,失业率更高了,结构性失业可能越来越严重。不过,工作搜寻模型对于失业的解释作用是有限的,这一理论主要是解释摩擦性失业的,但是当一个经济中出现较高的失业率时,往往还有其他导致失业的原因在起作用,我们将在第 10 章中详细讨论失业理论。

讨论

现在让我们暂且假设,一个经济中的失业完全是摩擦性的,那么,对于公共政策制定者来说,下面这样一些政策会对失业率产生什么影响?为什么?如何应对劳动力市场的变化?

(1)提高失业保险金水平;

(2)对产能过剩的钢铁行业进行去产能政策,停止对该产业亏损企业的贷款;

(3)对于一些劳动力市场上提供求职服务的中介机构进行清理,或者对其加强征税管理。

上面我们讨论的是一些与公共政策有关的问题,下面这则阅读材料看似与公共政策没有直接关系,在学习了搜寻理论之后,你对这些现象的解释是不是有新的想法?

阅读

"啃老族"

"啃老族",又称"吃老族"或"傍老族",是指一些不升学、不就业、不进修或不参加就业辅导,终日无所事事的族群。

"啃老族"并非找不到工作,而是主动放弃了就业的机会,赋闲在家,不仅衣食住行全靠父母,而且花销往往不菲。"啃老族"年龄都在 23—30 岁之间,有谋生能力,却仍未"断奶",得靠父母供养的年轻人。社会学家称之为"新失业群体"。

据中国媒体调查,"啃老族"主要有以下六类人:

一是大学毕业生,因择业挑剔而找不到满意的工作。

二是以工作太累太紧张、不适应为由,主动离岗离职的,他们觉得在家里很舒服。

三是"创业幻想型"青年,他们有强烈的创业愿望,却没有目标,缺乏真才实学,总是不成功,而又不愿"寄人篱下"当个打工者。

四是频繁跳槽，最后找不到工作，靠父母养活着。

五是失业的年轻人，他们习惯于用过去轻松的工作与如今紧张繁忙的工作相比，越比越不如意，干脆就离职。

六是受教育水平低、技能差，只能在中低端劳动力市场上找苦脏累工作，因怕苦怕累索性待在家中。这类"啃老族"适应环境的能力较弱，在中等教育阶段没得到专业的职业技能训练或没能很好接受职业技能培训，在就业市场中缺乏优势或根本不想就业。

如今"啃老"已成为一种较普遍的社会现象，中国社科院社会学所研究员李春玲认为，可以将"啃老族"分为失业群体、待业群体和低收入就业群体。

早在2009年就有报告数据显示，中国大学毕业生中有多达16.51万名"啃老族"，他们大多是因为找不到工作，被迫加入"啃老族"队伍的。他们认为"啃老"是理想与现实之间的矛盾所致，是无奈之举。然而今天，越来越多原本有工作的年轻人主动辞职回家，加入了"啃老族"的队伍。从某种意义来说，就是从"被动啃老"变为"主动啃老"。

根据以往印象，"啃老族"只会发生在城市年轻人身上。因为城里年轻人父母辈都有工资，啃起来"有保障"；而且，城里年轻人找不到工作或对工作挑剔，在没有地种的情况下，便只能"啃老"。然而，如今在农村里也"流行"起来，原因包括：其一，现今农村青年都是"80后""90后"，跟老一辈相比，疏于农活，基本不会种田。其二，当今年轻人的父母年龄大多在45—55岁，还值壮年，仍"啃得动"。其三，如今年轻人大多是独生子女，父母过于溺爱迁就，"啃老"时，也无兄弟姐妹争家产、说闲话。

"啃老族"背后也存在房价上涨迅速的故事。美国数据显示，千禧一代（1982—2000年出生的人）的失业率已从2010年的19.5％下降到2019年的10.3％，但由于房价快速上涨，购房成本飙升，工资涨幅有限，同时债务沉重，要想支付买房的首付，反而更加困难。2019年约有22％的千禧一代和母亲（或双亲）共同生活，总数超过1400万人，该比例创下自2000年以来的新高。相比之下，在2001年，住在父母家里的年轻人数量还只有680万人（11.7％）。从全美范围来看，2019年，在纽约、洛杉矶、迈阿密等大都市区，房价、房租尤其昂贵，在这些地区和父母一起生活的年轻人比例也最高，超过了31％；而在西雅图、奥斯汀、波特兰、丹佛等地，和父母同住的年轻人比例则要低于15％，然而主要原因并非是这些城市房租便宜，而是因为父母家离得过远。

全球范围来看，"啃老族"的动态变化主要是经济周期所致。青年群体刚入职场，经验不足，其面临的失业风险高于其他成年人群体。若有技术变革和经济冲击，需要结构性调整时，青年群体的就业前景会更为严峻。图8.3显示，啃老族的比例在2020年全球新冠疫情暴发之后，出现了明显增加，并且女性群体的比例明显高于男性。《2020年全球青年就业趋势：科技与未来工作》的报告显示，世界上近13亿青年人中，约有2.67亿人处于"无工无学无培训"的"三无"状态，与2016年的2.59亿人相比有所上升，其中女性有1.81亿人，占到三分之二。

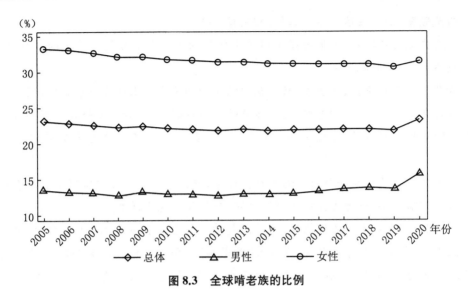

图 8.3 全球啃老族的比例

资料来源：Global Employment Trends for Youth 2022：Investing in Transforming Futures for Young People。

资料来源：第一财经：《美国式"啃老"：纽约等地超 30％千禧一代无力租房》，经济观察网，2019 年 5 月 13 日，https://www.eeo.com.cn/2019/0513/355839.shtml；《联合国：全球 2.67 亿青年处于"无工无学无培训"的"三无"状态》，联合国新闻，2020 年 3 月 9 日，https://news.un.org/zh/story/2020/03/1052361。

8.4 劳动力迁移

迁移是指劳动力变换居住（工作）的地点，通常都是指跨地区迁移（migration）。改革开放以后，特别是 20 世纪 90 年代以后，中国劳动力迁移规模迅速扩张，流动人口①规模从 1982 年的 657 万人增加到 2020 年的 3.75 亿人，增长了约 57 倍。而在此期间，中国的总人口仅仅增长了 43.18％。如图 8.4 所示，流动人口占总人口的比重已经从 1982 年的 0.65％急速上升到 2020 年的 26.04％。

那么，我们怎么理解劳动力迁移现象呢？

8.4.1 个人的迁移决策

个人的迁移决策同样可以用成本收益框架来分析。在美国，有数据显示，年轻人和高技能（或受教育水平）者有着更高的迁移倾向。中国数据也呈现出类似的规律。

随着年龄的增长，迁移率有所下降的原因主要有两点：第一，年龄越小，迁移后获

---

① 全国人口普查对流动人口的定义是：居住地与户口登记地所在的乡镇街道不一致，且离开户口登记地半年及以上的人户分离人口（扣除市辖区内人户分离）。

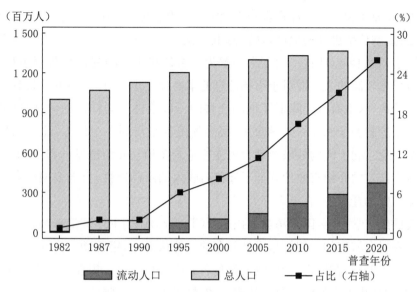

图 8.4　中国流动人口数量及其占比：1982—2020 年

资料来源：1982—2005 年迁移人口数据来自段成荣、杨舸、张斐、卢雪和：《改革开放以来我国流动人口变动的九大趋势》，《人口研究》2008 年第 6 期；2010 年迁移人口数据来自中国第六次全国人口普查；总人口数据来自 1982 年第三次全国人口普查、1987 年人口抽查、1990 年第四次全国人口普查、1995 年人口抽查、2000 年第五次全国人口普查、2005 年人口抽查、2010 年第六次全国人口普查、2015 年人口抽查、2020 年第七次全国人口普查。

得更高收入的收益时间越长；第二，一个人很容易随着年龄的增长而产生对工作单位、生活地区以及周围邻居、同事和朋友的感情，而这些都会带来迁移的心理成本，考虑到迁移的心理成本就会降低迁移的收益率。

受教育水平较高的人流动率较高的事实反映出，这类人的工作选择范围非常广阔。一个小地方往往不能够为专业分工很强的人才提供令人满意的工作。不同地区之间同类工作的工资差异也是吸引高学历人才流动的重要原因，而越是难以标准化的工作（比如职业经理、大学教授）在不同地区的收入差距越大。

8.4.2　一些影响迁移的因素

1. 不确定性的影响

在简单的成本收益分析框架之下，正在进行迁移决策的人对于有关收入的信息是非常清楚的，但这一假定显然与现实有着一定的差距，因为人们在考虑是否迁移的时候往往并不确定地知道自己将有一份怎样的工作。实际生活当中，大量的迁移决策并不是在找到新工作之后才做出的。迁移后所找到的工作的收入是不确定的，更为重要的是，在迁移后是否能够找到工作也是不确定的。当迁移后新工作的不确定性增大时，对于风险规避的人来说，他就需要修正自己对迁移的收益预期，更高的不确定性必须通过更高的收入来补偿。

显然,失业率和空位率都是影响不确定性的重要因素,因此,人们总是愿意迁移到失业率更低、空位率更高的地区,从而降低不确定性。正是因为不确定性是影响迁移的重要因素,我们可以从这一角度来理解为什么迁移率是与受教育程度正相关的,因为受教育程度较高的人一般对于市场信息的掌握程度也较好,在目的地找到工作的可能性也比较高,这就有效地降低了他们迁移的不确定性。同样道理,我们也可以用类似的原理来理解为什么在一个城市里,很多移民都来自同一个地方,比如巴黎的温州人特别多。北京和上海的外来劳动力也往往是老乡相互介绍进城的,其中的经济解释就是老乡和亲友的介绍有效地降低了迁移后收入的不确定性,且老乡网络对女性和受教育程度较低的迁移者,有更多好处。[1]

在发展经济学里,美国经济学家托达罗(Todaro)还用上述理论来解释为什么城市失业率和农村向城市的大规模移民是并存的。他认为,决定劳动力流动的因素是城乡间的期望收入差别,在城市,期望收入就是名义收入乘以(1-失业率),失业率越高,风险越大,在城市找工作的期望收入就越低,农村居民的移民倾向就会下降。[2]

2. 距离的影响

距离显然是一个制约迁移的重要因素。这里,我们主要需要考虑距离因素引起的迁移成本的增加。首先,距离肯定影响交通成本,一个人迁移之后总还是要不断回到故乡的,这来来回回很多次的交通成本不能不考虑。2011年中国流动人口动态监测调查数据显示,流动人口每年回家1次的比例为41.25%,2次的比例为19.12%,3次及以上的比例为21.55%。其次,心理因素是很重要的,离家近一些,制度、语言、文化、生活习惯,甚至宗教信仰都比较接近。心理因素对迁移成本的影响甚至还会超越简单的距离概念,比如虽然从上海到日本比从上海到陕西近多了,但前者跨越了国界,由此引起的客居他乡的感觉绝不是在陕西可以感受到的。2017年中国流动人口动态监测调查数据显示,与跨市流动相比,跨省流动会更大可能出现生活不习惯的困难。最后,也是非常重要的,有关劳动力市场的信息的充分程度往往也与距离很有关系。如果生活在上海,会对江浙一带的事情熟悉得多,而对东北、西北会感觉比较陌生。原因很简单,一般来说,我们的亲朋好友和同学都离得不太远,他们可以提供很多信息。就算没有朋友的帮助,还可以用较少的成本到近的地方去看看。大学毕业生常常会愿意在学校所在的城市就业,这也与几年生活经历积累了对所在城市的了解有关。

距离的影响意味着流动规模会随流动范围的扩大而减少。2010年全国人口普查数据显示,87.54%的居民现住地与户籍地是在同一个县(区),6.39%是同属于一个省但不同县(区),只有6.07%是跨省。类似地,2015年全国1%人口抽样调查数据也显示,89.26%的居民现住地与户籍地是在同一个县(区),5.97%是同属于一个省但不同

① Piyapromdee, Suphanit, 2021, "The Impact of Immigration on Wages, Internal Migration, and Welfare," *Review of Economic Studies*, 88(1):406-453.

② Todaro, Michael, 1969, "A Model of Labor Migration and Urban Unemployment in Less Developed Countries," *American Economic Review*, 59(1):138-148.

县（区），4.77％是跨省。

3. 住房的影响

住房对于迁移的影响也很有趣，一般来说拥有住房的人迁移率（换工作率）都比较低一些。反过来说可能更好理解，工作稳定的人更加会选择买房子而不是租房子住。在转型国家中，曾经因为住房市场不甚发达，就对劳动力流动产生了负面的影响。住房是公有的，但工作机会较多的地方又往往是私有经济发展较快的地区，这就导致了不同地区失业率的差异。可以推断，在转型经济当中建设一个高效率的商品住房市场一定有助于劳动力的流动和劳动资源配置效率的提高。如果购房资格只限定在本地户籍人口中，那么可能会加剧住房对迁移的不利影响。

讨论

当前中国只有少数地方对于住房按其市场价值征收物业税，同时，对住房的交易却征收了比较重的税。请问，这种制度安排对于劳动力迁移会产生什么影响？

需要特别注意的是，从成本收益决策的角度来理解劳动力迁移是非常重要的。在这样的视角下，出现迁移行为总体上是因为迁移之后比迁移之前更好了。即使在信息不对称和存在不确定的情况下，迁移之后发现自己决策错误，这个人再迁移回老家，或者迁移到其他地方，仍然是个理性的决策，是在改进自己的福利状态。而从全社会的角度来看，劳动力迁移本质上是在改善劳动力资源的配置效率。反之，劳动力迁移的减少，可能导致劳动力资源配置情况的恶化。以美国为例，从20世纪90年代开始，地区间劳动力迁移变少，随之而来的就是，美国地区间不平等程度加剧且持续存在。[①]

在人口总数给定的情况下，一个国家存在人口流入地，就一定会有相应的人口流出地。在城市和农村之间，如果城市化水平不断提高，农村地区的居民就一定会减少，从而出现空心村和"农村衰败"的现象。对于经济社会发展过程中出现的一些现象，要学会从源头上去理解，而不宜以个人的好恶来给出价值判断。下一章，我们还将有针对性地讨论城乡和区域间的劳动力流动问题。

8.5 劳动力的国际迁移和人才流失

劳动力的流动也在国与国之间发生。在经济全球化的过程中，居住地和出生地不在同一个国家的人口在世界人口中所占的比重在上升。《世界移民报告2022》显示：2020年国际移民人口数量达到2.81亿人，占世界人口总数的3.6％，比2010年的2.21亿人增加了0.6亿人，比2005年的1.91亿人增加0.9亿人。2000—2020年间，移民人

---

① Ganong, Peter, Shoag Daniel, 2017, "Why Has Regional Income Convergence in the U.S. Declined?," *Journal of Urban Economics*, 102:76-90.

口数量年平均增长率 2.4%。对于发展中国家来说,国际间的移民突出地表现为人才流失问题(brain drain)。而对于发达国家来说,主要的政策争论集中在是否应该更为严格地控制从发展中国家迁移来的大量移民。

同样道理,国际移民活动也是个人选择的结果。移民的成本包括交通费用、重新搜寻工作的成本,以及背井离乡到达一个陌生环境带来的心理成本;但移民后能获得更高的收入、更好的研究设备和学术环境,以及给后代更好的教育环境和机会。一个理性的个人会比较移民的成本和收益,当收益大于成本时,就会选择国际移民。

8.5.1　国际迁移的特点

国际移民活动存在以下三个特点:

第一,从人口特征上看,国际移民要么年轻,要么受教育程度高。[①]同等教育程度情况下,随着年龄的上升,移民比率迅速下降,而在相同年龄段,受教育的时间越长,移民倾向越大。在移民前后收入差异一定的情况下,年轻人预期获取更高收益的时间较长,而且对年轻人而言,心理成本也比较小,因此这一人群移民倾向较大。而劳动者受教育时间越长,迁移带来的收入差异就越高,因此移民率也就越高。加上因为是国际移民,移民的目的国通常通过各种制度来挑选他们想要的移民,教育往往就是最重要的标准。

第二,人才流失的方向是从发展中国家流向发达国家。由于教育和其他人力资本的回报率在发达国家高于发展中国家,因此高技能劳动者的流动方向几乎都是由发展中国家流向发达国家。大量的统计资料也证明了这种趋势。同样根据《世界移民报告2022》,美国在 2020 年有超过 5 100 万名国际移民,这意味着全世界的移民中,每 5 个移民就有 1 个去美国。美国是拥有移民人数最多的国家,而且已经持续了 50 年。向发达地区流动一直是国际移民的大趋势。在 2020 年,欧洲是国际移民最主要的目的地,有 8 700 万人(占国际移民人口的 30.9%);紧随其后的是亚洲,有 8 600 万国际移民居住在此,占比 30.5%;北美洲有 5 900 万人,占比 20.9%;其次是非洲,有2 500 万人,占比 9%。表 8.1 列出了国际移民在不同收入国家间的分布情况。我们可以很明显地看到,国际移民在高收入水平国家的比例较高,而在低收入国家的比例较低。更重要的是,国际移民在高收入水平国家的比例在 1990—2005 年间一直增长。在 2008 年金融危机后,从 2005 年的 62.32% 骤降到 2010 年的 46.10%,之后又逐渐增长到 2020 年的 64.96%。而国际移民在低收入水平国家的比例呈现出截然相反的趋势,在 1990—2020 年间一直降低,除了 2020 年受到新冠疫情影响略有增加之外。

---

①　本书主要讨论的是由经济动机而发生的国际迁移。而难民更大可能是因为战乱和灾害所致的迁移,不在本书的讨论范围。

表 8.1　国际移民的分布　　　　　　　　　　　　　　　　（％）

	1990 年	1995 年	2000 年	2005 年	2010 年	2015 年	2020 年
高收入国家	49.96	54.61	58.81	62.32	46.10	48.1	64.96
中高收入国家	23.11	21.88	20.73	20.00	16.25	15.44	20.49
中低收入国家	20.91	17.93	16.23	13.89	12.72	10.73	10.18
低收入国家	6.02	5.59	4.24	3.78	3.32	2.92	4.37

资料来源：United Nations Department of Economic and Social Affairs, Population Division, 2020, International Migrant Stock。

第三，迁入国和输出国的政策会对个人的移民决策产生重要的影响。发达国家普遍采取向高技能者倾斜的移民政策。由于英国、美国、加拿大这三类国家总体上制度较灵活，税负较轻，人力资本的回报较高，因此吸引了来自发展中国家、欧洲大陆国家等大量的高技能者。而美国又因为体制特别灵活，高技能劳动者收入特别高而成为了全世界的"人才高地"，吸引了包括英国和加拿大在内的世界各国的人才。

讨论

2015 年以来，伴随着叙利亚的危机，大量难民涌入欧洲，被认为带来了"难民危机"。在这一问题上，支持和反对接受难民的观点截然对立。请自行收集一些相关的材料，了解一下双方的观点，并进行相应的评论。

面对日益增长的城市人口，中国的一些城市使用"积分制"来控制外来人口在本地落户的数量，并且在积分制中设置了教育水平的相关条件。你如何评价这件事？国际移民和国内移民的政策有什么本质区别？

（提示：如果阻碍国内的地区间移民，地区间的收入差距会怎样？作为较发达地区，能够不管欠发达地区吗？怎么管？而在考虑国际移民问题的时候，会有什么不同？）

背景

关于欧洲移民危机，你该知道的 10 个数据

据欧盟边境机构 Frontex 统计，2015 年 1—7 月有 34 万名非法移民进入欧洲。当地时间 2015 年 8 月 27 日，匈牙利与塞尔维亚边境，非法移民正在穿越铁丝网。

很多人说，欧洲正遭遇二战以来规模最大的移民危机。

英国《卫报》发表了帕特里克·金斯利（Patrick Kingsley）对于欧洲移民危机的解读。在他看来，虽然很多人把英国视为难民的福地，但英国对于难民的收容、补助都微乎其微。另外，很多难民并非源于非洲，也并不单纯因为经济问题才想移民。为方便理解，他举出了 10 个数据。

（1）62％。

按时任英国外交大臣菲利普·哈蒙德（Philip Hammond）、英国内政大臣特丽

莎·梅(Theresa M. May)等人的假设,多数难民是为了"摆脱贫穷"移民欧洲,但这一理由在国际社会看来说服力不足。事实上,根据联合国的数据,截至 2015 年 7 月底,那些船渡至欧洲的人中有 62% 来自叙利亚、厄立特里亚和阿富汗。

这些国家,正被战争、独裁压迫和宗教极端主义撕裂,其公民似乎有往欧洲避难的合法权利。如果算上来自苏丹达尔富尔地区、伊拉克、索马里和尼日利亚的一些地区,那么有资格申请庇护的移民总比例会超过 70%。

(2) 50%。

在哈蒙德等人的言辞中,当代欧洲移民基本来源于非洲。但实际的情况是怎么样的? 根据联合国的数据,2015 年 50% 的移民来自叙利亚(38%)和阿富汗(12%)。若算上来自巴基斯坦、伊拉克和伊朗的移民,答案变得更加明显:来自非洲的移民数量明显少于总数一半。

(3) 0.027%。

哈蒙德认为,难民会加速欧洲社会秩序的崩溃。但实际上,2015 年难民的数量(20万人)是如此微不足道,它占欧洲总人口(7.4 亿人)的 0.027%。帕特里克·金斯利认为世界上最富有的欧洲应该很容易接纳这样一种相对小的"涌入"。

(4) 120 万人。

由于难民危机,一些国家的社会基础设施正受到威胁——但这些国家不在欧洲。最明显的例子是黎巴嫩,总人口约 450 万人,但容纳了 120 万名叙利亚难民。一个在规模上小于欧盟 100 倍的国家却已经在难民接纳数上超过了欧盟 50 倍,而这一数据甚至已经包括了欧盟在未来才考虑安置的难民数。因此帕特里克·金斯利说:"黎巴嫩有难民危机,但欧洲,特别是英国没有。"

(5) 4%。

2014 年秋天,欧盟选择暂停在地中海进行全面的难民海上援助,因为这一行动被认为鼓励更多难民冒着风险从利比亚到欧洲。但在现实中,移民还是源源不断地来了。援助中断的那个月,难民同比增长 4%。

国际移民组织发布的数字显示,2015 年已有 23.7 万名非法移民横渡地中海进入欧洲,很多人在途中丧命(2015 年 4 月 18 日,800 名非法移民在地中海沉船事故中遇难。国际移民组织的数据显示,2015 年以来已有 2 300 多名非法移民在偷渡欧洲时命丧地中海)。联合国难民署的统计显示,2015 年以来抵达希腊的移民数量已超过 10.9万人,其中大部分是难民。

而在 2014 年,只有 2.674 万人试过偷渡欧洲。帕特里克·金斯利认为,差距表明难民要么根本不知道有援助的存在,要么不受其暂停影响。

(6) 110 亿欧元。

在哈蒙德和时任英国首相戴维·卡梅伦(David William Donald Cameron)看来,解决移民问题的方案就是"增加驱逐"。他们认为这将节省英国的开支,因为用于安顿寻求政治避难者的支出就少了。然而,这种策略忽略了驱逐本身的成本。根据一系列调查移民文件，自 2000 年以来花在遣返移民上的支出已高达 110 亿欧元。

（7） 1％。

按英国主流媒体说法，法国加来是欧洲移民危机的主要战场，英国也是这些难民梦寐以求的目的地。但截至 2015 年，去加来的难民仅占移民欧洲总人数的 1％。有消息称约 2 000—5 000 名难民到了加来，这不过是到意大利和希腊的移民数（超过 20 万人）的 1％—2.5％。

（8） 36.95 英镑。

许多人声称英国是一个令人垂涎的移民目的地，因为它有慷慨的福利制度。但大多数移民其实不了解欧洲国家收容制度的本质，尤其是英国的庇护政策。每个避难者在英国获得微薄的 36.95 英镑以维持生活，但他们通常不被允许找工作。

在法国，类似福利政策可能会推高加来的难民数，实际上加来的难民得到的补助更多。根据庇护信息数据库 Asylum Information Database 提供的信息，寻求庇护者一个星期在法国能获得 56.62 英镑。而德国和瑞典——两个最受欢迎的移民目的地，一周时间里分别支付难民 35.21 英镑和 36.84 英镑，略低于英国。

（9） 25 870 人。

2014 年有 2.587 万人在英国寻求庇护，只有 1 万多人被接受。帕特里克·金斯利提出，在接受难民的欧洲国家中，若按人口规模的比例计算，英国比比利时、荷兰和奥地利都要差。如果按 2015 年利率算，那么即使是负债累累的希腊，也超过了英国。

（10） —76 439 人。

在英国的难民数量自 2011 年以来已经减少了 76 439 人。根据英国难民委员会的消息，英国的难民数量从 2011 年的 19.36 万人下降到了 2015 年的 11.71 多万人。相比之下，据联合国统计，发展中国家在过去的十年里的难民安置比例已经从 70％上升至 86％：“英国可以做更多。”

资料来源：罗昕编译：《关于欧洲移民危机，你该知道的 10 个数据》，澎湃新闻，2015 年 8 月 28 日，https://www.thepaper.cn/newsDetail_forward_1369236。

8.5.2　对输入国劳动力市场的影响

从直觉来说，来自国外的移民的直接影响是减少本国居民的就业机会，要增加本国居民的就业就应该对外国移民进行清退，持这种观点的多为政府官员和社会公众，也经常成为反移民政策的理由，但这种观点却是值得仔细推敲的。

首先，移民和本国居民之间的就业通常没有完全的替代性。实际情况是，两者之间的关系往往是互补的，而不是替代的。一方面，发达国家的移民当中有相当多的高科技人员，这些人员不仅不会减少本国居民的就业，相反还会大大带动经济的增长和就业的增加。另一方面，很多来自发展中国家的移民是低技能的劳动力，这些劳动力从事的工作大多是处于社会底层的工作，收入也较低，发达国家的本国居民一般都不愿从事这些工作。

其次,即使移民和本国居民在劳动力质量上没有任何差异,对移民的清退(或更严的控制)也并不会等量地增加本国居民的就业,也不一定会降低发展中国家居民的移民倾向。道理很简单,在清退移民时,市场上的总体劳动力供给量下降,于是,市场均衡工资将随之上升。这时,市场上的劳动力需求总量就会减少,因此,被清退的劳动力数量不会完全转化为本国劳动力的就业。

最后,移民不仅仅是劳动力。我们也应该认识到移民本身也是消费者,他们产生的消费需求会直接增加劳动力需求,尤其是本地服务业的消费。因此,对移民的清退会通过影响劳动力需求影响输入国的劳动力市场。

模型

清退移民政策的结果

我们不妨借助于一张图来分析政府清退移民政策的影响。在图 8.5(a)中,AC 是劳动力的需求曲线,BD 是本国劳动力的供给曲线,而 BD 右边更平坦的曲线是包含

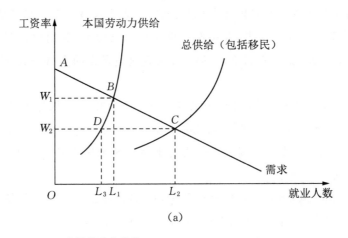

（a）

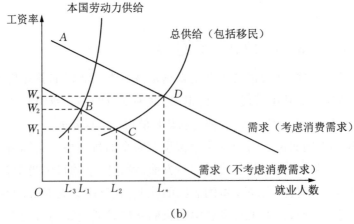

（b）

图 8.5 移民对本地劳动力市场的影响

移民在内的劳动力总供给曲线。总供给曲线之所以更平坦，是因为移民供给对工资的上涨所做出的反应比本地劳动力更敏感。举例来讲，如果工资上涨 1 单位引起美国国内劳动力供给增加 1 单位，那么来自世界各国的移民的劳动力供给将增加更多。

在未对移民进行限制之前，市场的均衡点出现在点 C，均衡工资为 W_2，就业量为 L_2，其中 L_3 是本国劳动力，$L_2 - L_3$ 是移民。对移民实行清退后，供给曲线左移，新的均衡点出现在点 B，此时，均衡工资为 W_1，就业量为 L_1。可以很明显地看出，清退政策造成两个后果：首先是工资从 W_2 上升到 W_1，其次是由于工资的上升，$L_2 - L_1$ 的岗位消失了。换句话说，清退外国移民并不 1:1 地增加本国劳动力的就业。

在图 8.5(b) 中，假设移民产生的消费需求会使得劳动力的需求曲线向右移动。在未对移民进行限制之前，市场的均衡点出现在点 D，大于未考虑消费需求的点 C。因此，考虑移民的消费需求之后，移民对本国劳动力的负向作用会更小。当然，此时如果对移民进行限制，对产生的负向影响也就越大，会从点 D 左移到点 B，大于从点 C 到点 B 的移动。

上面我们假定来自国外的移民被全部清退，但现实中清退移民只是造成移民就业的概率下降而已，同时均衡的工资水平上升了。综合来看，移民的期望工资水平（工资与就业概率的乘积）却并不一定下降。不难发现，移民的期望工资的变化与劳动力需求曲线和供给曲线的斜率有关，在新的均衡之下，移民的期望工资并不一定下降，所以，除非有非常严格的遣返移民的政策，否则清退移民就业并不一定能减少来自国外的移民规模。

8.5.3 对输出国的影响

由于发展中国家向发达国家的移民中有很大一部分是高技能人才，因此，这种人才流失现象倍受发展中国家的关注。

尽管移民本身是一种个人选择，但经济学还需要从整个国家和社会的角度来看待人才流失问题。人才流失对迁入国和输出国会产生不同的影响。这种劳动力流动对迁入国的经济发展会起到促进作用，这一点几乎是公认的，但是它对于输出国的影响却存在诸多争议。

传统理论认为，这部分国际移民在国外的收入和劳动生产率都有所提高，因此通过生产要素的流动使全世界的福利有所增加。从输出国角度来看，如果劳动力市场是竞争性的，每个劳动者获得的收入与他的边际产品是相等的，一个移民迁往别国后，减少了对本国产出的贡献，但同时也放弃了相当数量的国民收入，因此输出国并没有损失。相反，通过国际移民，这部分劳动者获得了更高的收入，其中相当一部分会以汇款的形式返回输出国，会对输出国的经济发展产生一系列正面效应。海外移民能够促进国际间的文化、经济、技术和信息的交流，迁入国先进的生产技术、管理体制会对输出国产生辐射和示范效应。中国与全球化智库和社会科学文献出版社共同发布的《国际人才蓝皮书：中国国际移民报告（2014）》显示，2012年，国际移民汇款回国超过4 000亿美元，而当年的官方发展援助仅为1 260亿美元。

上述关于劳动力国际流动的理论虽然有一定的道理，但是随着国际移民日益成为由发展中国家向发达国家的单向人才流失，对它的影响也就有了新的认识。人才流失虽然有可能使全世界的生产有所增加，但从中受益的主要是作为迁入国的发达国家，而对发展中国家则会产生很多负面影响。一方面，很多发展中国家的人才市场不是竞争性的，而是接近于买方垄断，因此高技能劳动者创造的边际产品可能会超过他们获得的收入，结果是人才流失时损失的产出大于节约的收入。另一方面，高技能劳动者与低技能劳动者之间替代性较小而互补性很大，人才流失还会使与之互补的生产要素利用率下降。例如，高级的专门技术和管理技能可以增加其他生产要素（如资本和低技能劳动者）的生产率，具有专门技术和管理才能的人流出到外国，会降低流出国其他要素的生产率和利用率。若考虑到高技能劳动者产生的人力资本溢出效应，则损失会更大。

发展中国家的人力流失还会对其人力资本积累产生负面影响，最终将损害经济的长期增长，不利于国家的可持续发展。在大多数发展中国家里，教育成本中相当大一部分是由国家负担的，并且教育等级越高，国家负担的开支越大，当高技能劳动力迁往外国时，输出国遭受了损失，必须投入巨额的调整成本才能恢复原来的人力资本规模。从长期来看，高技能人才的跨国流动可能会造成输入国和输出国之间更大的发展差距，有可能引发更多的高技能人才流失。

关于发展中国家向发达国家的人才流失问题会对发展中国家产生什么样的影响，还很难做出有说服力的综合评价，不能不说这是一种遗憾。[①]

8.6　中国的工作转换、工作搜寻和迁移

劳动力流动是劳动资源进行配置和再配置的重要过程，但是在长期的计划就业体制下，中国的劳动力流动率是非常低的。一个劳动力在初次工作时得到的工作往往就是他一生中的工作，即使有换工作的可能，也不是通过市场渠道实现的，而是政府部门或组织上的行政命令在起作用。这种劳动资源只有初次配置而缺乏再配置的情况，是谈不上"劳动力市场"这一概念的。

改革开放以后，特别是1986年劳动合同制推行以来，具有"一次定终身"性质的计划就业体制有了重大的改革，劳动力市场逐步得以建立。进入20世纪90年代后，中国的理论界对于"劳动力是商品""社会主义国家也会有失业"等基本问题统一了认识，就业体制的改革步伐也加快了。特别是1996年开始，以分流国有企业富余人员为目

---

① 对这个话题感兴趣的读者可以阅读两篇综述：Gibson, John, David McKenzie, 2011, "Eight Questions about Brain Drain," *Journal of Economic Perspectives*, 25(3)：107 - 128；Docquier, Frédéric, Hillel Rapoport, 2012, "Globalization, Brain Drain, and Development," *Journal of Economic Literature*, 50(3)：681 - 730.

标的再就业服务中心工作的开展取得了重大进展。另外,随着中国的劳动力市场的不断发育完善,户籍制度对于中国地区间和城乡间的劳动力流动的制约作用总体来说也有所下降。

中国的劳动力流动现象是在就业体制改革和劳动力市场发育的过程中逐步形成和发展的,这就使中国的劳动力流动呈现出一些不同的现象,主要表现为劳动力在城镇不同就业体制环境下的"体制间"流动,以及劳动力的城乡和地区间迁移。下面,我们还是通过工作转换、工作搜寻和劳动力迁移三个方面来总结中国劳动力流动过程中呈现出的一些特征。

8.6.1 工作转换

与西方国家相比,中国长期以来实施着计划色彩较重的就业体制,劳动力流动性较低,表现在工作转换方面,离职率并不高。以失业人员的构成为例,2004 年因为辞职而失业的人加上被辞退或合同期满的失业人员总共才占到全部失业者的 14.5%,而 1999 年这一比例为 12.9%,1997 年仅为 5.7%。[①]这一方面说明工作的调整主要还是由于被动的原因导致的,比如单位破产、下岗后离开原工作单位等;另一方面也说明中国劳动力主动流动的意识正在迅速提高。图 8.6 显示,因个人原因而失去工作的比例从 2005 年的 13.1% 逐步提高到 2018 年的 37.1%。

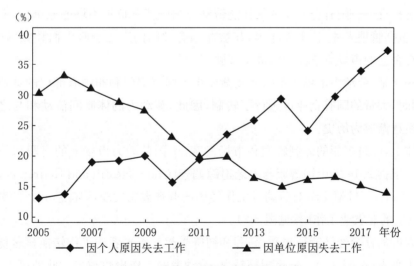

图 8.6 城镇失业人员失业原因构成

注:年鉴中失业原因包括因个人原因失去工作、因单位原因失去工作、离退休、料理家务、毕业后未工作、承包土地被征用和其他。其中,2016—2018 年,还包括正在上学。我们扣除正在上学的占比,并将其他失业原因重新标准化。

资料来源:2006—2019 年《中国劳动统计年鉴》。

---

① 数据来自 2005 年《中国劳动统计年鉴》和 2000 年、1998 年《中国统计年鉴》。

应该注意的是,在中国,由于失业保险金水平不高,而且制度规定只有被动失业的人才能领取失业保险金,因此很多人辞职后是不去做失业登记的,这就可能使统计数据中的失业人数被低估,因为辞职而失业的人数更是可能被低估。

中国在经济转型的相当长的一段时期里,实行着具有二元色彩的就业体制。在国有部门工资水平相对较低,人才发挥才能的机会较少,而对于低技能的劳动力来说,国有部门却能够提供更好的保障(较低的失业风险)和高于市场竞争水平的工资。相反,在非国有部门,工资和就业主要是由市场的供求力量决定的,因此高技能的劳动力在这一部门能够拥有更高的收入和更好发挥才能的机会,而低技能的劳动力则只能得到较低的市场竞争性工资,同时还要面对相对较高的失业风险。在这一制度背景下,较能干的人和高技能劳动力都纷纷流向非国有部门,特别是其中那些风险偏好者。而那些低技能劳动力则更倾向于留在国有部门,以回避市场竞争可能带来的风险。

国有部门富余的低技能员工不愿离开原单位的现象在中国的经济转型时期也非常普遍,有时即使国有企业已经濒临破产,企业的员工仍不愿意与原单位解除劳动关系,因为这部分劳动力走向市场以后很难找工作,这就大大降低了他们脱离原单位后的期望收入。相反,在原单位待着不仅可以继续得到由企业提供的收入和福利,还可能得到由政府和企业提供的更多的再就业机会。在这种理性选择下,就一度产生了国有企业富余员工对于企业的"黏连"现象。

中国在经济体制转轨时期所表现出来的工作转换现象显然具有鲜明的中国特色。在发达国家往往是低技能劳动力工作转换的概率更高些,而在中国的经济转轨时期情况则恰恰相反——国有企业里的低技能劳动力"黏连"着负重不堪的原单位,而高技能劳动力(包括管理人才、技术人才等)却被非国有部门的高工资吸引而频频"跳槽",这也对国有企业的市场竞争能力构成了威胁。

近些年来,劳动力市场改革已经逐渐缩小了国有部门和非国有部门的就业体制的差距,同时,大量的国有企业也进行了转制,因此,劳动力的体制间流动和与之相伴的工作转换逐渐成为历史。

总体上,经过多年的体制转型和市场发育,中国劳动力市场上的离职率早已今非昔比了。根据 2014 年中国健康与养老追踪调查(China Health and Retirement Longitudinal Study, CHARLS)对劳动者工作经历的调查数据发现,[①]有近 40% 的劳动者有 2 份及以上的非农业工作(参见图 8.7)。

从人群的社会经济特征来看,高等和初等受教育水平者的工作转换显著低于中等受教育水平者(见表 8.2)。城市规模越大,劳动者的工作份数越多。此外可以看到,劳动者在年轻的时候倾向于进行更多的工作转换。研究报告显示,"70 后"第一份工作的平均在职时间为 84 个月,而"00 后"只有 11 月;平均跳槽间隔也在不断下降。[②]

---

① CHARLS 数据的调查对象为 45 岁及以上的人群。感谢封进、韩旭为我们提供图 8.7 和表 8.3 的数据分析结果。

② BOSS 直聘研究院:《重塑时代:2021 人才资本趋势报告》。

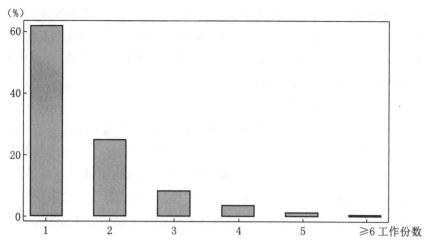

图 8.7 工作份数分布图

资料来源：根据 2014 年 CHARLS 的数据统计。

表 8.2 工作份数分组描述性统计

	类 别	工作份数均值（个）	工作份数标准差
教育	小学及以下	1.396	0.745
	初中	1.688	0.989
	高中、中专	1.758	1.065
	大专及以上	1.407	0.778
城市规模	小城市	1.457	0.808
	中等城市	1.559	0.892
	大城市	1.787	1.089
年龄范围	≤30	0.547*	0.708
	[31，40]	0.325	0.572
	[41，50]	0.373	0.566
	≥51	0.182	0.414
总体	样本数 2 325	1.576	0.923

注：* 这里表示在该年龄段的工作份数均值，包括了未工作的劳动力，因此数值小于 1。

资料来源：根据 2014 年 CHARLS 数据统计。

新闻

2024 年员工平均离职率为 15.3%

根据前程无忧《2025 离职与调薪调研报告》，2024 年中国职场呈现"离职率下降但诉求未减"的总体特征。数据显示，2024 年员工整体离职率为 15.3%，较 2023 年下降 1.3 个百分点，延续了近年来人员流动放缓的趋势。这一变化反映出企业和员工在宏观经济承压的背景下更倾向于保持稳定性。

然而,离职率的下降并不等同于员工满意度的全面提升。报告指出,尽管近七成受访者对 2024 年的工作表示满意,但薪资待遇和职业发展仍是职场人最核心的诉求。具体来看,44％的离职者因薪资不满选择离开,40％因发展空间受限,而工作压力过大(31％)和平衡问题(28％)也是重要诱因。

离职率显示出以下两个特征:

(1) 行业分化显著:离职率较高的行业集中于餐饮/酒店/旅游(16.7％)、高科技(16.1％)及房地产(15.9％),而医药健康(13.6％)和金融(13.8％)行业稳定性更高。

(2) 经验与离职意愿的关联性:1—5 年经验的职场人因调薪受益较多,但这一群体同时也是职业转型的活跃力量,其离职行为多与职业天花板突破需求相关。

分析行业分化的深层动因,不同行业的离职率差异反映了经济结构与职场生态的变迁。

(1) 餐饮/酒店/旅游行业:高流动性的结构性困境。作为劳动密集型行业,该行业长期面临低薪、高强度工作的矛盾。尽管 2024 年整体调薪幅度为 4.3％,但基层员工的实际收入增长有限,加之新冠疫情后消费复苏的不确定性,加剧了从业者的职业焦虑。

(2) 高科技行业:技术创新与人才争夺的双重压力。高科技行业以 16.1％的离职率位居第二,其背后是技术迭代加速与人才竞争白热化的矛盾。尽管该行业调薪幅度较高(5.2％),但快速变化的技术需求导致部分员工技能错配,企业若未能及时提供培训资源,则易引发人才流失。

(3) 房地产行业:政策调控下的转型阵痛。房地产行业离职率(15.9％)与行业深度调整密切相关。报告指出,部分房企通过降本增效压缩人力成本,而员工对行业前景的悲观预期进一步推动了主动离职。

(4) 医药健康与金融:稳定性背后的资源倾斜。医药健康(13.6％)和金融(13.8％)行业离职率较低,主要得益于其较强的抗周期性和企业资源倾斜策略。例如,金融行业通过"核心员工倾斜调薪"(占比 39.3％)有效留住了关键人才。

离职行为的核心驱动因素,主要有以下四个方面:

(1) 薪酬体系的矛盾:显性落差与隐性福利缩水。2024 年调薪企业比例仅为 44.8％,较 2023 年下降 13.9 个百分点,且调薪幅度(4.3％)同比微降 0.2 个百分点。这一保守策略导致薪资增长集中于核心员工(占比 39.3％),普通员工的实际获得感不足,加剧了薪资不满情绪。

(2) 职业发展瓶颈:晋升通道与技能更新的脱节。40％的离职者因发展空间受限选择跳槽,尤其在技术密集型行业,晋升通道狭窄与技能培训缺失形成恶性循环。例如,高科技行业虽调薪幅度高,但未能解决员工在新技术应用中的能力脱节问题。

(3) 工作压力与平衡诉求:弹性制度的"双刃剑"效应。31％的离职者提及工作压力过大,28％关注工作与生活平衡。尽管部分企业推行弹性工作制,但员工普遍反映其异化为"24 小时待命",反而加剧了身心消耗。

(4) 外部环境的不确定性:行业前景与政策波动。房地产行业的高离职率与政策调控、市场萎缩直接相关；而医药健康行业的稳定性则受益于人口老龄化带来的长期需求增长。

报告预测，2025年企业调薪幅度将维持在4.2%，与2024年基本持平。与此同时，64%的职场人对就业市场持乐观态度，表明经济复苏预期正在重塑信心。企业若能在薪酬公平、职业赋能与文化包容性上持续改进，或可进一步降低人才流失风险，实现与员工的长期共赢。

资料来源：前程无忧：《2025离职与调薪调研报告》。

8.6.2   工作搜寻

无论是什么原因导致劳动力失业，失业以后找工作本身都是一个工作搜寻的过程，工作搜寻过程是否有效率与劳动力市场的建设状况有着直接的联系。自从中国就业体制改革以来，就开始建设适应市场化就业体制的劳动力市场，其中一项重要的工作就是大量创办公共的职业中介机构，1994—2009年间中国的劳动力市场中介机构数量有了显著的增长。由政府兴办的职业介绍所兼有失业保险、职业介绍和职业培训等多种功能，为失业者的工作搜寻提供了帮助。

在原来的计划就业体制下，找工作、换工作都是政府劳动部门统一安排的，那么，经过多年的体制转轨和市场建设，劳动力是否已经通过市场化的方式实现就业和再就业呢？答案是肯定的。图8.8显示，"委托亲朋好友"依然是失业人员找工作的最

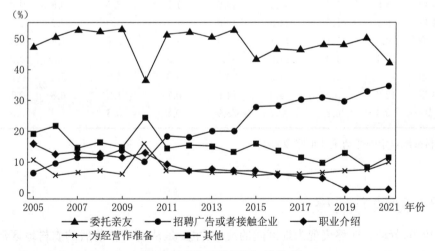

图8.8   失业人员寻找工作方式

注：寻找工作的方式在不同年份之间存在口径差异。通过招聘广告或者接触企业在2005—2010年间包括参加招聘会、应答或刊登广告两种方式；在2011—2014年间包括参加招聘会、应答或刊登广告和浏览招聘广告三种方式；在2015—2018年间包括参加招聘会、应答或刊登广告、浏览招聘广告和直接与单位或雇主联系四种方式；在2019—2021年间包括参加招聘会、查询招聘网站或广告和直接联系雇主或单位三种方式。2019—2021年间，"其他"包括其他，以及为找到工作参加培训、实习、招考两种方式。

资料来源：历年《中国劳动统计年鉴》。

主要方式,而且在 2005—2021 年期间保持稳定。"通过招聘广告或者直接接触企业"的找工作方式逐渐递增,在 2021 年已经成为第二重要的找工作方式。这部分归功于日益兴起的网络招聘机构和平台。"为经营做准备"较为稳定,是除其他之外的第四选择。不过,图中也显示,通过在职业介绍机构登记找工作的方式逐步式微,在 2021 年已经成为最少见的找工作方式。

表 8.3 进一步显示了不同年龄组别的城镇失业人员的寻找工作的方式。从 2022 年的数据也可以看出,委托亲友找工作仍然是最为重要的找工作方式,而且对于青年人和 40 岁以上的群体尤其重要。而浏览招聘广告、参加招聘会和在职业介绍机构登记也都是重要的求职方式。相比之下,对于 40 岁以上的群体而言,这几种求职途径的重要性都明显较低。在大约十年前的求职方式统计中,还有下岗等待安置,如今这一类型已经不再存在了,体现出就业体制的完全市场化已经完成。

表 8.3　2022 年按年龄分的城镇失业人员寻找工作方式构成　　　　　（%）

年　　龄	直接联系雇主或单位	联系就业服务机构	查询招聘网站或广告	委托亲戚朋友介绍	参加招聘会	为找到工作参加培训、实习、招考	为自己经营做准备	其他	合计
总　　计	7.8	0.9	26.1	41.9	2.2	12.0	8.9	0.2	100
16—19 岁	9.5	1.3	26.1	32.0	1.6	22.4	6.9	0.2	100
20—24 岁	4.3	0.6	36.1	15.3	5.2	33.7	4.6	0.1	100
25—29 岁	5.6	0.9	37.4	24.4	2.7	20.2	8.7	0.1	100
30—34 岁	7.5	0.8	32.0	39.8	1.7	7.2	10.7	0.3	100
35—39 岁	8.6	1.2	30.9	43.0	1.7	3.6	10.9	0.2	100
40—44 岁	8.2	1.0	24.8	49.8	1.1	3.0	12.0	0.2	100
45—49 岁	10.0	1.1	17.1	57.3	1.3	1.7	11.4	0.3	100
50—54 岁	10.4	1.3	11.2	65.1	0.8	1.6	9.3	0.3	100
55—59 岁	10.7	1.2	7.9	70.1	0.6	1.2	8.1	0.2	100
60—64 岁	12.0	0.5	4.0	74.6	0.7	1.2	6.8	0.1	100
65＋岁	9.3	0.2	2.7	78.9	0.1	0.5	7.8	0.5	100

资料来源:《中国劳动统计年鉴 2023》。

8.6.3　劳动力迁移

中国的劳动力迁移表现为地区间的流动,主要是从经济较落后的农村地区流动到经济较发达的城市。在下一章,我们将详细分析城乡和地区间的劳动力迁移。这里,我们先简要地总结一下中国劳动力迁移的社会经济特征。

1. 流动人口女性比例呈上升趋势

流动人口的性别比在过去 30 年间发生大幅变动。在 20 世纪 90 年代之前,女性是流动劳动力的主体。在改革开放之初,婚姻随迁、亲友随迁成为了女性劳动力迁移的主要原因。这个结构在 90 年代后发生了变化,如图 8.9 所示,1990 年的性别比值

125 意味着男性是劳动力迁移的主力军。这种变化主要来源于非农产业对于男性劳动力的巨大需求。进入 21 世纪后这一比例降至 107，2005 年进一步降至 101。这一阶段女性劳动力的比例上升，一部分源于服务型产业大量的人口需求，一部分源于妻子与丈夫的团聚需要。而这一比例又在 2005—2015 年间扩大，2015 年增至 116.9。背后的原因一方面可能是由于制造业的增长，从而产生了大量男性劳动力的需求；另一方面可能是女性群体更可能获得本地户口变成本地居民。

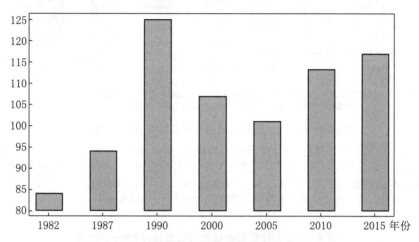

图 8.9　中国流动人口性别比：1982—2015 年

注：性别比表示每 100 名女性对应的男性数量。

资料来源：1982—2005 年迁移人口数据来自段成荣、杨舸、张斐、卢雪和：《改革开放以来我国流动人口变动的九大趋势》，《人口研究》2008 年第 4 期；2010 年迁移人口数据来自段成荣、袁艳、郭静：《我国流动人口的最新状况》，《西北人口》2013 年第 6 期；2015 年数据来自国家统计局人口和就业统计司：《2015 年全国 1‰人口抽样调查资料》，中国统计出版社 2016 年版。

2. 流动人口受教育水平得到提高

过去 30 多年间，不仅流动人口的数量在大量增长，流动人口的平均受教育水平也显著提高。从图 8.10 中可以看到，1982—2015 年流动人口的平均受教育年限提高了 5.35 年。在 2015 年的统计数据中，迁移劳动力的平均受教育年限为 10.93 年，高于总人口平均受教育年限的 10.2 年。这意味着迁移人口属于教育精英阶层，人力资本得到快速提升。流动人口中高学历人口占比持续提升，而低学历人口占比持续下降。根据中国的户籍政策，当一个人进入大学，一般情况下他会在城市工作并能够顺利得到非农户口，这部分人也不会被统计为迁移人口。由于这个原因，在 1990 年前迁移人口中几乎不包含大学毕业生。而 1990 年后，大学生不再包分配，同时越来越多的毕业生涌入大城市，部分学生也不能获得户籍，因此他们被算在外来人口内。

与此同时，从表 8.4 中我们可以看出，在各种教育层次的群体中，省内流动人口的占比都超过了省际流动，这再次说明了距离对流动决策的影响。教育水平也会影响流动范围的动态调整，总体而言，跨省流动的占比从 2000 年的 26.67％增加至 33.06％，之后又降至 2020 年的 26.79％。未上过学、小学、初中和高中群体的跨省流动也呈现相同的变化趋势，而大学本科和研究生群体则是呈现了相反的时间趋势。

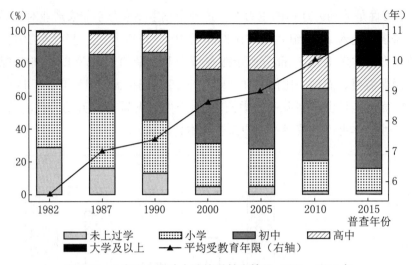

图 8.10　6 岁以上流动人口的受教育情况：1982—2015 年

资料来源：1982—2005 年迁移人口数据来自段成荣、杨舸、张斐、卢雪和：《改革开放以来我国流动人口变动的九大趋势》，《人口研究》2008 年第 6 期；2010 年迁移人口数据来自段成荣、袁艳、郭静：《我国流动人口的最新状况》，《西北人口》2013 年第 6 期；2015 年数据来自国家统计局人口和就业统计司：《2015 年全国 1％人口抽样调查资料》，中国统计出版社 2016 年版。

表 8.4　人口省际流动和省内流动占比：2000—2020 年　　　　　　　　（％）

	2000 年		2010 年		2020 年	
	省内	省际	省内	省际	省内	省际
合　计	73.33	26.67	66.94	33.06	73.21	26.79
未上过学	76.06	23.94	74.08	25.92	80.37	19.63
小　学	69.60	30.40	65.02	34.98	73.50	26.50
初　中	64.35	35.65	57.37	42.63	66.60	33.40
高　中	84.63	15.37	75.55	24.45	77.13	22.87
大学专科	88.08	11.92	79.79	20.21	79.22	20.78
大学本科	75.19	24.81	77.86	22.14	75.65	24.35
研究生	64.19	35.81	75.19	24.81	66.37	33.63

资料来源：《中国 2000 年人口普查资料》《中国 2010 年人口普查资料》《中国人口普查年鉴-2020》。

3. 平均年龄增长

流动人口的平均年龄从 1982 年的 27.3 岁增加到 2020 年的 34.7 岁，增加了近 7 岁（见图 8.11）。流动人口平均年龄的小幅增加可能与 1980 年之后全国实行的计划生育政策有关。一些研究者担心随着流动人口平均年龄的增加，中国劳动力供给充足的人口红利会消失，可能要面临劳动力供给不足的局面。这种担心固然是有道理的，但是劳动力供给不足的状况在短期内可能还不会出现。因为，15—59 岁的劳动力人口在流动人口总体中所占的比例从 1982 年的 64.6％稳步上升到 2010 年的 88.4％，到 2020 年略微降至 84.5％。从绝对规模来看，总体流动人口中 15—59 岁的劳动力人口规模从 1982 年的 358 万人增加到了 2020 年的 2.89 亿人，增长了约 80 倍，远超过流动人口总体规模的增长。另外，值得注意的是，流动人口的平均年龄增长，部分也是因为他们在城市里居住和工作的年限延长，这更加带来了户籍制度改革的迫切性。

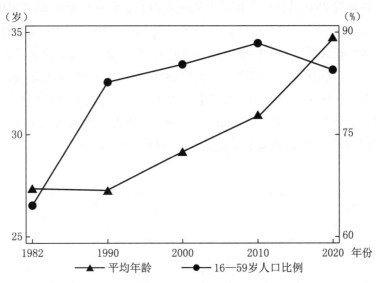

图 8.11　流动人口的平均年龄：1982—2020 年

资料来源：段成荣、邱玉鼎、黄凡和谢东虹：《从 657 万到 3.76 亿：四论中国人口迁移转变》，《人口研究》2022 年第 6 期，第 41—58 页。

4. 流动长期化和稳定化

流动人口的外出流动时间趋于长期化和稳定化。图 8.12 展示了 1987—2015 年外出流动超过 5 年以上的流动人口的规模和在流动人口总体中所占的比例。虽然 1987—2010 年外出流动超过 5 年时间的人口比例从 40.08％下降到 30.90％，但这并不意味着近 30 年来流动人口流动长期化趋势的减弱。从人口规模来看，外出流动超过 5 年时间的流动人口从 700 万人增加到 6 842 万人，增加了近 9 倍。长期流动比例下降的原因主要是每年大量新增的流动人口加入到流动人口大军中来，短期流动人口数量快速增加。据段成荣等人统计，2010 年全国流动人口离开户籍所在地的平均时间达到 4.5 年，与 2000 年及 2005 年大体保持一致。考虑到外出流动低于 5 年的短期流动人口比例处于不断上升的趋势，平均流动时间在近 10 年内基本保持一致，这就意味着早期外出流动的流动人口在流入地滞留时间很长，而且越来越长。由于人口普查未提供外出流动 6 年以上流动人口在外流动的具体时间，段成荣等人还根据国家人口计生委 2011 年全国流动人口动态监测数据计算，全部流动人口中，在流入地居住 10 年以上的人口占 15.41％，15 年以上的人口占 4.97％，他们据此比例再结合流动人口规模估算，流动人口在流入地居住 10 年以上的人口达 3 412 万人，居住 15 年以上者达 1 100 万人。[1]可

① 段成荣、吕利丹、邹湘江：《当前我国流动人口面临的主要问题和对策——基于 2010 年第六次全国人口普查数据的分析》，《人口研究》2013 年第 2 期，第 17—24 页。

见,长期外出流动的人口规模相当大。同时,许多调查发现流动人口居住过的城市个数并不多,根据翟振武等人调查的结果显示,流动人口居住过的城市平均只有 1.56 个[1],段成荣等人对新生代农民工的调查发现 70.3％的人只流动过 1 个城市。[2]《中国流动人口发展报告 2016》指出,半数以上流动人口有在现居住地长期居留的意愿。因此,所谓的流动人口不再是"流动"的,他们从原籍地流动到目的地后,成为流入地城市的稳定就业者和长久居住者。特别值得一提的是,在上海、北京等特大城市,流动人口的居留时间更长,我们根据《2015 年 1％人口抽样调查资料》数据计算,居留超过 5 年以上的流动人口占比在上海为 51.59％、北京为 45.06％,超过 10 年以上的流动人口占比在上海和北京分别是 27.97％和 22.53％。对于长期稳定居住和就业在一个城市的"流动人口"而言,最为迫切的需要是获得本地户籍和公共服务。

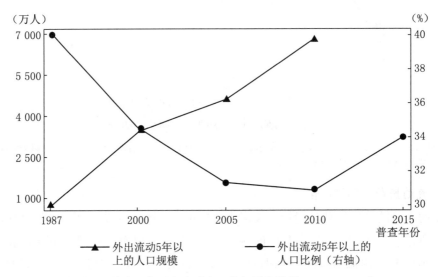

图 8.12　外出 5 年以上流动人口的规模和比例：1987—2015 年

资料来源：1982—2015 年外出 5 年以上流动人口规模来自段成荣、袁艳、郭静：《我国流动人口的最新状况》,《西北人口》2013 年第 6 期,第 1—7、12 页；2015 年外出 5 年以上流动人口比例来自《2015 年全国 1％人口抽样调查资料》中 70 个大中城市的统计数据。

5. 流动家庭化

与流动的长期化和稳定化相对应的是,人口流动的家庭化趋势开始凸显。第四次和第五次全国人口普查的数据显示,迁入纯外户[3]的流动人口比例从 1990 年的 7.44％上升到 2000 年的 46.06％,提高了近 5 倍。2014 年的全国农民工监测调查报告显示,2008—2013 年,举家外出农民工每年增加约 100 万人。段成荣等人将人口流动的家庭

---

[1]　翟振武、段成荣、毕秋灵：《北京市流动人口的最新状况与分析》,《人口研究》2007 年第 2 期,第 30—40 页。

[2]　段成荣、吕利丹、邹湘江：《当前我国流动人口面临的主要问题和对策——基于 2010 年第六次全国人口普查数据的分析》,《人口研究》2013 年第 2 期,第 17—24 页。

[3]　纯外户指迁移人口所在的家庭户户主与配偶均为迁移或流动人口。

化过程归纳为四个阶段：第一阶段，单个个人外出流动阶段；第二阶段，夫妻共同流动阶段，子女留给家里的父母或其他亲属照顾；第三阶段，核心家庭化阶段，子女随迁，在流入地生活、就学；第四阶段，扩展家庭化阶段，将父母列入随迁的考虑范围。[①]

在流动人口的婚姻构成中，已婚人口一直是最主要的组成部分，从 1990 年以后流动人口的已婚比例进一步上升，从 1990 年的 59.73% 增加到 2005 年的 68.51%（段成荣等，2008）。[②]国家统计局发布的农民工监测调查报告显示，2017 年在全部农民工中，有配偶的占 77.8%，之后保持稳定。2024 年该比例为 78.99。与 2010 年相比，2014 年流动人口子女在现居住地出生的比例上升了 29.1 个百分点，达到 56.6%，相应地，在户籍地出生的比例明显下降（国家卫生和计划生育委员会流动人口司，2016）。[③]家庭迁移化的比例不断增加，根据历年人口普查的数据统计，家庭整体迁移率从 1982 年的 14.4% 上升至 2015 年的 21.2%，整体迁移规模明显增加。[④]这些都促使中国人口流动的家庭化趋势从第二阶段过渡到第三阶段。《中国流动人口发展报告 2015》指出，近 9 成的已婚新生代流动人口是夫妻双方一起流动，与配偶、子女共同流动的约占 60%，越来越多的流动家庭开始携带老人流动。

6. 社会关系网络对于农村外出打工者非常重要

一个对现实的观察就是，农村外出打工者往往都是由自己村里的同伴介绍出来，"抱团"在一个地方工作。这样做的好处显而易见：农民得到的信息直接来自信任度较高的老乡，成功得到工作的概率较大，速度较快，提高了预期收入，这点在图 8.8 寻找工作的方式中已经得到验证。同时，"抱团"打工不仅使得流动的直接成本较低，更为重要的是降低了由于对城市的陌生感所带来的心理（机会）成本。在这一过程中，拥有社会关系网络无疑对于人口的流动具有促进作用。

以上是有关劳动力流动的人口社会经济特征的总结，但还没有触及一个问题，那就是劳动力流动的方向。这个问题实在是太重要了，以至于我们需要用整整一章来讨论这个问题。

8.6.4　国际流动

2019 年联合国经社部发布关于全球国际移民存量的报告显示，中国是继印度和墨西哥后的世界第三大移民输出国。从流动目的地来看，亚洲仍是从中国境内输出移民的主要目的区域，其次是以传统移民国家为主的北美地区。

---

① 段成荣、吕利丹、邹湘江：《当前我国流动人口面临的主要问题和对策——基于 2010 年第六次全国人口普查数据的分析》，《人口研究》2013 年第 2 期，第 17—24 页。

② 段成荣、杨舸、张斐、卢雪和：《改革开放以来我国流动人口变动的九大趋势》，《人口研究》2008 年第 6 期，第 30—43 页。

③ 国家卫生和计划生育委员会流动人口司：《中国流动人口发展报告 2016》，中国人口出版社 2016 年版。

④ 整体迁移是指夫妻双方以及全部子女均进行迁移，且均迁移到同一地点。

　　长期以来,留学生群体是国际移民的重要组成部分。处于提高个人的国际竞争力,谋求良好职业的目的,个体纷纷选择出国留学。国内优质高等教育资源的缺乏加剧了出国留学的动机。近年来中国出国留学热潮持续不退。此外,作为发展中国家,中国从改革开放以来,就采取了不断扩大派遣公费留学生、放宽自费留学生限制的政策,并在 1993 年以中共中央文件的形式确立了"支持留学、鼓励回国、来去自由"的留学总方针。图 8.13 显示,改革开放以后,出国留学人口规模逐年增加。中国出国留学人数从 1978 年的 860 人增加到 2000 年的 5.88 万人。从 2002 年起,每年规模都超过 10 万人;至 2019 年,中国累计留学出国人数已达到 641 万人。出国留学还出现低龄化,并存在举家移民海外的现象。子女教育越来越成为新兴中产阶层移民海外的重要原因。子女处于基础教育阶段也侧面说明了投资移民家庭的年轻化趋势显现。

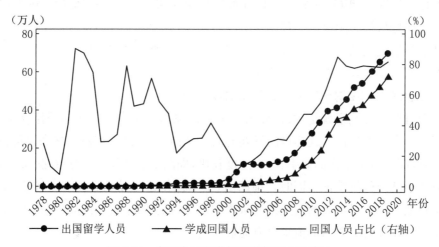

图 8.13　中国出国留学与留学归国人数统计

资料来源:历年《中国统计年鉴》。

　　随着出国留学人员的增多,人才流失已经成为中国必须面对的一个问题。图 8.13 显示,学成归国留学人员数量也呈现逐渐增加的时间趋势。但回国人员与出国留学人员数量的比值却呈现出不一样的趋势。在 2002 年之前,学成归国留学人员的比例总体是逐年降低的,在 2002 年达到最低值,仅为 14.34%。之后,该比例逐年增加,在 2019 年,回流率达 82.49%,这比 2002 年已经提高了近 5 倍。2020 年新冠疫情暴发以来,全球经济出现疲软趋势,留学回国人员的增速出现大幅度提高。2020 年中国出国留学生学成回国人数同比增长 33.9%,达 77.7 万人,同比增速高出 2019 年近 3 倍,且在 2021 年持续保持增长态势;2021 年回国就业学生首次超过百万,达 104.9 万人,同比增长 35.01。[1]

　　回国人员增加背后的主因是中国经济发展水平的提高,这也与韩国等地经济发展过程中走过的历程相似。另一方面的原因是中国出台的系列吸引在外留学生人员回

---

　　[1]　更为详细的数据可参考《2022 中国留学生归国求职洞察报告》。

国服务或为国服务的政策,例如资助留学人员短期回国服务,资助已回国留学人员科研费用,扶持、建立和发展留学人员创业园,简化出入境和落实户口等手续、提供出入境便利,解决留学人员子女入学问题,等等。

与中国人口"走出去"相对应的是,外国人口"请进来"的情况。新中国成立以来,中国的出入境政策经历了从"管紧管严"到逐步开放再到与国际社会接轨的演变,更加具有开放性、包容性,融入国际社会的融合度更深,从一个侧面体现了中国的发展、开放、包容与自信。

1950—1955年,中国全面开展了外国侨民登记与侨民身份认定工作,主要是通过外侨登记、审查,清理来自西方资本主义国家的外国人。截至1956年,来自资本主义国家的外国人从55 944人锐减至7 833人。改革开放前夕,中国境内外国人数量仅有1.5万人左右。[①]在上海,常住外国人由新中国成立初期的5.5万余人减少到1979年底的约710人。[②]

改革开放后,中国开始逐渐放宽外国人来华限制,出入境政策从严格管制向宽松便利并逐渐与国际接轨转变。1978年以后,中国的外国人管理工作方针经历了由"简化手续、掌握情况、重点控制"到"维护主权、保卫安全、依法管理、宽严适当"再到"维护主权、保卫安全、适应开放、服务四化建设"的转变,逐渐放宽外国人入境、旅行、居留方面的限制。1983年以后,各地方陆续拔除了"外国人未经许可不准超越"的标志牌,逐渐扩大外国人自由旅行区,除一些军事禁区、边境地区外,中国大部分市县区域已对外国人开放。1986年取消了外国人出境签证制度,实行口岸签证等,这些措施大大便利了外国人入出境,使得来华投资、旅游、商贸、学习的外国人数量飞速增长,外国人入出境人口从1978年的102万人次上升到1999年的1 678.4万人次。[③]1999年1月1日开始取消境外人员定点住宿制度。进入21世纪后,全国基本上取消了外国人定点住宿限制,外国人入境后可以自由选择住宿点。

出入境边防检查机关检查综合统计数据显示,在2007年,外国人入境人口已增至5 207.9万人次(如图8.14)。2004年,中国正式施行《外国人在中国永久居留审批管理办法》,标志着外国人永久居留管理制度的正式确立,标志着中国在对国际移民的接纳与治理方面开始与国际接轨。

从入境目的来看,旅游观光、访问、运输工具服务员工、会议商务等占主体。在华常驻人口比例虽低,但规模也是逐渐增加。根据第六次和第七次全国人口普查公报,在华常住外国人1980年有近2万人,2000年增长到15万余人,2010年则有近59.38万人,2020年将近84.57万人。中国成规模的外来移民族裔聚居区越来越多,如上海

---

① ③ 吕红艳、郭定平:《中国外来移民治理的四重挑战,意味着什么?》,人民论坛网,2020年3月5日,https://baijiahao.baidu.com/s?id=1660311412630049525&wfr=spider&for=pc。

② 倪安杰:《上海公安出入境外国人管理发展沿革》,国家移民管理局,2019年6月24日,https://www.nia.gov.cn/n741435/n907688/n932720/n1008173/n1029047/n1029059/n1029121/c1035606/content.html。

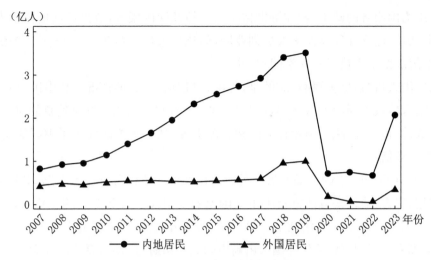

图 8.14　中国出入境人口数量

资料来源：国家移民管理局。

古北日本人聚居区、北京的望京韩国城、青岛的韩人社区、广州小北路非洲人聚居区、天津的外籍人士聚居区等。

　　来华留学规模也呈逐步增加的趋势（见图 8.15）。来华留学生规模从 1978 年的 1 236 人增加到 2018 年的 49.22 万人。虽然如此，与出国留学生数量相比，中国引进的来华留学生却还不多，存在留学逆差。国家出台各种优惠政策，以此期许中国成为世界上真正的留学大国，参与到全球人才竞争中，享受全球智力共享、留学经济等"留学红利"。但正是在这样的考量和政策激励下，中国高校常常会出现对留学生普遍性的"超国民待遇"，也才会让对内对外招生的双重标准越来越明显。

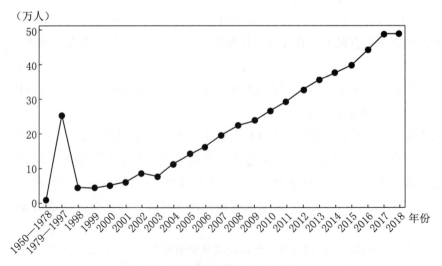

图 8.15　来华留学规模：1950—2018 年

资料来源：历年《来华留学生简明统计》。

思考题

1. 刚刚博士毕业做教师的时候,有不少人问:"你为什么不去尝试其他的工作,一直待在学校里有什么意思?"还有人认为,高校待遇相对较低,博士毕业以后,不妨先去挣钱,等钱挣够了,再回学校来教书。对此,如果从经验的回报角度来看,你如何评论?

2. 有不少人坚信,"失业"就是"找工作"的代名词,从某种意义上来说,失业就是结构性的。在劳动力市场上,比较容易地获得失业人数和空岗数量两个指标,可以用这些数据来对失业是否是结构性的进行判断吗?如果失业人数明显超过空岗数量,能说明什么?

3. 近些年,全球范围内,民粹主义抬头,关于移民问题的态度出现很大变化。多个国家出现移民与本国居民之间的冲突有所上升,甚至成为局部地区社会骚乱和恐怖袭击的深层次原因。有人认为应该加强对移民的限制,有人认为应该致力于促进移民与本国居民之间的融合。对此,你怎么看?有什么可以促进二者融合的政策选择吗?

4. 总结一下,通过本章及之前内容的学习,失业保险金的变化能够通过几个渠道来影响失业率?其作用原理是怎样的?

5. 在20世纪90年代,当中国出现大规模的乡-城移民时,一些地方政府试图用清退外地劳动力的方法来增加本地劳动力就业,在清退外来劳动力的过程中,本地劳动力能够1:1地增加就业吗?清退外来劳动力是否一定减少外来劳动力的流动?

6. 很多研究都证实,社会关系网络对于找工作的成功率和找到工作后的收入有正面影响。在中国,社会关系网络对于找工作非常重要。这是为什么?中国的劳动力市场正处在"市场化"的过程之中,那么,你认为社会关系对于找工作的重要性会发生什么样的变化?另外,利用社会关系网络找到的工作,会有什么不同之处吗?比如,工资水平以及工作年限等维度的表现。对企业来说,何种找工作的方式是最优的呢?

7. 在中国,存在数量庞大的"留守儿童"留在农村或老家城镇读书,而他们的父母在外地城市打工。请结合劳动力流动的理论和中国的制度背景对此进行解释和评论。有种观点认为,应该通过鼓励加惩罚的措施,引导外出打工的年轻父母回到家乡,这样才能根治留守儿童问题。对此,你怎么看?

8. 在全球化的背景下,移民数量不断增长,移民目的地的原住民往往感觉自己的利益受到了损害。从经验研究的结果来看,通过劳动力市场的竞争,移民可能会对原住民收入水平的上升起到一定的抑制作用,这种效应主要来自低收入人群。即使如此,是不是能直接得出"限制移民"的政策含义?

9. 目前社会上还有不少人认为取消户籍限制实现国内劳动力自由流动是有问题的,你觉得他们的理由会是什么?请列举能够想到的理由,并尝试分析这些理由是不是有理论和实证的依据。

▶9

劳动力的城乡和地区间配置[*]

在上一章中，我们已经了解到，中国的劳动力流动规模非常庞大，但是，我们没有深究一件事，中国大规模劳动力流动的方向是怎样的？如何解释？

与其他章节的打开方式不同，这一章，让我们先来看几张图，了解一下中国的劳动力迁移状态。

图 9.1 是 2000 年和 2010 年两次全国人口普查中劳动力跨市流动的空间分布。可以非常清楚地看到，在这十年间，人口仍然主要在向东南沿海迁移，更为具体地来说，

流动人口数量
· 50万人以下
• 50—100万人
● 100—500万人
● 500万人以上

（a）2000 年

---

* 本章涉及城市、区域和国家发展的众多问题，读者可通过阅读以下两本书更为全面地了解相关的问题：陆铭：《大国大城：当代中国的统一、发展与平衡》，上海人民出版社 2016 年版；陆铭：《向心城市：面向未来的活力、宜居与和谐》，上海人民出版社 2022 年版。

流动人口数量

· 50万人以下

• 50—100万人

● 100—500万人

● 500万人以上

(b) 2010 年

流动人口数量

· 50万人以下

• 50—100万人

● 100—500万人

● 500万人以上

(c) 2020 年

图 9.1 全国人口普查中流动人口的分布:2000—2020 年

注:流动人口指城市迁入人口数量。

资料来源:《2000 人口普查分县资料》《中国 2010 年人口普查分县资料》和《2020 中国人口普查分县资料》。

实际上是在向珠江三角洲、长江三角洲和环渤海湾地区集中。而在中国中西部地区，迁移人口主要是在向一些地区性的大城市周围集中。由于中国处在快速的城市化进程当中，这些跨地区的迁移人口中，主体部分其实是农村向城市的迁移人口。换句话说，中国的跨地区迁移主要是从中西部的农村向东部和区域性中心的大城市迁移。

既然中国的跨地区迁移伴随着城市化的进程，那就必须回答一个问题。这些迁移人口待在家乡不好吗？甚至有不少人会感慨，农村多好啊，风景好，空气新鲜，自己有房有地，到城市受罪干什么？

那么，让我们放眼全球和全国，把问题问得再严肃一点。

为什么经济发展会出现城市化过程，这是必然出现的趋势吗？与此相关的一个问题是，为什么会在中国出现如此大规模的农村向城市的劳动力转移？为什么长期以来中国人口的城市化率远远低于工业和服务业在经济当中所占的份额？

在人口向少数城市周围集中的过程中，城乡间和地区间的差距会越来越大吗？

中国的城市化进程怎么了？为什么在中国成为全球制造业中心的时候，劳动力的跨地区、跨城乡流动规模如此之大，但城市化水平（即使包括无城镇户籍的外来移民）仍然低于世界上处于同一发展水平的其他国家大约10个百分点？

如果放眼全球，为什么全球人口集中在少数地区？而且人口仍然在向少数大都市集聚？与此相关的问题是，为什么中国也同样出现了人口向大城市集中的现象？大城市的人口会越来越多吗？数字经济时代，线上活动日益频繁，会出现逆城市化和去中心化的趋势吗？

为什么大城市的人口密度更高，收入也比其他地区更高？难道大城市收入高只是为了弥补其在大城市更高的生活成本吗？为什么即使大城市出现了各种所谓的"城市病"，很多人还是往大城市集中？

为什么在户籍制度歧视低技能劳动力的时候，在特大城市和超大城市却出现保姆的工资高于大学毕业生薪资的现象？

能不能通过向人口流出地增加投资，来遏制人口向外流动的趋势，从而达到人口在空间上更均匀的分布？

以上这些问题正在困扰着当下的中国，因此我们特别需要专门一章的内容对此进行详细的分析。

9.1　二元经济中的城乡间劳动力流动

人们通常用经济发展水平来区分发展中国家和发达国家，而另一个重要的指标是经济和人口的结构。发达国家的产业结构通常以工业和服务业为主，尤其是服务业在GDP中的份额达到60%，甚至80%以上，而发展中国家则处在工业化的过程当中，其中的低收入国家的经济结构甚至可能以农业为主。由于工业和服务业的发展往往集中在城市，而农业则集中在农村地区，因此，经济发展水平又与城市化水平相关，发达国家通常有 75％甚至高达 90％的人口居住在城市地区,而发展中国家的城市化率则相对较低。

总结一下,发展中国家的经济结构具有两方面的二元特征:第一,在经济结构方面,同时存在相对先进的工业和服务业,以及相对落后的农业,经济发展过程表现为工业和服务业在 GDP 中所占份额逐步提高。第二,在人口结构方面,在发展中国家人口中,农村人口比重较高,城市化水平较低,经济发展过程同时表现为城市化水平的不断提高。

那么,这个工业化和城市化的过程是怎样完成的呢? 1954 年,美国经济学家威廉·刘易斯(W. A. Lewis)在英国曼彻斯特大学学报上发表了一篇题为《劳动力无限供给条件下的经济发展》的论文。在经济学发展史上,这篇论文首次完整地提出了一个针对经济发展过程的二元经济模型,开创了经济学研究经济发展和结构转换的先河,至今仍然是我们分析经济发展过程的基础。刘易斯荣获 1979 年诺贝尔经济学奖,主要就是因为他在发展经济学研究中做出的开创性贡献。

下面,我们就来一起学习一下刘易斯模型吧。

9.1.1 刘易斯模型

刘易斯的二元经济模型中存在两个部门,为了简化,我们称之为传统部门和现代部门。或者,为了更为贴近发展中国家的实际,我们可以称传统部门为农业,现代部门为工业和服务业。如果进一步再假设工业和服务业是在城市里发展的,而农业主要在农村,我们也可以将传统部门称为农村,现代部门称为城市。这样,这个二元经济的工业化进程伴随着工业和服务业的提高,而城市化则伴随着城市人口在总人口中比重的提高,这两个进程是同步的。接下来,出于简化,我们就以农村来指代传统部门,而以城市指代现代部门。

特别需要强调一下,工业化进程并不一定是工业在经济中的比重持续提高,经济发展到一定阶段之后,服务业比重越来越高,而工业比重可能是下降的,但这不能说是工业化的倒退。因此,在经济发展的意义上,工业化进程指的是工业和服务业比重的提高过程,也有学者称服务业比重超过工业和农业时的社会为后工业化社会。

在经济发展的早期,当城市经济还不发达的时候,发展中国家的农村存在大量的"剩余劳动力"。剩余劳动力就是指这样一部分劳动力:当减少这部分劳动力的时候,农业产出并不减少;增加这部分劳动力,农业产出也不增加。什么时候会出现这样的情况呢? 当农业的土地数量给定,而人口-土地比率非常高的时候,农业产出是由土地数量决定的,这时,人口的增减并不能改变农业产量,这时,就存在剩余劳动力。

在经济发展的过程中,一国只有发展现代部门才能吸收剩余劳动力,提高全体人民的生活水平。为什么城市的现代部门可以持续地创造就业岗位呢? 现代工业和服务业的特点是,它们的发展不再受制于土地数量的约束,只要能够不断地积累资本,城市总是可以源源不断地创造劳动力需求。再强调一下,在二元经济中,产量是受制于土地,还是可以通过资本积累不断提高,是区分传统部门和现代部门的核心特征。这意味着,在经济发展过程中,城市化水平不断提高是一个必然的过程。如果你担心农村劳动力进城找不到工作,那就相当于在担心城市部门没有经济增长和创造就业的空间了,这时经济发展也就停滞了。而实际情况是,一个国家的发达程度总体上来说是与其城市化水平高度相关的。

在刘易斯模型中,经济发展将出现两个阶段:

在第一个阶段,随着城市不断创造新的劳动力需求,一些农村地区的剩余劳动力向城市转移,但这部分剩余劳动力的流出不影响农业的总产量。不妨假定,所有农村劳动力在农村是共同分享农业产出的,于是,当农业产出给定时,农业的平均产出也是不变的。这时,一个农村剩余劳动力只要在城市部门能够获得高于农业平均产出的工资水平,剩余劳动力就会不断地转移到城市。

经济发展的关键是第二阶段。这时,农业边际劳动生产率为零的剩余劳动力已经全部转移到了城市现代部门,在这个阶段劳动力如果继续从农业流出,必然导致农产品总产量下降,只有用资本替代劳动,才能避免农产品短缺。城市部门如果要雇佣新的劳动力,就必然要提高工资,与农业竞争劳动力。这时,将出现劳动力短缺的现象,城市部门将出现持续的工资水平的上升。

刘易斯模型刻画了上述经济发展的过程。这个产生于 20 世纪 50 年代的简化模型虽然没有进一步刻画农村的变化,同时,其城市的发展也仅仅被简化为一个资本不断积累的过程,但实际上,如果进一步推论的话,在经济发展进入第二阶段以后,一个国家在城市部门出现的工资水平持续上升将带来一系列的变化。在通常情况下,资本的价格(即利率)是相对比较稳定的,而当工资快速上升之后,劳动相对于资本就越来越贵,于是,城市部门将出现资本替代劳动的技术进步和产业升级,一些劳动密集型的产业将逐渐迁离本地。同时,在农业中,随着劳动力的持续减少,一方面人均土地面积将持续增加,以家庭为单位的生产方式将逐渐被大农场的模式所替代。另一方面,同样由于农业劳动力越来越贵,农业的机械化也将成为必然趋势。

讨论

有人说,中国的东部地区在 2004 年之后出现了刘易斯拐点,而中西部地区却没有到达这个点。请问,在刘易斯模型中,会出现一个国家的不同地区在不同时间到达刘易斯拐点吗?

模型

刘易斯"二元经济模型"

刘易斯"二元经济模型"可以用一个被修正的劳动供给-需求模型来表示。在图 9.2

中,LS 表示的是城市工业和服务业的劳动力供给曲线。这条曲线与通常的劳动供给曲线的关键差别是它有一段水平的部分 W_0T,这部分就是农村(农业)中仍然存在剩余劳动力的阶段。正如前面所说,这时,农业劳动力转移到城市的工业和服务业中,但农业的产量并不下降,只要城市部门付一个最低水平的工资,而这个工资扣除掉流动成本后能够高于农村的平均收入,就会有人愿意去城市工作。这段水平的劳动供给曲线就是"无限弹性的劳动供给曲线",换言之,工资不变,但劳动供给可以一直增加。

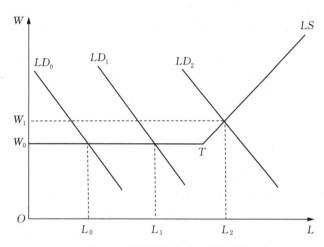

图 9.2 刘易斯"二元经济模型"

T 所在的位置就是"刘易斯拐点",在到达点 T 之后,如果城市部门要进一步增加劳动力雇佣,就需要进一步减少农业部门的劳动力,而由于剩余劳动力已经吸纳完毕,农业劳动力的减少将影响农业产出。这时城市增加劳动力数量,就产生了与农业部门的竞争,必须付出更高的工资水平。于是,劳动力供给曲线的形状变成斜率为正的向上倾斜状。

我们再来看劳动力需求曲线。图中,有一组向右下倾斜的劳动力需求曲线。根据我们在前面所学到的知识,每一条劳动力需求曲线对应于一个资本存量水平。随着现代工业和服务业资本积累水平的不断提高,劳动力需求曲线不断向右移动。

在整个二元经济的发展过程中,随着劳动力需求曲线从 LD_0 右移到 LD_1,城市工业和服务业的劳动力数量从 L_0 增加到 L_1,这时,工资水平维持在 W_0 的状态。之后,劳动力需求曲线进一步右移到 LD_2,这时,整个经济越过了刘易斯拐点,工资水平提高到 W_2。而当劳动力需求曲线出现一个连续移动的过程的时候,工资水平就从保持在 W_0 开始,在 T 处出现一个拐点,之后,工资水平出现连续的上升趋势。

刘易斯模型高度简化,发表之后虽招致了不少批评,但是引起了后续大量有关二元经济的研究,对此,本书就不一一介绍了。有兴趣的读者请学习发展经济学中有关农村到城市的劳动力流动的知识。

9.1.2　存在劳动力流动障碍的二元经济模型

通常来说,一个高度简化的理论能够为我们分析现实提供一个很好的起点,而如果要更好地利用这样的理论来理解现实,就还需要看到现实与理论的差距,对理论进行适当的修正。

我们来回顾一下刘易斯模型隐含的假设。刘易斯模型所刻画的是一个完全竞争的劳动力市场,不存在劳动力从农村流向城市的制度性障碍,工资完全由劳动力市场的供给与需求曲线共同决定,不存在任何垄断性的市场力量来改变由市场决定的工资水平。相应地,流入城市的劳动力规模也是由市场供求共同决定的。然而,中国二元经济发展中的制度背景与刘易斯模型的假设不符,城市内部因户籍而存在社会分割,城乡之间和地区之间的劳动力流动存在制度障碍。

在刘易斯模型中,城市内部的产业工人没有类似于户籍这样的身份差异,无论他是城市的原有居民还是来自农村的新移民,拿的都是产业工人的工资。根据这一模型,在出现刘易斯拐点之前,城市工业部门的工资是几乎不变的,工业的剩余都成了资本拥有者的利润。然而,长时间以来在中国所发生的事实则是,在城市劳动力市场上,相比于本地城镇户籍劳动力,不拥有本地城镇户籍的劳动力工资收入更低,更难进入相对较高收入的行业和职业。此外,由于公共服务的获得与户籍身份挂钩,社会保障体制仍然存在城乡间和地区之间的分割,劳动力流动面临额外的制度成本。因此,我们需要一个存在劳动力流动障碍的二元经济模型,来理解中国城乡二元经济的发展。

相对于劳动力自由流动的状态,在一个存在劳动力流动的制度成本的二元经济模型中,能够理解以下几个中国经济长期存在的现象。

第一,劳动力流动规模和城市化水平被压低了。尽管中国的城乡间和地区间劳动力流动规模非常巨大,但如果不是因为制度性的障碍,其中有相当大一部分居民应该早就转化为居住和工作地的户籍人口,而不是非本地户籍的常住人口。[①]根据国家统计局的数据,在既有的城镇常住人口中,截至 2020 年底,大约有 2.61 亿农村进城人口不拥有居住地的城镇户籍。这部分人口的存在导致户籍人口城镇化率和常住人口城镇化率存在差距。图 9.3 显示,这个差距已经从 1985 年的 3 个百分点,逐步增加到 2020 年的 18.49 个百分点。在 2020 年,户籍人口城镇化率为 45.4%,而常住人口的城镇化率可达到 63.89%。这种大量城镇常住人口仍然是"农民身份"的现象也常被称为"半城市化"和"伪城市化"。

---

① 常住人口是中国人口统计中一个比较重要的概念,包括:(1)居住在本乡镇街道且户口在本乡镇街道或户口待定的人;(2)居住在本乡镇街道且离开户口登记地所在的乡镇街道半年以上的人;(3)户口在本乡镇街道且外出不满半年或在境外工作学习的人。

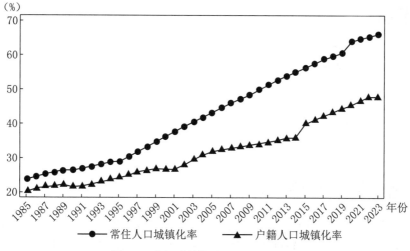

图 9.3　中国城镇化率：1985—2023 年

资料来源：历年《中华人民共和国国民经济和社会发展统计公报》。

即使以常住人口的城镇化率作为衡量中国城市化水平的指标，将其与其他发展水平相近的国家做比较，中国的城市化率也还是低了大约 10 个百分点。

第二，城市化水平远远落后于工业化水平。在刘易斯模型中，工业化和城市化是同步的，城市的工业部门持续地进行人力资本积累，工业化水平不断提高；同时，这一过程带来持续增长的劳动力需求，吸引农村劳动力转入城市，城市化水平不断提高。但在中国，根据国家统计局数据，工业和服务业的 GDP 从 2009 年起就超过了 90%，在2023 年达到 92.82%，远远高于同年的常住人口城市化率 66.16%。

第三，城乡间和地区间的收入和福利差距巨大。一方面，由于存在劳动力流动的制度障碍，城乡间劳动力流动规模被压低了，于是，农村劳动力的边际生产力和人均收入也被压低了。另一方面，在城市里，与城镇户籍相挂钩的各种公共服务和福利（如教育、最低生活保障和廉租房）相当于给城市户籍人口额外增加了一块实际收入。在上述背景下，中国城乡间的人均收入差距仍维持在 2.4 倍左右，如果将公共服务和福利包括在内，则实际收入差距更大。由于中国不同地区的城市化水平差异巨大，因此，在城乡间收入差距巨大的情况下，农村人口比例较高地区的人均收入水平也被相应"压低"了。

城乡间的劳动力流动障碍会造成城市部门的劳动力供给不足，特别是低技能劳动力相对供给不足，相应地，城市化进程和经济增长速度也被压低了。同时，由于现有制度拉开了城市外来人口与城市原居民之间的福利差距，也将导致社会不和谐。因此，在制度上逐步降低对于劳动力流动所形成的障碍，既有利于推进城市化和经济发展，同时也有利于消除城市内部的"新二元结构"，从而有利于社会和谐。[①]

---

　　① 对于经济学理论模型有兴趣的读者，请进一步参见以下两篇论文，加深对于中国城市化进程的制度障碍及其影响的理解。陈钊、陆铭：《从分割到融合：城乡经济增长与社会和谐的政治经济学》，《经济研究》2008 年第 1 期；刘晓峰、陈钊、陆铭：《社会融合与经济增长——城市化和城市发展的内生政策变迁论》，《世界经济》2010 年第 6 期。

讨论

　　有调查显示,在中国农村居民中,大约只有10%的人有进城的意愿。据此,有种观点认为中国城市化进程的动力已经消失了。你怎么看?(提示:请注意人们做出迁移决策时的制度背景和约束条件。了解人的迁移意愿时,要不要附加相应的制度和约束条件变化?)

9.2　空间均衡模型

　　上一节我们主要介绍了二元城乡劳动力流动模型,该模型将所有城市当作一个整体,并没有考虑不同城市之间可能存在的差异。对于中国这样的大国,幅员辽阔,东西南北的地理、气候、文化、经济、社会等诸多方面都存在较大差异,劳动力在流动过程中考虑不同地区和城市的不同特征是理所当然的。因此,我们有必要引入不同于上一节的理论分析框架——空间均衡模型。空间均衡模型最核心的逻辑是迁移者将每个不同的迁移目的地当作一个独立的潜在选择项,在考虑劳动迁移的决策时会比较众多潜在目的地城市的不同特征,最后选择实现自己效用最大化的城市。劳动力流动决策本质上是个人比较成本收益并追求更高效用的结果,而劳动力的流动方向就决定了不同地区间的人口分布。

　　我们从最简单的情况开始,只用名义工资衡量效用高低。中国有句古话说:"人往高处走。"那对于个体迁移者来说,哪里是高处呢? 第9.1节的理论认为,由于现代经济部门的预期工资高于传统农业部门,劳动力将从传统农业源源不断地向现代工业部门转移[1],即使面临失业风险,只要预期收益高于农村的收入,农村劳动力还是会选择向城市工业部门流动。[2]给定两个城市或区域 A 和 B 时,个体选择城市 A 时意味着能够获得更高的名义工资。流动达到均衡时,每个劳动力在两个城市会获得相同的效用水平:

$$工资_{城市A} = 工资_{城市B} \tag{9.1}$$

　　个体在城市赚取工资的同时,也需要支付住房成本。房价作为城市生活成本的主

----

[1]　Lewis, W. A., 1954, "Economic Development with Unlimited Supplies of Labour," *The Manchester School of Economic and Social*, 22:139-191; Ranis, Gustav and John C. H. Fei, 1961, "A Theory of Economic Development," *The American Economic Review*, 51, (4):533-565.

[2]　Todaro, P. M., 1969, "A Model of Labor Migration and Urban Unemployment in Less Developed Countries," *The American Economic Review*, 59(1):138-148; Harris, R. John and P. Michael Todaro, 1970, "Migration, Unemployment & Development: A Two-Sector Analysis," *American Economic Review*, 60(1):126-142.

要部分,房价越高,生活成本也越高,这个城市对外来人口流入的推力也越大。[1]如此一来,均衡条件需要略做调整:

$$工资_{城市A} － 房价_{城市A} ＝ 工资_{城市B} － 房价_{城市B} \tag{9.2}$$

式(9.2)虽然很简洁,但对经济现实具有很好的解释力。比如,由式(9.2)可知,名义工资和房价高度正相关。我们利用 2000—2010 年中国地级城市层面的工资和房价数据计算发现,二者的相关系数高达 0.7 左右。房价和工资的这种高度正相关关系,可以用来评估区域政策产生的影响。具体例子见下面的讨论题。

讨论

在 2003 年之后,职工工资和农民工工资出现了同步的快速增长。一些地方甚至出现了和工资上涨相伴随的"用工荒"。同样是在 2003 年前后,住房价格(尤其是沿海地区,又特别是其中的大城市的房价)开始快速攀升。就房价和工资之间的关系而言,一方面经济增长带来的工资上升,会通过需求效应推升房价;另一方面,房价作为生活成本的主要组成部分,也会通过成本效应反过来推升工资。那你觉得 2003 年到底是哪种情况? 两种情况对应的含义会有差异吗?

(提示:参考陆铭、张航、梁文泉:《偏向中西部的土地供应如何推升了东部的工资》,《中国社会科学》2015 年第 5 期。)

除了为获得更好的就业机会、更高的工资和未来更高的预期工资而进行"人往高处走"之外,劳动力还会为了更好的公共服务(特别是教育)而流动,这是另一个中国典故"孟母三迁"的经济学含义,也是第 6 章提到的蒂布特"用脚投票"理论的含义。该理论最早将地方公共服务加入到人口迁移的效用模型中,认为居民在不同地区间"选购",选择公共品和税收组合最符合其偏好的地区来居住。之后,又拓展到一个城市各种的生活品质(amenity),例如,空气质量、气候等,气候更宜人和空气质量更好的城市更加吸引外来劳动力的流入。

$$工资_{城市A} ＋ 公共服务_{城市A} － 房价_{城市A} ＝ 工资_{城市B} ＋ 公共服务_{城市B} － 房价_{城市B} \tag{9.3}$$

基于式(9.3)的条件,只要在特定城市获得的效用水平较高,个体就会"往高处走"。但现实中有些人就是一直待在贫穷落后的地方,而没有到经济发达的地方去工作。[2]这背后的很大原因是她(他)们面临了极大的流动成本。这种流动成本是广义上的成本。它可以是交通成本,因此劳动力更倾向较短距离的流动,且更偏好省

---

① Hsieh, Chang-Tai and Enrico Moretti, 2019, "Housing Constraints and Spatial Misallocation," *American Economic Journal: Macroeconomics*, 11(2):1-39.

② Gollin, Douglas, David Lagakos and Michael E. Waugh, 2014, "The Agricultural Productivity Gap," *Quarterly Journal of Economics*, 129(2):939-993.

内流动。[①]有研究发现,工资必须提高15%才能使农民工的离家距离增加10%。[②]它也可以是制度性成本,比如落户成本。它还可以是远离朋友、家庭的心理成本,社会网络的存在有利于劳动力在城市更好地融合,产生更小的心理成本。而出生地或者出发地的社会网络,则可能会增加迁移成本,抑制个体的城市间流动。

以上分析的隐含条件是,个体在城市工作获得工资的同时,也会住在该城市,享受公共服务并支付房租。但这个隐含条件在居家办公技术出现之后发生了改变。在居家办公技术出现之前,城市居住人口和就业人口是相等的,高生产率的城市会同时具有高工资和高房价。但在居家办公技术出现之后,劳动力可以在城市A工作,却居住在城市B,享受城市B的公共服务,城市居住人口和就业人口不是相等的。因此,高生产率的城市会具有高工资,但不一定会有高房价,反而是公共服务、气候和空气质量好的城市具有高房价。居家办公技术的出现,让我们重新思考迁移成本和公共服务对城市的影响。它还可能会弱化迁移成本的影响,强化公共服务的重要性。

讨论

在居家办公技术出现之后,空间均衡的条件该如何修订呢? 居家办公技术出现前后,城市的人口会经历什么变化? 哪些城市的人口会增加,会经历工资上涨? 哪些城市会经历房价上涨呢? 另外,居家办公技术出现之后,个体可以不用去办公室上班,那城市内的人口分布会有什么变化呢?

(提示:可以将城市分成高生产率和好公共服务的两类城市,考察它们人口、工资和房价的变化。具体可以参考:Brueckner, Jan K., Matthew E. Kahn and Gary C. Lin, 2023, "A New Spatial Hedonic Equilibrium in the Emerging Work-from-Home Economy?" *American Economic Journal: Applied Economics*, 15(2):285–319。)

9.3 经济集聚与区域间劳动力流动

空间均衡模型是分析劳动力资源空间配置的理论框架。模型只是告诉我们人会往高处走,但至于那个地方为什么是"高处"却没有给出解释,我们也就无法知道劳动力的流动方向,因此我们需要引入新的经济理论解释城市是"高处"的原因。

在此之前,我们不妨先看一组国际比较数据,看看世界上其他地方的经济和人口在空间上的分布状态。在世界银行发布的《2009年世界发展报告》开篇即指出,全球有半数的经济活动位于1.5%的陆地区域,开罗以埃及总面积的0.5%创造了整个国家一

① Poncet, Sandra, 2006, "Provincial Migration Dynamics in China: Borders, Costs and Economic Motivations," *Regional Science and Urban Economics*, 36(3):385-398.

② Zhang, Junfu and Zhong Zhao, 2013, "Measuring the Income-Distance Tradeoff for Rural-Urban Migrants in China," IZA Discussion Papers 7160.

半以上的 GDP,巴西中南部三个州的生产活动也占全国的一半以上,但这三个州的土地面积仅占全国土地总面积的 15%。

《2009 年世界发展报告》指出,经济发展水平越高的国家,人口的空间集中度越高。以美国为例,全美国人口大约有 12% 集中在加利福尼亚州。再来看世界各国首位城市(一个国家人口最多的城市)人口占总人口比重的状况:在美国,纽约作为一个大城市,其人口占到美国总人口的 2.7%;而且这里所讲的纽约只是在行政区划上的纽约市,并没有包括与纽约已经连成片的、非纽约市管辖区域的其他周边地区。我们再看一下英国,伦敦人口占英国人口的 13.1%。在日本,小东京概念的东京都的人口已经占全日本人口的 10.3%。如果用东京圈的概念,它的人口超过 3 700 万人,也就是说每三个日本人里面有一个住在东京圈之中,然而东京圈的面积仅相当于上海全境加上苏州的面积。我们再看一下法国,法国人口有很大比重是集中在巴黎,达到了 15.9%。相对来说,在比较小的国家,由于人口的集聚发展,首位城市占国家城市人口的规模比重就更高了。比如韩国有 20% 左右的人口集中在首尔,奥地利有 20% 左右的人口集中在维也纳,秘鲁首都利马的人口占到整个秘鲁人口的 25%。上述数据只是为了给读者一个大致的印象,其实,人口越大的国家,其首位城市人口占比越小,不能简单地用其他国家的首位城市人口占比套用在中国,但可以肯定的是,人口向少数地区集中是全球普遍现象。

那么,为什么人口会集中在少数地区?为什么会出现一个国家内部跨地区的劳动力流动?为了说明这些问题,就需要读者学习一些区域经济学、城市经济学和劳动经济学交叉的知识,其中,就需要从理解什么是城市开始。

在全世界范围内,已经有超过一半的人口居住在城市,因此,城市劳动力市场的运作是理解劳动力市场的新视角,也催生了城市劳动经济学(urban labor economics)这样一个新兴学科。同时,对于城市发展感兴趣的人来说,城市劳动力市场的运作机制是揭开城市发展的秘密的关键。

9.3.1 城市劳动力市场

全球经济发展的一个普遍规律是,经济发展水平越高的国家,城市化率也越高。为什么会这样呢?城市为什么会成为现代经济发展的场所?为什么大城市会起到引领现代经济增长的作用?要回答这些问题,就需要了解在现代经济发展中的一个重要的机制——规模经济。

1. 规模经济效应

经济在城市集聚,存在三个方面与其先天地理条件无关的规模经济效应。第一,分享(sharing)。在城市里,生产者可以从更大的范围获得广泛的投入品供给,从而发挥生产中的规模经济,在生产规模提高时降低平均的生产成本。对于投入品的分享也使得供应商能够根据客户的需求来提供高度专业化的产品与服务。第二,匹配(matching）。在更大的市场范围里,各种生产要素可以更好地匹配。企业可以更好地选择所需要的投入品和特殊技能的劳动力,满足特定的市场需求;同时,在一个有众多企业的地方,劳动力也更可能找到合适的雇主。第三,学习（learning）。空间集聚可以加速知识的传播,方便员工和企业家之间,以及不同产业之间相互学习。

让我们以开诊所为例来解释上面三个规模经济效应的机制。第一,在不同城市开办同样硬件的诊所,其固定成本差异不会太大,这时,在人口众多的大城市,就有更多的病人来分担诊所的固定成本。第二,如果同一类病人的数量足够多,那么,在大城市开诊所就可以只针对某一类病人,这样,就会产生不同诊所之间的分工和专业化,病人也更容易找到专业化的诊所和医生。第三,在更专业化的诊所里,医生通过接触数量更多的类似病例,可以更好地借助于"干中学"机制来进行技能的积累;同时,在大城市里,医生也与其他更专业化的医生有更多交流和相互学习的机会。

以上几个方面的规模经济效应,可以总结成这样一句话:由于存在规模经济效应,在人口密度较大的城市（尤其是在大城市）及其周围,生产者和消费者集聚在一起,运输货物、人和知识的成本都下降了。

2. 人力资本外部性

在现代经济发展中,城市扮演了极其重要的角色。大学以上受教育程度的人在城市集聚,并且相互分工协作,在社会互补中相互学习,均极有利于促进劳动生产率的提高。于是,经济学家就发展出了"人力资本外部性"这个概念,来刻画城市生活中人们的知识传播和相互学习过程。

"人力资本外部性"的含义是,一个人的受教育水平提高不仅会提高自己的私人收入,还在与其他人的社会互动中产生知识的外溢性,从而在加总的意义上产生社会回报,即一个人能够从其他人的教育水平提高中获得收益,包括收入提高、犯罪率下降和人民生活质量改善。如果人力资本外部性很大的话,那么,劳动力从农村流动到城市,或者从教育水平低的城市流动到教育水平高的城市,就可以获得收入的提高。那么,中国的人力资本外部性对收入的影响有多大呢? 如果用 2005 年全国 1‰人口抽样调查数据进行分析,一个城市的平均受教育年限增加一年,这个城市的居民平均收入将提升 19.6%—22.7%。[①]

需要特别指出的是,由于存在人力资本的外部性,传统的教育的私人回报就被高估了,因为这其中包含了教育的社会回报。而且,很容易想到,如果仅仅看私人的教育回报,那么,人力资本外部性越大的地方,用传统方法估计出来的私人的教育回报就越高。的确,经验数据发现,城市的教育回报显著高于农村的教育回报,在城市层面,那些教育水平更高的大城市有着更高的教育回报。2002—2007 年,中西部省

---

① 梁文泉、陆铭:《城市人力资本的分化:探索不同技能劳动者的互补和空间集聚》,《经济社会体制比较》2015 年第 3 期;Liang, Wenquan and Ming Lu, 2019, "Growth Led by Human Capital in Big Cities: Exploring Complementarities and Spatial Agglomeration of the Workforce with Various Skills," *China Economics Review*, 57:101-113。

份的教育回报率停止增长并出现下滑的态势（例如安徽和甘肃）。与之形成对照的是，东部地区（如北京和江苏）的教育回报率持续攀升，在部分地区出现了爆发式增长。高等教育回报率呈现出类似的态势。可以看出，教育回报主要来自高等教育阶段，特别地，沿海地区的高等教育回报成为该区域教育回报的主体。同样，研究也显示，总体上来看，每年教育回报和城市人口规模呈现出正相关关系，城市越大教育回报越高。同时，每年教育回报和城市的大学毕业生占比正相关，大学生占比越高，教育回报越高。①

3. 技能互补性

读者可能会问，难道高技能者所产生的人力资本外部性不只是由高技能者自己得到的吗？这样，城市要发展自己，就不需要低技能劳动者，或者说，城市教育水平的提高会替代低技能劳动者吗？不是这样的，事实上高、低技能者之间存在着技能互补性（skill complementarities），这使得大学生更多的大城市反而需要更多的低技能劳动者。为什么大城市会促进技能互补？原因有以下三点：

一是劳动力分工。当市场容量增加的时候，会促进劳动力的分工更为细化，劳动力彼此之间的联系更为紧密，不同技能的人在生产过程中位于不同的岗位，相互分工，从而产生互补性。

二是人力资本外部性。人力资本外部性的存在会提升高技能者周围劳动力的生产率。

结合以上两点，可以说明存在劳动力分工时，不同技能的人会从事符合各自比较优势的职业。存在人力资本外部性的情况下，高技能者的增加会提高其自身劳动生产率，同时也会促进低技能者劳动生产率的提高。因此，大城市会促进高、低技能者之间的互补。

三是消费外部性。就业工资的上涨会增加人们从事家务的机会成本。对于高技能劳动力而言，从事家务的高机会成本会促使其将家务活动外包给从事家政、餐饮等消费型服务的低技能劳动力。同时，收入水平的提高还会增加其他诸如医疗、艺术、法律等的服务需求，而这类从业人员主要是高技能劳动力。大城市会通过外部性、分享和匹配等机制提升高技能劳动力的工资，促进高技能劳动力将更多的家务活动外包，同时增加对消费型服务业的需求，进而会增加消费型服务业的就业量。

由于存在高、低技能劳动力之间的互补性，高技能劳动力的集聚将相应地带来低技能劳动力的就业岗位。在美国，城市中每增加 1 个高技能岗位，就会增加 5 个消费型服务业的岗位，其中 2 个是医疗、艺术、法律等高技能劳动力从事的岗位，3 个是餐饮、收银员等低技能劳动力从事的岗位。②

---

① Xing, Chunbin, 2015, "Human Capital and Urbanization in China," Asian Development Bank Working Paper.

② Moretti, Enrico, 2012, *The New Geography of Jobs*, Boston and New York: Houghton Mifflin Harcourt.

在中国,在高技能者向大城市集聚的过程中,也带来大量低技能劳动力的需求,从而表现为城市规模对于就业和收入水平的正效应。同时,由于存在技能互补性,使得城市教育水平的提高也会带动低技能劳动力的工资上涨。在这些现象上,中国并不特殊。中国真正与美国形成对比的是这样的现象:在美国,高、低两端的劳动力同时向大城市集聚;而在中国,由于落本地户籍、积分落户等制度更加排斥低技能劳动力,因此,大城市更多地集聚了高技能劳动力,而低技能劳动力的比率却相对更低。[1]

读者不妨运用已经学过的劳动力供求理论来分析一下,针对低技能劳动力的排斥会导致什么结果? 进一步地,排斥低技能劳动力的制度对效率和公平有什么影响? 读者不妨先阅读下面这篇有关劳动力短缺的新闻报道,然后来讨论一个问题。

讨论

还记得上一章中的一个课堂讨论问题吗? 当劳动力流动伴随着外部性的时候,政策含义是怎样的? 请举例说明,劳动力流动是不是会带来正、负两个方面的外部性? 如果会,政策应该如何制定? 这样的政策之下,城市规模会怎么变化?(提示:政策应该是去提高正外部性,减少负外部性。)

新闻

劳动年龄人口三年连续下降,劳动力短缺现象日益加剧

有一部电视剧《独生子女的婆婆妈妈》引起很多"80 后"的共鸣,原因是很多人都跟男主角一样,一人要供养 6 名老人。一个家庭里劳动力偏少,抚养比高,这已是中国的现实。

中国劳动力人口自从 2012 年出现拐点后,总量持续下降。国家统计局数据显示:2014 年,16 周岁以上至 60 周岁以下(不含 60 周岁)的劳动年龄人口为 9.16 亿人,比上年末减少 371 万人,这已是第三年连续下降。

"我们在谈劳动年龄人口数量变化的时候,应该注意到,实际上劳动年龄人口内部结构也在发生变化,劳动年龄人口内部的老龄化趋势也早就出现。"时任西南财经大学人口研究所所长杨成钢说,15—59 岁这个年龄区间,比重较大的是 40 岁以上的高龄劳动力。他们在中国历史上第一次生育高峰(1950—1957 年)、第二次生育高峰(1962—1972 年)出生,虽然仍在劳动年龄内,但是已经接近老龄人口。

"到 2013 年,劳动力人口数量绝对增长没有了,出现了标志性的转折点,劳动力人口绝对数量开始下降。但看劳动力够不够不能仅仅看数量,还要看结构、质量,以及其他社会因素,比如老年人是否就业等等。"中国社会科学院人口与劳动经济研究所副研

---

[1] 具体分析参见梁文泉、陆铭:《城市人力资本的分化:探索不同技能劳动者的互补和空间集聚》,《经济社会体制比较》2015 年第 3 期。

究员陈秋霖说,从性别比例来说,男性比例从 20 世纪 80 年代以来一直在攀升,处于失衡状态。从年龄结构来看,2014 年,60 岁以上人口占 15.5%,65 岁以上占 10.1%,中国已进入老龄化社会。这些因素都会影响劳动力有效供给。

从人口抚养比来看,人口年轻化,供养的老人少,更加有利于经济社会发展。但中国的人口结构呈现老龄化和少子化共存的特点,给劳动力人口带来压力。"发达国家老龄化一般经过两个阶段,第一阶段是少子化,人们生育意愿下降;第二阶段是长寿化,人口预期寿命延长。但在中国,少子化与长寿化同期并行。相对日韩等国家达到中等收入时的锥形结构,我们的人口老龄化程度严重很多,结构不合理。"陈秋霖说。

近年来,中国生育率长期保持在 1.4—1.5 的水平,远低于其他发展中国家。20 世纪 80 年代以来,中国 0—14 岁少儿人口比重不断下降,老年人口比重不断上升。2000 年,0—14 岁人口比重比 1982 年下降了近 11 个百分点,65 岁及以上人口的比重则在上升,少子化的速度超过了老龄化。

不能认为,劳动力总量减少就是劳动力不够了,还要看供需是否匹配。从供给来看,劳动力人口在减少,但绝对数量仍有 9 亿人,规模庞大,资源还是比较丰富。对于近年来出现的"招工难""就业难"问题,人力资源社会保障部有关部门负责人认为,"两难"更多的是结构性问题。"我国每年新成长劳动力中高校毕业生将近一半,农民工群体中新生代已占主体,他们希望有更多的中高端岗位提供就业机会。但从需求来看,我国仍处于工业化中期和产业链的中低端,市场中增加的岗位大部分是制造业、服务业一线普工和服务员,同时我国又是制造业大国,需要大量的技术技能型人才。市场提供的就业岗位没跟上他们的需求,他们的求职意愿、能力素质与市场需求之间存在错位。"这位负责人说。

杨成钢认为,"两难"是局部性、阶段性问题,用"机器换人"以提高生产效率,应对人工成本上涨的压力,主要发生在东部地区。"供需匹配也存在阶段性现象。经济结构调整变革快,但对人的教育培训见效比较慢,观念的转变也有一个过程,因此在劳动力供需衔接上,会有一定的错配现象发生。"

从改善劳动力供给和需求两头着力,蔡昉提出加快户籍制度改革,以及提高劳动力的受教育程度。加快户籍制度改革,推动农民工的市民化,可以进一步转移农业富余劳动力,大幅度提高非农产业的劳动参与率,增加劳动供给,缓解劳动力短缺和劳动力成本上升的压力。劳动力人口中受教育程度参差不齐,促进教育公平,加快现代职业教育体系建设、构建劳动者终身职业培训体系等,有利于提高劳动者素质,从而延长人口红利。

资料来源:李红梅、杨洁:《劳动力人口连续三年下降 劳动力短缺现象日益加剧》,人民网,2015 年 7 月 3 日,http://politics.people.com.cn/n/2015/0703/c1001-27247829.html。

说到这,我们已经可以讨论一个有关中国经济增长的问题了。中国已经出现了人口老龄化的趋势,劳动力供给的绝对数量有出现萎缩的可能性,这是一个不利于经济增长的因素。那么,劳动力供给数量的萎缩必然带来经济增长率的下降吗?(提示:请考虑劳动力在城乡和地区间进行再配置,将对经济增长产生什么影响?)

9.3.2　经济集聚与人口的空间分布

经济活动和人口的空间集聚现象,这本身就是不同地区按照自己的比较优势进行分工所致。有些地方具有相对较好的发展工业与服务业的条件,比如说接近港口,物流成本较低;又比如,有些城市群自身构成了大市场,因此会吸引更多的企业集聚在附近,同样因为接近大市场而节省了物流成本。而另一些地方的比较优势是发展农业、旅游、自然资源等产业,这些产业的产出受到了某种数量有限且不能移动的投入品的限制(如土地、风景和自然资源),因此,其就业创造能力有限。在经济发展的过程中,有发展工业和服务业比较优势的地方将成为人口流入地,这些地方在人口流入的过程中产生更强的规模经济,有利于提高人均 GDP;而在适宜发展农业、旅游和自然资源产业的地方则可能成为人口流出地,当这些地区的总产出增长受到局限的时候,人口的流出反而有利于提高人均产出。在全国范围内人口的跨地区流动,恰恰是劳动力资源进行跨地区再配置的过程,有利于经济效率的提高和可持续的经济增长。

在人口自由流动、且不同城市形成自己比较优势的产业、相互之间有效分工、协调发展的条件下,大城市和中、小城市之间将形成一个相互关联的城市体系。城市的类型、等级可以有所不同,不同规模的城市分工于不同的产业。大城市更多集中了现代服务业,而中小城市则相对更多地发展占地更多的制造业,并服务于周围的农业。在区域经济学中,中心-外围模型(core-periphery model)刻画城市体系的形成机制,空间经济分为集聚大量经济活动的核心区和经济总量相对较少的边缘区。

城市的最优人口规模与城市的功能和产业结构有关。一个地方的产业结构越是以农业为主,其附近的城市规模越小。相反,以制造业和服务业为主的地方,其城市人口规模就比较大,因为制造业和服务业有较强的规模经济效应。与制造业相比,服务业的产品更不具有可储藏性和可运输性,服务的生产和消费往往是同时进行的,因此,服务业的发展更依赖本地市场。一个城市的服务业比重越高,其城市规模越大。同样是因为这样的道理,在经济发展的过程中,伴随着服务业比重的提高,会出现两个现象:一方面,这个国家大城市的产业结构越来越向服务业主导的方向发展,人口越来越多;另一方面,在整个国家服务业占 GDP 比重持续提高的过程中,人口仍然在向大城市集聚,即使是在城市化进程已经基本结束的发达国家,人口向大城市集聚的过程仍然在继续。

有了上面这些知识,请读者对下面这则材料中的"超大城市人口疏解"政策进行评论。

讨论

有实证研究用中国的数据发现,城市人口规模对于生产率的影响是倒 U 形的。也就是说,对于规模最大的那些城市,已经出现了"规模不经济",并由此得出结论,认为应该控制那些"规模不经济"的城市的人口规模。问题是,数据上显示出来的"规模不经济"是不是可能恰恰是实施了不利于规模经济的政策的结果?请读者思考以下政策的结果:

(1) 如果技能互补性是存在的,但政策上限制低技能劳动力进入;

(2) 在超大城市,由于事先对于人口增长估计不足,从而出现交通基础设施供给不足;

(3) 在某些行业,教育与产出并不一定有严格的关系,比如艺术,但通过积分落户籍的制度却歧视低学历水平的人。

新闻

超大城市人口疏解,谁去谁留

早上 7 点半,家住北京双井的孙女士挤进了北京地铁 10 号线,前往中关村上班,"人都被挤成了照片"。顾不得与陌生人严重挤压的尴尬与苦恼,她很庆幸自己赶上了这班车。她不知道的是,即便如此,实际上,这条北京最繁忙的地铁线路,在 2015 年全年减少了近 1 亿人次的客流量。

面对人口疏解,哪些人走了,哪些人会留下,超大城市的人口疏解如何才能找到平衡点?

(1) 北上广人口拐点来临?

北京市 2015 年末常住人口比 2014 年末增加了 18.9 万人,但增幅下降,与 2014 年相比少增加 17.9 万人。同时,北京 2015 年末城六区常住人口占全市比重比 2010 年下降 0.6 个百分点。

上海市 2015 年末常住人口总数比 2014 年末减少 10.41 万人。这是 21 世纪以来,上海市常住人口首次出现负增长,降幅为 0.4%。

2010—2014 年这 5 年内,广州市的常住人口总共仅增长了 30 余万人,总体看,"十二五"较"十一五"增速出现阶段性放缓。

北上广人口增长的变化是不是一个拐点?对此有观点认为,中国超大城市人口自然增长率在下降。在上海,有专家根据小学入学人数、公共交通客运量等较为基础的数据分析,印证了 2015 年上海人口自然增长率的确下降。对于"账面人口"的变化,也有专家指出,其重要动力是政策的驱动,其中大城市严控、疏解人口成为主因。

实际上,北上广地方政府近一两年都在大力推进人口疏解工作,而基层官员的任务压力陡增,在考核指标上甚至排在 GDP 之前。在 2016 年北京地方两会上,核心城区都将人口疏解问题列入了政府工作报告。

"地方政府设立人口红线,每年设置人口疏解指标,起码从'账面'上给不堪人口压力重负的超大城市,提出了解决问题的方向,并以搬迁市场、拆除违建、清理群租房等城市管理形式积极推进。"暨南大学管理学院教授胡刚说。

(2) 被疏解者不愿放弃机会。

在地方政府强力推进人口疏解的同时,北上广的巨大资源虹吸效应,仍然让大量疏解目标人群不愿轻易离开。

为了能留在北上广,很多外来人口努力在政策夹缝中寻找机会。

在北京市东城区某危旧房改造后的新型社区里,尽管小区里每套房子都价值数百万元,但在楼房不起眼的入口下面,一条条长长的、坑洼不平的通道尽头,是另外一种截然不同的生活。在仅 1.5 米宽的狭长走廊两旁,每个出租屋门口都堆放着鞋子、水桶、垃圾袋,甚至还有自行车等各种杂物。走廊的尽头是公共洗手间,挤满了忙着洗漱和方便的住户。据"二房东"介绍,这类地下出租屋内多住着从事餐饮行业的服务员和厨师,以及其他外来务工人员。

2016 年 4 月北京市职业介绍服务中心发布的"2016 年上半年北京市人力资源市场供求形势分析"显示,北京市 2016 年上半年服务业用人缺口高达 17.6 万人。而中国人力资源市场信息监测中心公布的数据也显示,上海市 2016 年第一季度餐厅服务员、厨工的岗位缺口与求职人数比高达 9∶1。

在这种情况下,被疏解的人口只得一层层向外转移。位于北京朝阳区与顺义区交界处的孙河乡,截至 2014 年底的户籍人口为 2.2 万人,而流动人口达 5.6 万人。2016年,随着产业调整、清理违法群租房等措施,该村外来人口从高峰时的 1.6 万人减少至七八千人。离开的七八千人中,一部分返回了老家,还有数千人搬到了位置更远的顺义、昌平等地。

(3) 人口、资源与利益的平衡点在动态中不断调整。

不管是哪一类城市常住人口,当超大城市受限于资源与环境压力出台的人口疏解政策时,都将继续在实践中寻找平衡点。专家指出,人口疏解不能伤害城市自身活力,忽视对部分行业劳动力的刚性需求;对于大城市的人口调控,更应该注重人口结构、素质和合理布局。

而对于大都市圈的整体规划,工作在北京、上海,居住在燕郊、昆山等潮汐式工作生活带来的交通、教育、医疗等问题,也需要统筹协调解决。据了解,通州预计还能承接大约 40 万人口。未来,通州将吸纳城市核心区的优质医疗、教育资源,全面建立起与北京城市副中心定位相匹配的三级医疗、教育服务体系。

资料来源:杨毅沉、乌梦达:《超大城市人口疏解谁去谁留》,2016 年 7 月 19 日,文汇网,https://www.whb.cn/zhuzhan/jiaodian/20160719/63587.html。

9.4　中国的城乡间、区域间劳动力流动

改革开放之后,中国经济逐渐融入全球市场当中。廉价劳动力带来的比较优势促使中国发展劳动力密集型产业,特别是出口加工产业。由于东南沿海地区具备运输便捷等优势,外国资本进入中国后,大多布局在东南沿海地区。同时,东南沿海的民营经济也积极融入全球市场中去,发展起了规模庞大的出口导向的制造业。这两股力量给该地区带来了大量就业机会,吸引劳动力从乡镇转向城市,从内陆转向沿海。中国的人力资本在东南沿海地区迅速累积,在空间上出现了新的分布格局。与此同时,城市化和经济发展进程使得城市(特别是大城市)对于提升人力资本回报的作用越来越重要,使得教育成为影响劳动力流入的主因之一,高技能劳动者在城市(特别是大城市)集聚成为一种趋势,而这又进一步产生了对于服务业的需求,进一步促进了劳动力的跨地区流动。

9.4.1　城市间和区域间的劳动力流动:“人往高处走”的故事

在展现下面的劳动力流动方向的数据之前,请读者先复习一下上一章的知识:劳动力流动的决策本质上是成本收益的分析。

1. 劳动力向东南沿海地区集聚

在过去的几十年中,人口流入呈现出相对集中的态势,大多流入了东南沿海区域,特别是长三角和珠三角区域(如图 9.1 所示)。在 20 世纪 80 年代,流入传统工业地区和东北老工业基地的人口占到流入人口的 38.4%。在 90 年代后,东南沿海地区吸收了越来越多的外来人口,流向东北老工业基地的人口持续下降,东北地区已经转变成为人口净流出省份。其中广东省的流入人口占比由 1982 年的 5.23% 上升到了 2005 年的 22.37%,同样,长三角地区的流入人口占比也从 11.27% 提升到了 2005 年的 20.58%。[①]劳动力流出最多的省份来自中西部地区,主要有安徽、河南、湖南、四川等省份。1995—2020 年间,这些省份的劳动力流出规模占全国比重均超过了 5%;2010 年之前,安徽、湖南、四川三省的劳动力流出规模占全国比重甚至都在 10% 左右。

不过近十年,出现了一些回流现象。如表 9.1 所示,在 2015—2020 年间,广东和贵州两省成为 6 个劳动力流出最多省份的新面孔,人口流出规模比重分别跃居全国第 4 位和第 6 位。广东的流动人口规模比重在 1995—2000 年和 2005—2010 年间的全国排序分别为第 20 位和第 13 位,2015—2020 年间则上升到第 4 位。类似地,北京分别从之前的第 25 位和第 24 位上升为第 19 位,上海则是从第 26 位和第 25 位上升为第 18 位。广东、北京、上海等地依然是全国人口流入最多的地方,从 2015—2020 年间出现

① 段成荣、杨舸:《我国流动人口的流入地分布变动趋势研究》,《人口研究》2009 年第 6 期。

表 9.1　中国各省人口流出规模

	1995—2000 年		2005—2010 年		2015—2020 年	
	人口流出规模 （万人）	流出规模占 全国比重（%）	人口流出规模 （万人）	流出规模占 全国比重（%）	人口流出规模 （万人）	流出规模占 全国比重（%）
北　京	17.44	0.54	40.60	0.74	126.75	2.49
天　津	10.43	0.32	21.34	0.39	40.76	0.80
河　北	87.22	2.70	201.74	3.67	193.49	3.81
山　西	33.36	1.03	79.37	1.44	112.52	2.21
内蒙古	44.11	1.37	64.76	1.18	63.22	1.24
辽　宁	37.99	1.18	68.54	1.25	94.03	1.85
吉　林	52.93	1.64	85.39	1.55	82.82	1.63
黑龙江	93.98	2.91	146.32	2.66	158.96	3.13
上　海	16.29	0.50	40.10	0.73	126.97	2.50
江　苏	124.10	3.84	189.35	3.44	230.61	4.54
浙　江	96.98	3.00	133.94	2.44	211.46	4.16
安　徽	289.30	8.96	552.56	10.05	340.87	6.71
福　建	62.45	1.93	111.37	2.03	116.33	2.29
江　西	268.06	8.30	348.33	6.33	232.67	4.58
山　东	87.82	2.72	201.50	3.66	174.04	3.42
河　南	230.90	7.15	543.04	9.87	461.57	9.08
湖　北	221.02	6.85	380.42	6.92	235.90	4.64
湖　南	326.12	10.10	459.19	8.35	295.46	5.81
广　东	43.80	1.36	161.29	2.93	315.29	6.20
广　西	183.81	5.69	282.05	5.13	212.40	4.18
海　南	12.96	0.40	23.59	0.43	27.11	0.53
重　庆	110.31	3.42	184.41	3.35	136.65	2.69
四　川	439.55	13.62	498.81	9.07	326.79	6.43
贵　州	123.19	3.82	268.08	4.87	239.98	4.72
云　南	39.81	1.23	108.91	1.98	164.40	3.23
西　藏	3.54	0.11	6.25	0.11	10.56	0.21
陕　西	71.93	2.23	134.75	2.45	122.38	2.41
甘　肃	56.08	1.74	104.69	1.90	135.44	2.66
青　海	12.32	0.38	15.00	0.27	19.52	0.38
宁　夏	8.74	0.27	15.07	0.27	20.03	0.39
新　疆	21.68	0.67	28.67	0.52	54.19	1.07
全　国	3 228.21	100.00	5 499.39	100.00	5 083.19	100.00

　　资料来源：王桂新、潘泽瀚、陆燕秋：《中国省际人口迁移区域模式变化及其影响因素——基于 2000 年和 2010 年人口普查资料的分析》，《中国人口科学》2012 年第 5 期；2015—2020 年数据作者根据《中国人口普查年鉴-2020》计算。

的人口流出规模增加来看，出现了跨省流动中的人口回流现象。我们在图 9.4 中进一步区分了跨省流动和省内流动。在 2009—2020 年间，农民工省内流动的规模从 2009

年的 7 092 万人稳步增加至 2020 年的 9 907 万人。跨省流动的规模虽然也从 2009 年起逐步递增，但是它在 2014 年达到峰值之后就转折性地出现下降，在 2020 年跨省流动的规模已降至 7 052 万人。人口回流，一方面与新冠疫情之后东部地区经济下行带来的就业机会萎缩有关；另一方面与中西部地区尤其是武汉、成都等区域性中心城市的快速发展有关。人口回流到底是经济发展的自然结果，还是这期间政策所致，还需要进一步的研究。

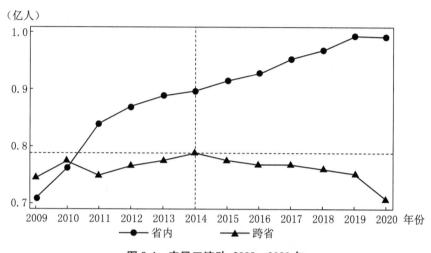

图 9.4　农民工流动：2009—2020 年

注：(1)农民工指户籍仍在农村，年内在本地从事非农产业或外出从业 6 个月及以上的劳动者；(2)本地农民工指在户籍所在乡镇地域以内从业的农民工；(3)外出农民工指在户籍所在乡镇地域外从业的农民工；(4)进城农民工指年末居住在城镇地域内的农民工。城镇地域根据国家统计局《统计上划分城乡的规定》划分的区域，与计算人口城镇化率的地域范围相一致。

资料来源：历年《中国住户调查年鉴》。

2. 教育推动劳动力由农村转移至城市

教育回报在城市的工业和服务业高于农村，因此，劳动力从农村转移向城市就是提高教育回报的途径。在一个代表性家户中，受教育水平较高的成员在工业和服务业领域更有比较优势，更容易被派到城市里务工。个体接受教育后，获取信息的能力提高，更能够了解城市的工作机会和风险，也会强化从农村到城市的流动。高等教育对劳动力由农村流向城市的推动作用更强。一方面是农村基本上没有大学，个体只能到城市就读大学；另一方面是城市能够提供专业性更强的工作岗位，比如金融分析师和广告设计师，而农村根本无法提供这样的工作岗位。除工作机会外，受过更多教育的人对城市中其他好处的需求也更高，比如更优质的公共服务、更公平的竞争环境、更大规模的潜在结婚对象，这些都会进一步强化教育对人口流动的推动作用，尤其是对年轻人。

3. 高技能劳动者向教育水平更高的城市集聚

经济收入和就业机会是吸收劳动力流入的一个主要原因。此外，获取公共服务也是吸引劳动力流入的因素。更高收入和更多的就业机会,以及更好基础教育和医疗服务的地区都会吸引劳动力流入。但是,研究显示,公共服务影响劳动力流向的作用效果小于工资、就业对劳动力流向的影响。因此,即使公共服务均等化政策能够促使人口的空间分布适度分散,仍然无法改变劳动力向大城市集聚的趋势。[①]

高技能劳动者向教育水平更高的城市集聚是这些城市规模扩张的源动力。由于人力资本存在外部性,一个城市的平均受教育程度越高,劳动者获得的学习机会就越多,其劳动生产率和工资的增长就越快。如图 9.5 所示,平均教育水平更高的城市吸引了更多高技能劳动力的流入,或者说,初始大学生比例更高的城市,在未来大学生比例增长更快。事实上,这种大学生向大学生多的城市集聚的现象不是中国独有的,在美国同样存在这样的现象。

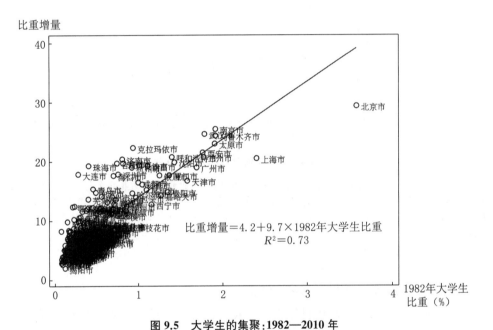

图 9.5　大学生的集聚:1982—2010 年

资料来源:作者根据 1982 年和 2010 年全国人口普查数据计算。

4. 迁移原因的多元化

表 9.2 显示,迁移原因呈现多元化。其中,工作就业依然是最重要的迁移原因,家属随迁是次重要的迁移原因。另外,需要注意两点。一是婚姻嫁娶作为迁移动因的重要性逐步降低,在 2020 年只有 3.52%。这背后的原因可能在于,很多人是先到流入城市工作就业,进而相识结婚。二是从 2000 年开始,拆迁搬家也逐渐成为重要的迁移原因,在 2020 年已经达到 20%。这可能与中国最近 20 年城镇化模式有关。

[①]　夏怡然、陆铭:《城市间的"孟母三迁"——公共服务影响劳动力流向的经验研究》,《管理世界》2015 年第 8 期。

表 9.2 中国人口迁移原因构成 （％）

	1990 年	2000 年	2010 年	2020 年
工作就业	42.45	38.18	48.80	38.66
学习培训	12.55	11.50	10.95	11.53
家属随迁	20.94	17.97	18.85	17.62
婚姻嫁娶	13.80	12.16	6.65	3.52
拆迁搬家	—	14.61	9.16	20.00
其 他	10.26	5.57	5.58	8.67

注:(1)工作就业包括工作就业(2020 年)、工作调动(1990 年、2000 年和 2010 年)、分配录用(1990 年、2000 年)、务工经商(1990 年、2000 年和 2010 年)。(2)学习培训(1990 年、2000 年、2010 年和 2020 年)。(3)家属随迁包括投靠亲友(1990 年、2000 年、2010 年、2020 年)、随迁家属(1990 年、2000 年、2010 年)、随迁迁移(2020 年)、寄挂户口(2010 年和 2020 年)、为子女就学(2020 年)和照料孙子女(2020 年)。(4)婚姻嫁娶包括婚姻迁入(1990 年、2000 年)和婚姻嫁娶(2010 年和 2020 年)两种。(5)拆迁搬家包括拆迁搬家(2000 年、2010 年、2020 年)。(6)其他包括退休退职(1990 年)、养老和康养(2020 年)和其他(1990 年、2000 年、2010 年和 2020 年)。

资料来源:作者根据历年全国人口普查数据计算。

5. 城市化进程中的留守儿童和流动儿童问题

国家统计局提供的《2014 年全国农民工监测调查报告》显示,举家外出的农民工占全部外出农民工的比例从 2010 年的 20.03％提高到 2014 年的 21.27％,"候鸟迁徙"式的人口流动仍然是劳动力外来务工的主要形式。由于迁移人口的子女未能在流入地获得平等的受教育机会,举家迁移比率始终处于低水平的状况并伴随着大量留守儿童的问题。根据 2010 年第六次全国人口普查数据,全国大约有 6 972 万名留守儿童(0—17 岁),其中 6 100 万名为农村留守儿童,这些儿童的父母至少有一方在外地工作,而他们自己留在农村老家上学。同样根据第六次全国人口普查数据推算,城乡流动儿童规模为 3 581 万人,这些孩子虽然居住在城市,但却未能与城市儿童一样获得同等的教育。①《2020 年中国儿童人口状况事实与数据》显示,2020 年全国 0—17 岁留守儿童的规模高达 6 693 万人,其中农村留守儿童为 4 177 万人,城镇留守儿童为 2 516 万人,而流动儿童的规模达到 7 109 万人,数量比 2010 年翻倍。2010—2020 年留守儿童的数量有小幅下降,流动儿童的数量成倍增加,说明流动人口子女的成长教育问题依然是一个中国城市化进程中急需解决的重要问题。但同时也应该看到,流动儿童数量的增加和在流动人口子女中所占比重的增加,这说明十年间流入地城市为随迁子女提供教育服务的状况是有所改善的。

中国的快速城市化虽然增加了人力资本的积累,但在当前的户籍制度和教育财政制度下,城市化也伴随着一些问题,这将给人力资本的长期发展带来危害。由于中国的户籍制度限制,大多数的外来务工人员不能在他们的务工地与本地居民平等享有养

① 段成荣、吕利丹、郭静、王宗萍:《我国农村留守儿童生存和发展基本状况》,《人口学刊》2013 年第 3 期。

老、医疗、公共教育等社会福利。虽然跨地区的人口流动规模庞大,但初等教育经费主要是由本地户籍儿童的数量决定的,且该经费未能实现跨行政区的流转。因此,流入地的地方政府缺乏激励来解决随迁儿童的入学问题。面临子女入学难的问题,外来务工的父母有三个处理办法:一是申请就读公办学校。多年前,非户籍人口进入当地公立学校学习需要缴纳择校费。近些年,随着随迁子女就学机制的改革,①大部分城市都放开对随迁子女入学的限制,大城市也采取积分入学的方式。除了几个超大城市,在很多城市随迁子女基本可以入读公办学校。但由于非户籍人口的排名是在本地户籍人口之后,他们较难入读优质的公办学校,还有可能被派位到离家较远的学校。二是让子女进入私立学校学习。三是将子女留在老家由其祖父母或其他亲戚监护,或者夫妻分居,其中一方照料孩子。2013年流动人口数据显示,处于小学和初中的孩子,31.92%是放在老家,68.08%是在流入地城市。流动儿童中,89.48%就读公立学校,8.04%就读私立学校,2.48%则是就读农民工子弟学校。事实上,由于还无法得到与本地居民同等的教育机会,城市物价和房价水平较高,如果孩子随迁,需要考虑住房和祖辈随迁照顾孙辈等问题,需要支出更多的住房和生活成本,大量家长的选择是将孩子留在家乡,造成大量的留守儿童问题。留守儿童的学业和身心健康得到了社会各界的普遍关注。在城市这一端,流动儿童的教育也令人担忧。临时随迁儿童被录取入学的可能性远低于本地儿童,随迁儿童入学难的问题在特(超)大城市更为严重。即便有学可上,流动儿童就读的学校质量也低于本地儿童。

阅读

当前正是推进留守儿童随迁入学的最佳时机

邯郸一名初中学生被三名同学杀害一案引发舆论震惊。据媒体报道,本案中的三名犯罪嫌疑人,以及被害人都是留守儿童,这再一次把留守儿童的成长问题暴露在公众面前。

留守儿童,是在中国快速的城市化和地区之间的跨地区人口流动当中形成的。一个现实问题是,由于留守儿童数量庞大,形成的原因非常复杂,长期以来,各方在解决这个问题上花了很大力气,但是效果有限。这也与各方对一些问题成因的认识分歧有关。

可以说,解决留守儿童面临的一系列问题越来越紧迫,这不仅关乎一个数量庞大群体的前途,也是中国建设人力资源大国需要解决的重要课题。2024年的政府工作报告已经明确提出,做好留守儿童和困境儿童关爱救助。这是非常令人鼓舞的。

---

① 2016年,国务院印发《关于统筹推进县域内城乡义务教育一体化改革发展的若干意见》,明确提出改革随迁子女就学机制,强化流入地政府责任,坚持"两为主、两纳入"(即以流入地政府管理为主、以公办学校为主,将随迁子女义务教育纳入城镇发展规划和财政保障范围),建立以居住证为主要依据的随迁子女入学政策,依法保障随迁子女平等接受义务教育。

（1）解决留守儿童教育问题越来越紧迫。

根据国家统计局、联合国儿童基金会和联合国人口基金共同发布的《2020 年中国儿童人口状况：事实与数据》，2020 年，中国 0—17 岁的留守儿童中，农村户籍和城镇户籍分别达到 4 177 万人和 2 516 万人。

从成因角度来说，留守儿童问题的背景是城市化和区域经济的集聚发展，带来了人口从农村向城市的流动，以及从一些相对欠发达地区向发达地区、特别是大城市集中。但是，我们长期以来所实施的公共服务政策，特别是在子女教育的政策安排上，主要还是依据一个孩子是否拥有本地户籍来决定其是不是能够公平地、顺利地入学。

在实践当中，随着外来人口规模的增加，一些孩子迫切需要在当地入学，一些地方相关部门也做了大量的努力。总体上看，在一些小城市，流动人口的孩子入学基本无障碍；但是在一些特大和超大城市实施的子女入学政策，主要是以外来人口，也就是留守儿童父母的积分为主要标准。这在客观上导致了很多年轻的父母在大城市打工，但是他们的子女却无法在当地顺利地入学，所以只能留守在老家，有的是留守在老家的农村，有的是在老家的县城。其中，也有一部分留守儿童处于缺乏成年人照看的状态，在学习成绩、身心健康等方面，面临着比较窘迫的境况。

留守儿童问题的解决，可以说相当紧迫，这是一个几千万级数量的孩子的教育和成长的问题。我们都知道，在孩子的学龄时期，如果家庭长期处在分居状态，孩子缺乏家长的陪伴，那么孩子的成长会受到很多负面的影响，包括学习成绩、身心健康、营养状况等。

当前，中国正在建设人力资源大国，从国家的角度而言，随着人口数量红利的消失，人力资源的质量越来越重要，因此，解决好留守儿童教育、成长问题，与未来中国经济社会发展的人力资源质量密切相关。因为，等到留守儿童长大后，一方面他们的人力资源水平可能无法顺应经济现代化发展的需要；另一方面也可能由于其小时候成长环境较差，而容易引发各种各样的社会问题。

当前中国经济已经进入服务业占比越来越高的阶段，服务业就业的占比远远超过了制造业，而服务业需要人与人之间面对面地打交道，需要通过累积人在城市里的生活经验，来提高他们在城市的就业机会以及收入水平。从服务需求者的角度来讲，如果服务的供给者在城市里能有长期稳定的就业、居住和经验，那么其所能够得到的服务质量也会随之提升。

笔者与魏东霞做的一个研究显示，对于一个从农村进城的人口来说，越早进城，就越有机会在城市里获得服务业就业岗位，并且收入更高。换句话说，如果留守儿童问题能够尽早解决，就可以让孩子尽早进城，来顺应现代化的发展趋势，这有利于提高个体的就业机会和收入。

总而言之，留守儿童的成长首先当然是一个社会问题，但同时也是一个经济发展的重要话题。可以说，解决这一问题越来越紧迫。

（2）两种解决思路之辩。

一直以来，关于解决留守儿童问题有两种思路，一种思路是鼓励父母回老家，另外一种思路就是笔者一直坚持认为的，要让留守儿童随着父母在其就业和居住的地方，享受均等化的公共服务。

鼓励父母回老家的办法，其代价就是相关父母的收入大幅度下降；同时，也会导致他们当下所在城市服务就业人群的供给不足，会带来服务价格的上升，对于城市发展也是不利的。

相应的经验研究表明，曾有一段时间，为了控制个别城市人口，实际上抬高了户籍的门槛和外来人口子女入学的门槛，甚至关闭了一些专门为农村进城务工人员子女提供教育的小学。结果要么是一些孩子回老家，成了留守儿童，而父母继续留在城市（控制人口的目的并未实现）；要么是少部分的父母跟孩子一起回了老家，从而导致一些城市服务人群供给不足，服务价格上涨。

因此，鼓励父母回老家的思路，表面上看起来有利于促进家庭团聚，但实际上可实现度很低。因为市场经济规律就是人口向城市（特别是大城市）集中，而鼓励父母回老家的做法，不符合经济和社会发展的规律，因此这种思路的效果并不理想。

另一种思路就是，让留守儿童能够逐渐地跟随父母到他们就业的地方去读书，这是效率与公平兼顾的方案。当然，这是一个渐进的过程，因为需要在人口流入地大量新建学校来增加学位。在这个过程中，近些年出现了一个新情况，就是外来人口较多的大城市，由于出生率的下降，有一些学校已经开始出现招不满学生的情况。因此，现在就是大幅度降低外来人口子女入学门槛的最好时机，这既能够解决留守儿童的教育、进城问题，又不至于让闲置的学校出现资源浪费。

当然，即便这样做，也不能够立刻实现所有留守儿童都随父母随迁入学的目标。因此，在这过程中，需要加强对留守在老家的这部分孩子的关爱，为他们提供尽可能的关怀和照顾。同时，有部分留守儿童在幼年时期随父母到外地生活和读书，甚至就出生在当地，但到了一定阶段，又重新回到老家读书，对这部分孩子而言，他们对老家的教育体系不熟悉，因此，也要对他们的教育进行帮扶。政府也需要有目的地组织学校和老师，让留守儿童平稳渡过回老家的适应过程。除了政府力量之外，还要动员一些社会力量和资金，加入对留守儿童的关爱行动之中。

有学者观察到，一些留守儿童回老家以后，会遭受一些校园霸凌，学习成绩出现下滑，这是值得关注的。因为有很多回老家的留守儿童，他们回到老家却不会老家的方言，会被认为是外来的孩子，所以他们处在在父母就业地是外来孩子，回到老家也是外来孩子的两难状态中。

（3）推动随迁子女平等入学可以实现多赢。

需要看到，在人口流入地，如果能够促进外来务工人员随迁子女平等入学，那么就可以有效地促进家庭团聚和城市化水平的提升。根据笔者了解的情况，2023年在浙江、江苏，除了杭州、南京和苏州中心城区以外的其他地区，都已经全面放开落户。在这个过程中,有大量的外来人口把自己的小孩从老家接过来,一方面落户,另一方面让他们在当地入学。这就有力地回应了社会上的一种错误认识,即认为当前城镇化已经没有动力了。实际上,只要我们在体制上能够做进一步的改革,城镇化就可以释放体制红利。未来,随着经济发展水平提高,城镇化还有可以进一步推进的空间。

最后值得一提的是,推动随迁子女平等入学,还可以有效地促进投资和消费。从投资层面来讲,在人口流入地,为解决外来人口随迁子女而新建的学校,本身就是一种有可持续需求的投入。相反,在人口流出的地区,接下来会出现大量的学校闲置,因为学生数量会越来越少,此时再按传统思维进行教育投入,则会出现大量的资源浪费。

从消费层面看,梁文泉曾经有研究发现,当孩子留在老家时,在城市工作的父母就需要大量汇款回老家,而由于家庭团聚所形成的消费具有规模经济效应,所以把钱汇回老家,实际上会导致整个家庭的消费受到制约。[1]监测数据表明,中国流动人口月消费主要集中在1 000—1 999元的水平,整体上消费偏低。因此,促进家庭团聚还可以通过发挥消费的规模效应,来提高家庭的福利。

不仅如此,解决留守儿童入学、进城问题,也会让流动人口对未来形成稳定的预期,一方面是收入可以持续地增长,另一方面还可以更有效地被城市的社会保障所覆盖。如此,他们就可以大胆地增加自己的消费,尤其是对一些耐用消费品,比如家用电器等进行消费。随着流动人口在城市安居乐业,会极大地释放消费潜力,这是宏观上的消费促进和微观上的家庭福利提升这两个目标双赢的结果。

资料来源:陆铭:《陆铭专栏|当前正是推进留守儿童随迁入学的最佳时机》,21世纪经济报道,2024年3月20日,https://www.21jingji.com/article/20240320/herald/798dd1c6ab77b446b712301cfd54272f.html。

流动人口流动到目的地城市之后,在城市内部也会经常更换地方,即使是本地居民,也会更换地方。2018年中国劳动力动态调查显示,在过去两年时间内,6.54%的个体更换了住房产权。[2]这一方面是源于工作的转换,另一方面是由于住房地方的变化。城市内人口分布可以用工作地和居住地的双向选择决定,因此最重要的决定变量是住房成本、通勤成本和工资高低。类似于第9.2节,我们同样可以用空间均衡的逻辑进行分析。[3]

> 扫描书后二维码,查看本章数学附录。

---

① 梁文泉:《不安居,则不消费:为什么排斥外来人口不利于提高人口的收入?》,《管理世界》2018年第1期;梁文泉:《消费的损失——户籍、留守儿童和移民汇款》,工作论文,2020年。

② 在此,我们认为家庭的房屋产权发生了变化,就是改变居住地方。

③ 对城市内部问题感兴趣的读者,可以进一步阅读 Zenou, Yves, 2009, *Urban Labor Economics*, Cambridge: Cambridge University Press。

思考题

1. 请修正一下刘易斯二元经济模型中的劳动力供给曲线,将其拐点处画成从水平逐步提高斜率的平滑形状。请问,这时,随着经济发展和城市化水平的提高,城市部门的工资水平是怎样变化的?

2. 在空间均衡模型中,随着迁移成本的降低,城市间的工资、房价和公共服务质量差异会扩大还是缩小? 中国过去的经验事实是怎样呢? 我们又该如何解释呢?

3. 2004 年之后,中国出现了比较明显的劳动工资上升趋势。请问,用这个作为刘易斯拐点到来的证据,有什么问题? 同样是在 2004 年之后,为了帮助欠发达地区发展,中国分配给中西部省份的建设用地指标越来越多,而在东部则实施了较为严格的建设用地指标限制。请问,这一政策拐点会对房价和劳动力流动趋势产生什么影响?

4. 有人说,如果放开人口自由流动,全国人口都会集中到北京和上海。你觉得这种观点对吗? 能够用来支持控制人口的政策建议吗?

5. 有人认为,对于城镇居民来说,如果允许劳动力自由流动,会伤害自身利益。对于这种观点,你认为对吗? 为什么? [请读者检索一下美国政治学家约翰·罗尔斯(John Rawls)提出的"无知之幕"(veil of ignorance),并结合公共政策的公正性来讨论这一问题。]

6. 让我们在上一个问题的答案基础上,再深入一步。如果在城镇地区实施针对低技能劳动力的歧视政策,加大这一部分人口的跨地区流动成本,那么,将对城镇地区的劳动力供给的技能结构产生什么样的影响? 相应地,这会对低技能劳动力在城镇地区的工资水平产生什么影响? 高技能劳动力的生产率会受到影响吗? 城镇地区的生活质量和竞争力会受到影响吗?

7. 很多人在讨论城市化、大城市发展和劳动力流动的时候,是用下面这样一些论点来反对低技能劳动力自由移民的。你怎么看这些论点,请给出理由。

   ● 大城市的产业升级换代带来的是越来越多的高技能劳动力需求,不需要低技能劳动力。

   ● 如果放开低技能劳动力自由流动,他们在城市(特别是大城市)是找不到工作的。

   ● 大城市的房子贵,将构成对于低技能劳动力进入大城市的障碍。

8. 请思考以下一组问题,或者展开辩论:

   ● 如果由于劳动力流入,城市公共服务的供给出现短缺,那么此时是应该增加供给还是限制需求?

   ● 针对一个城市本地常住居民(包括外来移民)的公共品提供是应该由中央政府财政还是由地方政府财政出资? 为什么?

9. 为什么一些地区出现了大学生就业难和农民工短缺并存的现象? 在最近若干年以

来,农民工的工资水平出现了较快的上升,而城镇非本地户籍的大学生的工资水平却上升较慢,对此如何解释?

10. 有一种流行的看法,认为经济和人口的空间集聚一定会导致地区之间的不平衡发展。扫描书后二维码,图 9.5 展现的是美国每一个州在全国 GDP 和人口中所占的份额。请问如何解读这张图?如何理解地区间的平衡发展?请搜集一下中国每个省的相应数据,再对比一下美国的情况,然后回答:如何实现中国各省之间的平衡发展?

11. 扫描书后二维码,根据阅读材料思考这样的问题:中国城镇化道路会走向何方?该走向何方?阅读材料里提到的现象是不是意味着城市化进程和人口向大城市集聚的进程将被逆转?

12. 居家办公技术出现之后,一部分"打工人"不用每天去办公室上班,就可以住得离公司远一点,那城市内的人口分布会有什么变化呢?公司的选址是否也会发生变化呢?这会有助于改善城市的交通拥堵问题吗?有没有其他因素会抵消居家办公的效应?

13. 最后这个思考题仅供有兴趣的同学深入思考。中国是一个天然的统一货币区,全国使用人民币。在这样的统一货币区内,如果一个欠发达地区的人口不能自由流动到收入更高的地区,会进一步引起什么后果?

▶ 10

失业的成因与治理

为什么劳动力资源是稀缺的,但同时又有大量劳动力处于失业状态? 为什么有的国家失业率高,有的国家失业率低? 世界各国的失业有什么共同的特征? 又有哪些差异? 这与各国不同的经济体制有何联系? 背后是否又体现着共同的经济规律?

为什么有人毕业即失业? 读大学会变得不值得吗? 机器人、人工智能……技术进步一定导致失业上升吗? 哪些人的就业会受到技术进步的威胁? 随着数字经济时代的到来,灵活用工日益常见。失业的形态是否会发生变化? 失业率又会如何变化?

大家都说中国的就业压力很大,但中国的登记失业率与其他国家的失业率相比却是比较低的,这是为什么? 中国的失业成因有何特殊性,又体现着怎样的经济规律?

失业已经成为当今世界各国最为重要的经济和社会问题。在分析了劳动力市场的供给、需求和劳动力流动之后,我们已经可以为失业提供一些解释了。比如,总是有一些劳动力不愿意在市场通行的工资水平之下就业,从而选择"自愿的失业",当然,这种失业在统计上并不被列入失业的范畴,也不是我们所要关心的问题所在。我们还可以从经济结构调整和工作搜寻的角度来理解摩擦性失业。甚至我们还可以将失业看成劳动力进行跨期的闲暇和收入替代选择的结果,也就是说,当经济萧条时工资下降,劳动力不再愿意像在经济繁荣、收入较高时那样多地工作。这些解释均认为劳动力市场能够较好地发挥其调节劳动力供给和需求的功能,但 20 世纪 80 年代以来也有很多经济学研究却认为,失业是与劳动力市场功能障碍相联系的一种现象。在这一章中,我们就来回顾一下全球失业状况的演变,并系统地总结当代经济学对于失业现象的理论解释,讨论失业的治理政策。[①]

[①] 想对全球失业状况和失业理论的发展进行深入学习的读者,可以参阅袁志刚:《失业经济学》,格致出版社 2014 年版。本章的写作也参阅了这本书。

10.1　全球失业概况

在这一节中,我们主要讨论两类国家的情况:一类是发达的市场经济国家,另一类是东欧的转型经济国家。由于经济体制的差异,这两类国家的失业变化趋势及失业的成因各有特点,需要分别加以研究。

10.1.1　发达市场经济国家的失业情况

我们选择了七大工业国作为研究发达国家失业变化及特征的代表。图 10.1 将七大工业国又划分成了两组,第一组是以英国、美国、加拿大三国为代表的强调自由竞争的国家;第二组是比较强调国家干预,劳动力市场相对比较僵化的欧洲大陆国家(法国、德国、意大利)和日本。从第二次世界大战以后到 20 世纪 70 年代以前,发达的资本主义国家曾经历过一段非常好的增长期,在这段时间,这些国家成功地运用凯恩斯主义的宏观经济政策,实现了经济的高增长和低失业。非常有意思的是,自从 70 年代以后,这两组国家的失业率变动形成了非常鲜明的对照。

从图 10.1(a)中我们可以看到,首先,美国、英国和加拿大这三个国家的失业率呈现出比较明显的周期性波动特征,如果以 10 年期的平均失业率近似地作为自然失业率,我们可以说这三个国家的自然失业率都没有发生明显的变化。其次,与其他工业化国家相比,近十多年来,这三个国家的失业率明显较低,显示出其劳动力市场调节劳动力供需的功能非常灵活。最后,这三个国家的失业率变化基本是同步的,这也说明

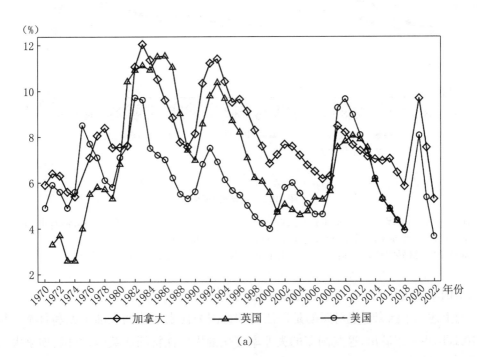

(a)

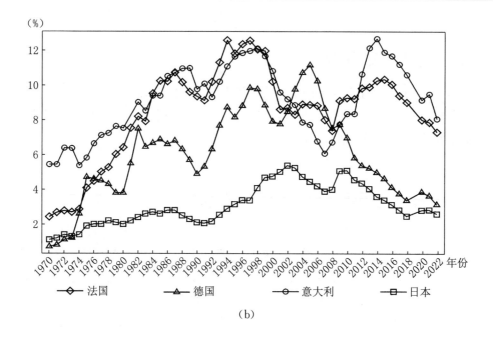

(b)

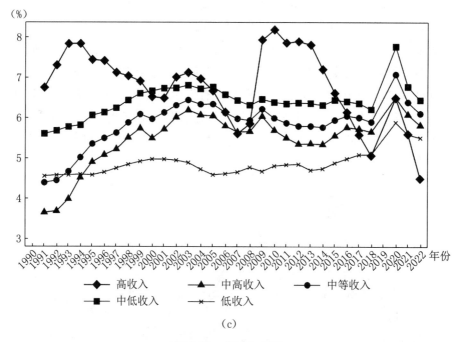

(c)

图 10.1　全球失业率

注：收入组别的定义标准和国家可从世界银行网站获知：https://datahelpdesk.worldbank.org/knowledgebase/articles/906519-world-bank-country-and-lending-groups。

资料来源：世界银行，https://datacatalog.worldbank.org/search/dataset/0037712。

这三个国家之间经济的相互影响比较明显。

与上述三个国家形成对照的是以法国和德国为代表的欧洲大陆国家和日本。从图 10.1(b)中可以看出，这些国家的失业率变化的周期性特征比英国、美国、加拿大三

国要弱得多,所以,可以认为欧洲大陆国家和日本的失业率主要是自然失业率。此外,我们还可以发现另外两个重要的事实:

第一,这类国家的失业率自 20 世纪七八十年代总体上呈现出上升的趋势,这说明自然失业率不是一个稳定的比率,而是随时间而变化的。

第二,这类国家的失业率普遍较高,特别是法国和德国两国失业率长期维持在 10% 以上,形成了社会的一个痼疾。其中,唯一的例外是日本。日本是一个长期维持低失业率的国家,这与其统计方法和就业体制中的终身雇佣制有关。但多年来日本经济长期不景气,失业率上升的趋势也非常明显,20 世纪 90 年代末的东南亚金融危机更是使得日本经济雪上加霜。在 21 世纪来临之际,日本失业率已经突破了 5%,之后呈现出周期性特征。

我们进一步将世界各国按收入分布查看其失业率的时间趋势。图 10.1(c)显示,失业率高低和国家发展水平没有明显的线性关系。在大多数年份,高收入国家具有最高的失业率,而低收入国家的失业率反而是最低的。低收入国家的产业结构是以农业为主,农业部门的失业往往是隐性的,这造成了失业率的低估。而高收入国家的失业保障制度较为完善,也会影响失业率。由此可见,失业率不仅仅是收入和产业结构的故事,与不同国家的福利制度也有很大的关系。

虽然不同工业化国家失业率变化趋势各有差异,但实际上,七大工业化国家的失业问题也存在着一些共性。如果进行概括的话,我们可以说各个工业化国家的失业都呈现出三个特征。第一,年轻人失业问题严重,其失业率高于平均失业率。第二,低技能劳动者的失业率大大高于平均失业率。第三,失业周期在延长,长期失业问题日益严重。上述三个特征实际上反映出了知识和技能在当今社会经济发展中越来越重要的作用,也正因此,技能相对较低的年轻人(还包括妇女和西方社会的少数族群)成了劳动力市场上的弱势群体,而这部分人一旦失业就很难再找到工作,从而成为长期失业者。2020 年新冠疫情暴发之前,欧洲大陆国家的失业率有所下降,其中既有经济形势好转的原因,又有长期失业者"退出"劳动力市场的原因。2020 年新冠疫情暴发之后,全世界的失业率都迅速上涨。不过从图 10.1(c)来看,高收入国家从 2021 年起回落速度较快。

10.1.2 东欧转型经济国家中的失业情况

图 10.2 显示了六个具有代表性的东欧转型国家中的失业率变化趋势。从图中可以看出,各个转型经济国家均曾经在 20 世纪 90 年代经历过 10% 以上,甚至高达 20% 的高失业率,之后失业率总体上呈现下降趋势。

导致东欧转型经济中出现高失业的直接原因是转型过程中的政治动荡和经济滑坡,原来的东欧阵营瓦解所造成的外贸滑坡,以及各国国内需求的下降。在需求方面,高通货膨胀率造成居民实际购买力下降;同时,国内收入差距的迅速扩大又造成总需

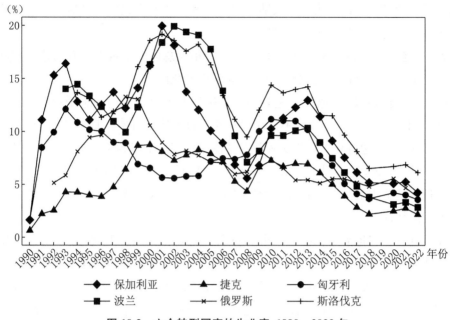

图 10.2　六个转型国家的失业率：1990—2022 年

资料来源：世界银行，World Development Indicator。

求下降。造成失业的另一个原因是转型经济中的就业体制市场化改革以及企业对于富余职工的排放，也就是隐性失业的显性化。更为仔细地考察的话，我们将发现，东欧的失业问题是与这些国家的经济重构相伴随的，主要表现在两个方面：(1)东欧国有部门的就业减少非常迅速；(2)各国扭曲的经济结构得到调整，工农业就业有所下降，而服务业就业有所上升。

在东欧国家的经济转型过程中，失业还呈现出一些共同的特征。(1)失业队伍的流动率很低。私有部门的就业人员常常是直接从传统部门的工作进入新的工作，而不是先经过一段失业。失业队伍的流出(outflow)对劳动力需求变化并不敏感。(2)失业周期在延长。(3)劳动力参与率在下降，尤其是在妇女中该比率下降更明显。传统部门的就业下降更多地导致了劳动力退出劳动力市场，而不是进入失业队伍。[1]

尽管东欧转型经济中的失业有其体制转型和经济重构的特殊背景，但实际上就失业者而言，在转型国家也同样是一些就业的弱势群体容易受到失业的威胁，特别是低技能者和女性，而这又是导致转型经济中失业者失业周期延长的重要原因。

所以，从本质上来讲，尽管不同的经济体制下失业的初始原因和特征不同，但是低技能者越来越难就业是一个全球性的规律，而这又与知识经济时代对于劳动者知识和技能的要求越来越高，以及全球化带来劳动力市场的竞争加剧有关。从数据中可以看到，随着时间的推移，这种与经济转型有关的失业已经过去了。下面，我们就来从理论上探讨失业的成因，这些内容反映了经济学家对于失业问题的认识的不断深化。

---

[1]　Boeri, T., 1994, "'Transitional' Unemployment," *Economics of Transition*, 2(1), 1 - 25.

10.2　失业成因的初步探讨

全球范围内如此大规模的失业现象究竟如何解释呢？这一问题一度成为 20 世纪经济学的世纪话题，现在又成为 21 世纪的话题。转型经济国家的失业虽然严重，但从理论上来说，这种失业主要是由经济滑坡、经济结构调整、计划体制下的隐性失业进行释放和劳动力市场效率低下造成的，人们对此并无太多异议。更为重要的问题是，在市场经济体制下为什么也会存在大规模的失业，甚至还有日益严重的趋势？经济学家对此提供了各种各样的解释，下面我们就由表及里，对这些理论的解释做一些总结和回顾。

10.2.1　一些直观的解释

对失业的直观解释主要有三种，这三种解释虽然有一定道理，但都经不起仔细推敲。

失业的第一种直观解释是劳动力供给的大量增加，特别是二战以后妇女和少数族裔大量加入劳动力队伍，同时又有大量移民，使得工作岗位不足，造成了失业。但是，仔细考察西方国家的数据，我们不难发现，劳动力人口的大量增加并不必然造成失业。一方面，从横向比较来看，劳动力人口增加较多的美国和日本在西方国家中并不是失业率高的国家。另一方面，从历史上来看，英国在失业率较高的 1980—1984 年间，劳动力人口的增长很慢，而在劳动力人口增加较多的 1984—1989 年间，失业率反而有所下降。所以，很可能失业率低是劳动力人口增长的原因，而不是劳动力人口增加会导致失业。

失业的第二种直观解释是结构性失业，即经济结构性的调整会造成失业，这种理论注意到了劳动力市场失业与空位并存的现象，认为失业是因为劳动力供给的质量不符合空位对于劳动力的要求。这种失业还表现为摩擦性失业，即工作搜寻过程中的失业。但是，这种理论也不能为大规模的失业提供令人信服的解释，因为劳动力市场上的失业者数量往往大大超过空位数量，特别是在经济萧条的时候这种情况更为明显。

失业的第三种直观解释是技术进步，即资本替代劳动，使得劳动力需求的数量萎缩。这种解释初看起来是成立的，但却经不起仔细的推敲。一方面，从理论上来说，技术进步的作用是多方面的（读者可以重温第 4.3 节关于数字经济和劳动力需求的内容），造成部分劳动力失业是技术进步的替代效应，这只是技术进步的结果之一。技术进步可以导致劳动时间的缩短和劳动强度的减少，这种技术进步并不必然导致失业。另一方面，技术进步对劳动就业还存在扩张效应。技术进步可以带来劳动生产效率的提高，促进劳动者的工资水平提升，从而扩大对产品和服务的消费需求，相应地带来劳动需求的增加。技术进步还可以产生大量新的产品,从而创造大量新的劳动力需求,也会带动就业岗位的增加。一个最为典型的例子就是计算机,计算机的发明使得原来很多传统的职业大量减少了,比如打字员、印刷厂的排字工,但计算机的发明和广泛应用又催生了许多新的职业和岗位,比如软件员、计算机的维修和销售。总的来说,过去几次大的技术进步是有利于增加就业的,这已经被发达国家的经济发展史所证明。如果说技术进步真的会导致一部分人失业的话,那么,当技术进步是技能偏向型(skill-biased)的时候,它产生的劳动需求主要是高技能劳动力,而对低技能劳动力的需求较少。如果一个国家的劳动力技能跟不上技术进步的步伐,那么,大量低技能劳动力的确可能面临失业的压力。以人工智能为代表的新一轮技术进步,也对劳动力市场产生了很多冲击,但对劳动力就业的替代效应和扩张效应也是同时存在的,到目前还没观察到替代效应远超过扩张效应的证据。同时,人工智能的发展对一些高技能劳动力的工作岗位也形成了冲击。一个岗位受人工智能的替代程度取决于这个岗位是不是可以被"编码",而不是这个岗位的从业者是不是受过高等教育。这对于劳动者和学校(包括培训机构)来说具有重要的启示,要摆脱对于记忆、计算等技能的偏向,要更重视培养劳动者的社会技能(social skills),例如理解力、表达力、沟通力等,这些才是人工智能时代的应对之策。

显然,上面这三种失业理论都不能承担起解释大规模失业的任务,因此我们需要再寻找新的理论来解释失业现象。从理论发展史来看,早期的失业理论实际上就是在古典学派和凯恩斯学派的争论中发展起来的。

讨论

(1) 在理论上,技术进步一定是技能偏向型的吗?有没有可能某种技术进步反而更多地增加对于低技能劳动力的需求?(提示:现实生活中,有没有某种服务业相关的技术促进了供求匹配,提高了生活质量,从而催生了大量的服务需求?)

(2) 在经济增速下行期,特别容易出现反全球化和反移民的呼声。在一定程度上,英国脱欧和美国特朗普当选的过程中,移民都是重要的议题。请借助于下面这段新闻再次思考移民与失业的关系。

背景

为什么失业率高还要增加移民数量?

加拿大联邦移民部部长麦家廉预计会在 2016 年 10 月 31 日(周一)宣布 2017年的移民数量,此前他曾透露要大幅提高移民人数。但近来人们都在讨论一个问题,那就是现在加拿大失业率很高,尤其那些年轻人都很难找到工作,在此时大幅吸收移民是否是一件好事?有专家指出,在增加移民数量的同时,政府需要做好更周全的准备。

加拿大的经济发展建议小组此前曾提出在未来五年内,把每年吸纳移民的数量提高到 45 万人,尤其是重点应该吸收那些拥有高技术、受过高等教育的人以及企业家等。但麦家廉当时表示,这个目标显得有些野心过大,不过他也表示,政府确实会大大增加移民的数量。

加拿大现在正面临人口老龄化以及劳动力短缺的情况,因此吸收移民能够带来一些好处。加拿大联邦政府把 2016 年的目标设定在吸收 30 万名新移民。不过对此,专家也提出了一些警告。

(1) 新移民来了以后会变得更好吗?

多伦多大学加拿大研究项目的副教授埃米莉·吉尔伯特(Emily Gilbert)表示,在政府欢迎新移民的同时,也必须确保他们能够融入社区,而且还要确保他们能找到与自己的技术水平相对应的工作,不会让新移民的家庭在来到加拿大后遭遇经济困境。吉尔伯特还担心,如果移民数量增长过快,政府却没有足够的支持,将导致潜在的社会及经济矛盾。

(2) 增加移民之后能够提高所有人的生活水平吗?

经济发展小组的报告建议移民部把吸收企业家及国际学生放在首位,来最大化移民政策的经济效益。还说如果这个措施执行妥当,将能提高所有加拿大人的生活水平。而且近日有民调显示,大部分人还是支持移民的,只是报告警示,政策决策者必须注意限定移民的数量。

经济发展小组在报告中提到,如果新移民的融合问题没能被有效管理,人们对于移民政策的支持率将下降。虽然报告建议把经济类移民人数增加到 15 万人,但这必须在人们所享受到的公共教育、交通或医疗系统等资源不会变得更加紧张的情况下进行,增加移民数量带来的人口增长将需要三级政府投入更多的资金来发展公共服务和设施。

资料来源:《为什么失业率高还要增加移民数量?》,温哥华港湾,2016 年 10 月 30 日,https://www.bcbay.com/life/immigration/2016/10/30/453542.html。

10.2.2 古典失业与凯恩斯失业:工资是否可以灵活调整是关键

古典学派和凯恩斯学派的失业理论并不是对立的,两个学派只是对于工资是否可以灵活调整,或者是否存在黏性(stickiness)的看法不同,因此,对于失业的治理政策也持不同意见。我们不妨先来看一张简单的劳动力市场供给-需求平面图(见图 10.3)。在这张图中,我们可以画出一条向右上倾斜的劳动力供给曲线 S 和一条向右下倾斜的劳动力需求曲线 D,这两条曲线的交点就是劳动力市场的均衡点,相应的均衡工资和就业人数分别是 $(W/P)^*$ 和 L^*。

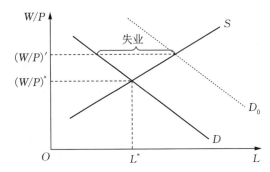

图 10.3　古典学派与凯恩斯学派有关失业理论的联系

古典学派认为,在劳动市场上,如果有失业现象存在,唯一的可能性就是工资太高了,当工资水平[如图中的$(W/P)'$]超过均衡的工资水平时,失业就产生了。但是,古典学派认为,这种失业现象只是短暂的现象,只要劳动工资可以灵活调整,那么,工资就会调整到均衡的工资水平$(W/P)^*$,失业现象将得以消除。虽然社会的就业总量有所下降,但这部分劳动力都是在新的均衡工资水平下不愿意就业的"自愿失业者"。

凯恩斯学派与古典学派的关键区别在于,凯恩斯学派认为劳动力市场上的工资是黏性的,失业不能通过工资的调整得以消除。我们假设在图 10.3 中劳动力的需求曲线的初始位置在 D_0 处,均衡的工资水平为$(W/P)'$。当经济受到需求方的冲击时,有效需求不足将导致劳动力的需求曲线也向内移动,这时,如果工资不能灵活地调整到新的均衡水平$(W/P)^*$,那么,失业就出现了。由于凯恩斯失业是由经济衰退导致的,经济繁荣时失业率就会下降,因此,这种失业也被称为"周期性失业"(cyclical unemployment)。从政策建议来看,凯恩斯学派主张动用积极的财政政策和货币政策来提高社会的有效需求,从而使劳动力的需求曲线再回到 D_0 处,这时,失业就被减少了。

讨论

工资的黏性有很多原因,最低工资制度也是其一。请问最低工资对就业可能产生什么样的影响? 受影响的将是哪些人群? (有兴趣的读者可以阅读第 11 章的相关内容,看看对于这个问题的回答,是不是已经有了一致的答案。)

背景

美国提高最低工资报告引发争议

美国国会预算办公室(CBO)于 2014 年 2 月 18 日在一份报告中称,预计提高美国最低工资将在 2016 年底前导致约 50 万人失业,同时帮助近 100 万人摆脱贫困。该报告重新点燃了关于美国时任总统奥巴马当年一大执政重点的争论。

调查显示,四分之三美国人倾向于提高最低工资。受此数字鼓舞,奥巴马及其民主党同僚呼吁将最低时薪从 7.25 美元提高至 10.10 美元,以提高数百万低收入人群的薪资。

CBO还表示,提高时薪将在多年中小幅减少美国预算赤字,但之后又会导致赤字小幅增加。

CBO指出难以预测提高最低工资对就业的影响,称时薪为10.10美元的情况下,"有三分之二的可能性,影响会介于就业微量减少和100万人失业之间。"

资料来源:《美国提高最低工资报告引发争议》,国际财经中心,2014年2月19日,https://iefi.mof.gov.cn/pdlb/wgcazx/201402/t20140219_1044610.html。

10.3 工资黏性与失业

在上一节中我们已经指出,古典学派和凯恩斯学派关于失业理论的差异关键在于对工资调整的灵活性认识不同。但是,凯恩斯学派并没有很好地说明为什么工资具有向下的黏性,而对这一问题的说明是由20世纪70年代以来发展起来的"新凯恩斯主义"学派完成的。下面我们就对这一学派的四个主要的工资黏性理论逐一进行介绍。这一节,我们将利用一些简单的模型,对于读者来说,也可以通过我们提供的"一段话的学习"来理解这些理论的核心思想。有兴趣的读者可以在"一段话的学习"之后再了解"具体的解释",没有兴趣的读者则可以跳过那些"具体的解释"。

10.3.1 隐含合同理论

[**一段话的学习**]　我们可以这样理解隐含合同理论(implicit contract theory):企业在为员工提供失业保险。员工不喜欢工资水平随着经济周期而出现大幅度的波动,如果有可能做到这一点的话,他们宁愿交点保险费。这时,企业说,我来提供保险,条件是即使经济形势好的时候,工资也不涨(或少涨点),这就是员工的保险费。双方达成默契,企业省了钱,员工得到平稳的工资,减少了风险,皆大欢喜。问题是,如果经济真的出现衰退,即使失业者愿意接受更低的工资去找工作,企业也会因为工资不能下降而不增加雇佣。

[**具体的解释**]　这一理论的逻辑起点是雇员是风险规避者,而企业则是利润最大化者。该理论认为,可以找到这样的一个固定的工资水平,它不随宏观经济周期的起伏而波动,由于工资是固定的,这能满足雇员规避风险的目的。如果这个固定工资能够略低于企业愿意支付的随经济周期波动的工资的期望值,那么,这个工资也能被企业所接受。这时企业和雇员就达成了一种合作,仿佛双方签订了一份合同一样,企业通过支付固定工资而省了钱,而员工则减少了风险。我们不妨通过图10.4来说明隐含合同下工资的确定。

在图10.4中,我们首先画出一条凹

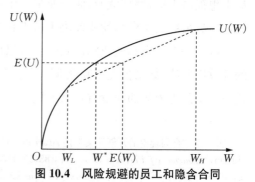

图10.4　风险规避的员工和隐含合同

的效用曲线 $U(W)$，这是一条表示风险规避的效用曲线。图中 W_L 和 W_H 分别表示经济萧条时市场出清的低工资和经济繁荣时市场出清的高工资。由于受经济周期的影响，劳动力市场分别依一定的概率出现低工资和高工资，如果没有隐含合同，那么，员工就在经济繁荣时得到高工资，而在经济萧条时得到低工资。在某个给定的概率下，员工的期望工资为 $E(W)$，期望效用为 $E(U)$。不难发现，由于员工是风险规避的，只要固定工资达到或超过 W^*，员工的效用水平就超过了 $E(U)$，员工就会接受这个固定工资。而对于企业来说，只要工资不超过 $E(W)$，那么企业实际支出的工资就比随经济周期波动的工资水平要低。如果企业可以单方面地确定这一固定工资水平的话，W^* 将是最终的工资水平。由于这一固定工资是员工和企业双方都愿意接受的，相当于双方签订了一份合同，保证工资不随经济周期而波动，这就很好地解释了工资黏性。当经济萧条来临时，隐含合同下的固定工资将高于市场出清水平，这时候企业就只有通过解雇员工来削减劳动成本，从而导致失业现象的出现。[①]

10.3.2 谈判（议价）理论

［一段话的学习］ 谈判（议价）理论（bargaining theory）是指，工资是由企业的资方和劳方事先谈判规定的，具体由双方的谈判能力来决定，一旦决定之后，就不易改变，也不随经济的周期性波动而调整。于是，即使经济出现衰退，有人愿意接受更低的工资，企业的工资水平也不调整，它们不愿意增加雇佣。相反，企业却可能因为工资不调整，而减少劳动力雇佣数量。有时，企业的就业人数和工资水平都是事先劳资谈判决定的，这样，两者都难以改变。

［具体的解释］ 隐含合同理论很好地解释了工资黏性，但没有在理论上很好地模拟企业和员工之间的工资谈判过程。在现实中，工资往往是通过工会代表员工与企业进行谈判而确定的。这时，劳动力市场接近于双边垄断的市场。我们在第 4 章中曾经指出，双边垄断市场上工资和就业的决定是传统方法无法分析的问题，但二战以后诞生的谈判理论给我们分析这类问题提供了有力的工具。

在工资和就业的谈判模型中，员工和企业双方分别最大化各自的效用（或利润），员工想提高工资，增加就业，而企业则想压低工资，减少就业。由于双方的目标是对立的，所以，最终的工资和就业取决于员工和企业的相对谈判能力。

这样一个工资和就业的谈判模型可以用图形来表示。在图 10.5 中，U 是一条工会的等效用曲线，如果把工资和就业当作工会的两种普通"消费品"，那么，这条无差异曲线与通常的无差异曲线没有什么不同。

---

① 隐含合同理论的开创性文献是 Azariadis, C., 1975, "Implicit Contracts and Unemployment Equilibrium," *Journal of Political Economy*, 83(6): 1183 - 1202. 对此理论的一篇经典的综述文献是 Rosen, S., 1985, "Implicit Contracts: A Survey," *Journal of Economic Literature*, 23(3): 1144 - 1175.

一组倒 U 形的曲线是企业的等利润曲线,位置越高的曲线代表工资和就业越多,利润越低。等利润曲线的最高点表示工资与边际劳动生产力相等的点,也就是完全竞争条件下企业利润最大的点,将这些点相连便可以得到完全竞争条件下的劳动力需求曲线。从这条线向左右两个方向移动,会出现就业过低或过高的情况,利润下降(达到一条位置更高的等利润曲线)。

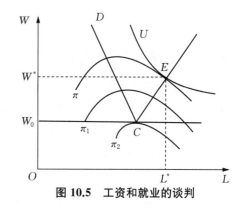

图 10.5　工资和就业的谈判

谈判的结果将出现在等利润曲线与等效用曲线的切点处,如点 E,这种点是具有帕累托最优的性质,这意味着员工和企业如果一方想提高自己的效用(或利润),就必须以降低另一方的效用(或利润)为代价。所有像点 E 这样的点组成的线 CE 就是契约曲线(contract curve)。图中的点 C 是完全竞争状态下的点,这时,企业的谈判能力非常大,员工没有谈判能力,企业的利润达到了最大化。不难发现,像点 E 这样的谈判结果之下的工资 W^* 相对于完全竞争状态下的工资 W_0 是偏高的,而就业则是偏多的。

10.3.3　内部人–外部人模型

[一段话的学习]　无论是雇佣人还是解雇人,都需要付出成本。这时,企业的内部人会获得一个优势,就算他们的工资水平高于其边际劳动生产率(只要不高太多),也可能不被解雇。而那些失业者要求的工资即使低于企业内部人的工资也无法就业。

[具体的解释]　内部人–外部人模型(insider-outsider model)是另一种解释工资黏性较为成功的理论。[1]这一理论认为,市场竞争导致劳动力市场出清的新古典理论的假定条件过于苛刻,其中与现实最不符的假定就是劳动力市场的运作没有任何的成本(参见第 4 章中的劳动力需求模型)。实际的情况是,解雇企业现有的员工和到劳动力市场上招聘新的员工都是要耗费成本的,由于存在这样的劳动力替换成本(labor turnover costs),便导致企业已经雇佣的员工(内部人)拥有某种优势,使得内部人的工资高于外部劳动力市场上的工资,即使那些失业者要求的工资要低于企业内部人的工资也无法就业。企业内部和外部工资的差异就反映了劳动力替换成本,也成为工资黏性的来源。在黏性的工资下,企业的劳动力需求不能进一步扩大,外部劳动力市场上也总有一些失业者不能就业。

①　Lindbeck, A. and D. J. Snower, 1988, *The Insider-Outsider Theory of Employment and Unemployment*, MIT Press.

10.3.4　效率工资模型

[**一段话的学习**]　如果存在信息不对称，员工就有可能不努力工作，这时，有些企业可能愿意支付一个较高的工资水平，激励员工努力工作。如果多支付的工资能够换来员工的努力工作，对于企业还是值得的。但是，对于整个劳动力市场来说，如果企业支付的工资都高了，就可能出现劳动力的需求数量下降，有些失业者即使愿意接受更低的工资，也不会被企业雇佣。

[**具体的解释**]　在解释工资黏性的诸多理论当中，效率工资模型（efficiency-wage model）可谓是影响最为深远的。该理论认为，真正为企业创造价值的不是劳动力本身，而是劳动力付出的努力，而努力又是一个不可完全被监督的变量。在这种信息不对称的情况下，雇主有激励主动地将工资提高到一个高于市场出清水平的水平，这样做就可以激励员工努力工作。不过，工资也不是无限提高的，因为提高工资会降低利润。在企业最大化利润的目标下，均衡的工资取决于企业在激励的收益与工资成本之间的权衡。只要一些参数是给定的，市场均衡的工资就是一个具有黏性的工资水平，恰恰是这一高于市场出清水平的工资使得工作岗位难以增加，失业者难以被雇佣。[①]

比较早的一个效率工资模型是由诺贝尔经济学奖得主罗伯特·默顿·索洛（Robert Merton Solow）提出的。在索洛模型之后，其他经济学家也陆续提出了一些效率工资模型，其中最为著名的模型是卡尔·夏皮罗（Carl Shapiro）和诺贝尔经济学奖得主约瑟夫·斯蒂格利茨（Joseph E. Stiglitz）共同提出的一个模型。夏皮罗-斯蒂格利茨模型认为，均衡的效率工资和自然失业率是同时决定的，失业不一定是坏事。在信息不对称的条件下，偷懒不能被完全地监督，企业为了防止员工偷懒必须支付高于市场出清水平的工资，而在这一工资下市场上存在着一个相应的失业率，这个失业率对员工的劳动行为是一种"纪律约束机制"。[②]

在图 10.6 中，假定 N 是一个外生的劳动力供给数量，并且不随工资变化而变化，在效率工资机制下，这条劳动供给曲线并不构成企业面临的真正的劳动供给。企业面临的真正的劳动供给曲线是 NSC（no-shirking condition，即无偷懒条件），这条曲线上的每一个点都是一个工资水平和一个失业率（曲线 NSC 和 N 的水平距离）的组合。如果在一定工资水平下员工偷懒的话，那么，他就可能被解雇，一旦被解雇，他就会遭受损失，失业率高，再就业就困难，损失就大。可见，失业率较高的时候较低的工资水平就可以防止员工偷懒，而当失业率较低的时候，必须有一个较高的工资才能够防止

---

① 这里提供一篇综述文章供读者参考：Costabile, L., 1995, "Institutions, Social Custom and Efficiency Wage Models: Alternative Approaches," *Cambridge Journal of Economics*, 19(5): 605 - 623。

② Shapiro, C. and J. Stiglitz, 1984, "Equilibrium Unemployment as a Worker Discipline Device," *American Economic Review*, 74(3): 433 - 444.

员工偷懒。在这一机制下，均衡的工资和就
业就不再由劳动需求曲线[即 $F'(L)$，边际
劳动生产力曲线]与劳动力供给 N 的交点
决定，而由劳动需求曲线和无偷懒条件下曲
线 NSC 的交点 E 决定。可见，这样的工资
水平和失业率水平对于企业而言是最优的，
企业不会愿意降低工资和增加就业，因为在
更低的工资下，不能有效地防止员工偷懒，
企业虽然节省了成本，但产出下降得更多，
企业的利润没有被最大化。

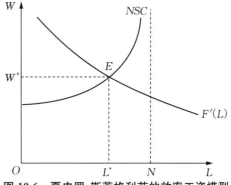

图 10.6　夏皮罗-斯蒂格利茨的效率工资模型

　　另一位诺贝尔经济学奖得主乔治·阿克洛夫(George A. Akerlof)的效率工资模
型是一个社会学特点较强的模型。他认为，员工是根据努力准则(effort norm)工作
的，超过企业工作标准的部分好比无偿赠予企业的一份礼物。这种努力准则并不是
个人的，而是集体共同的，它是出于员工之间的情感(例如团结)以及员工与企业之
间的情感。员工的精神面貌和他们付出的努力取决于他们认为公平的工资，这个
"公平"是相对于其他的员工和失业者而言的。这样，企业出于鼓舞士气的目的，会
支付较高的工资，结果使得该工资水平高于劳动力市场出清时的工资水平，于是非
自愿的失业也随之出现。虽然失业者情愿在市场出清的工资下工作，但这种要求不
会被企业接受，因为这会给企业员工的士气带来负面影响，进而影响企业的产出
水平。[①]

10.4　分割劳动力市场和失业的回滞

　　新凯恩斯主义的几个理论为工资黏性提供了一些解释，不难发现，这些解释都与
劳动力市场分割为内部劳动力市场和外部劳动力市场有关。在内部劳动力市场上，工
资的决定不再是由供给和需求共同作用这样一个简单的过程，而是受到了一些其他因
素的影响，从而使得员工的工资不再是可以随意调整的变量。从广泛的意义上来说，
劳动力市场的分割包括了这种内部、外部的分割，但我们通常所提到的劳动力市场分
割主要是指因为技能、产业、地理等因素造成的分割，这些分割也是造成失业的重要原
因，在这一节中，我们将对分割劳动力市场理论做一个简单的介绍。此外，正如我们在
本章一开始所介绍的那样，欧洲大陆国家失业率不断上升和长期失业越来越多的现象非
常引人注目，为了对这一现象进行解释，失业回滞理论(hysteresis in unemployment)应运
而生，这一节也将对这一影响深远的失业理论进行介绍。

---

　　① Akerlof, A. George, 1982, "Labor Contracts as Partial Gift Exchange," *Quarterly Journal of Economics*, 97(4):543-569.

10.4.1 分割劳动力市场理论

我们知道,新古典主义理论的主要特征是假定市场是完善而统一的,所交易的对象是同质的,价格是可以自由调整的,市场可以无摩擦地运作。新凯恩斯主义批评了传统理论的后两个假定,而分割劳动力市场理论(segmented labor market theory)则批评了前两个假定,并构成了20世纪70年代以来对传统劳动力市场理论的又一重大挑战。[①]

分割主义者认为,劳动力市场可以被区分为两个部分:一个部分提供着"好"的工作,另一个部分则提供着"差"的工作。由于存在着这种二元特征,分割劳动力市场理论也被称为"二元劳动力市场理论"。那么,不同的劳动力市场有什么样的特征,导致劳动力市场出现分割的因素又有哪些呢?

通常认为,在提供"好"工作的第一劳动力市场上,工作比较稳定和安全,工资率相对较高,技术水平和资本密集程度较高,工会的力量较强,而第二劳动力市场的状况则恰恰相反。如果抽象一些来说,两部分劳动力市场的差异是,第一劳动力市场工资较高,工资黏性较强,而第二劳动力市场上工资较低,工资是完全自由竞争决定的,可以灵活地调整。只要第一劳动力市场的劳动力愿意,他们可以较自由地进入第二劳动力市场,而第二劳动力市场的劳动力则因为种种原因难以进入第一劳动力市场就业。

导致劳动力市场出现分割的因素有以下几个方面:(1)技能,第一劳动力市场的劳动力一般具有较高的技能;(2)产业,那些对劳动力技能要求较高、资本密集程度较高的产业的劳动力通常属于第一劳动力市场;(3)地理因素,地理上的分割往往是造成劳动力市场分割的直接因素,如果再加上一些地区间制度和经济发展特征的差异,使得地区间的劳动力市场分割往往非常明显。从人口特征来看,西方国家的少数族群(如非洲裔、亚裔等)、女性和年轻人往往工作条件较差,属于第二劳动力市场。

劳动力市场二元分割的直接后果就是导致市场上存在两个工资水平,以及与此相对应的劳动力之间的收入差距。由于劳动力在两个市场间的流动非常不充分,所以这种工资的差异不能得以消除。

劳动力市场的分割对失业也有直接的影响。如果第一劳动力市场受到了外来的冲击,由于这个市场的工资具有黏性的特征(因为效率工资盛行、工会力量强大等原因),外来的冲击不会引起工资下调,而是造成失业。这时,第一劳动力市场的失业者将面临两个选择。第一个选择,他可以选择失业,也许他担心到第二劳动力市场去找工作(虽然这并不难)会影响他的职业声誉。如果他选择失业,那么这种失业就同时带有自愿和非自愿的性质,从失业的初始原因来看,这种失业是非自愿的,但从劳动力的

[①] 这里同样推荐一篇介绍分割劳动力市场理论的综述文章:Leontaridi, R. Marianthi, 1998, "Segmented Labour Markets: Theory and Evidence," *Journal of Economic Surveys*, 12(1):63-101。

选择来看,他又是自愿处于失业状态的。第二个选择,第一劳动力市场上的失业者也可以选择进入第二市场找工作,这可能导致两个结果:一方面,第二劳动力市场的劳动力将会被替代,这可能是最直接的结果,于是,失业便传播到了第二劳动力市场上;另一方面,由于竞争加剧,第二劳动力市场的工资将下调,但这一下调的过程不可能在短期内达到新的均衡状态,即使在长期,也可能由于一些因素(比如最低工资管制)而无法实现均衡,这样一来,失业仍然会传播到第二劳动力市场上。

10.4.2 失业回滞

"回滞"最初是一个物理概念,其含义是指物体的运动轨迹具有某种路径依赖性(path dependence),也就是说,一个物体的运动轨迹不仅受到当前的外力影响,还受到所有过去所受的外力的影响。用这一概念来看失业现象,我们不难发现,自20世纪70年代初的"石油危机"以来发达国家的失业率有上升的趋势(特别是在欧洲大陆国家),这说明外来冲击对于失业率的影响可能是持久性的。经济学家认为,当外来的冲击导致失业率上升时,这种趋势就会保持下去,除非有其他的因素导致失业率下降,这就是失业率变化趋势中的路径依赖性。

第一,失业回滞(hysteresis in unemployment)现象与劳动力市场的功能有关。劳动力市场的功能性障碍越强,劳动力流动性越低,则劳动力市场受到的冲击越是不容易被市场调整所消化,失业的路径依赖性越强。有趣的是,各种研究均表明,失业率的路径依赖性在欧洲大陆国家较为明显,而在西方国家当中,欧洲大陆国家的劳动力市场的确是比较僵化的。

第二,失业人员的人力资本折旧和"干中学"的中断也是失业回滞的原因。失业者由于没有工作,便无法通过"干中学"积累人力资本,而已经获得的人力资本也会在失业期间折旧,所以失业时间越长,人力资本含量越低,再找工作就越难。于是,劳动力市场上失业人数的增加就难以被消除。

第三,内部人-外部人因素和工会的影响是造成失业回滞的又一个因素。我们知道,工会组织是保护就业者的,当经济衰退来临时,企业试图通过降低工资来增加就业,但工会成员和企业的内部人却会抵制这一做法,又由于用外部人(失业者)替代内部人是有成本的,这就保证了内部人在工资谈判中拥有一定的优势。于是,一旦经济衰退,失业率上升,受工会组织保护的员工数量(或者内部人数量)就会减少,而更多的外部人则不能顺利就业,这就导致了失业率的持续上升。

第四,投资活动的下降和失业率的上升可能会形成一种恶性循环,导致失业回滞。在经济萧条的时期,企业的利润水平下降,于是投资活动又进一步萎缩,这时,即使失业者所要求的工资有所降低也难以就业。

第五,劳动力市场的信息不对称可能也是造成长期失业者越来越多和失业率不断上升的一个原因。劳动者的技能是劳动者的私人信息,雇主是很难了解到的,于是失业的时间就成了了解劳动者质量的一个信息,失业的时间越长,可能意味着这个失业者在技能、敬业精神等方面的"质量"越差。所以失业者失业时间越长,就越是难以就业,于是,劳动力市场上失业者的平均失业时间逐渐延长,导致失业率有所上升。[①]

失业回滞理论对西方国家(特别是欧洲大陆国家)失业率上升和长期失业者不断增加的现象给出了令人信服的解释。更为重要的是,这一理论的政策含义是,积极的劳动力市场政策如果可以有效地降低失业率,那么,将会对失业率的长期走势产生影响。因此政府不能天真地相信市场的自发调整可以使市场恢复到稳定的自然失业率水平,积极的需求管理政策、培训政策和一些恢复劳动力市场功能的政策都将对降低失业率产生积极而持久的影响。

10.5　中国经济体制转型和经济重构中的失业及政策

在展开中国失业问题的讨论之前,不如先看两则新闻报道。

背景

全国就业形势总体稳定,重点群体就业持续改善

2023年,各地区各部门深入贯彻落实党中央关于就业工作的部署要求,突出就业优先政策导向,随着国民经济回升向好,稳就业政策发力显效,就业形势总体改善。

(1)调查失业率低于上年。

2023年,全国城镇调查失业率平均值为5.2%,较上年低0.4个百分点。分月看,1—2月失业率延续上年年底态势,分别处于5.5%、5.6%的水平。3月,随着生产生活秩序逐步恢复,春节后外出务工以及转换工作的求职者陆续找到工作,就业状况有所好转,失业率降至5.3%。4—6月失业率回落并稳定在5.2%的水平。7月,在暑期和毕业季双重因素影响下,失业率小幅升至5.3%。随着高校应届毕业生逐步开始工作,失业率下降至9月的5.0%,并保持到11月。12月,受冬季转冷、部分行业进入生产经营淡季等因素影响,失业率小幅上升至5.1%,较上年同月下降0.4个百分点。

(2)31个大城市就业形势明显好转。

得益于经济运行恢复正常,大城市经济活力增强,就业状况不断改善,失业率明显下降。2023年,31个大城市城镇调查失业率平均值5.4%,较上年低0.6个百分点。分月看,1—2月失业率分别处于5.8%、5.7%的水平。3月,就业状况有所好转,失业率

[①]　经济学家对于产生失业回滞的原因有着很多种解释,对此读者不妨参考一篇综述文章:Roed, K., 1997, "Hysteresis in Unemployment," *Journal of Economic Surveys*, 11(4):389‒418。

降至 5.5%。4—6 月,稳定在 5.5% 的水平。7—10 月,连续下降至 5.0%,之后保持稳定。12 月,31 个大城市城镇调查失业率为 5.0%,环比持平,低于全国城镇调查失业率 0.1 个百分点,较 1 月年内高点下降 0.8 个百分点,较上年同月下降 1.1 个百分点,是 2022 年 2 月以来首次低于全国整体水平。

(3) 农民工就业形势持续改善。

2023 年,随着服务业较快恢复,城乡人口流动加快,以及一系列稳岗扩就业措施落地实施,吸纳就业较多的批发零售、交通运输、住宿餐饮、租赁商务、文体娱乐等服务行业较快增长,用工需求显著增加,为农民工就业状况改善创造了较好条件。年初外来农业户籍劳动力失业率达 6.0%,3 月以来逐步回落,12 月降至年内最低点 4.3%,较上年同月下降 1.1 个百分点,总体处于历史较低水平。

从总体看,相比 2022 年,2023 年全国就业规模扩大、非农就业比例上升、失业率下降,就业形势总体改善。但也要看到,当前外部环境的复杂性、严峻性、不确定性上升,部分行业以及中小微企业经营仍面临不少困难,高校毕业生规模继续增加,就业结构性矛盾依然存在,相关群体就业仍面临一定压力。下一步,随着经济回升向好态势进一步巩固,经济活力进一步增强,稳就业政策持续发力,帮扶措施落实到位,就业形势有望继续稳定向好。

资料来源:王萍萍:《就业形势总体稳定,重点群体就业持续改善》,中国经济网,2024 年 1 月 18 日,http://m.ce.cn/ttt/202401/18/t20240118_38871966.shtml#。

由于就业体制不同,统计口径也不同,中国的失业现象被弄复杂了。首先,究竟怎样认识中国的失业率水平就是我们遇到的第一个问题。其次,在中国这样一个处在经济体制转型时期的发展中大国,失业的成因既有其一般性,又有其特殊性。特别地,由于中国的就业体制是由计划向市场转型,同时,在经济的快速发展中经济的重构速度又非常之快,因此,由体制转型和经济重构带来的失业问题就成为非常有中国特色的经济现象。最后,随着经济开放程度的提高,全球的经济周期也会对中国的劳动力市场形成冲击,形成一些周期性的失业。在这一节中,我们便从失业率的统计入手,来揭示中国失业问题的一般性和特殊性,并结合中国的实践提出对失业进行综合治理的政策措施。

10.5.1　中国失业的规模与分类

为了准确评价中国失业问题的严重程度,我们必须先找到一个相应的失业率指标。我们能够从《中国统计年鉴》上直接找到的失业率数据是中国城镇地区的登记失业率(参见第 2 章的图 2.4)。这一失业率从 20 世纪 80 年代就业体制改革开始以来基本上保持着上升的趋势,除了少数年份中有所波动以外,其他年份则较为平稳。如果以失业人数这一绝对指标来衡量,我们可以发现失业问题似乎在日趋严重(见图 10.7)。2020 年新冠疫情暴发之后,失业人数出现激增,超过 1 000 万人,2022 年更是达到了

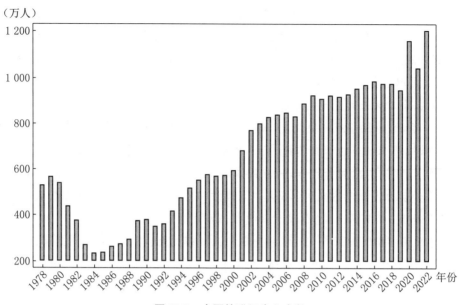

图 10.7　中国的登记失业人数

资料来源:《中国劳动统计年鉴 2022》《中国统计年鉴 2023》。

1 203 万人。需要注意的是,随着城市化率的提高,作为计算失业率的分母的城镇人口(不管是不是包括进城务工人员)是不断提高的。

但是,读者必须知道,在 20 世纪的最后几年,公开的登记失业率并不能准确地反映中国真实的失业程度。1996 年之后,中国各地政府通过建立再就业服务中心的方式在实施国有企业富余职工的下岗分流。下岗职工实际上已经失去了工作,但大量下岗职工并没有与原企业解除劳动关系或社会保险关系,企业仍然为他们发放"下岗工资",为他们缴纳社会保险,在医疗保险没有社会化的时候,仍然为他们提供医疗保障。因此,下岗职工没有进入城镇登记失业率的统计。[1]这部分失业人员构成了一部分隐性失业,从数量上来看,下岗职工人数曾经大大超过社会失业人员数量(见图 10.8)。大量失业者没有进入政府的统计,就造成了失业率的低估。如果按照国际通行的定义,2000 年第五次全国人口普查数据显示出的城市失业率大约为 8.3%。[2]

另外,转型时期国有企业对富余职工的分流并不是一步到位的。中国仅允许连续亏损的国有企业成立再就业服务中心,对富余职工进行分流,而在那些盈利企业,政府不允许以下岗方式分流富余职工,所以在国有企业中还存在相当数量的富余人员没有被分流,这些在岗的富余职工也构成了隐性失业的一部分。隐性失业的规模很难估计,据国际劳工组织和中国劳动部在 1995 年联合进行的一次"企业富余劳动力调查"显示,城镇各类企业的综合隐性失业率为 18.8%,接近于国家其他权威部门对城镇就

---

[1]　政府部门所指的下岗职工仅包括再就业服务中心统计的下岗职工。

[2]　王德文、吴要武、蔡昉:《迁移、失业与城市劳动力市场分割——为什么农村迁移者的失业率很低?》,《世界经济文汇》2004 年第 1 期。

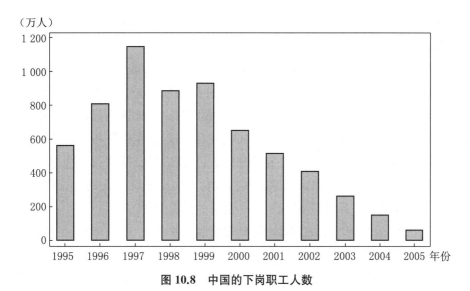

图 10.8　中国的下岗职工人数

资料来源:《劳动事业发展年度公报》(1995 年、1996 年和 1997 年)、《劳动和社会保障事业发展统计公报》(1998—2005)。

业中隐性失业率做过的估算(国家计委和体改委提出为 25％,国家研究机关提出为20％—25％,统计局为 20％,劳动部为 10％—12％)。[①]自 20 世纪 90 年代中期之后,就业体制的市场化改革推进得非常之快,国有企业富余职工的下岗分流工作在进入新世纪之后告一段落,再就业服务中心逐渐被关闭,未能重新就业的下岗职工被并入了失业统计。

在失业率中包括了隐性失业率之后,失业问题便显得严重多了。但是,我们还应注意到中国转型时期的又一个有意思的现象,那就是"隐性就业"现象。也就是说,在失业人员中,有相当多的人已经从事有收入的工作,这些工作事实上已经构成了就业,但是这些失业人员和下岗职工仍然被政府部门作为失业者对待,并被包括进相关的统计。

随着劳动力市场转型的推进,上述转型时期的失业统计低估和隐性失业问题已经过去了。但由于中国的城镇登记失业率统计是与失业保障制度挂钩的,因此登记失业没有包括外来人口(特别是那些流入城市的农村居民,即通常所说的"农民工")。可以肯定的是,只要外来劳动力中存在失业问题,如果我们用西方国家通常的常住人口统计,那么中国的城镇失业人口数量还将上升,但是,失业率不一定会上升。在城镇地区常住的外来人口很多是有工作的,因此,如果在统计数据中包括了外来的劳动力,结果也不会使失业率升高,反而有很大可能是降低的。中国社会科学院人口所基于 2000年第五次全国人口普查的数据得出,城市本地劳动力失业率为 9.1％,城市迁移者失业率为 7.9％,农村迁移者失业率为 3.6％。[②]为此,需要用城镇调查失业率来更准确地反

[①]　王诚:《中国就业转型:从隐蔽失业、就业不足到效率型就业》,《经济研究》1996 年第 5 期。

[②]　王德文、吴要武、蔡昉:《迁移、失业与城市劳动力市场分割——为什么农村迁移者的失业率很低?》,《世界经济文汇》2004 年第 1 期。

映失业率,但城镇调查失业率的统计一直在调整完善过程中,目前还没有跨时期口径一致的数据可以采用。

中国的失业率统计也没有包括农村地区可能存在的失业。由于中国的农村实行的是家庭联产承包责任制,因此农村的失业问题表现为工作的分享和就业不足,这也造成了隐性失业估计的困难。农村隐性失业的程度与一个地区的经济发展水平有关,在工业化程度较高的东部地区,农村隐性失业程度较轻,而在经济相对落后的中、西部地区,情况则恰恰相反。一个值得注意的现象是,当经济增长受到负向冲击的时候,在城市失业的农村移民往往会回到老家,这时,农村的失业率又缺乏统计,因此,会使得城镇失业率统计对于经济周期不敏感,这是值得注意的问题。

最近这些年,农村到城市的劳动力流动规模已经非常大,但城市地区(特别是沿海大城市)出现了劳动力短缺(疫情之后的几年是例外)。需要注意的是,这些劳动力短缺现象是在城乡劳动力市场分割的背景下产生的,在少数超大城市,甚至还在控制人口增长。换句话说,如果城市政府放弃城乡分割政策,劳动力流动成本下降,那么,劳动力短缺现象就可以得到缓解。

讨论

有观点认为,幸亏在中国的土地制度下,农民工在城市失业之后可以回到农村种地。甚至有观点认为,中国现有的农村土地制度有利于缓解城镇失业压力,因此不宜改变。请问,对此你有何评价? 对于农民工的失业问题,长期的战略应如何应对? (提示:世界上那些现代化国家会依靠农民失业后返乡来缓解失业压力吗?)

10.5.2 中国失业的特点和成因

农村即使存在失业,也是隐性的,因此这里主要讨论中国城镇失业的特点。从近年来的情况看,中国的失业表现出来的特点与其他国家大致一样。

从失业原因来看,图10.9显示,因单位原因失去工作的比例逐年下降,而因个人原因失去工作的比例逐年上升。这种变化一方面是中国就业结构从计划经济向市场经济转型,另一方面是个体选择工作的灵活度在增加。2010年之前,由于毕业后未工作而失业的比例基本稳定在20%左右,之后逐年下降,在2018年已降到14.26%。与之相反的是,料理家务的比例在2010年之前一直小于15%,而从2010年开始,则稳定在高位,在2018年,已增至21.49%。另外,离退休的占比一直小于5%。

从技能结构来看,在中国也是低技能的、受教育水平较低的劳动者更加容易失业。从图10.10可以看到2001—2021年城镇失业人员的受教育程度构成情况。2021年的失业者当中,44%的人仅具有初中以下文化程度,另有20.9%的人具有高中文化程度。值得特别注意的是,大专和大学文化程度的失业者占比有所上升,在2021年二者比例

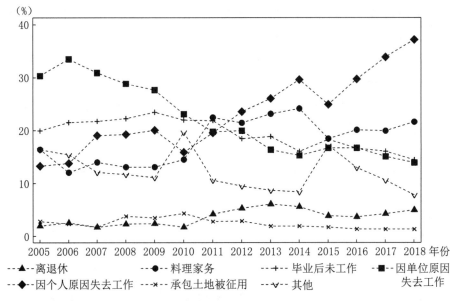

图 10.9　历年城镇失业人员失业原因构成

资料来源：2006—2019 年《中国劳动统计年鉴》。

相加已达到 33%。另外我们将低技能进一步细分会发现,小学和不识字的劳动者失业率远远低于初中学历的群体。这可以用劳动力分割市场理论来解释,小学和不识字的劳动者所处的劳动力市场往往是第二劳动力市场,相较于受教育程度较高劳动者所处的第一劳动力市场,工资调整更加灵活,且他们的保留工资更低,更容易找到工作,尤其是非正规就业,因此具有更低的失业率。

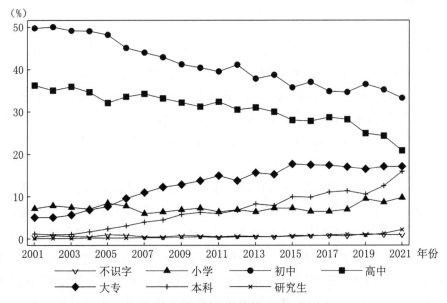

图 10.10　历年城镇失业人员的受教育程度构成

注:在 2015—2018 年中,我们将中等职业教育水平归入高中组,高等职业教育水平归入大专组。

资料来源:2002—2022 年《中国劳动统计年鉴》。

从年龄结构来看,20—29 岁青年人失业居多,40—49 岁中年人失业占比也高(见图 10.11)。青年人失业的问题不容忽视,在各种原因失业的人口中,由于毕业后未工作而失业的人员占到了 20% 左右(参见图 10.9)。与西方国家不同的是,由于特殊的历史背景和经济的快速发展,在中国受教育水平较低和技能较低的人群并不是年轻人,而是年龄偏大者,这就使得中国失业者的年龄结构呈现出与西方国家不同的特点,即年龄偏大的占到了相当多的比例。

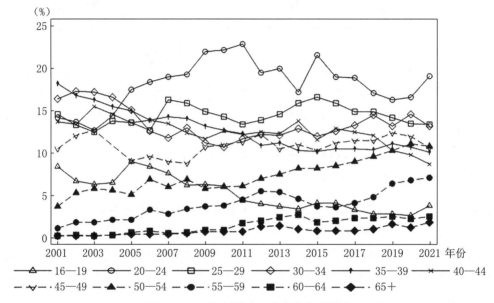

图 10.11　历年城镇失业人员的年龄构成

资料来源:2002—2022 年《中国劳动统计年鉴》。

从失业周期来看,长期失业者已经占到了相当高的比例。从图 10.12 中可以看出,在 2017 年之前,失业人员未工作时间超过 25 个月的比例达到了 20% 左右。图 10.12 中,有个现象值得注意,在 2017 年之前,不同失业时间的比例保持相对稳定。而从 2018 年起,失业时间小于 3 个月的比例出现了上升,而失业时间大于 7 个月的比例则是下降,尤其是超过 25 个月的比例下降幅度更大。另外,在 2009—2021 年间,失业时间在 4—6 个月的比例一直保持稳定。

随着经济的市场化和开放,中国经济也面临国际经济共同面临的挑战,即技能偏向型的技术进步相对不利于低技能劳动力的就业,在此不再重复。此外,作为转型和发展中的大国,中国的经济体制转型和经济重构带来的结构性失业是非常重要的失业原因。经济体制转型带来的失业是在所有转型经济国家中都出现的现象,在 20 世纪 90 年代之后的经济体制转型过程中,国有企业和集体企业都逐步转变为利润最大化目标的追求者,于是就产生了向外部市场释放隐性失业的要求。但是长期以来,中国对隐性失业的安排是采取控制措施的,对此我们在第 3 章中就已经说明了。随着市场经济体制的建立和国有企业深化改革的需要,中国政府对企业的就业管制有所放松,特

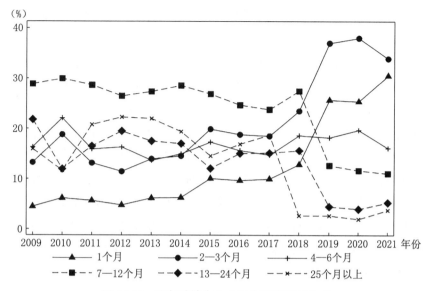

图 10.12　历年城镇失业人员未工作时间构成

资料来源:2010—2022 年《中国劳动统计年鉴》。

别是 1996 年以来,中国开始以成立再就业服务中心的方式对国有企业的富余人员进行分流,这直接导致了国有部门从业人员的下降。在国有单位和集体单位就业份额有所下降的同时,其他所有制单位的从业人员却迅速增长,并已经成为中国就业岗位创造的主要来源(参见图 10.13)。在这些新生的部门,就业数量的调整比国有部门和集

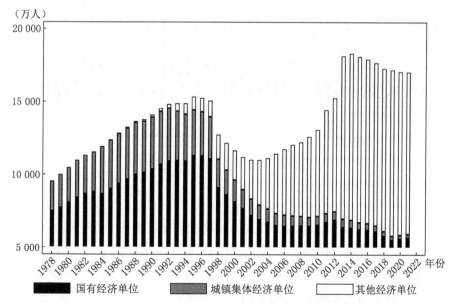

图 10.13　中国城镇从业人员按所有制分布

注:1990 年就业人口的统计口径放宽了,这导致这一年的就业人口的统计数据有一个大幅度的提高。图 10.14 也存在这一问题。

资料来源:《中国统计年鉴 2023》。

体部门要自由得多,随着新生部门的不断发展壮大,也使得中国的就业体制市场化的倾向日益明显。

就业结构在不同所有制单位之间的调整本身就构成了中国经济重构的一个重要方面,也是中国失业成因当中不同于其他国家的一个重要特点。中国经济重构的另一个方面是经济的产业结构和行业结构自改革开放以来都发生了迅速的调整。从图10.14中我们可以看到,自1978年以来,中国第一产业的就业数量持续下降;第二产业的就业数量先是上升,然后略有波动,在加入WTO之后有所上升,2015年之后出现下降;而第三产业的就业数量则始终保持了较快的上升。与发达国家形成对照的是,中国经济重构的速度非常快,这一快速的经济重构过程带来经济快速增长的同时,也创造了新的工作岗位。新岗位对劳动技能有新的要求,而不少劳动力对此不能适应,于是不能顺利实现再就业。如果劳动技能更新速度滞后于经济重构和产业升级,结构性失业问题就会更加严重。

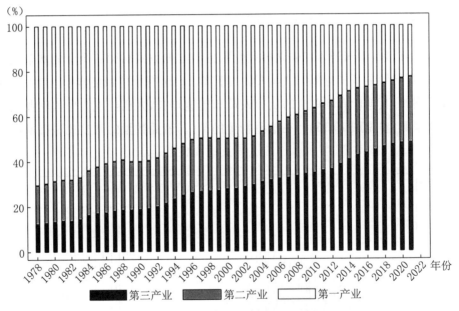

图 10.14　中国从业人员按产业分布

资料来源:《中国统计年鉴 2023》。

特别值得一提的是,进入21世纪之后,中国城镇失业率的变化也在一定程度上受到国际经济周期的影响。在2003—2008年间,借着国际经济的景气周期,中国出现过一轮制造业和出口的快速扩张,这段时间城镇失业率有所下降。之后,2008年爆发的国际经济危机对中国也形成了一定的冲击,失业率有所上升(见图2.4)。在应对经济危机而实施的4万亿投资计划中,又进一步地加剧了投资,这在短期内对于缓解失业上升和经济下滑起到了一定的作用,但是同时也造成了一些部门产能过剩进一步恶化,给之后的产业结构调整造成了压力。2020年新冠疫情暴发之后,失业率出现上涨,尤其是短期失业率。

正如第 2 章所指出的,在中国城镇失业中并不包括在城镇就业、之后失业而返回老家的人群。即使失业的农民工并未回老家,也因为他们基本上不被失业保险制度所覆盖而不被计入城镇失业,这使得国际经济周期因素导致的失业被低估了。

10.5.3 劳动力市场政策

无论失业的原因是什么,失业首先表现为一种劳动力供给大于需求的现象。同时,市场上的工资往往受到一些制度性因素的影响不能充分地浮动,不能很好地发挥调节劳动力供需的功能,当劳动力工资偏高时,就可能导致劳动力供大于求,使得失业人员不能顺利地实现再就业。

此外,经济学家还认为,即使从总体上来看一个经济中的劳动力供给和需求数量是处于平衡状态的,劳动力的供给和需求往往也不能在短时间里结合起来。有时劳动力的供给和需求信息不够充分,有时劳动力的技能不能满足劳动力需求单位的要求,有时劳动力的供给和需求存在着地理位置的差异,这类原因导致社会上总是存在着一定程度的结构性失业。

从上述理论认识出发,世界各国的劳动力市场政策可以大致分为三个方面,即调节劳动力供给、增进劳动力需求和劳动力市场建设。前两类政策都是为了在既定的劳动力市场条件下尽量实现劳动力供需的数量平衡;而劳动力市场建设则是为了使工资更加灵活,并通过信息服务和培训等工作使得劳动力市场更好地发挥结合劳动力供需的功能。

但是无论怎样,失业者总是存在的,不可能完全消除失业现象,这就需要政府为失业者提供必要的失业保障,与劳动力供给和需求的管理和劳动力市场建设这些主动的政策相比,失业的救济属于被动的劳动力市场政策。在这一小节中,我们对劳动力市场政策进行一些总结和归纳。

1. 调节劳动力供给数量的政策

在转型时期,地方政府(特别是在大城市)曾经通过控制外地劳动力在本地的就业来保护本地居民的就业。其中,行政性控制手段主要是限制外地劳动力在部分行业和岗位的就业。北京在 2000 年规定 103 个职业限制使用外地工人。同时,地方政府还通过征收务工管理费和管理基金的手段提高单位雇佣外地劳动力的实际劳动力成本,控制单位使用外地劳动力的数量。上海在 1994 年出台的文件规定,使用、聘用外地劳动力缴纳外地劳动力务工管理费为每人每月 20 元。随着就业体制的市场化,国家已经规定各地政府取消对外来劳动力就业的各种不合理收费。构建统一的劳动力市场的主要障碍是,外来劳动力不能获得与本地城镇劳动力同样的就业服务、社会保障、子女教育等方面的待遇。这些差别性的待遇加大了劳动力流动的成本,实际上起到了控制劳动力流动规模的作用,应被"公平就业"目标所取代。消除歧视、实现公平就业(或者平等就业)是包括中国在内的世界各国在建设现代文明社会进程中的共同目标。

在全社会提高青年人的受教育水平是一项一举两得的有力措施,既能够有效降低青年人的劳动参与率,缓解青年人失业的问题,又能够提高青年人的知识和技能水平,使他们适应经济和社会快速发展的需要。在提高青年人受教育水平方面,中国大力发展高等教育,从20世纪末开始对大学进行扩招,大学毕业生数量从2000年95.0万人增长到了2022年的967.3万人。[①]大学的扩招推迟了青年人进入劳动力市场的年龄,也在一定程度上增加了大学生就业的压力。值得欣慰的是,在图10.15中,根据我们用中国家庭收入调查(CHIPS)历年数据的估计,高等教育给个人带来的回报总体上仍然在上升。

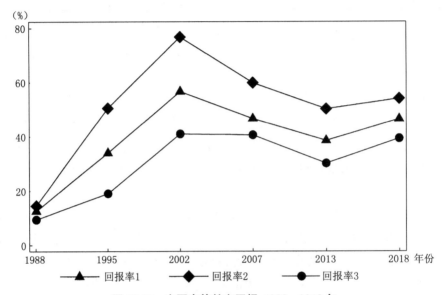

图10.15 中国高等教育回报:1988—2018年

注:图中的纵轴表示相对于对照组别,获得大学(含大专)以上教育的劳动力的收入提高幅度。"回报率1"中对照组包括高中及初中以下;"回报率2"中的对照组只有初中以下;"回报率3"中的对照组只有高中及中专。图中的回报率估计已控制年龄、性别、民族以及城市等个人特征。

资料来源:作者根据CHIP数据估计所得。

除了大学扩招以外,根据国家有关规定,从1999年起,在全国城镇普遍推行劳动预备制度,组织新生劳动力和其他求职人员,在就业前接受1—3年的职业培训和职业教育。这对于推迟青年人进入劳动力市场的时间、提高他们的技能也有一定的作用。

从全社会来看,计划生育曾被作为控制人口增长的一项基本国策加以实施。但随着人口出生率的持续下降,以及人口老龄化趋势,劳动年龄人口增速放缓,国家于2016年和2021年分别开始全面实施"两孩"和"三孩"政策,积极开展应对人口老龄化的行动。与此同时,推迟退休年龄的政策也逐步实施。2024年全国人大通过《国务院关于渐进式延迟法定退休年龄的办法》,决定从2025年1月1日起启动延迟男、女职工的法定退休年龄,用15年时间,逐步将男职工的法定退休年龄从原60周岁延迟至63周岁,将女职工的法定退休年龄从原50周岁、55周岁分别延迟至55周岁、58周岁。

---

① 数据来源于《中国统计年鉴(2023)》,此处的大学生指的是普通和职业的本专科毕业生数量。

背景

中国平均退休年龄低于全球平均

"辉煌十二五"系列报告第九场报告于 2015 年 10 月 14 日举行。人力资源和社会保障部部长尹蔚民认为,过去几年,中国社保基金的规模在不断扩大,2014 年全国五项社会保险收入合计 3.98 万亿元,支出合计 3.3 万亿元,累计结余合计 5.23 万亿元。

不过,他也表示,中国离人人享有社会保障的目标还有差距,养老保险未全面覆盖到农民工和灵活就业人员。

在可持续性方面,尹蔚民表示,中国是一个未富先老的国家,又是一个急剧快速老龄化的国家。"我们现在 60 岁以上人口为 2.1 亿人,占总人口的比重达到 15.5%。综合有关方面预测,到 2020 年,我们 60 岁以上的人口将达到 19.3%,2050 年达到 38.6%。"

"实行渐进式的延迟退休年龄的政策,这个大家非常关心。"尹蔚民说,中国现在是世界上退休年龄最早的国家,现行退休政策是 20 世纪 50 年代初期确定的,当时人口的预期寿命不到 50 岁。"现在人口的预期寿命 70 多岁[①],参加企业职工养老保险的退休人员是 8 000 多万人,平均退休年龄不到 55 岁。"他介绍,现在大多数国家的退休年龄都在 65 岁、67 岁。

他表示,延迟退休将实行小步慢走,每年推迟几个月。方案会有一个预告期,若干年以后开始实施,逐步推迟到合理的退休年龄。

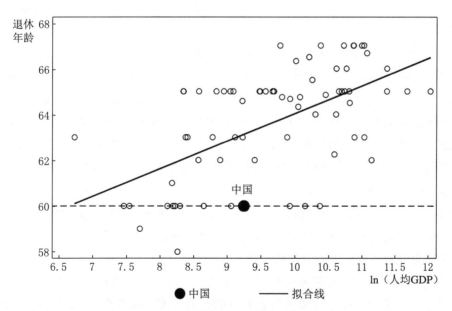

图 10.16　经济发展与男性退休年龄

资料来源:GDP 数据来自世界银行,World Development Indicator;退休年龄数据来自网址:
https://tradingeconomics.com/country-list/retirement-age-men。

---

① 2021 年中国全国预期寿命是 78.1 岁。

图 10.16 显示,男性退休年龄和一个国家的人均 GDP 正相关。与全球其他国家相比,中国的退休年龄严重偏低,基本处于最低水平。

资料来源:作者根据央视网公开视频《"十二五"系列报告会·就业社保工作成就》内容改编。

2. 促进劳动力需求的政策

以经济发展促进就业是首要的积极就业政策。中国是一个发展中国家,经济规模正在迅速成长,产业结构也正在快速调整,因此在经济发展的过程中也同时带来了很多新的就业机会。促进劳动力需求首先就要鼓励失业人员自己在市场经济中挖掘就业机会,进行就业内容和就业形式的创新,这类政策有助于树立劳动者自主就业和参与竞争的意识。其次,企业对失业人员的吸纳也是重要的劳动力需求来源,为此一些地方政府向企业提供了一些优惠政策,以降低企业雇佣失业人员的成本,鼓励企业雇佣失业人员。最后,政府会积极开发公益性岗位,安置就业困难群体再就业。

(1) 鼓励就业内容和就业形式创新的政策。

近年来,一些新的行业(如社区服务业、家庭服务业、外卖骑手等)得到了快速的发展,临时工、小时工等新的就业形式也发展很快。各地政府制定一些税收、资金扶持等方面的优惠政策,鼓励失业人员通过市场实现就业。在失业人员中,还存在着一个就业困难群体,这类劳动者在任何国家都可能存在,向这些劳动者提供特别的帮助既能够有效地降低失业率,又体现了政府对于社会弱势群体的关心,具有很好的社会效益。在中国,政府通过公益性劳动组织和非正规就业组织帮助就业困难群体实现再就业。

近年来,中国政府鼓励创业,针对失业人员办企业、从事个体经营等实行一系列优惠政策,大幅度简化了工商注册的手续,并针对小微企业实施税收减免、普惠性收费优惠政策以及信贷优惠政策,这对于促进就业产生了积极的作用。2015 年提出"大众创业,万众创新",之后 2018 年国务院下发《国务院关于推动创新创业高质量发展打造"双创"升级版的意见》,旨在推动创新创业高质量发展。文件中要求财政部、税务总局等按职责分工负责,将企业研发费用加计扣除比例提高到 75% 的政策由科技型中小企业扩大至所有企业;对个人在二级市场买卖新三板股票比照上市公司股票,对差价收入免征个人所得税;将国家级科技企业孵化器和大学科技园享受的免征房产税、增值税等优惠政策范围扩大至省级,符合条件的众创空间也可享受。

(2) 鼓励企业雇佣失业人员的政策。

为了帮助失业人员实现再就业,一些地方政府还针对劳动力市场的另一主体——用工单位——制定了鼓励其吸纳失业人员的有关政策。鼓励企业吸纳失业人员的手段主要是通过财政、税收等政策,降低企业使用劳动者的成本。政府利用经济手段鼓励企业雇佣失业人员的做法相当于政府在向企业"购买就业岗位"。在实施这项政策的时候,政府根据企业雇佣的失业人员数量占企业员工总数的比例给予企业经济补偿,这就直接降低了企业雇佣劳动力的成本,于是企业便愿意雇佣更多的劳动力。这种政策并不是对企业的雇佣决策进行直接的干预,负面影响较小。在购买就业岗位的政策之下,虽然需要增加政府支出,但可以节省失业保险金支出,同时可以获得由社会稳定和经济增长带来的潜在收益。

除了财政、税收等政策外,政府也实行促进就业的金融政策,增加中小企业的融资渠道;鼓励金融机构改进金融服务,加大对中小企业的信贷支持。

(3) 政府开发公益性岗位,安置就业困难群体再就业。就业困难群体虽然就业愿望迫切,但因自身就业条件差而难以实现市场化就业,因此政府只能积极开发公益性岗位,发挥公益性岗位的就业托底作用。在充分发挥公益性岗位吸纳"就业困难人员"过渡性安置作用的同时,政府根据"就业困难人员"自身素质、就业能力等情况,积极创造条件鼓励公益性岗位中的"就业困难人员"实现市场化就业。

3. 劳动力市场的建设

一个有效率的劳动力市场,应该能够有效率地将劳动力的供给与需求结合起来。其中,职业介绍、职业指导、劳动力市场的信息服务和针对失业人员的培训工作发挥着非常重要的作用。政府设立公共就业服务机构,为失业者提供职业供求信息、职业指导和职业介绍等服务。不仅如此,政府还鼓励社会各方依法开展就业服务工作,健全人力资源市场信息服务体系。因此,中国劳动力市场上的职业中介机构发展非常迅速,许多劳动者通过职业介绍实现了就业。

与此同时,国家鼓励和支持各类职业院校、职业技能结构和用人单位开展就业前培训、在职培训、再就业培训和创业培训,鼓励劳动者继续集聚参加各种形式的培训,促进劳动者提高职业技能,提高就业能力和创业能力。中国的职业培训工作取得了明显成效(见表 10.1)。按培训内容来看,有就业技能培训、岗位技能提升培训和创业培训,其中就业技能培训所占的比重较高。按照培训对象来分,包括农民工(或农村劳动者)、城镇登记失业人员(或下岗人员)和城乡未继续升学的应届初高中毕业生,其中,农民工已经成为培训的主要对象。根据培训时间来看,培训时间少于 6 个月居多,在2020 年该比例达到 96.7%,而培训时间超过 1 年的,不到 1 个百分点。[①]可见培训以短期为主。

表 10.1　培训内容和培训对象的构成　　　　　　　　　　　　　　(万人次)

年份	按培训内容分			按培训对象分		
	就业技能培训	岗位技能提升培训	创业培训	农民工	城镇登记失业人员	城乡未继续升学的应届初高中毕业生
1999	—	—	30	—	513	93
2000	—	—	30	—	657	71.7
2001	—	—	24	—	457	92

---

①　资料来源:《中国劳动统计年鉴》(2021 年),表 7-3。

年份	按培训内容分			按培训对象分		
	就业技能培训	岗位技能提升培训	创业培训	农民工	城镇登记失业人员	城乡未继续升学的应届初高中毕业生
2005	—	—	51	—	610	—
2006	—	—	63	—	645	—
2007	—	—	64	—	643	—
2008	—	—	81	900	600	—
2009	—	—	110	1 100	450	—
2012	1 196.9	546.0	191	883	409.0	165.0
2013	1 227.5	548.7	208.2	938.4	398.0	102.0
2014	1 108.0	574.0	217.0	1 069	337.0	84
2015	1 023	620	211	967	357	80
2016	959	551	230	913	287	75
2017	897	542	219	898	243	64
2018	853	552	201	831	210	42

注:表中"—"表示相关数据没有公布。

资料来源:1999—2008 年《劳动和社会保障事业发展统计公报》,2009—2018 年《人力资源和社会保障事业发展统计公报》。

4. 为失业人员提供保障

为失业人员提供必要的生活保障属于被动的劳动力市场政策,但也不是对降低失业一点作用也没有。失业救济保持了失业者的人力资本,有利于其实现再就业,同时,失业保险金也为培训和公益性职业介绍提供了资金支持。

中国自 1986 年起逐步建立起了失业保险体制,失业保险覆盖面逐年扩大(见图 10.17)。中国目前实行的失业保险体制与其他国家有一些共同点。首先,对领取失业保险的资格设置了条件,即要求在领取失业保险前有一定时间的就业经历。其次,为了鼓励人们在享受保险金期间重新工作,各国对领取失业保险的时间也做出限制,这一限制取决于当事人就业时间的长短及年龄。

具体来说,在中国,失业人员在满足以下三个条件,方可享受失业保险待遇:非因本人意愿中断就业;已办理失业登记,并有求职要求;按照规定参加失业保险,所在单位和本人已按照规定履行缴费义务满 1 年。城镇企业事业单位职工失业后,应当持本单位为其出具的终止或者解除劳动关系的证明,及时到指定的社会保险经办机构办理失业登记。失业保险金自办理失业登记之日起计算。

失业保险的领取时间与累计缴费时间相关。失业保险累计缴费时间满 1 年不满 5 年的,最长可领取 12 个月的失业保险金;累计缴费时间满 5 年不满 10 年的,领取失业保险金的期限为 18 个月;累计缴费时间满 10 年以上的,领取失业保险金的期限为 24 个月。

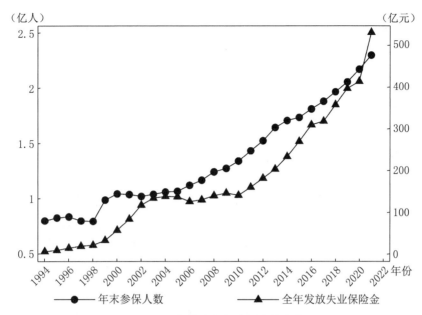

图 10.17　中国失业保险制度的发展

资料来源：2000 年和 2022 年《中国劳动统计年鉴》。

　　中国失业保险金的标准，是按照低于当地最低工资标准、高于城市居民最低生活保障标准的水平，由省、自治区、直辖市人民政府确定。中国的失业保险不与失业者在失业前的收入水平挂钩，这不同于其他国家。因此严格来说，这种失业保险还只是一种失业救济。而在大多数国家，失业保险都同原来的收入和当事人的就业经历相联系。

　　劳动力市场上总是有一些没有资格领取失业保险金的人，各国政府对这部分人都实施了社会援助计划。中国实行的是对人均家庭收入低于一定水平的贫困人口提供城市最低生活保障的制度，由民政部门负责实施。1993 年 6 月 1 日，上海市率先建立了城市居民最低生活保障线制度，到 1995 年上半年，已有上海、厦门、青岛、大连、福州、广州等 6 个大中城市相继建立了城市居民的最低生活保障线制度。1997 年 9 月，《国务院关于在全国建立城市居民最低生活保障制度的通知》下发，这一制度加速推向全国。1999 年 9 月底，全国 668 个城市和 1 638 个县政府所在地的建制镇已经全部建立起最低生活保障制度。

　　1999 年 9 月，国务院通过《城市居民最低生活保障条例》。条文中区分了两种享受城市居民最低生活保障待遇的情况：(1)对无生活来源、无劳动能力又无法定赡养人、扶养人或者抚养人的城市居民，批准其按照当地城市居民最低生活保障标准全额享受；(2)对尚有一定收入的城市居民，批准其按照家庭人均收入低于当地城市居民最低生活保障标准的差额享受。

　　农村最低生活保障制度起步较晚。在基本完成城市低保制度的全国推广后，民政部门开始重新部署农村低保制度的建设工作，于 2007 年颁布《国务院关于在全国建立农村最低生活保障制度的通知》，这为后续城乡社会救助的统一奠定基础。

> 扫描书后二维码,查看本章数学附录。

思考题

1. 不同国家失业率的变化趋势有何异同点？这些趋势背后呈现着怎样的规律？全球化和知识经济在其中扮演着怎样的角色？

2. 在经济学家看来,完全消除失业并不是最好的,这是为什么？曾经实施计划经济体制的国家声称自己可以消除失业,它们真的做到了吗？一个更为深刻的问题是:如果要消除失业,又不会对经济效率产生不良影响,需要什么样的条件？

3. 如果失业是由劳动力市场缺陷导致的,那么通过需求管理就不能降低失业。这个判断对吗？为什么？有其他降低失业的政策吗？

4. 截至目前,我们已经学习了哪几种机制,可能在失业保险金水平提高的情况下增加失业？

5. 随着劳动工资在近年来出现较为明显的上升趋势,中国沿海地区的一些省份实施了鼓励企业用机器替换人的政策。与此同时,中国仍然存在劳动力跨地区流动的制度障碍。请问,对此现象如何评价？

6. 经常在媒体上同时看到有关"大学生就业难"和"用工荒"同时并存的报道。对此现象,你如何解读？如何解释很多人抱怨"大学生就业难"的同时,大学教育的回报却呈现上升趋势(见图10.15)？

7. 在2010年之后,中国经济增长率总体上呈现出下滑趋势。与此同时,局部地区仍然存在劳动力短缺和招工难现象。对此,如何解释？

8. 美国通过保持劳动力市场的竞争性,使得其失业率长期保持在较低的水平。而欧洲大陆国家的劳动力市场不是那么灵活,失业率也相对较高。两种类型的体制在收入分配、贫困、社会安定等方面会表现出其他的差异吗？扫描书后二维码,结合阅读材料,对这种差异你如何评价？

9. 数字化技术重塑了劳动力市场的招聘行为,进而影响劳动力供给。但那些无法使用数字化工具或不愿意用的人依然通过线下的传统模式找工作。最终的结果就是,他们失去了很多就业的机会。调研发现,年轻的劳动者群体,对数字化求职方式的认可度高,"80后"喜欢通过招聘会、求职中介求职,"90后"更多通过线上渠道求职。这是否影响了他们的劳动力供给,是否会影响整个社会的劳动力资源的配置效率？又或者说,这样的年龄分层本身是否是市场配置劳动力资源的结果？对此你怎么看？

▶11

劳动力市场的非市场力量

　　工会究竟是一个什么样的组织？它会保护劳动者的权益吗？它是否阻碍了劳动力市场的灵活性？为什么全球范围内工会的力量都在弱化？这与经济全球化和数字经济的到来有什么联系？

　　中国的工会组织与发达市场经济国家的工会组织的职能有何不同？企业是国有的，或者是私有的、外资的，工会的作用是否存在差异？面对经济全球化的挑战，中国的工会要如何转型，才能为维护职工利益提供切实的制度保障？

　　很多人都同情"打工人"的辛苦，认为应该实施一个强制的最低工资制度。这样的制度真的能保护劳动者吗？最低工资制度会影响企业的雇佣决策吗？最低工资制度在保护"打工人"的同时，会不会导致更多人失业？

　　工会组织在现代经济生活中扮演着一个重要的角色。在资本主义市场经济国家，工会多以集体谈判的形式参与到企业的工资和就业决策中，对劳动力市场和经济的运行有着重要的影响。经济学家已经对工会的作用进行了深入细致的研究。但是，到目前为止，经济学家只是分析了工会可能产生的各种经济影响，至于其作用到底是以积极的一面为主还是以消极的一面为主，仍然没有一致的看法。

　　就转型经济国家的情况来看，由于各国在改革前都实行了计划经济制度，因此改革后工会组织的职能也在很大程度上受到了传统体制的影响。转型经济中的工会组织的形式和作用都与资本主义市场经济中的工会组织有很大的不同。

　　在这一章中，我们首先对有关工会及其经济影响的研究进行理论上的回顾，然后对欧美国家、东欧和中国工会组织的不同演变过程进行比较。我们将把工会组织的变迁放在经济全球化的大背景下进行讨论，这是理解全球化时代劳动力市场变迁的重要视角。

　　最低工资可以算是世界各国劳动力市场最为常见的制度了。我们将用两个小节的篇幅专门介绍最低工资制度。在第11.3节，先从理论上分析最低工资对劳动力工资和就业的影响。从完全竞争情况开始，然后逐步放松假设，讨论不同情况下最低工资的影响。第 11.4 节，总结基于中国数据的实证结论。在本章的最后，简单介绍 ESG (environmental, social and governance) 的内容。ESG 鼓励企业尽可能把自身商业行为对环境、社会造成的外部性"内部化"，这会影响企业以及市场资源配置的变化，从而影响劳动力市场的表现，因此也值得我们关注。

11.1 工会的经济影响

工会的存在首先是保障员工的权益，主要目标是提高工资，有时，工会也对企业解雇员工的决策进行干预。上一章介绍的议价理论表明，如果工会与企业进行谈判的话，最终的工资和就业将比完全竞争状态下的工资和就业更高，而企业的利润则会偏离最大化水平。这一系列的理论结论又引发了一系列关于工会的经济影响的争论，在这一节里，我们主要讨论三个问题：第一，工会真的给它的成员带来了更高的工资吗？如果是，工会成员的工资优势有多大？第二，工会的存在对于经济效率有何影响？在议价理论下，工会的目标是与企业的利润目标相背的，这是否意味着工会是危害经济效率的呢？第三，工会对收入分配有何影响？虽然对于工会成员来说，工会有助于提高他们的收入，但是社会中仍然有很多人不是工会成员，那么，从全社会角度来说，工会是在扩大还是在缩小收入差距？下面，我们总结既有研究的一些观点。值得注意的是，这些研究都是针对西方发达国家而开展的，并不一定直接适用于中国，但了解这些争论有利于我们思考如何使中国的工会组织走上健康发展的道路。

11.1.1 工会工资的优势

工会组织最主要的目标就是提高工会成员的工资水平，问题在于，工会成员的工资优势在数量上到底有多大？

一般来说，我们用工会工资 (W_U) 与非工会工资 (W_N) 之差与非工会工资之比来衡量工会工资的优势，如果用 WD 表示工会工资优势的话，那么 WD 可以由公式 (11.1) 计算得出：

$$WD = \frac{W_U - W_N}{W_N} \times 100\% \tag{11.1}$$

人们通常都认为在有工会组织的部门劳动工资水平较高，因为工会成员会以罢工为威胁与雇主讨价还价，但这一观点值得做进一步推敲。两件看上去相关的事物之间，并不一定有因果关系。

在同行业商品市场完全竞争的条件下，不会有工资优势，现实中观察到的工会工资优势可能只是行业间工资差别的表现。在一个竞争性的商品市场上，如果一家企业的工资水平在工会作用下被抬高,那么这家企业是不可能在市场上长期存在下去的。因此,工会往往是在整个行业范围内进行组织,而不是在某个行业的个别企业进行组织。如果是这样,那么,在竞争性的市场上所看到的工会工资优势,就可能只是行业间工资差别的表现。而行业间工资差别的根本原因可能只是不同行业间的劳动生产率不同,进一步来说,行业间的工资差别又与行业间劳动力市场非完全竞争有关。

在商品市场和劳动力市场不完全竞争的条件下,工会工资优势就更加紧密地与行业特征联系在一起。在商品市场为不完全竞争的情况下,工会的发展较好,所以,即使观察到工会的组织程度和工资水平之间有着正相关关系,也很难判断是工会的因素还是行业的因素引起了工资的升高。在这一问题上,又有两点事实值得注意。一是在那些工会力量较弱的行业内女性员工的比例较高,而这些行业工资水平较低可能部分是因为女性员工工资比较低。另外,工会力量较强的行业往往也是企业规模较大和资本密集程度较高的行业。在大企业内员工的监督和管理较难,所以企业常常用提高员工工资的方法来吸引高素质的员工,资本密集型的企业则需要技能较高的员工,从而其工资水平也较高。但反过来,也可能是由于工会抬高了员工的工资,企业用资本来替代劳动力。

经过以上讨论,我们至少可以认为,工会工资的优势并不完全是由于工会的作用造成的,而可能包含了一些其他因素对工资的影响。具体来看,由式(11.1)所示的指标之所以不能准确地反映工会对工资的影响,可能是因为下面这样一些因素:

(1) 溢出效应。在工会力量较强的企业里,由于工资被抬高了,企业会减少劳动力雇佣数量,这部分在工会力量强的企业里不能被雇佣的劳动力,就来到非工会成员的劳动力市场上参与竞争,从而降低了非工会成员劳动力市场上的工资水平,这一效应使得实测数据可能高估工会谈判对工资水平的影响。

(2) 威胁效应。溢出效应会被工资的集体谈判抵消掉。非工会成员在工资的谈判中会以加入工会作为威胁,使雇主抬高工资,这样就使工会对工资的影响高于实测数据所反映的程度。

(3) 产品市场效应。由于工会力量强导致工资上升会引起产品价格上涨,一部分产品需求就会从工会力量强的市场转向工会力量弱的市场,这有利于提高非工会成员的工资水平,因此实测数据可能低估工会对工资水平的影响。

(4) 高素质员工效应。工会工资水平高会吸引大量员工竞争相应的工作岗位,这时,企业能够小心地筛选,雇佣到不需要过多监督的高素质员工,而他们原来就应该得到较高的工资,这就使得实测数据可能高估工会对工资的影响。

(5) 补偿工资效应。工会成员得到的高工资与其从事的工作性质有关,这些工作可能组织更为严密、工作时间的柔性较差而工作节奏较快,或者工作强度较大、安全性较差,高工资中有一部分是对这些工作的补偿。

阅读

计量经济学、遗漏变量偏误和政策制定

随着当代劳动经济学理论的日益成熟,劳动经济学的研究重点已经转向实证研究。从某种意义上来说,当代的劳动经济学研究已经成了微观计量经济学最为重要的应用领域。劳动经济学的实证研究能够为相关的公共政策提供依据,因为每一个政策的效果都可以与实证研究中某个解释变量对被解释变量的影响相对应,因此,要制定有效的公共政策,就需要了解每个解释变量对被解释变量的影响系数的方向和大小。

为了准确地得到实证模型中解释变量对被解释变量的影响系数的方向和大小,最大的挑战就是要克服模型中可能存在的"遗漏变量偏误"。在实证研究中,要得到"准确的"系数,一个基本的要求是所有其他可能的影响变量都在模型中被考虑了;相反,如果某种(或几种)重要的影响因素没有得到控制,那么,就可能使模型中已经得到的系数存在"遗漏变量偏误"。

到目前为止,我们已经在好几处都接触到了"遗漏变量偏误"问题。在讲到教育回报的时候,我们曾经说到,由于能力高的人通常也会接受更高的教育,而能力因为难以度量往往不被包括在模型里,因此,如果简单地来看教育与收入的相关系数,就可能把能力的影响也包括在了教育的影响当中,从而使教育的回报率被高估。在讨论性别歧视的时候,我们又讲到,不能简单地计算性别工资差距,并将这个数量作为劳动力市场性别歧视的程度。实际上,女性的工资低于男性,其中一部分原因是在于女性的受教育程度通常低于男性,这就可能使观察到的性别工资差距夸大了劳动力市场的性别歧视的程度。在这一节里,我们又讲到,如果将工会成员与非工会成员的收入差距作为工会工资优势,也可能导致估计偏误,其实这种偏误从本质上来说就是"遗漏变量偏误"。比如,工会工资差别可能被夸大了,因为工会成员的工资更高,可能有一部分原因在于男性参加工会比例更高,大企业工会的组织程度更高。

"遗漏变量偏误"的一种特殊形式是"选择性偏误",也就是说,如果一个解释变量是某种没有被观察到的因素的选择结果,那么,就可能导致"选择性偏误"。比如,工会成员工资更高,很可能在相当大的程度上是因为男性或者能力强的劳动力更加倾向于加入工会,这时,把式(11.1)作为工会工资优势就可能包括了其他因素(如性别和能力)的影响。

在当代应用微观计量经济学的研究中,如何得到变量之间系数的"准确"估计值是非常具有挑战性的问题。有很多方法都可以被用来克服"遗漏变量偏误",但是,对这些方法进行介绍已经超过了本书的范围。举例来说,用双胞胎数据可以较准确地得到教育的回报,其原理就是为了通过对受教育水平不同的双胞胎之间的收入进行比较,确保教育对收入的影响不是因为未观察到的先天差异。

11.1.2　工会对效率与生产率的影响

在工会对经济效率和生产率的影响这一问题上,经济学家的争议很大。经济学主要是一门研究资源配置的科学,因此在评价工会的影响时,经济学家主要将工会作为劳动力市场上的一支重要的制度性力量,而且是妨碍劳动力市场完全竞争的力量。

在西方市场经济体制下,工会组织对经济效率的负面影响主要有三个方面。第一,工会组织会通过参与管理而使企业的工作制度僵化。例如,工会可能会对员工每周、每日或每小时的产出有直接的限制;工会可能在某些生产领域坚持使用费时的生产方法;工会可能要求做一些不必要的工作;工会可能会要求保持一个规模过大的员工队伍;工会可能会要求由自己来对员工工作的职能进行界定;工会还常常会干预管理层的工资和就业决策,例如主张以工龄而不是能力和效率作为员工晋升的依据。虽然这些僵化的制度特征并不完全是工会组织造成的,一些没有工会的部门也同样存在类似问题,但工会至少通过将这些制度变成正式的规定,而加剧制度的僵化程度。

第二,由工会组织的罢工活动也会造成产出的损失。当企业与工会的谈判遇到僵局时,工会常常以罢工作为威胁和反抗,造成企业停产,而员工在此过程中则损失了相应的收入。特别是当罢工的部门是一些提供重要生产要素的部门时(如交通部门),罢工造成的生产损失就会波及其他部门。但是,以停产时间作为衡量罢工损失的指标往往会夸大罢工的直接损失,因为雇主往往能够估计到罢工的发生,从而事先采取一些措施(如在罢工前延长工时)来降低损失,同行业的其他未发生罢工的企业也会增加产量,从而使整个行业的产出水平下降程度很小。但有些罢工的后果却可能因难以衡量而被忽略,例如企业在罢工前增加产品存货,可能引起生产成本上升以及设备过度利用,以及罢工企业的生产被其他企业替代而隐含的效率损失,等等。事实上,罢工是由于员工与企业不能就一些问题达成一致而引发的,并不能只归咎于员工一方,由于企业单方面关闭工厂而导致的停产现象也很多。

第三,工会的工资优势导致劳动力的配置效率损失。如果在有工会组织的市场(第一劳动力市场)上劳动工资被人为地提高到高于市场出清水平之上,则这一市场上的劳动力需求会相应地降低,一部分原来就业于第一劳动力市场的劳动力就被迫来到没有工会组织的市场(第二劳动力市场)上参与就业竞争。第二劳动力市场上就业竞争加剧导致这一市场上工资水平降低,但如果第二劳动力市场上的工资存在向下的刚性,于是不会所有在第一劳动力市场上失业的人员都能够再就业。在工会工资优势导致失业者增多的同时,也会引起失业者在寻找工作时花费的总成本上升。而动态地看,工会工资优势会相应地降低企业利润水平和投资能力,因而会减缓经济增长的速度。

在西方经济学家普遍批评工会组织对经济效率的负面影响的同时,也有一些经济学家却认为工会对经济效率和生产率有正面的贡献。

首先,工会的存在可能促使企业使用低成本和高生产力的技术。当产品市场充分竞争的时候,有工会组织的企业如果支付了更高的工资,就只有使用高生产率的技术(在同样的产量下使用的劳动较少)才能在市场上生存。从这一意义上来说,工会的存在是促进企业采取新技术的动力,这一观点恰恰与前面提到的工会不利于投资和经济增长的观点相左。

其次,工会作为一种集体组织也能发挥提高生产率的作用。当企业的员工对现状不满时,他的一种选择是退出,另一种选择就是通过工会来调解内部矛盾、改善工作条件从而提高生产率。工会还能够增强企业员工队伍的稳定性,一方面,工会通过调解矛盾减少了员工因对企业不满而辞职的情况;另一方面,工会成员获得的工资优势也降低了员工的辞职率。工会强调资历因素在企业晋升和解雇决策中的影响,这也增加了企业员工的安全感,从而使得企业的老员工愿意将其知识和技能通过"传、帮、带"传授给企业的新员工,这也有利于提高员工的生产率。对于企业的管理层而言,工会化提高了企业的劳动成本,为了在满足工会工资要求的同时保持盈利,企业的管理层不得不努力提高管理效率。工会的集体谈判还为管理层提供了一种信息渠道,可以帮助管理层知道提高生产率的途径。

综上所述,工会组织对经济效率和生产效率是积极效应和消极效应并存的。我们不妨这样来评价工会的作用,工会的基本职能是维护劳动者的权益,但过度地追求提高劳动者的收入和福利也可能危害经济的增长。无论是从企业管理角度来看,还是从员工利益出发,抑或从更为宏观的资源配置效率思考,对工会发挥着什么样的作用给出结论似乎并不是关键,通过劳资双方共同努力,让工会更多地发挥它的积极作用才更重要。

背景

女性自我雇佣者的工会:SEWA 的努力

2007 年 2 月,我参加了一个学术访问团在印度考察了 10 天,其中,我们走访了位于艾哈迈达巴德(Ahmedabad)的自雇佣的妇女协会(self-employed women association,SEWA)。这个组织的成员大多数不是企业的正式雇员,而是在生产链低端的自我雇佣者,但其工作与通常所理解的工会职能并无本质区别。SEWA 的工作及其发起人的话也许对我们思考工会组织应该做什么这个问题有所帮助。

SEWA 的成员有很多是家庭里的工作者,还有不少是小商贩,另外是从事农业的人口和在农村里打短工的妇女。SEWA 的目标有两个:一是全面就业,二是自立。在全面就业方面,希望妇女能够得到就业和社会的等各方面保障。在自立方面,希望增进女性的权利。SEWA 为家庭提供资金服务,进行能力建设,以此来帮助家庭战胜贫困。SEWA 还组织女性争取权益,同时,也组织一些为家庭提供的服务,比如照顾小孩。

SEWA 的城市会员包含 72 个行业,18 万名会员。SEWA 下有街头小商贩的协会,商贩受到政府部门的干预,有时,交了罚款也拿不回车。这个矛盾来自城市急剧扩张与小商贩用地之间的冲突,SEWA为此问题形成议案交给法院,经过不断的努力,最后,法院通过法案,只要是 SEWA 的会员,政府不能干预她们的小商贩活动。

在收垃圾的行业,随着政府对垃圾的管理更加严格,垃圾减少了,同时也减少了从业人员的垃圾来源。政府对于收垃圾的工作进行招标,中标的人往往是政府官员的亲友。SEWA 出面竞标后,得到了在几个街区收垃圾的权利,每人每月可以因此得到政府提供的 1 500 卢比的收入。收入高了,从业人员却减少了。有时,SEWA 的成员只能得到雇主的实物支付,在 SEWA 的努力下,有很多妇女得到了现金收入。

SEWA 还为成员争取收入的提高,包括享受最低工资。以卷香行业为例,以前卷香每 1 000 支收入 70 派沙,现在是 7 卢比(1 卢比＝100 派沙)。现在,卷香的行业也在争取建立员工、雇主和政府的三方机制,在这个行业建立最低工资。但她们也知道,这个最低工资不能太高,否则这个行业会转移到其他邦。当时的最低工资水平是每天 35 卢比,而正规部门的最低工资大约是每天 90 卢比。传统上,劳动部门只管理正规部门,现在,在 SEWA 的努力下,邦的政府成立了一个专门的部门来管理非正规就业者。由于三方共同确立的工资认可度比较高,所以,这个标准的执行率达到 100%。在三方协商机制下,也能够较好地避免最低工资对于劳动力市场的扭曲,减少对于失业的影响。

SEWA 的发起人介绍道:"经过了 30 年,原来她们所希望的逐渐将非正规就业正规化的趋势并没有出现;相反,在经济全球化的过程中,就业的非正规化正在成为趋势。但各国的劳动法似乎没有变化,保护的是那些在正规部门就业的人。现在的趋势是,大公司的权力越来越大,而小生产者却很难与它们去匹敌。同时,在技术要求越来越高的时候,穷人怎么迎接挑战? 另外,阶层的分化也越来越严重,从印度独立以来,最大的受益者是中产阶层,他们集中在城市、大学里。以前的政府里有很多劳动者的代表,政策曾经在很大程度上保护劳动者,而现在的政府却集中了很多中产阶层和受良好教育的人,远离劳动者。在全球化趋势下,政府也难以抵抗资本的力量。国家政府相对于国际组织的力量也在弱化,显得无力保护劳动者,劳动者的组织也不知道如何保护自己的利益。这时,就更需要跨国家的人民的联盟和组织合作,这也是 SEWA 现在努力的方向。"

我的问题是,如果有支持全球化的人认为 SEWA 所做的保护穷人利益的工作是反全球化的,从而是反效率的,那么,她会给出怎样智慧的回答?

她说:"全球化并不是全新的,没有人可以反对全球化,我们的邦还是全球化和贸易的受益者。问题是全球化是单向的,发达国家输入资本、信息到发展中国家,这是不公平的。我们不反对全球化,我们关注的是我们可以在全球化过程中做什么。比如,以前小生产者了解与自己的生产有关的信息,在全球化过程下,一个小生产者对于市场过程的信息(买主、款式等)都不了解,SEWA 要做的,是将小生产者组织起来参与市场。效率的概念需要重新定义,并不是越来越多的利润就是效率,还要看如何分配。"

资料来源:陆铭的调查笔记。

11.1.3 工会对收入分配的影响

在这一小节中,我们首先考察工会对企业收入在企业和员工之间的分配有怎样的影响,然后我们再来研究工会对整个经济的收入分配差距有何影响。

1. 对企业利润的影响

经济学家较为一致的意见是工会降低了企业的利润率,但这是否影响经济效率大家没有一致意见,具体来说要区分两种情况。一种情况是垄断产业,在这种产业中,工会的影响只不过是钱进了资本所有者的口袋还是被工人得到的问题,对经济效率和总产出并无重大影响。另一种情况是在竞争性产业中,企业只能获得"正常"的利润,如果工会力量导致员工工资上升则会产生一些负面影响,因为高工资会侵蚀利润,从而导致企业投资水平下降,技术进步放慢,甚至在长期内企业可能选择退出该产业。最终的结果是该产业的供给水平下降,物价水平上升,就业人数减少。从宏观层面来看,结果就是经济增长的速度减缓。

需要进一步说明的是,在上述两种情况中,哪一种更为重要,对此经济学家的研究存在着分歧。

2. 对收入分配的影响

经济学家在工会对收入分配的作用这一问题上分歧也很明显,大多数人认为工会不利于促进收入均等化,也有部分人持相反意见。

持反面意见的经济学家主要有三方面理由。首先,前面所提到的溢出效应使得工会成员的工资提高,而非工会成员的工资则下降,这就拉开了工会成员和非工会成员之间的收入差距。一项跨行业的研究发现,工会成员比例每上升 10 个百分点,就会使该行业中非工会成员的平均工资降低 3 个百分点。[①]其次,在高技能的和较高收入的蓝领工人中间工会的组织程度较高,使得这部分劳动力能够占有工会工资的优势,而在低技能和较低收入的劳动力中间工会的组织程度则较低,这样收入差距也被拉大了。最后,当员工要求企业支付高于均衡点的工资水平时,企业就会尽力雇佣那些高技能劳动力,而相对较差的员工的需求则相应降低,从而也拉开了不同技能劳动力之间的收入差距。[②]

持正面意见的经济学家认为工会是一种促进收入均等的力量。第一,工会力量保证了同工同酬。如果没有工会的存在,企业往往会根据员工的表现和工龄,甚至亲疏关系来决定其收入,而工会则力图消除这些因素的影响,实现同工同酬,这特别有利于保护一些易受歧视者(如妇女、少数族群等)的利益。第二,工会是使得企业间工资差

① Neumark, D. and M. Wachter, 1995, "Union Threat Effects and Nonunion Industry Wage Differentials," *Industrial and Labor Relations Review*, 48, 20-38.

② Pettengill, J. S., 1980, *Labor Unions and the Inequality of Earned Income*, Amsterdam: North-Holland Publishing Company.

下降的因素。道理很简单,如果工会只在某一行业的一家企业要求高工资是不行的,因为这家企业将无法在竞争性的市场上生存下去。所以,为了保障工会成员的工资优势,工会往往在全行业争取同一工资标准,从而避免了企业间工资的差别化。第三,工会缩小了白领和蓝领两类工人之间的收入差。从一般情况来看,在蓝领员工中工会的作用更强,而这些员工又多为社会中的低收入者,所以这类员工收入提高有利于缩小收入差距。

总体来看,一个社会中最高收入的那部分人往往不需要参加工会,而最低收入的那部分人往往是劳动力市场上的弱势群体,甚至是处于非正规部门的劳动者,他们也缺乏工会组织的保护。因此,参加工会的员工通常以中间收入的那部分人为主。如果说参加工会使得这部分人的收入提高,那么,从全社会来看,收入差距既可能上升,也可能下降,最终要看这部分人群的数量、他们通过工会得到的工资上升幅度,以及他们的收入水平在全社会收入分布中所处的位置等参数了。

11.2　全球工会组织变迁

11.2.1　西方国家工会力量的弱化

西方国家中比较盛行由一个或多个雇主和他们的员工之间进行工资和就业的谈判。各国的制度主要有三个方面的不同,一是工会参加比率和集体协议的覆盖率不同,二是集体谈判的层次不同,三是集体协议的内容有所不同。反映工会力量的主要是前两者,下面我们将重点讲这两方面。此外,我们从罢工的工时损失中也可以看出工会力量变化的一些迹象。

1. 工会参加比率正在下降

从横向来看,工会参加比率和集体协议的覆盖率能够反映各国工会的力量有所差别。图 11.1 中列出了 1990 年 17 个 OECD 国家私有部门和国有部门总的工会参加比率和集体协议的覆盖率。从数据中可以看出,集体协议覆盖率非常高,所有 17 个国家的平均覆盖率达到 69％,12 个欧洲国家的平均数为 78％。相比之下,工会参加比率要低一些,17 国的平均数为 38％,12 个欧洲国家平均工会参加比率为 40％。

各个国家的工会参与比率和集体协议覆盖率的差异主要与各国不同的制度背景有关。例如,在法国和西班牙等欧洲大陆国家,集体协议中不能对工会成员和非工会成员有所歧视,因此在这两个国家协议覆盖率很高,工会参与比率却很低。而在澳大利亚、新西兰、美国和英国这几个英语国家,工会成员和非工会成员之间的歧视是合法的,因此,参加工会就对员工较为有利。所以,工会参加比率并不能很好地反映工会组织的力量。比如在法国,虽然工会组织的参加率很低,但工会组织的影响力仍然非常重要。法国的法律规定,在有 50 个雇员以上的企业里,工会有权代表员工与企业进行集体谈判。相反,美国的工会参加比率虽然更高一些,但法律规定工会代表员工与企

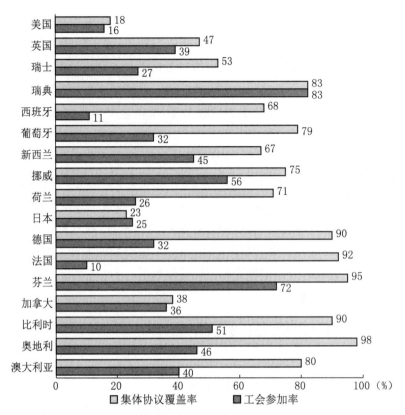

图 11.1 OECD 国家工会参加比率和集体协议覆盖率

资料来源：OECD，1994，Perspectives de l'emploi。

业进行谈判必须经过大多数员工投票同意。这也解释了为什么在美国集体协议的覆盖率很低。总的来说，集体协议的覆盖率更能反映工会的力量强弱，以此来衡量，显然欧洲大陆国家的工会力量要强于其他发达国家的工会力量。

如果我们不是为了横向比较的话，某一国家工会参加比率的变化也能够反映工会力量的变化。在 20 世纪 70 年代以前，美国、加拿大和英国的数据都表明，经济的衰退和失业的增加都会引起工会参加比率相应升高。但那之后，这一规律就不再成立了，世界上主要发达国家的工会参加比率都出现了下降的趋势，这表明，发达国家中工会的力量正在逐渐弱化。其中，美国自二战结束以来，工会的参加比率就一直在下降。1945 年，美国的非农业劳动力中的工会参加比率曾经达到 35.5％[1]，1970 年该比率已经下降到 23.5％，1995 年美国的工会参加比率下降至 14.3％，到最近的 2013 年，更是下降到了历史最低点 10.8％（参见表 11.1）。

导致工会参加比率下降的原因具体有以下五点：

第一，从员工角度来看，他们组织工会的努力并没有上升。1953—1974 年间平均

---

① 此处数据转引自 Filer，R. K.，D. S. Hamermesh and A. E. Rees，1996，*The Economics of Work and Pay*，New York：Harper Collins Publishers，428。

表 11.1　代表性发达市场经济国家的工会参加率　　　　　　　　　（%）

	1970年	1980年	1990年	1995年	2000年	2005年	2010年	2013年
奥地利	62.8	56.7	46.9	41.1	36.5	33.3	28.4	27.4
英　国	44.8	50.7	39.3	32.6	29.8	28.4	26.4	25.4
德　国	32	34.9	31.2	29.2	25	21.7	18.6	17.7
法　国	21.7	18.3	10.1	9	8.1	7.7	7.7	—
意大利	37	49.6	38.8	38.1	34.9	33.6	35.5	36.9
西班牙		12.9	12.5	16.3	16.1	14.8	17.6	—
荷　兰	36.5	34.8	24.3	25.7	23.1	20.6	18.6	17.6
瑞　士	38.9	31.1	24.3	22.8	19.4	19.3	17.1	—
爱尔兰	53.2	57.1	51.1	45.8	36.6	34.0	32.7	29.6
芬　兰	51.3	69.4	72.5	80.4	75.5	70.6	69.1	—
瑞　典	67.7	78	80.8	83.1	79.1	76.5	68.2	67.7
丹　麦	60.3	78.6	75.3	77	73.3	70.6	67.0	66.8
美　国	23.5	19.5	15.5	14.3	12.8	12.0	11.4	10.8

资料来源：Visser, Jelle, 2006, "Union Membership Statistics in 24 Countries," *Monthly Labor Review*, January：38-49。2004—2013 年数据来自 OECD.Stat。

每个工人的组织费用并没有增加，而同时，GNP 和实际工资都在增长。另有研究表明，1977—1991 年间员工对工会作为自己的代表的需求确实下降了，这是导致工会参加比率下降的主要原因。

第二，从企业角度来看，在 20 世纪 80 年代，美国有工会组织的企业规模在变小。一项针对英国的研究显示，和美国的情况一样，没有工会组织的企业成长得更快，同时，由于市场竞争程度越来越强，80 年代成立的企业更倾向于没有工会组织。

第三，如果把工会作为一种服务来看，那么这种服务的供给者（企业的雇主）拒绝工会化的倾向更强了，特别是在 20 世纪 80 年代国际竞争加剧和垄断利润下降的情况下，工会成员较高的工资越来越难以被企业承受，这时，雇主就更加不愿意组织工会了。

第四，从工会组织的需求方（员工）来看，员工的结构也发生了一些变化，女性员工、受教育程度较高的员工和白领阶层的比例提高了，而这几类员工参加工会的倾向都较低。

第五，对那些没有参加工会的员工来说，参加工会组织的潜在收益降低了，因为有些原先由工会提供的"服务"（例如对解雇员工的限制）开始由政府提供了，于是非工会成员也感觉更满意了，而工会所能提供的"服务"则更少了。[①]

2. 集体谈判的层次正在降低

西方国家的集体谈判一般分为三个层次，即企业（工厂）一级的、行业一级的和中

---

① 这些原因都被一些实证研究所证明了，限于篇幅，我们没有列出这些文献的出处，有兴趣的读者可以详细参考 Filer, R. K., D. S. Hamermesh and A. E. Rees, 1996, *The Economics of Work and Pay*, New York：HarperCollins Publishers。

央一级的,各个国家集体谈判的主要层次也各不相同。

在加拿大最为重要的谈判层次是在工厂一级(即一家工厂对一个工会的谈判),其次是企业一级的谈判(即一个有多家工厂的雇主与一个工会的谈判)。在美国,有很多大企业都有遍布全国的小厂家,在各种层次的谈判中,企业一级的谈判更为重要。行业一级的谈判常常只发生在那些多由中小企业构成的行业,这种谈判层次在北美并不重要。自1991年起,新西兰也开始以企业(工厂)一级的谈判为主。同时,在英国这一级的谈判正在变得越来越重要,集体谈判制度是随着劳动关系的演变而变化的。在二战及战后的一段时间里,工会和员工的力量有所增强,于是工厂一级的谈判也就自动地得到了发展。同时,随着企业的规模变大,企业将越来越多的生产活动和工作内部化了,这样一来,可以从许多雇主共同进行的谈判中分离出来,形成对企业较为有利的独立的劳动关系。在法国,虽然人们仍然在各种层次上进行着集体谈判,但企业一级的员工组织和集体谈判已经明显变得更为重要。日本也同样经历了谈判分散化的过程,现在日本主要的谈判形式是工业企业的经理阶层与企业的工会之间进行的谈判。这些企业内的工会并不是行业工会组织的分支组织,实际上行业的工会通常只是企业一级工会组织的联盟,其目标只是交流信息、协调谈判策略和政治活动等,也就是说,日本行业工会的作用并不强。

西方国家第二种谈判的层次是在行业一级,德国、奥地利、新西兰和瑞士都以这种谈判层次为主。在澳大利亚、比利时、芬兰、挪威、荷兰、葡萄牙、西班牙和瑞典,谈判主要在第三种层次(即中央一级)上进行,但在西班牙和瑞典这种谈判形式已经越来越不重要了。[①]

表11.2中还列出了各个国家在整个经济层面上的协调程度。这里需要区分一下显性的协调和隐性的协调。显性的协调指的是需要等待全国一级的雇主联合会和工会组织之间达成集体谈判的协议(可能也有国家的参与),这意味着谈判的集中程度比较高。隐性的协调指的是谈判在联合会对其成员的控制下进行,且(或)将主要行业达成的协议作为其他行业的参照,这意味着全国一级的协调虽然存在,但不是直接由全国一级的雇主组织和工会来谈判的。如果一个国家不在全国一级进行集体谈判,并不意味着这个国家没有全国一级的协调,因为这一协调可能是以隐性的形式出现的,这时谈判的集中化程度实际上也是比较高的。比如说,在德国和日本,集体谈判不在全国一级进行,但在这两个国家全国一级的协调却很强。在日本,劳动者通过"春斗"给一些大企业的工资要求规定了大致的标准,而这些标准往往都被分散的集体谈判所遵守。在德国情况又不一样,一般是将冶金工业达成的协议作为其他集体谈判的参照。[②]

---

① OECD, 1994, Perspectives de l'emploi.

② Cahuc, P. and A. Zylberberg, 1996, "Economie du travail: la formation des salaires et les déterminants du chômage," Département De Boeck Université.

表 11.2　17 个经合组织国家谈判的层次：1980—1994 年

国家	集体谈判的层次[a]	主要的谈判层次[b]	在整个经济层面上的协调	
			协调目标	员工的能力
澳大利亚	1, 2, 3	2→3, 1	显性的协调	强
奥地利	2, 3	2	隐性的协调	强
比利时	1, 2, 3	2	显性的协调	有限
加拿大	1, 2	1	无协调	无
芬　兰	1, 2, 3	3→2/1	显性的协调	强
法　国	1, 2, 3	2	显性的协调	有限
德　国	1, 2	2	隐性的协调	强
日　本	1, 2	1	隐性的协调	强
荷　兰	1, 2, 3	2	显性的协调	有限
挪　威	1, 2,	2→1	显性的协调	无
新西兰	1, 2, 3	2→3	显性的协调	强
葡萄牙	1, 2, 3	2→2/3	显性的协调	有限
西班牙	1, 2, 3	2/3→2	显性的协调	有限
瑞　典	1, 2, 3	3→2	显性的协调	有限
瑞　士	1, 2	2	无协调	有限
英　国	1, 2	2→1	无协调	无
美　国	1, 2	1	无协调	无

注：a 1＝企业/工厂；2＝行业；3＝中央一级。
　　b → 代表变化的方向。
资料来源：OCDE，1994，Perspectives de l'emploi。

通过以上分析我们可以发现，除了奥地利以外，所有的 OECD 国家都有在企业一级进行的集体谈判，而且谈判具有分散化，特别是向企业一级分散成了一种趋势（见表 11.2）。近年来，随着失业问题在西方国家越来越严重，集体谈判分散化的呼声也越来越高涨，有些经济学家甚至主张实现雇主和员工之间的单独谈判，可以使得工资更为灵活地应对劳动力市场的各种变化。

3. 罢工损失工时正在减少

罢工损失的工时是衡量劳资矛盾激烈程度的一项重要指标，从中我们也能够看出工会力量的变化。罢工造成的工时损失受到两方面因素的影响，一是罢工的发生率，二是罢工的持续时间，其计算公式是：

$$工时损失的比例 = \frac{罢工人数}{从业人数} \times \frac{罢工持续时间}{年度工作时间} \times 100\% \qquad (11.2)$$

表 11.3 列出了 1948—1993 年间美国有 1 000 名及以上员工参加的罢工情况，从表中我们可以看出以下几点趋势。首先，美国在这 50 年间罢工造成的工时损失有了非常明显的下降。其次，罢工损失的工时下降主要是因为罢工的发生率有了大幅度的下降。值得注意的是，我们不能从罢工损失工时的下降就简单地推断这半个世纪以来美国的劳资矛盾有所缓和。现实中的问题远远比数字来得复杂，从表 11.3 中我们可以

看出,在罢工发生率迅速下降的同时,罢工的持续时间却有较明显的延长。此外,罢工发生率下降的真实原因又是什么呢,是劳资矛盾更为缓和、劳资矛盾的解决速度和"效率"提高了,还是工会组织的力量有所弱化,工人们已经越来越无力拿起罢工的武器?从上文中对于工会参加比率和集体谈判层次变化趋势的分析来看,工会参加比率的下降和工会力量的弱化至少是导致罢工发生率下降的原因之一(如果不是全部原因的话)。从这一意义上来讲,工会参加比率的下降、谈判层次的降低和罢工损失时间的下降恐怕都是发达国家工会力量弱化的表现,其背后更为深层次的原因可能还是知识经济时代和经济全球化趋势,劳动者面临着就业越来越困难的局面,越来越缺乏保护自己权益的手段。

表 11.3　美国有 1 000 名及以上员工参加的罢工情况

年份	工时损失的比例	发生率(在全部雇员中的比例)(%)	持续时间中位数(天)
1948	0.22	3.0	18.2
1955	0.16	3.9	10.3
1960	0.09	1.5	14.8
1970	0.29	3.2	21.4
1975	0.09	1.2	18.2
1980	0.09	0.8	26.2
1985	0.03	0.3	22.6
1988	0.02	0.1	36.9
1989	0.07	0.4	37.6
1990	0.02	0.2	32.1
1993	0.01	0.02	21.8

资料来源:Filer, R. K., D. S. Hamermesh and A. E. Rees, 1996, *The Economics of Work and Pay*, New York: HarperCollins Publishers, 471, Table 12.2。

全球化浪潮使得劳动力市场的竞争性越来越强,就业的非正规化趋势明显,工会力量被日益削弱,劳动权益的保护受到严重挑战,这一系列的趋势最终成为全球范围内广泛出现的收入差距扩大现象的重要原因。但是,收入差距的扩大又引发了一些新的劳动力市场变革,劳动权益的保护在最近这些年又重新得到了社会各界的重视。关于全球化和收入差距之间的关系,读者可以阅读第 12.4 节的内容。

阅读

世界劳工形势大转弯

20 世纪 70 年代初的石油危机和经济"滞胀",引发了新一轮劳动力市场的改革。欧美政府进行了一系列改革,基本内容是减少政府对市场特别是劳动力市场的干预,放宽或者取消政府设置的许多限制,强化企业的经营自主权,抑制工会作用,以刺激经济增长,促进充分就业。

据2006年11月欧盟委员会公布的劳动法令绿皮书所述,在欧盟几乎所有的成员国,双层劳动力市场(一部分正规就业人士受到劳动法保护,其他人则没有或很难得到劳动法律保护)已经成为社会普遍现象,各种有利于增加就业但劳动保护状况不佳的非正规用工方法如定期合同工、派遣工、临时工等,所占比例不断扩大。在欧盟25国,这些非正规就业的比例已经从2001年的36%上升到40%。

与上述解除劳动力市场管制和自由化改革紧密相联,近几十年来,世界收入分配形势的一个突出的现象是:不断偏向资本利润,劳动者的收入状况不断恶化。根据摩根斯坦利研究所发布的数字,2006年,在七国集团中,资本利润占国民收入的比例达到创纪录的高点:15.6%,而劳动收入则达到创纪录的低点:53.7%。

此外,20世纪70年代后,随着西方国家的政策调整,特别是一些国家右翼势力对工会组织的打击,工会运动在西方世界遭受极大挫折,处于颓势。以工人的入会率为例,近30年来,仅有斯堪的纳维亚半岛的瑞典、挪威等少数国家,工人的工会化率仍然较高,维持在50%乃至70%以上,其他主要工业化国家基本都是处在很低的水平,如美国2005年的工会化率是12.5%,法国仅有8.3%。

2006年的劳动事件已经对世界的政治形势和格局产生了重要影响。在当今世界各国,特别是西方主要国家,已经出现了一个关注底层劳动、保护劳工权利的新趋势。这种新趋势的触角已经初露端倪。

例如,在美国,民主党在2007年初主控国会之后的一件主要工作就是通过了在美国已经争论多年的最低工资修正法案,将联邦层次的最低工资标准大幅提高41%,从每小时5.15美元升到了7.25美元。这是美国近10年来工资标准的第一次调整,而且调整的幅度也是美国自1938年建立联邦最低工资制度以来所罕见的。

在欧洲,2006年11月底,欧盟委员会抛出欧洲劳动法令修订草案绿皮书,在全欧洲范围内进行公开讨论和征求意见。草案提出的一个核心的新概念:灵活安全性(flexicurity)(由flexibility与security结合而来)。其主要目的就是要在加强劳动力市场改革的同时,响应广大劳动者的诉求,加大劳动者基础权利保护,为所有劳动者包括各种灵活就业劳动者设置权利保障的底线。

资料来源:杨鹏飞:《世界劳工形势大转弯》,《社会科学报》2007年2月15日。

11.2.2 东欧的工会组织转型

东欧各国在改革以前都实行了社会主义计划经济体制,因此,工会的作用并不是与资本方对立起来争取劳动者的权益,而是作为执政党和政府在企业组织里的延伸。在经济体制转型和市场经济体制的建立过程中,资本雇佣劳动的关系在各国逐渐建立了起来,劳动者权益的保护又逐渐成为重要的问题。但是,由于各国历史条件和转型路径的不同,工会组织的变迁也呈现出一些不同的特征。

在改革前,东欧各国较为普遍的一种企业形式是员工管理型的企业。在这类企业中,员工对企业的工资和就业决策有很强的参与权利,而工会组织则是员工参与企业管理的一个主要渠道。在传统体制下,东欧各国的工会都在不同程度上是执政党和政府的延伸,由于员工被视为企业的主人,所以参加工会也就成了一件顺理成章的事情。然而在体制转型过程(包括私有化过程)中,员工管理型的企业形式在大多数国家已经逐步退出历史舞台。在工会组织变迁方面,工会制度演变的两大趋势是形成自由工会组织和集体谈判制度。相应地,企业一方在工资和就业决策中的影响则越来越强。在这一体制转型过程中,东欧国家普遍出现工会参加率下降的趋势。但即便如此,由于传统体制下的工会参加率非常高,因此东欧国家转型过程中的工会参加率仍然大大高于一些发达市场经济国家的工会参加率(参见表 11.4)。

表 11.4　东欧转型经济国家的工会参加率　　　　　　　　　　　　(％)

国家	1995 年		1985 年	
	非农业劳动力	雇员	非农业劳动力	雇员
阿尔巴尼亚	75.4	63.8	100	96.3
保加尼亚	51.4(1993 年)	58.2(1993 年)	61.9(1991 年)	62.3(1991 年)
捷克共和国	36.3	42.8	76.8(1990 年)	76.9(1990 年)
匈牙利	52.5	60.6	74.1	80.4
波　兰	27.0	33.8	47.1(1989 年)	58.8(1989 年)
罗马尼亚	40.7(1993 年)		50.7(1991 年)	52.8(1991 年)
斯洛文尼亚	52.3	61.7	76.8(1990 年)	76.9(1990 年)

注:在雇员数据中不包括失业者。
资料来源:BIT, 1997, Le travail dans le monde 1997—1998. Relations professionnelles, démocratie, et cohésion sociale, Genéve, Bureau international du Travail。

工会参加率的下降在一定程度上意味着员工对于工资和就业决定的影响力在下降,但是导致东欧国家工会参与率下降的一个重要原因是这些国家的新兴企业(特别是小型的私有企业)往往都不成立工会组织。

11.2.3　中国的工会组织转型

中国工会是中国共产党领导的职工自愿结合的工人阶级群众组织,是党联系职工群众的桥梁和纽带,是国家政权的重要社会支柱,是会员和职工利益的代表。

在改革以前的计划经济时代,中国企业的工会组织与东欧转型经济国家的工会组织一样,在某种程度上也是党和政府职能在企业内部的延伸。当时,企业工会组织的职能具有四个方面的特点:第一,既维护国家利益,又保护企业利益;第二,兼有"桥梁"作用、"支柱"作用和"学校"作用;第三,在维护职工权益方面,以维护职工政治权益为主;第四,常常依靠党委的协调和上级的干预开展工作,自主性不强。可见,计划经济时期的工会主要是维护生产的顺利进行,劳动关系是非对抗性的。

改革开放以后,社会主义市场经济逐步建立,企业可以自由地雇佣和解雇工人,工人也可以自由地选择企业。劳动用工方式发生变化,劳动力关系逐步表现出对抗性的一面,工会组织的发展因此受到挑战,工会参加比率一度呈下降趋势。根据国际劳工组织的数据,1985年中国所有职工参加工会组织比率为59.4%,到1995年这一比率下降了4.7个百分点。[①]出现这一趋势的原因主要有两方面。一方面,原先国有部门的工会参加比率是在计划经济体制下形成的,因而这一比率曾经非常高,在向市场经济体制过渡的时候这一比率有所下降是一种正常的趋势。另一方面,更为重要的是,中国在改革过程中私人部门的成长速度非常快,而私人部门的工会组织情况相对较差,因此私人部门的比重越大,总的工会参加比率便越低。

中国的工会组织近年来正在经历迅速的转型与发展。基层工会组织数量已经从2000年的85.86万个逐步增加到2017年的280.88万个,之后略微减少到2021年的221.39万个。类似地,工会会员人数从2000年的1亿人增加到2017年的3亿人,之后同样出现下降,2021年有2.5亿名工会会员。需要注意的是,近些年来工会人数的下降,可能既有总就业数量下降的因素,也有未纳入工会组织的各类灵活就业形态增加的因素。

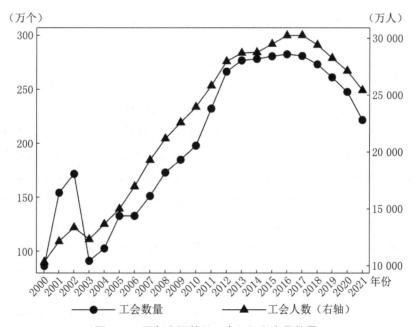

图 11.2　历年中国基层工会组织和会员数量

资料来源:2001—2022年《中国劳动统计年鉴》。

---

① BIT, 1997, Le travail dans le monde 1997—1998. Relations professionnelles, démocratie, et cohésion sociale, Genéve, Bureau international du Travail.

那么,中国的工会组织有没有起到实际的作用呢？有研究显示,有工会组织的中国企业的确小时工资更高,社会保障覆盖率更高,每月工作时间有微弱的减少。这种影响主要是通过集体谈判和集体工资协议两种渠道产生作用。[1]工会组织还在满足职工的精神文化需求、积极参与劳动关系协调和调处劳动争议、促进社会性别平等和维护女职工特殊权益等方面发挥着作用。以上这些影响存在异质性。中等技能职工获得的工资福利效应相对高于低技能职工和高技能职工,国有企业工会主要能够明显改善职工的工资福利,而私营、港澳台资和外资企业的工会则主要能够降低职工的工作时长。[2]另外,在中国的政治经济制度下,工会制度对工资的增长效应还取决于政府对工会的态度。[3]

在中国背景下,我们还关心工会对农民工权益的影响。工会参与能够显著提升农民工工资水平,并且主要是源自工会的合同保护效应和培训促进效应。[4]

讨论

请围绕下面这则出租车罢运事件,谈谈你对罢工维权的看法。这个案例中的罢工是为了解决劳资矛盾吗？

背景

现有出租车运营模式能否改变

2008 年 11 月 3 日早晨,重庆市主城区发生了大规模出租车罢运事件。据当地媒体报道,3 日早晨 7 时,重庆市渝北区、渝中区、沙坪坝、九龙坡、南岸区、江北区等地基本上见不到一辆出租车,给当地群众出行造成不小的困难。

据记者了解,出租车罢运当天上午,重庆市委、市政府就连续召开了几个不同层面的会议,研究处置方案。事件发生后,重庆市交委曾举行新闻发布会,有关部门总结了导致此次主城区出租车罢运的四个原因:一是出租车企业与驾驶员利益分配存在矛盾;二是主城区出租车存在加气难的问题未得到彻底解决;三是出租车租价结构不合理;四是非法营运车辆扰乱正常秩序。

重庆市有关部门表示,将进一步协调出租车营运企业与驾驶员之间的利益分配,增加出租车天然气供应,打击非法营运出租汽车等,确保正常的出租汽车市场营运秩

---

[1] Yao, Yang and Ninghua Zhong, 2013, "Unions and Workers' Welfare in Chinese Firms," *Journal of Labor Economics*, 31(3):633-667.

[2] 李明、徐建炜:《谁从中国工会会员身份中获益?》,《经济研究》2014 年第 5 期。

[3] 杨继东、杨其静:《工会、政治关联和工资决定——基于中国企业调查数据的分析》,《世界经济文汇》2013 年第 2 期。

[4] 李龙、宋月萍:《工会参与对农民工工资率的影响——基于倾向值方法的检验》,《中国农村经济》2017 年第 3 期。

序和社会稳定。

"加气难、油价高都是临时问题,都好办;重庆出租车罢运事件的重点,在于改变出租车公司和司机之间的关系。"长期关注出租车业的中国社会科学院工业经济研究所研究员余晖说。

"这是出租车行业内部的利益分割出现了问题,通过行政垄断措施,出租车管理公司拿走了大部分报酬,司机感到压力很大。"曾经深入研究、报道一系列城市出租车业问题的《中国经济时报》高级记者王克勤在接受媒体采访时也表示。

而要彻底解决出租车行业的问题,专家们提出:一要取消准入歧视,二要放松数量控制。

中国的出租车行业起步于20世纪80年代,当时刚刚改革开放不久,个体经营的出租车司机纷纷找一个企业挂靠,这就是所谓的戴上了"红帽子"。90年代后,政府为规范经营,实行了数量管制,并提出禁止挂靠,出租车公司必须"名副其实"。

在这种情况下,中国的出租车行业开始了改革,大多数城市采取了产权和经营权分离的模式,即承包经营模式。出租车公司从政府部门获得出租车的经营权,司机则出资购车,承担运营费用,按月给公司上缴管理费。

这种模式的不完善引发了出租车行业的种种问题。余晖提出,出租车公司本应具有规模经济效应,将零散的出租车司机集中起来,以便降低成本,保证司机的权利,为乘客提供更好的服务。但出租车企业不仅没有承担起应有的职责,反而垄断整个行业,索取出租车司机的大量利润。

其实,出租车行业完全没有必要人为由政府设计成"法定垄断"行业。作为竞争性领域,它应该与餐饮业一样,完全自由进入、自由发展、自由定价,也就是没有必要进行数量管制与价格管制。设想,如果用行政手段来控制全市饭馆的总量及其企业规模的话,我们还能享用丰富多彩、物美价廉的饭菜和微笑服务吗?

至于出租车的多少,则交给市场去调节。出租车太多,挣不着钱,就自己退出去,有利可图,就接着干。交通警察管违章,税务部门管收税,其他都是司机自个儿的事,政府岂不清闲了许多?

实质上,现代科技已经为我们管理出租车行业提供了成熟的方案,即"一卡管到底"。只要一张磁卡,你不上税,计价器不动;你不交养路费,计价器不动;你不交工商费,计价器不动;如此等等,包括卫生、服务等均可以实现电子数据化管理。没有了公司,凭借法律法规,也完全可以管好出租车行业。

出租车行业是一个个体行业,"一个司机、一辆车构成了一个完整的服务单位"。对于这种个体行业,只允许公司"进入",对个体进入进行"管制",是不合理的。最终,出租车行业应该取消"准入歧视",实行个体化改革。温州的出租车行业就采取了这种个体化的模式。

但个体化改革并不意味着这个行业只有个体的存在,个体司机可以联合成立行业组织,这种组织将有利于提高服务。

资料来源:陈艳:《现有出租车运营模式能否改变》,《中国青年报》2008年11月6日。

为了适应工会转型和发展的需要,中国通过《中华人民共和国工会法》(以下简称《工会法》)等立法来保障工会的权利和义务。不过,《工会法》的内容存在和社会主义市场经济制度下的工会要求不适应等问题。1992年的《工会法》的部分条款只限定于全民所有制企业和集体所有制企业,对外企、私营企业和股份制企业的要求没有详细规定。随着私营企业的兴起和外企占比的上升,这些企业中的员工存在无法可依、无法保障的问题。后续修订的法律对此逐步完善。无论是从转型时期的法律和制度构建来看,还是从工会组织的职能转变来看,工会组织在维护职工合法权益和促进和谐劳动关系等方面仍然大有可为。

首先我们来看国有部门(集体企业的情况与国有企业类似)。当前企业中工会组织与经营者职能尚未完全分离,工会组织在调整劳动关系中的地位和职能也未能在实际中得以明确。工会也仍然局限于行使政治职能和福利职能,它更像是政府部门的延伸,在实际协调劳动关系中能力仍然薄弱。从工会领导者(工会主席)的身份来看,国有企业还习惯于将其看作企业的领导者和经营管理者之一,而不是真正由工会成员选举出来,向企业争取权益的职工代言人。国有企业的工会善于利用行政化手段自上而下地开展工作,更像是"体制内"工会,而民营或者外资企业工会大多是由人力资源经理或者其他高层兼任,在工作开展中利益考虑存在向资方倾斜的可能性,更像是"老板工会"。①国有企业的职工事实上还没有很好地组织起来通过集体谈判制度对企业的工资和就业决定产生影响。

虽然集体合同覆盖率正在提高,但集体合同往往流于形式,尚未触及协调用工分配,制约双方侵权行为的矛盾问题。由于缺乏企业与职工之间的劳动关系调节机制,政府在企业劳动纠纷的处理上也无法顺利退出。一些因劳动纠纷引发的群体性事端,往往是劳动者与企业发生分歧后直接请求政府干预。政府在面临此类问题时,往往为了平息事端而采取行政处理的手段。不断沿用行政处理的结果是无法促进企业劳动关系协商机制的形成,也无法引导劳动者用法律手段保护自己。

由于国有企业的职工没有很好地组织起来,非国有部门中处于相对弱势的员工也缺乏组织起来争取更好待遇的力量。即使企业成立了工会组织,其领导也是企业的雇员,难以站在员工的一方担当维权的职责。在最近这些年里,尽管从数字上来看,非国有企业组建工会的比率和参加工会的人数都在提高,但是,非国有企业组建工会的工作仍然受到企业方的阻挠。企业管理者甚至提出,根据中国《工会法》的规定,工会是"职工自愿结合"的组织,自己所在的企业没有职工提出要组建工会,所以企业领导层并没有这个权力来出面组建。企业不愿意组建工会的一个直接原因是规避成本,因为根据《工会法》第四十二条,"建立工会组织的企业、事业单位、机关按每月全部职工工资总额的2%向工会拨缴经费"。也就是说,一个企业可能只有部分员工加入工会,但要按全部员工工资的2%收取会费,这个规定往往让资方不愿接受。

---

① 沈嘉贤:《当前和谐劳动关系构建面临的挑战及应对》,《浙江经济》2019年第2期。

改革开放以来,众多的外资企业进入中国,但并未按照《工会法》的要求组建工会,甚至阻挠在本企业内成立工会。直到 2004 年前后,中华全国总工会欲对拒绝设立工会的外资企业提起诉讼,一些大的跨国公司被点名,之后,外资企业的工会组建进程才得以获得快速的推进。据中华全国总工会统计,截至 2011 年 3 月,外商投资企业的工会组建率约为 73%。

在工会的组建过程中,地方政府扮演着非常特殊的角色。在中国,实行着中央和地方财政分权的体制,地方政府在当地的税收中可以获得一定的份额作为地方的财政收入。同时,中央对于地方官员考核的最为重要的指标就是地方 GDP 增长速度,这在很大程度上决定了地方官员的"政绩"。地方政府片面强调 GDP 增长和招商引资,就在一定程度上导致了地方政府"重资本、轻劳动"的政策倾向,忽视对职工权益的维护和保障,存在明显的政策性违法现象。

在中国,农民工的权益保障成为劳动者权益保护中特别突出的问题。一方面,农民工自发建立的维权组织往往得不到各级工会正式组织的承认;另一方面,由于农民工没有"当地"户籍,往往又成为当地工会维权盲点,农民工不仅得不到当地其他政府部门的足够关注,也缺乏其他有效的维权途径。根据 2022 年农民工监测调查报告数据,加入工会组织的进城农民工占已就业进城农民工的 16.1%。在这些因素的共同作用下,才形成了由总理出面为农民工"讨薪",由新闻媒体出面为农民工"代言"的局面。

突破当前工会的属地化管理,推进工会改革创新,是解决当前农民工参与工会积极性低的出路。建立行业工会可能是一个突破点。行业工会,一般是指按生产同类产品或具有相同工艺过程或提供同类劳动服务而划分的经济活动类别企业联合组成的工会组织,如饮食行业工会、服装行业工会、机械行业工会等,这样的行业工会可以直接在同行业内的企业发展工会会员。行业工会能够在一个区域内(比如在一个城市或者县区)覆盖所有的同类企业,这样可以避免企业单独组建工会面临的诸多困难。行业工会可以集中研究行业内同类企业职工关心的共性问题。一些地方的实践表明,建立行业工会,有利于优化工会组织形式,规避小企业单独建会难题,更多吸纳小企业职工入会,扩大工会组织的覆盖范围,能够提高工会组织的独立性,更有助于提高员工的利益。

和全球工会力量弱化的背景一样,中国工会组织在维护劳动者权益过程中面临的种种困境与经济的全球化有很大的关系,如何让普通的劳动者分享由经济全球化所带来的繁荣,将继续成为当今世界需要面对的难题,也是中国工会组织发展中无法回避的难题。在当代中国,构建和谐社会已成为中国迈向现代化的重要目标,而和谐的劳资关系则是构建和谐社会最基本的要求。无论是劳动者、政府,还是企业,都必须认识到,和谐劳动关系的构建,并不一定与经济发展和企业成长的目标相对立。

从工会角度来说,当今中国经济、政治和社会正面临着史无前例的重大调整,国企改革、外资进入、民企成长等都给和谐劳动关系的建立带来了巨大挑战,而工会作为劳资双方的"缓冲器"应该责无旁贷地担当起缓解劳资矛盾、提高企业生产效率的重任,将企业发展目标与劳动权益保护和谐地统一在一起,而不应只是简单地把工会组织与企业对立起来。

从政府的角度来看,中国的经济已经进入了一个新的阶段。在第一阶段,劳动力市场的竞争较为充分,工会组织的弱势反而有利于发挥劳动力成本低的比较优势,但是,由此带来的收入差距扩大可能对社会和谐发展和经济持续增长构成威胁。必须清楚地认识到,劳动者权益的适度保护有助于降低过大的收入差距,有利于缓解由收入差距导致的社会矛盾,减少与此相关的资源消耗和管理成本,从而最终有利于经济的可持续增长。

传统工会存在的前提是职工和企业之间存在雇佣与被雇佣的劳动关系。而在数字时代,这个前提可能得不到满足,存在"去劳动关系化"。比如,在数字劳动平台与工人之间的协议关系为非雇佣关系,这是很多服务协议条款的一个显著特征。通过平台就业的工人被称为"独立承包商""独立的第三方供应商""司机""队长""快递合伙人""司机合伙人""自由职业者""数据工人""黑客"。平台通过服务协议条款让劳动者无法享有一些权利,在规定薪酬、工作时间和其他相关问题方面,这些平台基本不受劳动保护法规的限制。

那如何保护数字时代的劳动者呢? 法律制度必须用复杂巧妙的原则来确定劳动者实际上是否为受雇员工,而不管平台服务协议条款是如何表达的。比如,国际劳工组织《关于雇佣关系的建议书》就有规定,确定是否存在雇佣关系,应主要以与工作表现和工人报酬有关的事实为依据,不管双方当事人之间可能达成的任何协议、合同或者其他安排如何描述这种关系。2023 年,人力资源社会保障部办公厅编制了《新就业形态劳动者休息和劳动报酬权益保障指引》《新就业形态劳动者劳动规则公示指引》和《新就业形态劳动者权益维护服务指南》,其中规定:"新就业形态劳动者有权加入工会。工会组织要积极吸收新就业形态劳动者入会。""工会组织要推动平台企业建立常态化的沟通协商机制,代表或组织新就业形态劳动者就涉及劳动者切身利益的事项与平台企业沟通、协商,订立集体合同或协议。新就业形态劳动者有权参与工会与企业组织的恳谈会、集体协商等活动,平台企业、平台用工合作企业应提供便利条件。"

11.3 最低工资的经济影响

最低工资是雇主与雇员间合法约定的最低薪资金额,属于最低所得保障的一种形式。新西兰于 1894 年成为全球首个推行最低工资的国家,其后澳大利亚跟着推行。很多西方国家其后陆续推行保障工人权益的法案,包括推行最低工资。现今世界上很多国家及地区,设有政府立法或工会以保障工人权益。虽然最低工资在许多地方实行,最低工资的利弊仍有许多争议。支持者说最低工资会提升生活水平、减少贫穷、减少贫富差距、提升社会风气,以及会倒逼企业变得更有效率;反对者则说它会提升贫穷、提升失业率(特别是低技术或缺乏经验的劳工),并且对企业有害无益。这一小节我们首先从理论上讨论最低工资影响,然后再来看看反对和支持最低工资的不同声音。

11.3.1　最低工资的理论分析[①]

我们用图 11.3 中的一个简单的劳动力供求模型来分析。我们从完全竞争的劳动力市场开始讨论。先给出四个假设:(1)只存在一个部门,并且最低工资覆盖了所有个体;(2)劳动力是同质的;(3)产品市场和劳动力市场都是完全竞争的;(4)厂商使用劳动力和资本两种要素作为生产投入,且两种要素之间存在一定程度的替代性。给定以上四个假设,劳动力市场存在图 11.3 的均衡点,(L^*, W^*)。假设此时,设置一个高于 W^* 的最低工资,$\underline{W}$。厂商面临的劳动力边际成本从 W^* 上升 $\underline{W}$,因此会用资本替代劳动力,劳动力需求从 L^* 下降到 L^1。而劳动力供给则从 L^* 上升到 L^2,$L^2 - L^1$ 的劳动力面临失业。与此同时,劳动力边际成本增加,会导致厂商的产品价格上涨,产品需求下降,导致总产出下降。

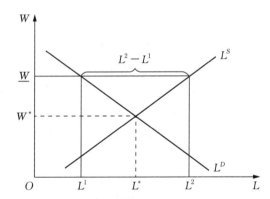

图 11.3　最低工资的影响:完全竞争的劳动力市场

失业数量 $L^2 - L^1$ 的大小取值于以下几个因素:(1)最低工资上涨幅度;(2)劳动力需求弹性;(3)产品需求弹性;(4)劳动力和资本的替代弹性大小;(5)生产成本中的劳动成本占比。

我们逐步放松模型假设以进一步分析最低工资的影响。首先放松存在一个部门的假设,可以简单认为存在两个部门,一个是存在最低工资,另一个则不存在最低工资。最低工资的存在会导致失业的个体在部门间转移,非覆盖部门的劳动力供给增加,就业下降,因此会减小最低工资的冲击。在一般情况下,经济存在多个部门,并且

---

① 感兴趣的读者可以阅读 Neumark, David and William Wascher, 2008, *Minimum Wages*, Cambridge and London: MIT Press; Flinn, J. Christopher, 2011, *The Minimum Wage and Labor Market Outcomes*, Cambridge and London: MIT Press。

每个部门的最低工资水平不一样,分析思路也是类似。

我们还可以将部门差异换成空间差异。对于中国这样的大国,不同地区间的发展水平差异大,最低工资水平势必也存在差异。假设存在两个城市,一个是高生产率,一个是低生产率。如果最低工资刚好处于二者中间,则在空间均衡下,低生产率城市的工资被动提高到最低工资水平,劳动力需求会减少,迫使失业劳动力离开该城市,城市人口减少;同时由于生产率水平较低又面临相对较高的劳动力成本,企业在市场上的竞争力更差。而高生产率的城市的均衡工资高于最低工资,不会受到最低工资的负面影响。[1]

我们放松劳动者同质的假设,认为存在两种劳动力,高技能和低技能。最低工资的提高会直接导致低技能劳动就业的减少。而对高技能的影响存在两个渠道:一方面是厂商总产出减少,导致对高技能的劳动力需求减少;另一方面,高低技能劳动力之间具有一定的替代效应,则会增加对高技能的劳动力需求。

我们还可以放松劳动力市场是完全竞争的假设。在此,我们考虑企业是买方劳动力垄断的情况:企业可以完全自由地决定工资水平和就业规模,而劳动力只能被动接受工资水平。

如图 11.4 所示,当劳动力市场是完全竞争的时候,均衡出现在点 A,对应的工资和就业分别是 W_0 和 L_0。而当企业是买方劳动力垄断的时候,企业的雇佣水平由劳动的边际成本曲线 MC 和边际产品收益价值曲线 VMP 的交点 C 决定,均衡的工资和就业分别为 W_1 和 L_1,二者低于 W_0 和 L_0。如果最低工资设定为 $\underline{W}$,企业的边际成本曲线就变成两部分:一部分是由 $\underline{W}$ 决定的水平线,另一部分是之前的边际成本曲线 MC,拐点出现在水平线和供给曲线的交点 D。此时的工资和就业分别为 $\underline{W}$ 和 $\underline{L}$,相比于点 B,工资和就业都有所增加。从经济学含义来说,相当于由政府出面,使得劳动力这一方

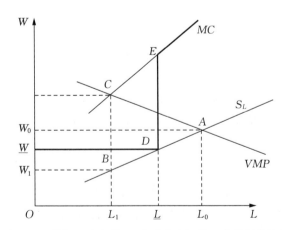

图 11.4　最低工资和就业:劳动力市场是买方垄断的情况

① Monras, Joan, 2019, "Minimum Wages and Spatial Equilibrium: Theory and Evidence," *Journal of Labor Economics*, 37(3):853-904; Buettner, Thiess and Alexander Ebertz, 2009, "Spatial Implications of Minimum Wages," *Themenheft: Labour Economics*, Juni:292-312.

的谈判能力提高了,改变了完全由买方垄断的局面,最终的结果可能是劳动者受益。

在最为理想的情况下,政府可以将最低工资设定为 W_0,则此时的就业量就与完全竞争时保持相同。但这仅是理论上的可能性,实际上政府是不可能知道 W_0 在什么位置的。需要小心的是,劳动力市场不完全竞争时,工资和就业出现的增加情况只会在特定的范围之内,如果最低工资 $\underline{W}$ 高于点 C 对应的工资水平,就业水平就会低于 L_1,出现下降的情况。

11.3.2 支持和反对最低工资的观点

设立最低工资制度的初衷就是为了给劳动者提供基本的保障,它确实也帮助了一些底层劳工阶级的生活水平得到提升,社会平均生活水平提升。一方面,因为把更多的钱分配予将薪资用光的低收入劳动者,刺激了消费,进一步增加的产品需求,对中小企业的收入也有正面影响;另一方面,使得低生产率企业的用工成本增加,促使它们使用自动化设备,提高生产力水平,从而促进科技创新与发展。

反对声音中最主要的观点是,最低工资的减贫效应有限,因为它会导致失业,会加剧贫穷。最低工资减少工作需求、减少工作时数或者减少职位量,这都会导致更多的长期失业。以消灭贫穷的方法来说,最低工资制度比其他方法更无效(例如劳动所得税扣抵制),并且不利于企业,尤其是生产率相对较低的中小企业。企业如果试图借由提高商品价格以弥补用工支出,那最低工资还可能会导致物价上涨,弱化最低工资的福利效应。

11.4 中国的最低工资制度及其影响

11.4.1 中国最低工资的历史

1984 年中国批准了《制定最低工资确定办法公约》。1993 年,劳动部发布了《企业最低工资规定》,文件对最低工资的内涵、调整办法、管理制度等做了详细规定。这是新中国最低工资制度方面的第一个规章,成为一段时间内实施最低工资保障制度的最主要的规章依据。这个规定要求中国境内的所有企业应遵守,但对乡镇企业是否适用则由各省(自治区、直辖市)人民政府自行规定,而政府机关、事业单位、社会团体和个体工商户等则不需要实施最低工资制度。规定中,最低工资的调整频率被设定为每年不超过一次。规定要求各省级政府要根据最低生活费用、平均工资、劳动生产率、城镇就业状况和经济发展水平等因素确定合理的最低工资标准。

1995 年 1 月 1 日出台的《中华人民共和国劳动法》中正式确定了最低工资制度,大部分省份在 1995 年前后第一次正式公布了月最低工资标准。

2004 年,劳动和社会保障部公布了一个更加一般化的《最低工资规定》(劳动和社会保障部令第 21 号),取代 1993 年的《企业最低工资规定》。新规定中,将最低工资的实施范围扩大为所有的"用人单位",除企业外,民办非企业单位、个体工商户、政府机关、事业单位、社会团体都应执行最低工资制度。新规定还拓展了最低工资标准的形式,规定"月最低工资标准适用于全日制劳动者,小时最低工资标准适用于非全日制就业劳动者"。此外,在新规定中,最低工资的调整频率被设定为每两年不少于一次。同时,新规定要求在支付最低工资时,应该剔除加班工资、特殊工作环境补贴和其他福利待遇等,企业违反最低工资规定的处罚也由所欠工资的 20%—100% 增加到 100%—500%。此外,新规定也确立了适用于非全日制用工形式的小时最低工资制度。

2008 年 1 月 1 日的《中华人民共和国劳动合同法》也包含了对各关于最低工资的条款。劳动合同订立时,劳动者在试用期的工资不得低于本单位相同岗位最低档工资的 80%,并不得低于用人单位所在地的最低工资标准。劳动合同的解除和终止时,劳动者在劳动合同解除或者终止前 12 个月的平均工资低于当地最低工资标准的,按照当地最低工资标准计算。但在 2008 年底,人力资源和社会保障部下发通知要求各省级政府在 2009 年暂缓上调最低工资的标准。之后,2010 年开始新一轮最低工资调整。

2013 年,国家发展和改革委员会等部门在《关于深化收入分配制度改革的若干意见》中提出,要"根据经济发展、物价变动等因素,适时调整最低工资标准,到 2015 年绝大多数地区最低工资标准达到当地城镇从业人员平均工资的 40% 以上"。

2015 年底,人力资源和社会保障部发布了《关于进一步做好最低工资标准调整工作的通知》,要求将最低工资标准由每年至少调整一次改为每两至三年至少调整一次,且最低工资标准的调整幅度不能超过当地同期城镇单位就业人员平均工资增长幅度。

11.4.2 中国最低工资的制定过程

最低工资制度是劳动力市场规制的一种体现,它为劳动者的工资设置一个最低值,降低企业对劳动者的"剥削",保障劳动者的权利。为此,我们需要知道最低工资水平是如何制定的,水平高低如何? 是否合理? 最低工资标准覆盖了多大比例的企业个体?

2004 年,劳动和社会保障部公布的《最低工资规定》,明确说明了最低工资水平的制定过程。最低工资标准的确定和调整方案,是由省、自治区、直辖市人民政府劳动保障行政部门会同同级工会、企业联合会/企业家协会研究拟订。拟订的方案报送劳动保障部。劳动保障部在收到拟订方案后,应征求全国总工会、中国企业联合会/企业家协会的意见。

最低工资标准一般采取月最低工资标准和小时最低工资标准的形式。月最低工资标准适用于全日制就业劳动者,小时最低工资标准适用于非全日制就业劳动者。地方政府在确定和调整月最低工资标准时,应参考当地就业者及其赡养人口的最低生活费用、城镇居民消费价格指数、员工个人缴纳的社会保险费和住房公积金、员工平均工资、经济发展水平、就业状况等因素。而确定和调整小时最低工资标准,应在颁布的月最低工资标准的基础上,考虑单位应缴纳的基本养老保险费和基本医疗保险费因素,同时还应适当考虑非全日制劳动者在工作稳定性、劳动条件和劳动强度、福利等方面与全日制就业人员之间的差异。整个过程可表示为如下公式:

$$M = f(C、S、A、U、E、a) \tag{11.3}$$

其中,M 是最低工资标准;C 是城镇居民人均生活费用;S 是员工个人缴纳社会保险费、住房公积金;A 是员工平均工资;U 是失业率;E 是经济发展水平;a 是调整因素。

在这些决定因素中,城镇居民人均生活费用是较为难以确定的变量。《最低工资规定》给出了两种计算方法:一是比重法,即根据城镇居民家计调查资料,确定一定比例的最低人均收入户为贫困户,统计出贫困户的人均生活费用支出水平;二是恩格尔系数法,即根据国家营养学会提供的年度标准食物谱及标准食物摄取量,结合标准食物的市场价格,计算出最低食物支出标准,除以恩格尔系数,得出最低生活费用标准。

考虑到各个地方条件的不同,《最低工资规定》允许省、自治区、直辖市范围内的不同行政区域可以有不同的最低工资标准。从《最低工资规定》可以知道最低工资的差异主要是来自省级之间的差异。有文献统计,最高工资的地方差异 60.4% 来自省级层面,30.75% 来自城市层面,而剩下的不到 8.86% 是来自县级层面。来自县级层面的差异在 2005—2014 年间有所增加。[①]

最低工资的绝对值水平随着经济发展会逐步增加。图 11.5 显示,从全国层面的均值来看,中国最低工资已经从 1998 年的 240 元增长到 2024 年的 2 169 元,年增长率为13.83%,接近于同时期的人均 GDP 增长率 16.78%。比绝对值水平更为重要的是最低工资与平均工资的相对比值。图 11.5 显示,在 1998—2018 年间,最低工资的相对比值一直高于 25%,但却一直呈现递减的趋势。不过宏观统计中的平均工资存在高估的情况,会导致被低估最低工资的相对比值。原因在于平均工资中忽略了外来人口劳动力和非正规部门劳动力的工资,而这两个群体的工资往往低于城市平均工资。利用个体微观数据计算最低工资的相对比值则能够避免这个误差。有文献发现,最低工资与中位数工资的相对比值在 2001 年、2005 年和 2010 年分别为 49.04、57.27 和 48.24。[②]而这个数值在发达国家中,大致处在 35—60 间,由此可知,中国最低工资水平已经不低了。《关于深化收入分配制度改革的若干意见》要求"到 2015 年绝大多数地区最低

---

① Xing, Chunbing and Jianwei Xu, 2016, "Regional Variation of the Minimum Wages in China," *IZA Journal of Labor and Development*, 5:8; Schmillen, Achim, Michael Stops and Dewen Wang, 2023, "The Determinants of China's Minimum Wage Rates," *China & World Economy*, 31(3):59-91. 此处数据直接引用自文献,三个数据相加大于 100% 疑似数据小数位数处理不当产生的结果。

② 贾朋、都阳:《中国的最低工资制度:标准和执行》,《劳动经济研究》2015 年第 3 期。

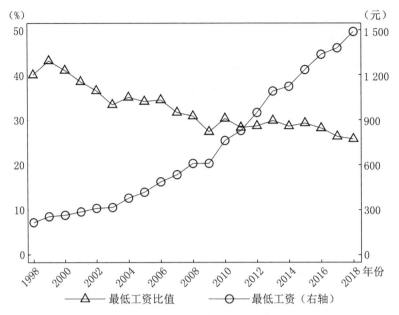

图 11.5　中国的最低工资：1998—2018 年

注：最低工资比值为城市最低工资与城市平均工资的比值。

资料来源：最低工资数据是作者自行收集。城市平均工资数据来自《中国统计年鉴》（1999—2019 年）。

工资标准达到当地城镇从业人员平均工资的 40％以上"，这对中国而言又是一个提前完成的目标。

最低工资会影响多少企业和个体以及对什么样的企业和个体有较大影响，也是政策制定者关心的。从个体特征来看，主要是学历低、女性和年轻人更可能受到最低工资的影响，并且是私营经济部门更容易受到最低工资的影响。当前的户籍制度背后仍然绑定了诸多福利，因此本地居民比外来人口更容易受到最低工资的保护，即使外来人口的工资水平低于最低工资。

对企业而言，更高的最低工资意味着更高的用工成本，因此企业具有不遵循的动机。《最低工资规定》规定，若用人单位应支付给劳动者的工资低于当地最低工资标准，需要按所欠工资的 1—5 倍支付劳动者赔偿金。这个惩罚力度不算很严格，因此企业很有可能具有不遵循最低工资的标准。研究发现，低于最低工资标准的员工仅占 2.1％—3.4％。[1]但《最低工资规定》用来检验省份遵循最低工资的工资需要剔除：（1）延长工作时间工资；（2）中班、夜班、高温、低温、井下、有毒有害等特殊工作环境、条件下的津贴；（3）法律、法规和国家规定的劳动者福利待遇之后的工资。因此，企业会通过调整工作时间，劳动者福利待遇支付比例等方式规避最低工资规定。在未来，如

---

① 叶林祥、T. H. Gindling、李实、熊亮：《中国企业对最低工资政策的遵守——基于中国六省市企业与员工匹配数据的经验研究》，《经济研究》2015 年第 5 期。

何制定更清晰透明的最低工资标准依然是挑战。

11.4.3 最低工资的影响

我们从个体和企业两个方面来总结最低工资的影响。

对个体而言,最直接影响的是工资水平和就业状态。最低工资标准的提高会增加个体收入,尤其是低收入群体,进而会影响个体的劳动参与决策。但它也会造成个体失业风险的增加。最低工资对消费结构、健康水平、幸福感、教育,甚至是婚姻家庭等其他方面的影响主要取决于就业状态和收入水平的变化。

最低工资的影响存在异质性。最低工资有助于提高女性的劳动参与,但对女性就业则会产生负面影响;而对男性群体,则是增加了男性的工作时间。这种性别的异质性在已婚群体中会更为明显。最低工资虽然主要是对低收入群体的工资收入具有提升作用,但对其他群体的收入也有影响,影响大小的差异会体现在个体间收入分配的变化上。对于中国这样的"流动之国",最低工资对农民工就业和收入的影响还会改变他们在城市间的流动决策。

对企业而言,最低工资提升使得劳动力成本增加,企业就会考虑调整生产要素的投入,更多地用资本替代劳动,降低劳动力雇佣规模。[1]比如,2013 年以来,沿海地区陆续出现的"机器换人"热潮,部分原因是最低工资驱使的劳动力成本上涨。企业还可能会调整不同技能水平劳动力的用工需求。不过,这种替代不是无限度的,所以企业的盈利能力会有所降低,进而降低公司的各种福利,比如对企业员工的在职培训。为了维持企业的竞争力,企业还可能进行增加研发融入和技术创新,提升企业生产率。对于无法及时调整的企业,未来减少工资的支出,更可能的做法是及时注销以避免成为僵尸企业。外资企业还有额外的选择,不进入或者直接退出中国市场,到诸如泰国、越南等用工成本比较低的国家。[2]

讨论

近年来,外资企业退出中国的新闻日益增多。比如,在 2016 年 5 月,几个全球知名的制造企业又集体唱起了"离歌",5 月 10 日富士康宣布逐步撤离中国大陆,5 月 30 日飞利浦照明的深圳工厂关门歇业、珠海及成通讯宣布关闭退出中国,6 月 1 日的德国企业黛安芬撤资转移印度尼西亚。这些企业撤离的主要原因是经济持续下行、竞争压力大以及成本上扬。请问,应该如何理解外资企业退出中国的行为呢? 如果是因为随着中国经济的不断发展,本土企业的竞争力提高而导致外资企业退出中国,那对我们

---

[1] 马双、张劼、朱喜:《最低工资对中国就业和工资水平的影响》,《经济研究》2012 年第 5 期。

[2] 马双、赖漫桐:《劳动力成本外生上涨与 FDI 进入:基于最低工资视角》,《中国工业经济》2020 年第 6 期;熊瑞祥、万倩、梁文泉:《外资企业的退出市场行为——经济发展还是劳动力市场价格管制?》,《经济学(季刊)》2021 年第 4 期。

是好事吗？如果是最低工资等劳动力市场规制推升了用工成本而导致外资企业退出中国，那又会怎样？

11.5 ESG 和企业治理

11.5.1 ESG 的内涵

经济学主要是根据利润最大化这个标准分析企业行为。但整个社会中除了企业之外还有其他行为主体，比如家庭、政府，不同行为主体之间的目标常常无法同时满足，需要权衡。因此，在理想的情况下，企业在追求利润最大化的同时也会维护社区、政府、雇员等利益相关者的利益。另外，企业不仅要考虑当代利益相关者的福利，也得考虑后代子孙的利益。后代子孙的"不在场"容易造成企业决策的短期化，造成全社会的过度的工业化、过分追求物质生活水平和经济增长。由此，ESG 理念，即环境（environmental）、社会（social）和治理（governance）应运而生。

ESG 是一种在投资决策过程中充分考虑企业在环境、社会和治理方面表现的投资理念。ESG 的兴起有深刻的社会政治原因。当发达国家企业通过全球化成为世界性企业的时候，人们对发生在非洲、南美、东南亚和印度次大陆的人口贩卖和童工问题、低工资和血汗工厂里恶劣的工作条件等问题深感痛绝。火灾以及厂房倒塌造成了令人惊骇的伤亡，对工人健康和安全的漠视是可耻的。当成熟经济体中的人们意识到是这些支撑他们的生活方式的时候，会对不人道行为的愤怒变成羞耻感。

ESG 的诞生可以追溯到 20 世纪 70 年代。对地球环境负荷极限的关注，促使一批知识分子组成了"罗马俱乐部"（Club of Rome），并于 1972 年发表了题为《增长的极限》（The Limits to Growth）的研究报告。环境保护与经济增长不一定是非此即彼的冲突关系，辅以市场机制和管制措施，两者可以转化为相互兼容的共存关系。这种观点孕育了可持续发展的理念。世界环境与发展委员会（WCED）于 1987 年 3 月向联合国提交了报告《我们的共同未来》（Our Common Future），经第 42 届联合国大会辩论通过，1987 年 4 月正式出版。《我们的共同未来》（亦称《布兰特报告》）一经发布，便在世界上产生了热烈反响，标志着可持续发展理论正式诞生。

从 20 世纪 80 年代开始，任伴随全球化浪潮，在发达国家逐步形成了"企业的社会责任运动"。在市场经济体制下，企业的责任除了为股东追求利润外，也应该考虑相关利益人，即影响企业和受企业影响的各方的利益，包括劳工、社区、政府、消费者、NGO（非政府组织）等的利益，由此形成了企业社会责任（corporate social responsibility，CSR）的概念。它是从企业的视角看待社会责任的问题，在追求利润最大化的同时维护社区、政府、雇员等利益相关者的利益。从企业的角度来说，企业应该承担起更多的社会责任，而这与企业发展的目标在一定程度上是可以和谐统一在一起。

随着全球污染增加,气候变化、绿色发展的概念被逐步引入企业的责任范畴,产生ESG。2001年,欧盟委员会提出,企业社会责任是指企业自愿将社会和环境问题纳入其业务运营以及与利益相关者的互动中。[①]一个企业应承担的责任可以分为必尽责任、应尽责任和愿尽责任。其中,必尽责任是指法律法规规定的企业必须承担的责任;应尽责任是指高于法律法规要求、符合利益相关方普遍期望、应该承担的责任;愿尽责任是指法律法规没有明确规定、利益相关方也没有明确的普遍期望,但有助于社会和环境可持续发展的企业自愿承担的责任。与之对应的是,企业实现可持续发展应当承担市场责任、社会责任和环境责任这三个方面的责任。

ESG投资是从投资者的角度看待社会责任问题,即在考虑投资回报这一财务指标的基础上,加入个人信仰和价值取向,选择有利于社会可持续发展的企业进行投资的行为,并希望通过该行为实现某种社会目标,如社会公平、经济发展、环境保护等。与传统投资相比,ESG投资具有以下显著特点。首先,注重长期价值。ESG投资不仅仅关注企业的短期财务业绩,还着眼于企业的可持续发展能力,通过评估企业在环境、社会和治理方面的风险与机遇,为投资者提供更全面、更长远的投资视角。其次,强调社会责任。ESG投资要求企业在追求经济效益的同时,积极履行社会责任,关注环境保护、员工权益、社区发展等问题,推动企业与社会的和谐共生。最后,具有风险防范功能。良好的ESG表现有助于企业降低运营风险、提升品牌形象、增强市场竞争力,从而给投资者带来更稳定的回报。

CSR和ESG投资之间必然存在较为紧密的联系。ESG涵盖企业的环境污染、可再生能源利用、温室气体排放、能源利用效率、水资源管理、土地资源管理、生态多样性等议题。企业作为经济活动的基本单元,践行ESG中环境方面的举措,与"绿色"新发展理念高度一致。在社会方面,关注企业的工作环境、供应链标准、慈善活动、社区关系、员工福利等因素;在治理方面,关注企业的商业道德、反竞争行为、股东权益保护等因素。

11.5.2　ESG 的理论基础

ESG的理论基础主要是外部性。外部性是经济学的一个重要研究对象,为政府在市场机制之外对企业经营活动和信息披露(包括财务报告和ESG报告的信息披露)进行管制提供理论依据。在ESG中的E(环境)方面,排污费的收取、碳排放权的交易、新能源汽车的补贴等领域都在不同程度上蕴含着经济外部性理论的思想。只要边际私人净产值与边际社会净产值相互背离,就会产生经济外部性。套用边际成本和边际收

---

① European Commission, 2001, "Green Paper: Promoting a European Framework for Corporate Social Responsibility," https://eur-lex.europa.eu/LexUriServ/LexUriServ.do? uri＝COM:2001:0366:FIN:EN:PDF.

益的术语,边际私人(包括个人和企业)成本小于边际社会成本时,就会存在负外部性(negative externality),即其他社会主体承担了本应由私人自己承担的成本,如化工厂环保标准不达标对周边企业和个人造成空气污染,而后者却不能从化工厂获得补偿的这种政策主张后来被称为庇古税。排污费的征收、环保税的开征、零排放汽车的补贴,均可视为庇古税,都可以从庇古(Arthur Cecil Pigou)的经济外部性著述找到理论依据。

诺贝尔经济学奖得主罗纳德·科斯(Ronald H. Coase)认为,庇古税不见得是解决经济外部性的最优政策方案。在交易成本为零且产权可明确界定的情况下,交易双方通过自愿协商便可实现最优化的资源配置,庇古税就没有存在的必要。科斯的经济外部性理论也存在两个显而易见的不足:(1)交易成本为零是理想化的假设,在现实世界中往往不成立。高昂的交易成本可能导致当事人之间的签约行为或自愿协商不可行或不经济。(2)产权能够清晰界定是科斯定理的一个重要前提,但生态环境方面的产权往往不清晰,在这种情况下,试图通过契约签订或自愿协商来解决生态环境的经济外部性问题不切实际。

ESG 的理念是试图在政府干预最小化的前提下,激励企业承担更多的社会责任,以应对日益严峻的气候变化、环境污染、贫富差距等挑战。ESG 评价体系的目的是让企业在追求利润最大化过程中所造成的"外部性"尽可能"内部化"为企业的成本,实质上是在重新定义企业与市场的边界。

从经济学意义上讲,ESG 评价体系的目的实际上是鼓励企业尽可能把自身商业行为对环境、社会造成的外部性"内部化",在此过程中因重新划定企业与市场的边界,企业提供的产品和服务的变化将导致需求的变化,进而影响企业以及市场资源配置的变化。提倡 ESG 事实上是希望通过市场的手段来解决对经济社会可持续发展带来巨大挑战的外部性问题,引导企业采取相应的可持续战略和规划,在微观层面企业实现利益最大化的同时,进而在行业和宏观层面上实现国家设定的产业和经济目标。

11.5.3 ESG 的影响

理想的 ESG"价值链"体系能通过信息传递和资源配置,形成"激励相容"的经济机制。在一个具备 ESG 框架、规则完善的经济体中,企业(融资者)和资金提供方参与 ESG 活动能获得正向反馈(例如,高 ESG 水平的企业能获得更多的融资机会,投资者能够从 ESG 投资中获得长期的超额收益等),持续的正向反馈能激励 ESG 参与者持续提升整个经济体的可持续发展水平。良好的 ESG 表现不仅有助于提升企业形象和品牌价值,还能带来长期的经济效益,通过加强环境管理、履行社会责任和完善治理结构,企业可以降低运营成本、提高员工满意度和忠诚度、提升客户信任度等,从而实现可持续发展。因此,企业开始积极履行社会责任,关注环境保护、公益事业和社区发展等方面,以回馈社会,提升企业形象和品牌价值,改善其在 ESG 方面的表现,并将其作为提升企业竞争力的重要手段。

ESG 已经是国际主流的投资理念,指导资本流动。在中国,ESG 可以促进国内企业按照更高的标准走向国际,融入国际大循环。越来越多的投资者将 ESG 因子纳入其投资决策框架,企业也随之在 ESG 成本与收益之间进行衡量。以某电子产品制造商为例,该企业一直注重员工福利和劳动权益保护,通过提供合理的薪酬、完善的福利制度和良好的工作环境,不仅提升了企业的研发能力和生产效率,还有效提高了消费者对企业的信任度和忠诚度,吸引了大量优秀人才。

虽然越来越多的企业对 ESG 有了更深入的了解,但还没有上升到企业的战略层面,没有采用一定的战略决策来配合 ESG 的投资。很重要的原因是 ESG 的披露标准跨市场不统一、ESG 的评级结果也存在较大程度的不一致,导致 ESG 信息流中存在较多噪音,对 ESG 投资者构成较大的信息识别、筛选成本。据不完全统计,市场上存在数十种 ESG 评价体系和标准,涵盖了环境、社会和治理等多个方面,这些评价体系和标准之间缺乏有效的衔接和互认机制,使得投资者难以形成统一的 ESG 投资理念和实践路径。此外,在中国 ESG 投资领域,相关法律法规尚不健全,存在法律空白和监管漏洞等问题,这些问题不仅增加了 ESG 投资的风险和不确定性,也制约了 ESG 投资在中国的进一步推广和应用。

ESG 的顺利推进需要发挥政府的力量。国务院国资委发布了《关于新时代中央企业高标准履行社会责任的指导意见》,将 ESG 工作纳入新时代中央企业社会责任工作统筹管理,要求中央企业在经济、社会和环境可持续发展方面发挥表率作用;财政部发布了《企业可持续披露准则——基本准则(征求意见稿)》,旨在规范企业可持续发展信息披露,推动国家统一的可持续披露准则体系建设;国家市场监管总局会同中央网信办、国家发展改革委等 18 部门联合印发《贯彻实施〈国家标准化发展纲要〉行动计划(2024—2025 年)》,其中提及了碳中和、环境保护与修复等 ESG 议题的标准提升问题。中共二十届三中全会公报提出,要"稳步扩大制度型开放。主动对接国际高标准经贸规则,在产权保护、产业补贴、环境标准、劳动保护、政府采购、电子商务、金融领域等实现规则、规制、管理、标准相通相容,打造透明稳定可预期的制度环境"。

思考题

1. 全世界范围内出现的工会力量弱化趋势与经济全球化和知识经济时代的到来有何关系?这对收入分配可能产生怎样的影响?而这又对劳动力市场的制度有怎样的进一步影响?

2. 有的经济学家会说,工会导致了工资水平超过市场出清水平,不利于增加就业,这种结果是非效率的。但请读者回忆一下,在第 10 章的议价模型里,均衡结果是不是具有帕累托效率的？那么，在不同的语境下，我们是不是采取了不同的"效率"概念？怎样看待不同的经济学家对工会作用的不同看法？

3. 在中国的市场经济体制建立过程中，劳工权益没有得到充分的保护。如何做到既保障职工的权益，又促进经济效率的提高？中国的劳工权益保护是否可能在不同于西方国家的体制模式下实现？

4. 在处于经济全球化时代的当代中国，在劳动权益的保护这一问题上，工会、政府和企业是否有可能达成一致？有没有可能实现工会和企业各自目标的双赢？

5. 某日某地，出租车司机大批集结，抗议专车经济。一时，主干道交通堵塞，司机师傅群情悲愤，警察神情严峻持盾维护秩序。有媒体评论道："最近几年，各地出租车的师傅们不断聚众抗议，或呼吁油价贴补，或讨伐份子钱，或抗议同城增添出租车辆，后来抗议的声音逐渐统一起来，旗帜鲜明地反对专车经济……二十年间，出租车从一个新兴行业，到一个垄断行业，到今日，出租车只是百舸争流诸多出行模式的其中一种。师傅们过去是弱势群体，辛苦颠簸养家糊口，待到拥有一枚出租牌照后，又竭力反对城市放开经营，从弱势转为垄断。"请问，是不是所有员工"罢工维权"行为都是合理的？类似的故事是，2024年，无人驾驶出租车试运营，刚刚被出租车司机抵制的网约车司机也走上了"维权"之路。如何看待技术进步、就业和企业 ESG 之间的关系？

6. 2007年4月10日《新华每日电讯》报道了重庆籍农民工彭开合因工伤致残后，经历两年多时间的诉讼才由福建泉州市中级人民法院做出终审判决，由企业支付赔偿的故事。此前，彭开合曾求助于当地政府，先后找到南安市人大、政法委、法院、信访局、工会、劳动局等部门，却没有得到帮助，直到泉州市总工会介入才出现转机。之后，各级政府更进一步地完善农民工跨地区维权协作机制，确保农民工的合法权利能够及时顺利地得到维护。

   在中国，工会逐步帮助农民工解决维权困境的时候，美国的汽车业却被认为受到了"工会之累"。扫描书后的二维码，结合阅读材料，你有何评论？

7. 评估最低工资影响的文献中，往往发现它对低收入群体有显著影响，而对高收入群体没有显著影响。如果考虑企业内部的薪资结构和晋升机制，这个结论会有所改变吗？

8. 平台经济中，平台经济的从业者通常被称为"平台工人"。有些人认为平台工人是平台的雇员，平台有责任遵守劳动和社会保护法规规定的所有义务；而有些人认为平台工人属于自雇工人，平台对他们不承担任何责任和义务，最低工资的事情也就无从谈起。那请问，数字经济时代的最低工资规定应该如何制定和实施呢？

▶12

收入分配

一个"好"的社会应该实现收入完全均等吗？收入不均等和社会不公正有什么关系？如果一个社会没有收入差距，又会怎样？有人说，经济的发展初期出现收入差距扩大是"必然"的，随着经济的进一步发展，收入差距的缩小是"自动"的。是这样吗？

过大的收入差距会对经济增长产生什么影响？社会和谐和经济增长是一对相互矛盾的目标吗？很多人(特别是其他学科背景的人)认为，在经济学里，效率与平等是矛盾的，真是这样吗？

在发达国家中，欧洲国家收入差距相对较小，而美国的收入差距比较大，这种差异与它们经济体制的差异有什么关系？

经济全球化和知识经济时代的到来对收入差距有何影响？

改革开放之后中国的收入差距曾一度不断扩大，2008年开始有缩小的趋势，2015年之后又有小幅度扩大的趋势。收入差距是怎么产生的，将对中国的社会和谐和经济增长产生怎样的影响？中国是否可能同时实现社会和谐发展和经济持续增长？

这一章中，我们在更为宏观的层面上讨论收入分配问题，宏观层面的收入差距在很大程度上是微观层面的劳动力市场运行的结果。在发达国家，收入分配问题越来越受到经济学家的重视，收入差距的扩大(特别是在美国)越来越成为与失业同样严重的社会问题，对社会和谐和经济增长有着直接的影响。在转轨经济(包括中国)中，收入差距也正在成为备受关注的热点话题。

接下来，我们首先来讨论一下收入差距的衡量方式和影响因素。第二节将讨论经济发展与收入分配之间的相互关系，焦点是能否在经济增长的同时缩小收入差距，以及收入差距对于经济增长的影响。这个讨论直接指向了社会和谐和经济增长的关系，这对发展中国家(包括当前的中国)特别有意义。第三节，我们用一节的篇幅来看一下全球范围内的收入差距是如何变化的，其背后的原因又是怎样的。在此基础上，我们讨论全球化对收入差距的影响。作为全书的结尾,我们最后来讨论中国体制转轨时期收入差距变化的趋势及成因,并以此来进一步深化有关社会和谐与经济增长关系的思考。

12.1 收入分配不均的衡量及影响因素

12.1.1 收入分配不均的衡量

收入分配差距的衡量是研究收入分配的基础。从图形上来看,在图 12.1 中的 A 和 B 两种收入分配状况中,尽管平均收入水平是一样的(分布是对称的,而且人数最多的收入水平是一样的),但 B 显然是一种收入分配差距更大的情况。

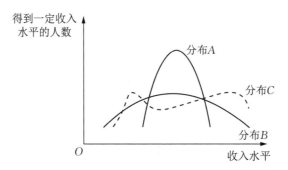

图 12.1 不同收入差距的情况

图形是直观的,但却没有办法帮助我们准确地度量收入分配不均的程度。比如,在图 12.1 中,我们无法判断 B 和 C 两种收入分布下,哪种情况的收入差距更大。那么,怎样用量化的指标来度量收入分配差距呢? 一般来说,常用以下几种方法:

(1)方差。方差的计算公式是:

$$Variance = \frac{\sum_i (I_i - \bar{I})^2}{n} \tag{12.1}$$

其中,I_i 代表第 i 个人在被考察人群中的收入水平,n 代表被考察人群的人数,$\bar{I}$ 表示该人群的平均收入。不难理解,当收入绝对平均的时候,人人收入都一样,方差就等于零。如果收入差距很大,那么方差就很大。但是,方差这一指标有一个很重要的缺点,它的变化可能并不一定表示收入差距扩大,而可能只是因为人均收入水平有所提高而引起的。比如,如果所有人的收入都增长了一倍,社会的相对收入差距应该是不变的,但方差却上升到原来的四倍,因此方差只能作为度量绝对收入差距的指标。

(2)变异系数(coefficient of variation)。变异系数等于方差的平方根(标准差)除以均值。这个指标是一个相对指标,它克服了方差随平均收入水平变化而变化的问题。当所有人的收入都增加一倍的时候,变异系数是不变的。

(3)分组指标。这是一种最为常用的收入差距表示方法,也比较易于理解。首先,我们需要对所有的相关人口按其收入水平由低到高排序,然后看一下当达到某一个给

定的收入水平时相应的人口比例有多少。例如,某年收入达到 1 万元的人位于总人口
20％的位置,收入达到 10 万元的人位于总人口 90％的位置,这意味着该年 20％的人
收入低于 1 万元,80％的人收入超过 1 万元,而收入超过 10 万元的人就只占总人口的
10％。进行过分组以后,就可以计算出某一收入组别的人占社会总收入的比例,然后,
将最高收入的组别(比如收入最高的 20％的人)的收入与最低收入组别的人的收入进
行比较,这就能够体现出一个社会的收入不均状况。

　　(4)基尼系数(Gini coefficient)和洛伦兹曲线。在分组计算的基础上,一种更为精
确的计算收入差距的方法就是计算基尼系数,这也是最为常用的收入差距度量指标。
这里,需要利用如图 12.2 所示的洛伦兹曲线。在图中,将居民按收入从低到高排列,横
轴表示收入最低排名的居民人数占总人口的百分比,纵轴表示相应的居民收入总和占
所有居民收入总和的百分比。再将每一百分比的居民所对应的收入百分比描成点,这
些点的连线就是洛伦兹曲线。在图中一条向右上倾斜的 45°直线表示的是收入分配完
全平均的情况,这条直线与洛伦兹曲线围成的阴影面积(A)与对角线与坐标轴围成的
三角形面积($A+B$)的比率就是基尼系数 $A/(A+B)$。显然,当基尼系数为 1 时,全社
会的收入被一个人独占了;而基尼系数为零时,则意味着收入分配完全平均。如果我
们在收入排序的时候,可以对所有的人进行排序,而不只是分组进行,那么,我们所获
得的基尼系数就更加精确了。

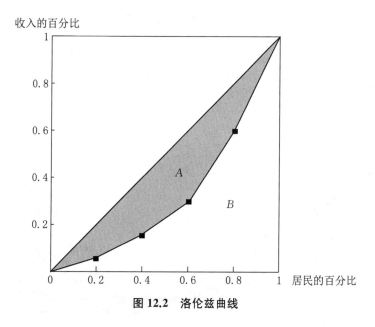

图 12.2　洛伦兹曲线

背景

《21 世纪资本论》与收入差距

　　法国经济学家托马斯·皮凯蒂(Thomas Piketty)出版的《21 世纪资本论》(*Capital in the Twenty-First Century*)引起巨大轰动。皮凯蒂指出,由于资本回报率总是倾向于高

于经济增长率,所以贫富分化是资本主义无法避免的致命缺陷。皮凯蒂警告全球贫富差距仍可能严重恶化,甚至威胁到民主社会的根基。贫富分化对经济也是有害的,法兴银行策略师爱德华兹(Albert Edwards)曾经指出:"你不需要成为一个共产主义者也能够得出结论,高水平的贫富差距不但影响长期增长,也会导致经济更容易陷入衰退。"

下面两张图向我们展现了美国的贫富差距及发达国家之间的比较:

(1) 最富有0.1%的美国人获得9%的收入,接近历史高点,而20世纪中叶为2%。

(2) 最富有0.1%的美国人获得的收入比重大大超过其他发达国家。

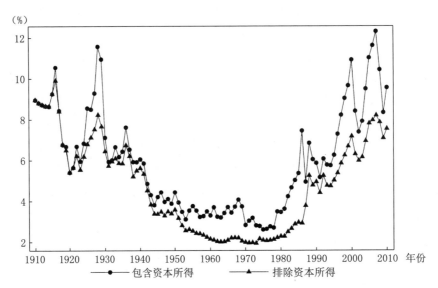

图 12.3 美国最富有的 0.1%的人占有的收入份额:1910—2010 年

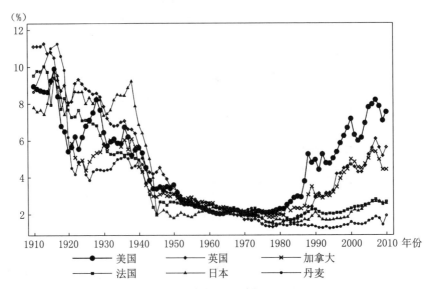

图 12.4 几个国家最富有的 0.1%的人占有的收入份额:1910—2010 年

资料来源:《17 张图展现美国惊人的贫富差距》,新浪财经,2014 年 4 月 24 日,https://finance.sina.com.cn/stock/usstock/c/20140424/143218909760.shtml。

以上几种都是实际生活中比较常用的收入差距指标,但是,在经济学研究里,一个好的收入差距指标应该满足几个公理性的条件:

第一,匿名性或无名性(anonymity)。举例来说,你的一个样本中有收入不同的一组人,你用每个人的收入作为观察值来度量收入的不平等,然后对调任意两个人,结果不会影响你的观测结果。观测结果只会和数值有关,而和观测的人的地位、身份没有任何关系,这就是所谓的匿名性。

第二,齐次性(homogeneity)。你度量一个指标,比如收入或者教育程度,变换度量衡单位,结果并没有受到影响。这就是指标的规模无关性。方差指标显然不符合这个要求。

第三,人口无关性(population independence)。样本的大小是不影响度量结果的。比如在一个大的国家(中国,14.1亿人口)和一个小的国家(几百万人的国家),度量衡不应该和样本的大小有关,而且样本大小不会对收入分配不均等程度造成影响。

第四,转移原则(transfer principle)。这是说,给定一个样本,给定一组人,如果从富人收入中拿出一部分钱,转移到穷人的收入中,那么收入不均等程度应该下降。

第五,强洛伦兹一致性(strongly lorenz-consistent)。指标要和洛伦兹曲线有一致性,就是在度量收入分配的时候,要把所有的样本观测值都用进来,而不能只用一部分。举例来说,很多人在讲到东部、中部、西部差距的时候,都喜欢说,东部的收入在20世纪80年代初的时候是西部的三倍,但是这个指标只用了最高的和最低的两个值,没有用中间的样本观测值,所以这绝对不是一个好的指标。一个好的指标要把所有的数据、所有的样本指标都使用进来。上面提到的分组指标往往不符合这个条件。

讨论

有人批评说,在一个14亿人的国家仅抽出1万个样本来计算收入差距,会以偏概全。对此,你如何评论?(提示:可以先阅读论文:Stantcheva, Stefanie, 2023, "How to Run Surveys: A Guide to Creating Your Own Identifying Variation and Revealing the Invisible," *Annual Review of Economics*,15:205-304。)

根据上面这五个条件,在我们所介绍的几个收入差距指标中,只有基尼系数满足所有要求,也正因此,无论是政府还是经济学家都使用这个指标来度量收入差距。基于基尼系数,当前国际上还有人们比较公认的收入差距警戒线,0.4的基尼系数值通常被认为是判断一国(地区)收入差距是否过大的关键值。具体来说,基尼系数若低于0.2表示收入非常平均;0.2—0.3表示比较平均;0.3—0.4表示相对合理;0.4—0.5表示收入差距较大;0.5以上收入差距很大,0.6以上表示收入悬殊,社会处于动乱随时发生的危险状态。在世界各国里,除美国以外的发达国家的收入差距都比较合理,有的发达国家的基尼系数甚至略低于0.3。美国、俄罗斯和中国是基尼系数超过0.4

的国家,收入差距较大,而基尼系数达到 0.5 以上的国家则相对集中在南美洲。但是,必须指出,这个收入差距的警戒线只是一个经验性的指标,并没有科学的依据。如果在一个城市内部度量收入差距,一些大城市的收入差距普遍较大,就不适用这样的警戒线了。

12.1.2　收入差距的影响因素

在一个社会中存在一定的收入差距并不一定是坏事;相反,如果没有收入差距,人们就没有了努力工作的激励,社会就失去了活力。当然,形成收入差距的原因是非常复杂的,并不是每一种形成收入差距的原因都是"好"的。我们可以从下面几个方面总结收入差距的影响因素。

(1) 教育。与人力资本投资理论所介绍的内容相一致,教育水平的差异可以解释一部分的收入差距。一般来说,受教育水平高的人收入较高,而且随着年龄的增长,受高等教育的人与同龄人的收入差距将不断扩大。

(2) 能力。虽然受教育程度本身就与能力有关,但如果我们观察到相同受教育水平的人之间仍然有收入差距,那么,能力(比如智力、体力、表达能力,甚至艺术才能等)的差异就是很好的解释因素了。如果有一部分人所缺乏的是对于任何一种工作都重要的一般能力(比如智力),那么这样的人就可能会失业。也有些能力是特殊的(比如艺术才能),只在某些职业中才具有经济价值。在这些职业中,某些最为出众的明星的收入要远远超过他人,其中的原因在于这些明星的产品(比如电影和唱片)的需求特别大,这就产生了某种明星效应,使得明星的收入与同行业其他人的收入差距远远超过他们能力的差距。①明星效应一般在娱乐业、出版业等这类特殊的行业存在,这些行业的产品比较容易复制,所以一种产品的需求可以遍及全球。在数字经济时代,这种明星效应可能通过互联网的传播进一步放大,近些年出现的网红经济、直播行业的头部现象,也说明了明星效应叠加网络效应的影响。而在一般的行业当中,即使是最为出众的人的收入要远远超过其他人也是不容易的。

(3) 责任。在前面的章节中,我们说过,在企业内部劳动力市场上,一个人获得多少收入往往取决于他处在什么样的工作岗位上,而与他个人的能力和实际贡献并无直接联系。不同的工作岗位意味着承担着不同的责任。在实行等级制度和锦标制度的内部劳动力市场上,得到晋升的难度越大,那么晋升后得到的收入增加量就必须越大,这才能给员工提供足够的激励。由此可以认为,不同人之间的收入差距与他们在各自的工作中所承担的责任不同有关。

(4) 劳动者偏好与职业的匹配。不同的劳动者偏好是不同的,有的人偏好风险,有

---

① Rosen, Sherwin, 1981, "The Economics of Superstars," *American Economic Review*, 71:845-858.

的人规避风险；有的人喜欢高收入，有的人宁愿收入平平，但比较渴望自由。不同的劳动者偏好和不同的职业特点造成了人们的收入差距，换句话说，人们的收入差距在一定程度上是人们根据自己的偏好自由选择的结果。所以，我们会看到有的人选择当演员，一旦成了"谋女郎""星女郎"，从此便星途坦荡；但是如果运气比较差，一辈子演小角色也是可能的。有的人觉得收入最重要，只要收入高，一天工作十几个小时也行，周末和节假日不休息也无所谓。也有些职业平均收入不见得很高，但这样的职业比较稳定，适合规避风险的人去从事。

除了以上几个最为重要的因素以外，还有一些其他的因素对收入分配差距有影响，有些我们在相关章节中已经有所论及。在西方国家工会组织始终是一个影响收入分配的重要力量，但是我们难以确切地估计工会对收入分配的真实影响，因为难以找到一个没有工会组织的经济作为参照系。实证研究表明，总的来说工会对于缩小收入差距有正面的作用，而工会力量的弱化则在一定程度上解释了美国自 20 世纪 70 年代以来收入差距的扩大。有时，一些工作因为比较危险，工作条件恶劣，所以工资相对较高，这种工资差异是一种"补偿性工资差异"。

在市场经济体制下，存在着一定程度的收入差距是合理的，而且有利于增强社会的活力。关键问题在于形成收入差距的原因是什么，因此有必要进一步区分"收入不均等"和"收入不公正"。在市场经济体制下，由教育、能力、责任等因素造成的收入差距不会给人不公正的感觉，对社会的危害较小。但是，有些因素所造成的收入差距会给人非常强烈的不公正的感觉。

（1）垄断。市场结构是影响收入分配的重要因素，在垄断程度较高的行业，人们的收入一般来说也较高。比如，在中国，常常有一些垄断行业的业内人士抱怨企业在亏损的边缘经营，似乎进一步加大竞争和开放是不可承受的。但是，这种亏损边缘的状态不就是因为垄断造成的低效率和过高的人工成本吗？一部分行业的垄断是造成行业与行业间收入差距的原因。

（2）歧视。这里我们所指的歧视主要是指西方国家普遍存在的对少数族群劳动力和外来移民的歧视。至于性别间的"歧视"和由此造成的女性劳动力收入水平相对较低，在很大程度上是因为女性受教育程度和受培训水平平均较低、需要承担生育和较多家庭事务，而这又与两性之间的分工和劳动力市场上的信息不对称有关，并不能完全归为歧视的影响。读者不妨再回忆一下前面章节中的有关内容。在中国，歧视现象更多的是与城乡间的劳动力市场分割结合在一起的。如果劳动力在地区之间和工作之间不能自由流动，劳动者之间的工资差异就无法通过劳动力的流动而趋同，使得工资差异长期存在。

（3）特权。在世界上的任何国家，总是或多或少地有一部分人因为政治身份和社会地位而拥有普通人没有的特权，这部分人往往会凭借其特权来获取收入，然后再用收入投资于特权，这是人们通常所感受到的腐败和不公正的重要成因。

（4）出生地。大部分人一生都是居住在他出生的地方，因此，出生地特征会直接决定个体的成长经历、个人发展前景①、代际流动②和寿命③。比如,有研究发现,如果一个人出生在美国而不是刚果,仅仅这一点就能够让此人的收入上升 93 倍。④个体家庭背景存在的差异,比如父母的受教育水平、收入水平、职业特征、政治资本等因素,都会加剧出生地的影响。

讨论

在中国这样一个大国,一个人出生在农村还是城市,或者出生在小城市还是大城市,对他(她)长大后的收入会有影响吗?产业结构中服务业占比越来越高,出生地对收入的影响会有什么改变?

针对收入差距,政府的再分配政策可以起到非常直接的调控作用。在世界上的很多发达国家,都对富人征收较高的累进所得税和遗产税,并通过完善社会保障制度和公共服务的均等化来提高低收入者的实际收入。在中国,政府也实施了累进的个人所得税,并对个人所得税制定了免征额,同时,也在考虑开征物业税(财产税)和遗产税,这些措施对于缩小收入差距都会有积极的作用。除了用这些直接调节收入分配结果的方法来控制收入差距的扩大之外,各国政府也通过采取措施直接降低垄断、歧视、特权、出生差异等对收入差距的负面影响。

讨论

什么样的收入差距是"好"的,什么样的收入差距是"坏"的?(提示:不妨从效率和公正两个角度来考虑。)

12.2　经济增长与收入分配

在第一节中我们所讲的是一些一般性的影响收入差距的因素,在经济发展过程中,经济增长和收入分配之间的关系是一个被经济学家持续研究了半个多世纪的问题。这个问题也是当前中国构建和谐社会和转变经济增长方式的重要理论基础。

在 20 世纪 50—70 年代之间,经济学家讨论经济发展与收入分配之间关系时的主要结论是所谓的库兹涅茨效应(Kuznets Effect)和库兹涅茨曲线(Kuznets Curve,也称

---

① Chetty, Raj, Nathaniel Hendren and Lawrence F. Katz, 2016, "The Effects of Exposure to Better Neighborhoods on Children: New Evidence from the Moving to Opportunity Experiment," *American Economic Review*, 106(4):855 - 902.

② 章韬、潘艳、牛晴晴:《出生地对个体工资的影响:代际流动性与空间固化》,《经济学(季刊)》2022 年第 4 期。

③ Finkelstein, Amy, Matthew Gentzkow and Heidi Williams, 2021, "Place-Based Drivers of Mortality: Evidence from Migration," *American Economic Review*, 111(8):2697 - 2735.

④ 布兰科·米兰诺维奇:《全球不平等》,熊金武、刘宣佑译,中信出版社 2019 年版。

"倒 U 曲线")。也就是说,在经济发展的初期,收入分配先有利于高收入阶层,从而表现出收入差距扩大的现象。但随着经济进一步发展,收入分配就趋于平均化了。[1]这些早期的研究得出的相应政策含义是,在经济发展过程中应首先鼓励富人进行储蓄和投资,而任何旨在缩小收入差距的再分配政策只会抑制经济增长,从而最终仍然损害穷人的利益。这也是"让一部分人、一部分地区先富起来,大原则是共同富裕。一部分地区发展快一点,带动大部分地区,这是加速发展、达到共同富裕的捷径"[2]的经济学含义。

上述观点在后来的研究中受到了很多批评,经济学家对经济发展和收入分配之间关系的研究在理论和实证两方面齐头并进。现在,经济学家认为库兹涅茨效应并不是一条铁的定律,经济发展与收入分配之间的关系存在着多种可能性。从世界各国的经验来看,库兹涅茨曲线似乎只总结了发达国家在其经济发展过程中出现的现象,对此,经济学家的解释是,在 19 世纪末 20 世纪初的一段历史时期,那些发达国家的当政者面对越来越大的收入差距和革命的危险,将投票权赋予了低收入阶层,从而使得一些有利于低收入阶层的经济政策得到了实施,进而有效地缩小了收入差距,避免了社会和政治的动荡。

再来看其他国家和地区的经验。在拉丁美洲,各个国家的收入差距都非常大,有的国家的基尼系数甚至超过 0.6,社会和政治也动荡不安,收入差距也没有明显的缩小趋势。与此形成鲜明对照的是,在亚洲各国或地区的经济发展中,收入差距却得到了很好的控制。事实上,经济增长过程中收入差距的变化趋势并不只有唯一的可能性,而发展教育则是实现兼顾公平的经济增长的一条途径。中国台湾地区自 20 世纪 70 年代以来一直保持着高速度的经济增长,在 1979—1994 年间,其年均 GDP 增长速度达到了 7.8%,但其个人收入的基尼系数却在总体上呈现出下降趋势。[3]

台湾地区之所以能够实现兼顾公平的经济增长,关键在于当地人口的受教育程度有显著的提高。在 1979—1994 年间,台湾地区文盲及小学教育程度的人口比重逐年下降,而中学及大学教育程度的人口比重逐年上升。由于人力资本回报显著上升,因此劳动力受教育程度普遍提高使得收入分配差距缩小的作用也非常显著。台湾地区的经验说明,如果要实现兼顾公平的经济增长,就需要大力发展教育(特别是全民教育),普遍提高劳动力的受教育水平,同时以市场机制为引导提高教育的收益率,从而扩大中等收入者在居民中的比例。而收入的均等化又有利于进一步提高居民的受教育水平,提高人力资本的积累水平,使得经济的可持续增长步入一条良性循环的轨道。

---

[1]　Kuznets, S., 1955, "Economic Growth and Income Inequality," *American Economic Review*, 45(1):1-28.

[2]　1986 年 8 月,邓小平在视察天津时的谈话中指出:"我的一贯主张是,让一部分人、一部分地区先富起来,大原则是共同富裕。一部分地区发展快一点,带动大部分地区,这是加速发展、达到共同富裕的捷径。"

[3]　Bourguignon, F., M. Fournier and M. Gurgand, 2001, "Fast Development with a Stable Income Distribution: Taiwan, 1979—1994," *Review of Income and Wealth*, 47(2):1-25.

讨论

中国改革开放初期,提出"先让一部分人富起来",你认为这个政策对中国的经济增长和收入差距分别产生了什么影响?

拉丁美洲各国收入差距大、经济增长慢和亚洲经济收入差距小、经济增长快的鲜明对照引起了经济学家的深思。20 世纪 90 年代中期以后,有关经济增长和收入差距的相互关系的研究热潮从经济增长如何影响收入差距转向了收入差距如何影响经济增长。经济学家提出,收入差距可能通过几个机制对经济增长产生负面的影响。

(1)信贷市场不完善。由于存在信贷市场的不完善性,银行不愿意贷款给穷人,因此,收入差距的扩大将使得更多的穷人面临信贷约束,从而降低其物质资本和人力资本投资。

(2)政治经济学。在民主社会中,更大的收入差距会使得更多的人支持用增加税收来促进再分配,而更高的税收不利于激励人们努力工作,会对经济增长产生负面影响。

(3)恶化投资环境。收入差距的扩大会引起社会和政治的动荡,恶化社会投资环境,并且使更多的资源用于保护产权(比如法庭、监狱、防盗设施),从而降低具有生产性的物质资本积累。

(4)增加出生率、降低教育投资。由于低收入家庭的生育率更高而人力资本投资更少,当收入差距扩大时,会增加低收入家庭的比例,从而降低全社会的受教育程度和经济增长率。

教育和人力资本在决定收入分配和经济增长之间关系时的作用非常关键。以亚洲国家经验来看,收入分配均等化程度的提高使得大多数的人能够接受教育,从而为经济增长创造了广泛的基础。随着经济发展水平的提高,人力资本对于经济增长的作用将越来越大。于是,收入不均不利于穷人进行人力资本积累,从而不利于经济增长的机制将越来越重要,这时控制收入差距就成了经济持续增长的必要条件。

总的来说,大多数研究都认为收入差距扩大将通过降低物质资本和人力资本的积累对经济增长产生不利影响。从实证研究的结果来看,大多数的研究都证实,收入差距的确对经济增长有显著的负面影响。在中国,也有经验证据证实了收入差距对于经济增长的不利影响。[①]

经济学研究中,除了讨论收入差距对于经济增长的负面影响外,经济学家还发现,过大的收入差距对于减少城乡贫困、增加社会流动、提高健康水平、提升幸福程度、增

[①] Wan, Guanghua, Ming Lu and Zhao Chen, 2006, "The Inequality—Growth Nexus in the Short and Long Runs: Empirical Evidence from China," *Journal of Comparative Economics*, 34(4):654 - 667;陆铭、陈钊、万广华:《因患寡,而患不均:中国的收入差距、投资、教育和增长的相互影响》,《经济研究》2005 年第 12 期。

进公共信任和保护环境资源等方面也都存在着负面影响。在发达国家,收入差距大还伴随着更高的婴儿死亡率和较低的预期寿命。

特别需要指出的是,基于发达国家经验的库兹涅兹曲线并不意味着收入差距随着经济的发展"必然"会扩大,也不意味着收入差距随着经济的进一步发展会"自动"缩小。如果任由收入差距持续扩大,就将给社会和谐发展和经济持续增长带来巨大的代价。

讨论

(1) 如果说中国也存在收入差距不利于经济增长的情况,你认为可能是通过什么样的机制引起的?

(2) 经验研究的发现通常都是指某个因素对某个结果所产生的"净影响",尽管大多数研究都发现收入差距对于经济增长不利,在理论上,有没有可能存在一些机制,使收入差距有利于经济增长?

(提示:收入差距更大,对于投资率会产生什么影响?)

12.3 全球收入分配状况变化

全球收入分配状况的变化仍然是一个与经济体制联系紧密的问题,在这一节中,我们仍然会看到在不同的经济体制下经济运行结果的差异。与前面的章节一样,我们还是将经济体制划分为市场经济体制和转轨经济体制两大类,并分别加以考察。

12.3.1 发达市场经济国家的收入差距变化及成因

从 1965—1975 年间的数据来看,发达市场经济国家的收入分配差距都差不多(参见表 12.1),而那之后的情况就出现了一些变化。从不同国家的情况来看,美国、英国的收入差距有所上升,而其他国家的收入差距却有所下降。而在那之后,直到 2020 年,表中所列的国家中,除了意大利和英国之外,多数国家的收入差距均有所扩大。

可以看到,在发达国家中,除了美国的收入差距比较大之外,其他国家的收入差距水平适中,并且经过一些波动之后,总体上变化不大。这里我们主要讨论美国的情况,它最能够反映出经济全球化和知识经济对于劳动力市场运作的影响。在美国,收入差距扩大的现象始于 20 世纪 70 年代初期,并在 80 年代以后有加速发展的趋势。有数据表明,从 1970 年底到 1990 年,美国最低的实际工资(如看门人的收入)下降了 15%;相反,医生、企业高级职员的收入同期却上涨了至少 50%。一部分劳动者就业收入降低,而失业时得到的救济金水平又较低,导致美国贫困人数有上升的趋势,收入低于贫困线的全日制劳动者比例在 1970—1990 年间从 12% 上升到了 18%,收入差距总体上

表 12.1　发达市场经济国家家庭收入的基尼系数

年份	美国	澳大利亚	加拿大	法国	德国	意大利	日本	瑞典	英国
1965—1975	0.36	0.34	0.34	0.38	0.36	0.38	0.30	0.29	0.31
1975—1995	0.38	0.33	0.31	0.32	0.30	0.35	0.30	0.26	0.36
2010	0.40	0.35	0.34	0.34	0.30	0.35	0.32	0.28	0.34
2020	0.40	0.34	0.32	0.31	0.32	0.35	0.33	0.29	0.33

资料来源：1965—1975 年间的数据来自 Muller, Edward, 1988, "Democracy, Economic Development and Income Inequality," *American Sociological Review*, 53：50 - 68。1975—1995 年间的数据取自 Burniaux, Jean-Marc, 1998, "Income Distribution and Poverty in Selected OECD Countries," OECD Economics Department Working Papers No. 189；其中，英国的数据为 2004 年的值，取自 http://www.statistics.gov.uk。2010 年和 2020 年数据取自 World Databank, World Development Indicators, http://data.worldbank.org/。其中，日本 2020 年的数据为 2013 年，意大利 2020 年的数据为 2015 年，美国、澳大利亚、法国 2020 年的数据为 2018 年，德国、加拿大和英国 2020 年的数据为 2019 年，瑞典 2020 年的数据为 2020 年。

来看在不断扩大。[1]更为细致的一组数据表明，1973 年前后美国居民收入的变化在不同收入组别的家庭中有完全不同的表现。如图 12.5 所示，若将美国家庭按其年均收入分成 5 个组别，在 1973 年以前各组别家庭的年均收入增长率基本持平，并且最低收入组别的家庭拥有最高的年均收入增长率，反映出这一时期收入差距有缩小的趋势。但是在 1973 年以后，情况完全两样。虽然各收入组别家庭的年均收入增长率均较 1973年以前有所下降，但收入越低的组别其收入增长率下降得越多，出现了贫者越贫，富者越富的现象。

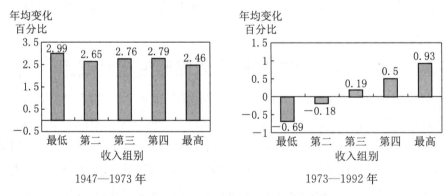

图 12.5　美国 1973 年前后各收入组别收入变化对比

　　由于美国较长时期保持了低水平的失业率，因此 1973 年以后收入差距的扩大不能简单地用"失业大军"的增加来加以解释。导致美国收入差距扩大的主要原因是工资水平的结构性变化。这首先体现在拥有不同受教育程度与工作经验的劳动者之间工资差距的扩大。美国 25—34 岁的劳动者中，大学毕业生与高中毕业生的工资差距

---

[1]　此处一系列数据取自袁志刚：《失业经济学》，上海人民出版社 1997 年版，第 41 页。

在 1974—1992 年间扩大了一倍多；而在同样的非大学毕业生中，拥有丰富工作经验的年长劳动者的工资增长又相对快于缺乏工作经验的年轻劳动者。造成这种工资差距扩大的原因是企业对高技能劳动者需求的上升，而这又源于技术进步的要求，这也被称为"技能偏向的技术进步"。

除此之外，有两项制度性因素也在一定程度上加剧了美国社会收入差距的扩大，即工会力量的削弱和最低工资限制的放宽。工会力量的削弱使工人在工资谈判中的地位下降，拉大了工资差距。在 1970 年，最低工资占私人生产企业平均小时工资的一半左右，而到了 1992 年这一比例降至 40%，使得工资向下调整的余地有所扩大，也扩大了工资差距。实际最低工资在通货膨胀的作用下有所下降，但其对收入差距的影响并不像想象中那么大，因为最低工资的下降一方面减少了部分劳动者的收入，另一方面也提高了社会中低工资者的就业率。[①]

收入差距的扩大会对一国的经济发展、政治稳定等方面产生不良影响，但是由于美国的收入差距是在一个较长的时期内逐渐发展变化的，因此在谈论收入差距扩大的同时不能不考虑各收入阶层之间的"流动性"。通俗地说，如果收入流动性高，意味着穷人能够有机会让自己（或者后代）在未来变成富人；同样，富人也有可能未来成为穷人。数据显示，尽管美国收入差距有所扩大，但居民在不同收入组别间保持着较好的流动性。

美国居民在不同收入阶层之间的流动，以及这种流动所体现出来的整体上的"改进"，在一定程度上抑制了收入差距扩大可能产生的不利影响，缩小了长期的收入差距，同时也体现出市场经济下劳动力资源配置的灵活性。也正是因为在美国收入差距很大，人们才有通过努力来争取更高收入、改变自己社会地位的激励，从而表现出社会具有较高的收入流动性。经济学家认为，实际上也正是这种灵活性保证了美国经济总体上能够在低失业率的状态下保持稳定的增长，收入差距扩大是美国增加就业、保持经济效率所付出的代价。但是，收入差距的持续上升仍然是美国社会必须面对的问题，如果大量的民众感觉自己未能在经济增长中分得蛋糕，那么，一定会在社会和政治的层面产生后果。

讨论

请读者了解一下"占领华尔街"运动，以及唐纳德·特朗普（Donald Trump）2016 年当选美国总统的竞选口号和选票来源。2024 年特朗普再次当选美国总统，进一步强化 MAGA（Make America Great Again）派的政策理念，在贸易和产业政策方面，强调"美国优先"的经济民族主义倾向。请问这些事件与美国的收入不均等有关吗？为什么美国中部的州更多支持特朗普？有人认为，这与全球化导致美国中部的州出现了更多失业人群有关，你同意吗？你认为"反全球化"是解决收入不均等问题的良方吗？

---

① 此处一系列数据（包括图 12.5 中的数据）取自 United States Government Printing Office，1994，*Economic Report of the President*，Washington。

背景

特朗普赢了，美国经济将出现哪些变局？

美国共和党总统候选人唐纳德·特朗普战胜民主党总统候选人希拉里·克林顿（Hillary Diane Rodham Clinton），赢得 2016 年美国总统大选。这是年底最大的一次"黑天鹅"事件，将对全球经济金融市场造成巨大冲击。

特朗普认为美国经济更多的是总量问题，而非结构问题，因此其经济政策重在强调提升经济增速。他希望通过实施一系列的经济政策改革，使美国 GDP 在未来 10 年的年均增速至少维持在 3.5% 的水平。

为了实现这个目标，他提出了四个刺激经济的政策：一是降低税收，二是贸易保护，三是产业回迁，四是大兴基建。其中，核心经济政策主要是前两个，即降低税收和贸易保护。

具体来说，降低税收政策的主要内容是：大幅降低企业和个人的边际税率；大幅提升标准减免额；限制和废除部分税式支出；废除个人和企业的替代性最低税；对国内企业的海外分公司利润进行征税。其中，降低企业税收的出发点主要基于以下考量：一是通过降税，增厚企业净利润，刺激投资；二是希望通过减税缓解税收倒置（税收倒置是指美国本土企业通过并购海外公司改变注册国，由高税率国家迁往低税率国家，以达到规避美国国内高额所得税的目的）现象。

特朗普赢得大选，其经济政策会对美国经济造成什么影响呢？

首先，大规模减税计划将导致美国政府税收收入大幅下降，财政赤字大幅提升。根据布鲁金斯税收政策中心（Urban-Brookings Tax Policy Center，UPTC）的测算，如果实行特朗普的税收政策，2017—2026 年，美国政府的企业所得税相较于当前税制将净减少 22 490 亿美元，个人所得税收入将净减少 63 270 亿美元。

政府收入减少将导致美国财政赤字不断扩大，随之而来的政府债务利息支出增加，政府债务规模扩大。UPTC 的测算表明，如果实行特朗普的减税政策，2026 年，美国政府财政赤字将累计增加 15 592 亿美元，利息支出将累计增加 3 849 亿美元，政府债务将因此累计增加 112 115 亿美元，这一债务规模相当于 2016 年美国政府债务规模的 15 倍。穆迪的测算也支持这一观点，如果特朗普的经济政策得到完全实施，2017—2020 年美国财政赤字率将分别大幅上升至 6.0%、7.4%、9.4%、10.2%，与现在 4% 的赤字水平相比显著恶化，接近欧债危机时期希腊的赤字率，趋于失控状态。

其次，收入差距将进一步扩大。个税方面，特朗普的减税政策主要有四条：一是提高标准扣除额，大约为现行的四倍；二是提议废除遗产税；三是将股息及资本利得税税率最高限制在 20%；四是计划把现行的个人所得税累进档从 7 个简化为 3 个，大幅降低了高收入阶层的税率。

在特朗普税制下，虽然个体所得税最高税率由 39.6% 降为 25%，税收等级由 7 个简化为 3 个（10%、20%、25%），但这种税制显然更有利于高收入群体，低收入群体受益非常有限。根据 UTPC 的测算,收入前 20％群体的税后收入增加额占全部群体税后收入增加额的比例将达到 67％,而收入后 40％群体仅占 5％。这种税制下,富者更富,贫者更贫,美国社会的贫富差距在特朗普减税政策实施后将急剧恶化。

资料来源:石大龙,《特朗普赢了,美国经济将出现哪些变局》,财新网,2016 年 11 月 9 日,https://opinion.caixin.com/m/2016-11-09/101005697.html。

特朗普 2.0"关税战"严重冲击全球经济

2025 年 4 月,特朗普政府宣布对多个国家和地区加征"对等关税",其"关税战"进入新一轮升级阶段。特朗普第二任期的关税战展现出强烈的霸凌性、讹诈性、易变性特征,不仅对相关国家的对外贸易和发展造成损害,也对国际供应链的稳定、全球经济带来重大冲击,引发国际舆论的普遍担忧和斥责。

(1)特朗普关税战的多重目标。

与第一任期相比,特朗普在第二任期对"关税战"的执念更深。特朗普将 19 世纪晚期的美国总统麦金莱称为"关税之王",高度赞扬麦金莱的关税政策为美国跃升为制造业强国奠定了基础。特朗普多次宣称,关税是"最美好的词汇",关税可以让美国变得更加富有和强大。其对"关税战"的迷思主要体现在以下几个方面。

第一,特朗普妄图借助关税为美国政府带来巨额收入,应对美国公共债务不断攀升的危机。莱特希泽等特朗普的智囊认为,美国有"关税立国"的传统,关税在美国成为世界强国的历程中发挥了重要作用。1789—1939 年美国联邦政府财政收入来源 90％是关税。在特朗普看来,减免关税是美国政府对其他国家进行的"补贴",导致美国政府的收入越来越依靠国内的所得税,因而屡屡陷入公共债务危机。特朗普本来的盘算是,借助"对等关税"获得 6 000 亿—7 000 亿美元的收入,然而在多国反制的背景下,这一企图势将落空。

第二,特朗普认为关税是限制外国商品的利器,可借此减少美国贸易逆差、推动美国制造业振兴。在总统就职演说中,特朗普提出使美国成为制造业第一强国的目标,力图用"关税墙"加大对美国国内产业的保护。时任美国财政部部长贝森特称,关税只是一种手段,最终目标是促进制造业回流美国,保障美国经济安全。然而,从现实情况看,过去八年多美国持续挑起关税争端,美国的货物逆差规模不减反增,从 2016 年的 7 600 亿美元上升到 2024 年的 1.21 万亿美元。很多经济学家指出,"关税战"将增加美国制造业企业的成本,保护主义举措很可能进一步损害美国制造业的竞争力。

第三,特朗普试图借助关税施压他国对美让步,实现"对等"以及其他政策领域的目标。特朗普自诩为"交易大师",其实质不过是极限施压、虚张声势、漫天要价。为了迎合美国国内的民粹主义势力,特朗普将美国塑造为"受害者",称很多国家包括美国的盟友长期占美国便宜,美国受到"不公平对待"。特朗普试图通过"对等关税"计划,逼迫他国降低对美关税水平,调整所谓歧视性税收安排(如增值税和数字服务税),这将损害相关国家的经济主权和安全。此外,特朗普还力图通过高举关税大棒,促使相关国家在边境安全、非法移民、反毒品等方面满足美国的要求,把关税和其他政策议题进行"挂钩",将关税威胁作为谈判的杠杆。

正如摩根士丹利前首席经济学家、美国耶鲁大学高级研究员斯蒂芬·罗奇所言,特朗普的关税政策缺乏对宏观经济学原理的基本认知,武断地将美国自身原因造成的贸易失衡归咎于他国。造成巨额贸易逆差的根源是美国国内过低的储蓄率,而非贸易伙伴之间缺少所谓的对等。

(2)特朗普"关税战"害人害己。

2025年1月再次执政以来,特朗普不顾美国内外的反对,执意推进一系列关税举措,尤其是4月初宣布的"对等关税"计划,极大地扰动了全球经济,引发普遍性反对声浪。世界贸易组织估计,特朗普此轮新加征关税措施将使2025年全球商品贸易量减少1%,比此前的预测下调了近4个百分点。彭博社发布的全球贸易政策不确定性指数也升至2009年以来的最高水平。

美国哈佛大学经济学教授、美国前财政部长劳伦斯·萨默斯认为,由于特朗普政府正在实施的关税措施,美国正朝着经济衰退的方向发展,关税可能导致约200万美国人失业,每个家庭将面临至少5000美元的损失。国际货币基金组织前首席经济学家莫里斯·奥布斯菲警告,关税将推动美元走强和关键中间品价格上涨,导致美国企业的出口进一步下降。

资料来源:赵明昊:《特朗普2.0关税战严重冲击全球经济》,《中国青年报》2025年4月16日。

12.3.2 东欧转轨经济国家的收入差距扩大现象及成因

在转轨经济国家中,收入差距在体制转轨期间迅速扩大是一个普遍存在的现象,但20世纪90年代中期之后,收入差距变化并不大,在个别国家,收入差距甚至有所下降(参见表12.2)。

表 12.2 转轨经济国家基尼系数的变化

年份	保加利亚	捷克共和国	匈牙利	波兰	斯洛文尼亚	俄罗斯
1987—1988	0.11	0.08	0.02	0.05	0.04	0.14—0.24
1993	0.34	0.27	0.23	0.30	0.28	0.48
2010	0.36	0.27	0.29	0.33	0.27	0.40
2015	0.39	0.26	0.30	0.32	0.27	0.38
2020	0.41	0.26	0.30	0.29	0.23	0.36

资料来源:1993年及之前的数据取自 World Bank, 1996, *World Development Report 1996: From Plan to Market*, New York: Oxford University Press。2020年波兰和斯洛文尼亚数据是2019年度数据补缺。2010年、2015年和2022年数据引自 World Databank, https://datatopics.worldbank.org/world-development-indicators/。

造成俄罗斯等转轨经济国家收入差距扩大的原因究竟在哪呢？俄罗斯的数据显示,[1]失业人口的增加是导致俄罗斯收入差距扩大和贫困人口增加的直接原因,在非常穷困和穷困两个组别当中,失业的成年人所占的比重明显高于他们在总人数中所占的比重。再比较俄罗斯和匈牙利两个国家我们可以发现,失业救济水平较低是造成失业人员贫困的重要原因。在失业救济水平较高的匈牙利,1993 年有失业人员的家庭仅占贫困家庭的 17.5%,而同期这一比例在俄罗斯为 63%。

实际上,失业只是导致转轨经济国家收入差距扩大的直接原因,根本原因还应归结为经济体制的转轨本身。

第一,对计划经济体制下不合理的平均分配格局的改变是造成收入差距扩大的原因之一。计划经济体制的一个特点就是对劳动者实行过于平均的分配,人为地抹煞了不同劳动者对社会贡献的不同和人力资本含量的不同。在经济体制的转轨过程中,这一不合理的现象得到了改变,劳动力资源开始借助市场机制来实现配置,于是客观上必然造成收入差距的扩大,个人能力对收入起到了较大的作用。例如在波兰,只受过很少正规教育的人的贫困可能性是受过高等教育的人的贫困可能性的 9 倍,在罗马尼亚这一比率为 5 倍。

第二,转轨经济国家所实行的经济政策也影响到收入差距的变化。例如在俄罗斯,改革前地区间的工业布局明显地表现出其不合理性。在改革后,俄罗斯没有采取足够的政策来纠正这种工业布局的不合理现象,没有采取充分的措施(如发展住房市场)来增进劳动力的流动,因此改革前工业布局的不合理现象就在市场化改革后成为加剧地区间收入不平等的一个重要原因。有数据表明,1995 年 6 月,俄罗斯 20% 的富有地区(主要是一些资源丰富的地区和莫斯科地区)的收入占总收入的 44%,而 20% 的贫困地区(主要是北高加索地区和伏尔加地区的共和国)的收入只占总收入的 5%。[2]

第三,转轨过程中法制建设的相对滞后也促使社会上形成了一个暴富群体。不可否认,在经济转轨的过程中,由于制度变革的速度较快,新生事物较多,客观上就造成了法制建设的相对滞后。于是不少人借法制不健全之机成了暴发户,这也成为转轨经济中收入差距扩大的一个特殊原因。这一点在俄罗斯突出地表现为私有化过程中不少人通过各种手段(包括非法手段)聚集了大量的私有资产,从而跻身于富人阶层。

虽然各转轨经济国家收入差距扩大的原因有相似之处,但后果有所不同。在以俄罗斯为代表的采取激进改革方式的国家,改革过程伴随着收入分配格局的迅速变化,

---

① Rimashevskaya, N., 1997, "Poverty Trends in Russia: A Russian Perspective," in Jeni Klugman (ed.) Poverty in Russia: Public Policy and Private Responses, The International Bank for Reconstruction and Development, The World Bank.

② 此处一系列数据引自 World Bank, 1996, *World Development Report 1996: From Plan to Market*, New York: Oxford University Press, 70-71。

从而导致一部分人实际收入下降。紧接着出现的问题是全社会的消费需求下降,进而加剧了经济的滑坡,并进一步导致全社会的人均收入水平下降。

在俄罗斯和东欧、中亚的转型国家,激进的市场化改革给这些国家的居民带来的是生产滑坡、社会和政治的动荡,以及失业率上升、收入差距扩大。尽管仍然有人认为,这些困难只是暂时的,但越来越多的人相信,经济学对于体制转型知之甚少,一个国家不应忽视自己的传统和历史条件,盲目地模仿其他国家的制度模式。

12.4　贸易全球化和收入分配

纵观 20 世纪的世界历史,全球化是世界发展的主旋律。经济全球化是全球化趋势的一个重要组成部分。经济全球化是商品、技术、信息、服务、资金、人员等生产要素的跨国、跨地区的流动。这种流动把全世界连接成为一个统一的大市场,各国在这一大市场中发挥自己的优势,从而实现资源在世界范围内的优化配置,而贸易全球化是最重要的一环。各国进出口数量总额占全球 GDP 的比重已经从 1960 年的 21.5% 逐步增加至 2008 年的 62.1%,之后略微减少到 2020 年的 51.7%(见图 12.6)。那么,贸易全球化会对世界各国居民的收入分配和收入差距产生什么影响呢? 本节我们就来讲讲。

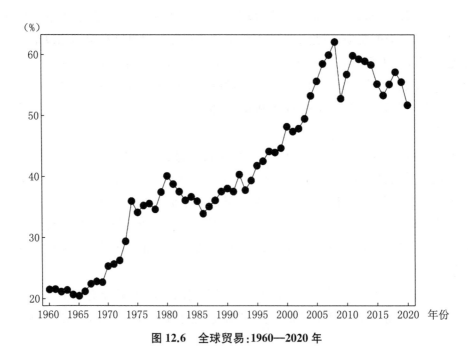

图 12.6　全球贸易:1960—2020 年

注:图中的百分比为全球各国进出口数量总额占全球 GDP 的比重。

资料来源:世界银行,The World Development Indicators,https://datatopics.worldbank.org/world-development-indicators/。

12.4.1 全球化对国家间收入差距的影响

全球化降低了国家之间的收入差距是大多数文献的共识。这主要是因为在全球化过程中,发展中国家和欠发达国家融入了世界经济分工的格局,获得了经济发展机会,走出贫困。在整个过程中,发达国家对商品的需求、产业转移和外包都会增加欠发达国家劳动者的工作机会。产业转移的同时如果伴随着技术外部性,那国家间收入差距的缩小可能将更为明显。伴随着全球化的深化,全球贫困人口在逐步下降,东亚和太平洋国家的贫困人口下降尤为显著(见图 12.7)。图 12.8 显示,在 1990—2016 年的全球收入增长中,收入最高的 1％群体获得了 27％的增长,而收入最低的 50％的群体只获得了 12％的增长。收入最低的 50％人口群体主要来自新兴国家,而收入最高的 1％人口主要来自发达国家。同时,从图中可以看到,中等收入群体的收入增加出现塌陷,不仅与高收入群体相差巨大,甚至低于低收入群体。有意思的是,中等收入群体也主要来自发达国家,这意味着在全球化过程中,发展中国家获得全球化的红利更多,而发达国家内部收入差距拉大,承担全球化产生的收入不平等加剧的后果。图 12.9 显示,支持全球化的比例和国家人均 GDP 存在负相关,也就是说,人均 GDP 越高的国家对贸易全球化是越不支持的。2008 年以来,中美间的贸易争端无疑是最为生动的例子。

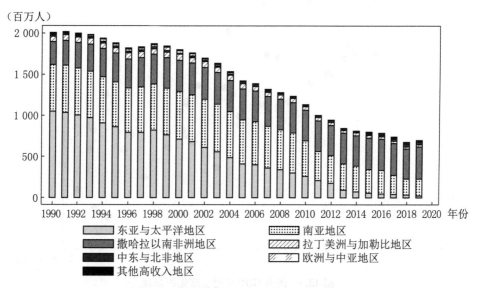

图 12.7 全球极端贫困人口:1990—2019 年

资料来源:世界银行,https://pip.worldbank.org/home。

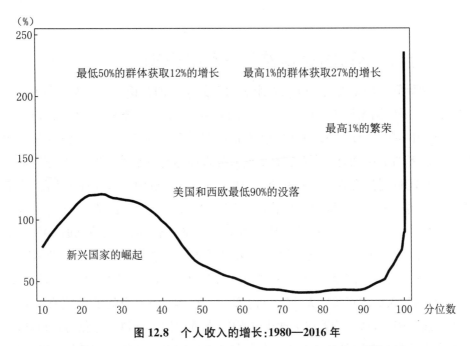

图 12.8 个人收入的增长：1980—2016 年

注：图中的纵轴表示不同收入分位点的个人在 1980—2016 年间的收入增长幅度。

资料来源：World Inequality Report 2018。

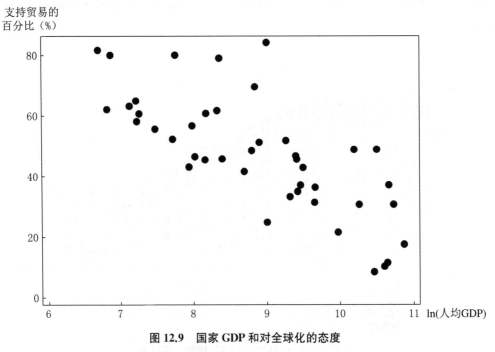

图 12.9 国家 GDP 和对全球化的态度

资料来源：人口和 GDP 数据来自世界银行，The World Development Indicators，https://data-topics.worldbank.org/world-development-indicators/；贸易态度的数据来自 Pew Research Global Attitudes Spring 2014 Dataset。

12.4.2 对国家内收入分配的影响

全球化减少国家间收入差距的故事未必适用于国家内减少收入差距。恰恰相反，全球化往往是增加了国家内部的收入差距。图 12.8 中，美国和西欧 90％群体的没落和最高 1％群体的繁荣的同时出现，正好说明了发达国家内部收入差距的扩大。因此，全球化更像是二者的权衡。2008 年全球金融危机之后，这种权衡更为明显，反对全球化的声音逐渐增加。因此，我们有必要厘清全球化对收入差距的影响。

总体而言，全球化对国内收入不平等的影响可以表现在劳动者之间、生产者之间、消费者之间以及生产者和消费者之间的不平等。具体情况展开如下：

（1）劳动者之间的不平等。全球化和收入差距的最早研究可以追溯到 Heckscher（1919）和 Ohlin（1924，1933）。[1]要素禀赋论（Heckscher-Ohlin theory）适合用来解释两类劳动之间的收入差距问题。我们考虑最简单的情况，经济中存在两类人：高技能和低技能。同时存在两个国家，一个是发达国家，在高技能密集型产品有比较优势；一个是不发达国家，在低技能密集型产品有比较优势。如果两国进行贸易，发达国家的产品需求增加，高技能的工资会增加，而低技能的工资降低，结果表现为高技能与低技能的相对工资变大。不发达国家的情况，则刚好相反。

基于以上的理论逻辑，收入差距就可以直接表现为高技能相对低技能的工资比。美国在 1980—1995 年间，高低技能的相对工资增加了 0.191 个百分点。但是，贸易只能解释其中的 0.01 个百分点，这意味着贸易对国内收入差距变化的解释力不够，因此我们就需要考虑其他的影响机制。

接下来，我们引入企业员工的匹配过程。[2]高能力的员工往往在高生产率的企业工作。这意味着与低生产率的员工相比，当高生产率的员工使用一个复杂的技术时，这个企业的生产率会更高。对应的含义是，高生产率的员工具有更高的工资，工资的涨幅取决于员工生产率和企业技术复杂程度的互补程度。结果就是，工资涨幅越是与能力正相关，工资分布越不平等。与其他理论相比，这个理论的好处是可以检验国际贸易对工资分布不同分位点的变化，是高收入群体内部的收入差距变大，还是低收入群体内部的收入差距扩大。

假设存在两个国家，一个国家拥有更多的高能力工人。两个国家之间的贸易会改

① Heckscher，Eli F.，1919，"The Effect of Foreign Trade on the Distribution of Income," In Harry Flam and M. June Flanders(eds.)，2001，*Heckscher-Ohlin Trade Theory*，Cambridge，MA：The Massachusetts Institute of Technology Press；Ohlin，Bertil，1924，"The Theory of Trade," In Harry Flam and M. June Flanders(eds.)，2001，*Heckscher-Ohlin Trade Theory*，Cambridge，MA：The Massachusetts Institute of Technology Press；Ohlin，Bertil，1933，*Interregional and International Trade*，Cambridge，MA：Harvard University Press.

② Costinot，Arnaud and Jonathan Vogel，2010，"Matching and Inequality in the World Economy," *Journal of Political Economy*，118(4)：747-785.

善高能力工人多的国家内部的雇员雇主匹配质量,恶化高能力工人少的国家内部的雇员雇主匹配质量,结果是前者的收入差距增大,后者的收入差距减小。最终结果是,在拥有更多高能力工人的国家中,低能力工人之间的收入差距减少,而高能力工人之间的收入差距增大。至于整体而言,国家的收入差距是扩大还是缩小与国家的经济结构和技能结构高度相关。

(2)生产者之间的不平等。之前的分析主要考虑两个生产部门的异质性,但忽略在部门内企业间的异质性。考虑企业异质性已经是当前国际贸易理论的常见做法,[1]它能够更好地解释行业内贸易及企业参与国际贸易的行为,也能够更好地解释国家贸易对收入不平等的影响。研究发现,从20世纪80年代起,全球市场势力出现了大幅度上涨,并且主要集中于少数的巨头企业身上。而大多数企业的收益率和市场份额基本不变,甚至出现下降。[2]企业参与全球价值链后可以获得更低成本的投入品,国内无限制的供给会通过规模经济获得生产率的提高和收入增加,尤其是制造业环节。这种收益主要体现在大企业中,由此可以部分解释近些年来全球巨头企业的崛起。

(3)消费者之间的不平等。国际贸易会通过消费价格指数影响消费者的福利。这主要有两个方面的影响渠道:一是通过引入成本较低的中间投入品,降低国内厂商的生产成本;二是进口更多的最终商品导致国内商品的价格下降。此外,国际贸易也会提高国内消费品的质量,增加消费品的多样性。国际贸易会降低国内消费者的价格水平,提高消费者的福利,这是支持国际贸易的关键理由。

数据分析发现,贸易开放的确会降低国内的消费价格指数。但是,消费品价格变化对收入水平不同的消费者的影响存在很大的异质性,这主要取决于他们的消费束差异。一般而言,穷人消费了更大比例的可贸易品,进而从贸易中受益更多。贸易可能会扩大生产者尤其是出口企业的技术创新,然后生产出更多的新产品或者更加便宜的产品,这同样会影响消费价格指数。这方面的实证结论各执一词。有的认为贸易开放更有利于穷人和中产阶层;[3]有的认为贸易开放更有利于富人[4];有的认为贸易开放对不同收入群体差异不大。[5]

(4)生产者和消费者之间的不平等。对于企业而言,国际贸易能够通过引入成本

① Melitz, J. Marc, 2003, "The Impact of Trade on Intra-Industry Reallocations and Aggregate Industry Productivity", *Econometrica*, 71(6):1695-1725.

② De Loecker, Jan, Jan Eeckhout and Gabriel Unger, 2020, "The Rise of Market Power and the Macroeconomic Implications," *The Quarterly Journal of Economics*, 135(2):561-644.

③ Porto, G. Guido, 2006, "Using Survey Data to Assess the Distributional Effects of Trade Policy," *Journal of International Economics*, 70(1):140-160.

④ Atkin, David, Benjamin Faber and Marco Gonzalez-Navarro, 2018, "Retail Globalization and Household Welfare: Evidence from Mexico," *Journal of Political Economy*, 126(1):1-73.

⑤ Bai, Liang and Sebastian Stumpner, 2019, "Estimating US Consumer Gains from Chinese Imports," *American Economic Review: Insights*, 1(2):209-224.

较低的中间投入品降低国内厂商的生产成本,增加自己的利润。但企业往往倾向于有所保留,而不是将成本的降低百分百地传递到消费品价格的降低上,这就导致了国际贸易更有利于生产者,增加了生产者和消费者间的不平等。全球巨头企业的崛起,无疑会进一步加强这种影响。

(5)考虑空间视角。以上分析关注对不同个体的影响,本质上关心的是对同一个地理单位内不同个体之间的影响。全球化也会影响相同特征的个体在不同地方间的差距,这意味着我们亟须考虑空间异质性。虽然平均而言,国家贸易对收入差距的影响程度不大,但是贸易对不同地区、不同产业和不同初始就业条件的个体的影响程度存在很大异质性。比如,在中国加入 WTO 之后,美国地区间工资和就业出现分化[1],如果劳动力在地区间的流动性不足,会加剧国际贸易对受冲击更大的地区和个体的影响。中国的情况也是类似,1987—2001 年间,全球化对地区间收入差距的解释力大致在 16%—20%,并且解释力逐年递增。[2]

我们根据上面的理论分析考察国际贸易对中国收入不平等的影响。1978 年以来,中国从对外开放之前的贸易小国逐步成长为贸易大国。1992 年邓小平南方谈话之后,FDI 占 GDP 的比例出现了大幅度的增加,而进出口占 GDP 的比重则是在 2001 年加入 WTO 之后出现大幅度的增加。在 1978—2022 年间,进出口总额的年增长率为 13.87%,而同时期的 GDP 增长率为 10.54%,可见,中国增长奇迹背后是贸易奇迹。不仅如此,对外贸易重塑了中国沿海到内地的区域经济格局,深刻影响了中国的劳动力市场。有研究发现,全球化导致城市内工资增加不平等,这种增加背后主要是技能劳动力重新配置到外企和国企内部的技能升级所致。更具体地,1992 年邓小平南方谈话之后,高中学历的技能溢价增加;而加入 WTO 之后,则是大学学历的技能溢价增加。[3]这与中国整个教育年限逐步增加可能有关系。全球化对相同技能个体在城市间不平等的增加则更为重要,占到 75% 左右[4],再次说明空间视角分析全球化影响国家内收入差距的重要性。

逆全球化思潮在 2008 年全球金融危机后略有抬头,新冠疫情以来更甚。全球化恶化国内收入分配无疑是其中的关键原因,创造包容性的全球化利益分配机制才有可能避免逆全球化。

[1] Autor, David H., David Dorn and Gordon H. Hanson, 2013, "The China Syndrome: Local Labor Market Effects of Import Competition in the United States," *American Economic Review*, 103(6):2121 - 2168.

[2] 万广华、陆铭、陈钊:《全球化与地区间收入差距:来自中国的证据》,《中国社会科学》2005 年第 3 期。

[3] Han, Jun, Runjuan Liu and Junsen Zhang, 2012, "Globalization and Wage Inequality: Evidence from Urban China," *Journal of International Economics*, 87(2):288 - 297.

[4] Fan, Jingting, 2019, "Internal Geography, Labor Mobility, and the Distributional Impacts of Trade," *American Economic Journal: Macroeconomics*, 11(3):252 - 288.

12.5　中国的收入分配变化及成因

12.5.1　收入差距及其变化趋势

在改革开放之前,中国的居民收入差距是被人为地控制的,其中的重要原因在于工资收入的均等化压低了人力资本的回报;同时,强大的中央财政力量又通过地区间资源转移支持了中西部的发展,控制了地区间的收入差距。当时的收入差距主要是由较为严重的城乡分割和城乡间收入差距造成的,而这又是因为中国在改革开放之前采取了压低农产品价格以支持工业发展的政策。

改革开放开始之后打破平均主义,引入竞争机制,实行多劳多得,逐步形成以按劳分配为主体、多种分配方式并存的制度。这段时间里,中国的收入差距总体上呈现出扩大的趋势,在 2008 年基尼系数已经达到了 0.491(参见图 12.10)。与其他国家相比,中国的收入差距处于较高水平。值得欣慰的是,全国的基尼系数从 2008 年起进入了下降阶段,在 2015 年降至 0.462。不过,这个下降趋势在 2015 年之后就发生逆转,缓慢增至 2022 年的 0.467。

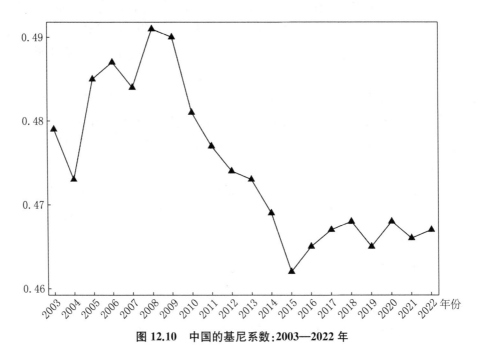

图 12.10　中国的基尼系数:2003—2022 年

资料来源:国家统计局。

另外一个值得注意的现象是,如果将中国看作城市和农村两个部分,其各自内部的收入差距均大大低于总体的收入差距。由此也可以推断,城乡之间的收入差距在中国整体的收入差距中"贡献"很大。当然,由于中国是一个幅员辽阔、人口众多的国家,单纯以基尼系数来反映收入差距的严重程度也有些片面,即使是城市内部和农村内部的收入差距实际上也是不同地区的城市和农村居民之间的收入差距。因此,有研究指出,如果计算一下根据生活成本调整后的基尼系数,截至 2002 年,全国的基尼系数没有超过 0.4。不过,在未来,我们要警惕城市内收入差距的扩大,尤其是大城市内部的收入差距,因为大城市收入差距大也是普遍现象。[1]

正如我们在前面分析到美国收入差距问题时所说的那样,如果社会上的收入流动性大,那么,收入差距本身的危害就可能被缓解。如果总结有关改革开放以来中国收入流动性的研究,大致可以得到这样的结论,与美国等发达国家相比,中国在 20 世纪 80—90 年代的收入流动性还是比较高的。但是,值得注意的是,在较近的研究中,均发现中国的收入流动性有下降趋势。[2]另外,收入差距的公平程度也会影响收入差距的危害大小,一般来说人们如果认为产生收入差距的原因是公平,那么收入差距的危害程度也会较小。但在中国,约 80% 的个体认为当前的收入分配情况是不公平的(来自 CHIP2002 年数据)。

12.5.2 收入差距的成因及分解

利用泰尔指数(Theil index)的分解,可以将中国收入差距的成因分解为城乡间、地区间、农村内部和城镇内部几个方面,不难看出,中国的收入差距主要是由巨大的城乡和地区间收入差距造成的。同时,中国的农村内部和城镇内部的收入差距也在上升。

(1) 城乡之间的收入差距。图 12.11 显示,城乡居民收入的差距在 20 世纪 80 年代初期呈缩小的趋势,这主要是因为农村改革带来了农村居民收入的提高。之后这一比率呈现出上升趋势,到 1994 年之后又有所下降,这主要是因为当时农产品的收购价格有所上升,但 1997 年之后,城乡差距再次呈现出扩大的趋势。近年来中国政府下大力气对待"三农"问题,免征农业税,并对种粮户进行补贴,城乡差距扩大的趋势受到了控制,自 2009 年之后,城乡差距有所缩小。正如我们在劳动力流动章节(第 9 章)所指出的那样,要最终消除城乡间收入差距,根本上不能依赖补贴,而是要去除制度障碍,促进劳动力流动。

(2) 地区之间的收入差距。改革开放之后,中国的地区差距总体上也呈现出扩大趋势,直到大约 2004 年之后,以人均 GDP 的省间差距为度量指标的地区间差距才有所下降。世界银行的报告认为,地区间收入差距的扩大虽然有政府贸易和投资政策倾斜于东部沿海地区的因素,但更为根本的原因在于中国不同地区间的比较优势在改革

---

① Chen, Binkai, Dan Liu and Ming Lu, 2018, "City Size, Migration and Urban Inequality in China," *China Economic Review*, 51, 42-58.

② 这方面的研究,可参见 Fan, Yi, Junjian Yi and Junsen Zhang, 2021, "Rising Intergenerational Income Persistence in China," *American Economic Journal: Economic Policy*, 13(1):202-230.

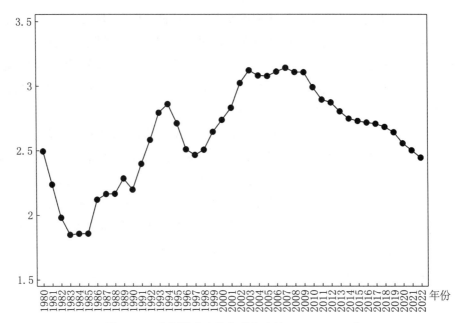

图 12.11　中国城乡人均年收入之比：1980—2022 年

资料来源：《中国统计年鉴》(1986 年、2015 年、2023 年)。

前受到了抑制，改革后国家对沿海地区实行的优惠政策是为了发挥地区间的比较优势，因而也有合理的成分。[①]中国的地区差距从 2004 年起迅速下降，直到 2014 年起再次出现扩大。之后差距虽然依然下降，但降幅很小。这与图 12.10 的时间趋势较为类似。背后的原因可能与 2015 年起，人口跨省流动规模出现下降有关。

讨论

经济在少数地区集聚是否必然带来地区间收入差距的扩大？如果人口能够自由流动，使得经济的集聚与人口的集聚同步出现，地区间人均收入差距会如何变动？

背景

工业集聚与地区差距

在改革开放以来，向沿海地区(特别是长江三角洲、珠江三角洲和环渤海湾地区)的工业集聚伴随着地区间收入差距的扩大。图 12.12 显示，2000 年工业 GDP 份额更高的省份在 2010 年和 2020 年依然具有很高的工业 GDP 份额。由此可见，东部沿海省份在全国工业生产的比较优势仍然存在。

---

①　World Bank，1996，*World Development Report 1996：From Plan to Market*，New York：Oxford University Press，70.

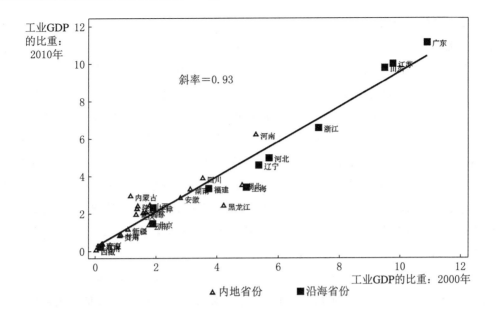

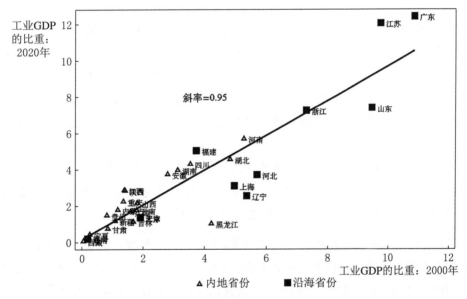

图 12.12 工业发展的路径依赖:2000—2020 年

外部性和收益递增这两个经济学概念对于我们理解产业集聚现象具有重要的意义。如果一种活动使得其他主体获益(或受损),而这种活动的实施者却没有相应得到补偿(或受到惩罚),那么,正(负)外部性就产生了。在区域经济发展中,正外部性的作用是非常大的,其中,特别重要的是企业之间相互产生的正外部性。例如,一家企业的生产活动能够为当地的相关企业培养一支技术劳动力队伍,或者一家企业的创新活动能够为相关企业提供创新的经验和创新的人才,其创新成果也往往能够被其他企业分享。此外,一家企业在生产所需的公共设施方面所采取的投资(或者政府的公共投资)也往往能够给当地的其他企业带来获益。于是,一旦有一家企业在一个地方落了户,它就可能在劳动力、技术和公共设施等方面对当地其他企业产生正的外部性,这种正外部性既可以发生在同类企业之间,也可能通过前向后向的联系发生在上下游企业之间。于是,正外部性成了企业集聚在一起,相互产生积极影响的动力来源。

收益递增是经济学里非常有用的概念。要理解收益递增机制并不难,只要想象一个小球在马鞍上滚动就行了,这个小球如果要从马鞍的一头滚动到另一头,就必须沿着马鞍的中轴线滚动,而任何一个偶然性因素的出现都可能使小球的运动偏离中轴线,越滚越快,最后滑到地面。收益递增概念能够帮助我们理解在现实生活中的很多现象,特别是由偶然因素导致的结果。在工业集聚这一问题上,外部性和收益递增是共同发生作用的机制。只要有一个初始的动力使得工业发展的不均衡出现,在工业发展好的地区就将产生很强的企业之间的正外部性,而收益递增机制则会加强这种企业之间的外部性和对新进入企业的吸引力。

在上述机制的作用下,产业集聚成为全球普遍存在的现象。但是,如果产业集聚过程中,生产要素在集聚地的价格上升超过了集聚带来的好处,那么,集聚就可能走向扩散。

但是,中国在 2003 年之后出现一些中西部省份工业 GDP 在全国占比上升的现象不仅仅是通常市场经济下的产业扩散,而在很大程度上是通过行政干预手段来实现的,包括大量的资金支持和建设用地指标倾斜政策。如果在中西部省份发展的工业不符合当地的比较优势,没有规模经济效应,缺乏市场竞争力,这样的工业发展未必可持续,相反,却有可能带来全国范围内资源配置效率的下降,以及欠发达地区的财政和债务负担。[1]

总之,产业扩散是不是"好"的,要看它是不是在市场经济下实现的,是不是符合各个地区自身的比较优势和地区之间相互分工的原则。遗憾的是,有研究发现,大约在2005 年之后,中国各省之间的专业化程度是下降的。[2]

(3)农村内部的收入差距。1978 年以来,农村家庭人均收入的基尼系数总体上呈现上升再下降的趋势。农村内部收入差距(及其变化)的一个重要影响因素是农村内部不同地区之间非农产业发展的差距(及其变化),具体表现为农业户和非农户之间收入差距的扩大。由于中国是一个大国,一些欠发达地区的农民缺乏在当地获得非农就业的机会,要提高他们的收入,还是要通过促进农民跨地区流动以寻求更高的收入和更多的就业机会来实现。

(4)城镇内部的收入差距。城镇家庭人均收入的基尼系数总体上也呈现上升趋势,到近年来才有所下降。城镇内部的收入差距已经超过了农村收入差距,在全国收入差距中的相对重要性也随之提高。在城镇内部,女职工的收入相对于男职工的收入更低了。由于人力资本回报率的提高,受教育程度高的职工和专业技术人员的收入相

---

① 陆铭:《大国大城》,上海人民出版社 2016 年版。

② 吴意云、朱希伟:《中国为何过早进入再分散:产业政策与经济地理》,《世界经济》2015 年第 2 期。

对变得更高了。不同行业和不同所有制之间职工工资差距也有所扩大,这也反映出城镇的劳动力市场仍然处在相互分割的状态。城镇常住人口内部,由于户籍身份造成的本地居民和外来人口之间的收入差距,也会反映在城镇收入差距上。当然,同样道理,城镇之间的人口流动仍然不够充分,也是城镇人口内部收入差距的影响因素。

讨论

随着城镇人口比重逐步提高,城镇内部的收入差距将越来越能够反映全国层面的收入差距。想想,在思考城镇收入差距的问题时,我们还遗漏了什么方面?

通过以上的讨论,我们可以对中国的收入差距问题进行一些总结性的评价。

第一,改革开放以来中国收入差距的扩大有其合理的一面。资源配置更有效率、价格体系更加合理、教育的回报更高、体制安排更加合理等市场化因素都在不同程度上成为扩大收入差距的力量。但是,不能否认,一些不公正的因素(如行业垄断、权力寻租、户籍身份歧视等)也成为收入差距扩大的原因。

第二,尽管全国的收入差距较大,但这主要是由中国巨大的地区间和城乡间收入差距造成的。从趋势上来看,一些市场的力量(比如人力资本投资回报率的提高)仍然可能导致地区内部的收入差距扩大。

第三,与其他经济转轨国家相比,中国收入差距扩大的速度相对较慢;同时,由于在改革以来中国的人均收入水平保持了持续的快速增长,这就可能使得收入差距扩大对于社会经济发展的负面影响在短期内被掩盖起来。此外,如果个体对自己未来收入有较为乐观的预期,则会缓解收入差距扩大对于社会经济发展的负面影响。CHIP2018年数据显示,虽然大部分人认为中国人与人之间的收入差距在扩大,但他们坚信自己家庭未来的收入会上涨。

从政策的角度来看,通过经济的平衡发展缩小中国地区间和城乡间收入差距是缩小全国收入差距的关键,但平衡发展的关键不是通过行政力量在欠发达地区发展他们缺乏比较优势的产业,而是应该促进市场建设,让每个地区、每个城市发挥比较优势,找到当地产业的竞争力。一个地区如果经济总量有限,那么,促进人口流出,也能够提高当地的人均收入,最终实现地区之间人均收入的趋同。

另外,改进一些微观政策,如个人所得税政策、社会保障政策、劳动力流动政策、教育政策(特别是增加基础教育的投入),将有助于缩小收入差距,提高收入流动性。对于在改革过程之中遗留的一些不公正因素而造成的收入差距扩大问题,只有通过不断深化改革和完善市场体制来加以消除。其中,特别重要的是在城镇地区,要促进外来人口的市民化,以及公共服务的均等化,即使初次分配差距大,如果二次分配(包括公共服务均等化)可以缩小人们之间的实际生活质量差距,也有益于增进社会平等。

现代市场经济不可能没有收入差距。在经济改革的第一阶段,中国通过市场竞争提高了经济效率,也使得中国成功地利用了自己的劳动力低价优质的比较优势实现了经济的高速增长。不过,这个阶段也伴随着收入差距的扩大(参见图 12.12)。但当收入分配不均的负面影响越来越显著,尤其是当不公正因素造成的收入差距越来越被人们所厌恶的时候,推动共同富裕、防止两极分化,具有时代的必然性和紧迫性。收入分配的扩大还会通过降低消费尤其是服务消费影响经济的持续增长,这对于提振内需尤为重要。因此,只有建设公正的市场经济,将收入差距调整到一个合理的水平,才能实现经济的持续增长与社会的和谐发展。

> 扫描书后二维码,查看本章数学附录。

思考题

1. 拉丁美洲各国收入差距大、经济增长慢,而亚洲经济收入差距小、经济增长快。中国地处亚洲,但收入差距一度很大,经济增长也很快。为什么会这样? 中国和其他亚洲国家(地区)的发展道路有何异同? 中国怎样避免"拉美化"?

2. 在计划经济体制下,中国曾存在某种权力结构,一些部门和群体拥有更强的控制经济资源的权力,比如,一些行业垄断程度更高,一些人更有特权和关系。经济转型的过程中,在这个权力结构之下,收入差距会发生什么样的变化? 收入的流动性会受到什么样的影响?

3. 在理论上,要找到控制收入差距的政策措施并不难,比如征收累进的个人所得税,开征物业税(财产税)和遗产税,但这些措施却面对很大的阻力。这是为什么?

4. 有人说,由于存在着集聚效应,将投资引导到城市和沿海发达地区产出更高,因此,政府将投资引导到西部地区是牺牲效率换公平。对此你怎么看? 如果要促进地区之间的收入均等化,向欠发达地区转移资源是唯一的办法吗?

5. 当我们批评垄断行业收入太高的时候,他们会说,"不对啊,我们收入高,是因为我们雇佣了大量受教育水平更高的员工。"对此,怎样从理论逻辑和实证检验两个角度进行回应?

6. 公共服务均等化的重要意义是缓解由名义收入差距带来的福利差距,是一项保护低收入阶层的社会政策。在大城市收入差距较大,公共服务均等化政策尤其重要。请思考,在中国存在的将户籍身份与公共服务享受权利挂钩的政策是不是达到了这样的政策目标?

7. 近些年,收入分配制度改革正在成为中国政府的工作重点。扫描书后二维码,结合阅读材料,讨论在今天的中国,这一改革有何意义? 社会和谐和经济增长是什么样的关系?

8. 如果通过婚嫁可以改变一个人的经济收入状况，那么请分析一下"门当户对"对收入不平等的影响。这种情况的出现会加剧中国收入分配的不平等吗？如果会，又是怎么影响的呢？

9. 人类处在一个全球化和知识经济的时代，这对于收入差距有何影响？为什么？逆全球化是解决收入差距问题的出路吗？

10. 东亚经验既表明经济发展的早期收入差距并不一定扩大，也表明经济的进一步发展并不一定伴随着收入差距的缩小。请查阅东亚主要经济体收入差距变化的资料，思考经济发展与收入差距之间的关系。

11. 欧洲大陆国家收入差距小、失业率高、经济增长相对较慢，而美国收入差距大、失业率低、经济增长相对较快。这些现象背后的机制是什么？中国在自己的发展道路上，应该朝着什么方向走？在现代市场经济的道路上，对于增长和分配两个目标，人类将走向何处？

12. 以法国经济学家皮凯蒂为代表的一些学者提出，只有全球共同行动，对资本所得进行征税，才能控制全球收入差距普遍扩大持趋势。对此，你如何评价？征收全球资本税需要什么条件？会面临什么样的困难和挑战？对资本所得进行征税会影响国际移民吗？一个国家单独行动，会产生什么结果？

13. 经济增长中出现的技术进步会如何影响个人收入差距？新近一轮以算法为核心的技术进步对收入差距的影响会有什么特殊之处吗？请结合这个思考题复习一下前面有关人工智能对劳动力市场和失业的影响的相关内容。

后 记

　　这次修订历时一年半。在交稿之际,我们做了一个决定,今后,这本书将保持大约五年更新一版的进度。我们将在陆铭个人网站 www.profluming.com 的教材页面上传供教学用的 PPT。同时,由于教材更新的周期比较长,而劳动就业领域的新事物、新材料、新数据需要不断更新,每年我们将在 PPT 中更新数据和材料。此外,我们也诚挚地邀请所有使用这本教材的各界人士与我们共创,在看到合适的阅读材料、数据、文献时,能够与我们联系。尤其是本书中一些作为国际比较的材料,我们在修订时没有找到更新的内容,希望读者们能够一起补充或替换。对有贡献的读者,我们将在新版中一并致谢。我们三人的联系方式是:陆铭(luming1973@sjtu.edu.cn),夏怡然(xiayiran0122@163.com),梁文泉(liang_wenquan@tongji.edu.cn)。

　　从这本教材最早的复旦大学出版社 2002 年版本,到在格致出版社出版的第三版,历时 20 余年。感谢在此过程中帮助和支持我们的各位师长和读者,尤其是上海交通大学安泰经济与管理学院和中国发展研究院的同事们。感谢格致出版社的不离不弃,尤其是这一版的责任编辑王韵霏老师。

　　从这一版开始,夏怡然和梁文泉承担了更多的修订工作,我们三人逐步完成新老交替。但愿此后,这本教材能够一直传承下去,为中国劳动和人力资源经济学学科的发展尽点绵薄之力。

2025 年 2 月 16 日

当代经济学教学参考书系

公共经济学习题解答手册(第二版)/尼格尔·哈希 马沙德等著

金融经济学十讲(纪念版)/史树中著

货币理论与政策(第四版)/卡尔·瓦什著

鲁宾斯坦微观经济学讲义(第二版)/阿里尔·鲁宾斯坦著

机制设计理论/提尔曼·伯格斯著

经济增长导论(第三版)/查尔斯·I.琼斯等著

劳动经济学:不完全竞争市场的视角/提托·博埃里等著

衍生证券、金融市场和风险管理/罗伯特·A.加罗等著

国际贸易理论与政策讲义/理查德·庞弗雷特著

高级微观经济学教程/戴维·克雷普斯著

金融基础:投资组合决策和证券价格/尤金·法玛著

环境与自然资源经济学(第三版)/张帆等著

集聚经济学:城市、产业区位与全球化(第二版)/藤田昌久等著

经济数学引论/迪安·科尔贝等著

博弈论:经济管理互动策略/阿维亚德·海菲兹著

新制度经济学——一个交易费用分析范式/埃里克·弗鲁博顿等著

产业组织:市场和策略/保罗·贝拉弗雷姆等著

数量金融导论:数学工具箱/罗伯特·R.雷伊塔诺著

现代宏观经济学高级教程:分析与应用/马克斯·吉尔曼著

政府采购与规制中的激励理论/让·梯若尔等著

集体选择经济学/乔·B.史蒂文斯著

市场、博弈和策略行为/查尔斯·A.霍尔特著

公共政策导论/查尔斯·韦兰著

宏观经济学:现代原理/泰勒·考恩等著

微观经济学:现代原理/泰勒·考恩等著

微观经济理论与应用:数理分析(第二版)/杰弗里·M.佩洛夫著

国际经济学(第七版)/西奥·S.艾彻等著

新动态财政学/纳拉亚纳·R.科彻拉科塔著

《微观经济学》学习指南(第三版)/周惠中著

《宏观经济学》学习指南/大卫·吉立特著

宏观经济理论/让-帕斯卡·贝纳西著

国际经济学(第五版)/詹姆斯·吉尔伯著

计量经济学(第三版)/詹姆斯·H.斯托克等著

应用微观经济学读本/克莱格·M.纽马克编

理性的边界/赫伯特·金迪斯著

经济社会的起源(第十三版)/罗伯特·L.海尔布罗纳著

政治博弈论/诺兰·麦卡蒂等著

发展经济学/斯图亚特·R.林恩著

宏观经济学:现代观点/罗伯特·J.巴罗著